Ommo Grupe (Hrsg.)
Sport und Sportunterricht

Grundlagen für
Studium, Ausbildung und Beruf

Band 10

Sport und Sportunterricht
Grundlagen für Studium, Ausbildung und Beruf

Herausgegeben von Ommo Grupe

Band 10

Bisher erschienen:

Band 1 Klaus Heinemann
Einführung in die Soziologie des Sports
4. Aufl. 1998

Band 2 H. Gabler / J. R. Nitsch / R. Singer
Einführung in die Sportpsychologie
Teil 1: Grundthemen, 4. Aufl. 2004

Band 3 H. Gabler / J. R. Nitsch / R. Singer
Einführung in die Sportpsychologie
Teil 2: Anwendungsfelder
2. Aufl. 2001

Band 4 Ulrich Göhner
Einführung in die Bewegungslehre des Sports
Teil 1: Die sportlichen Bewegungen

Band 5 Ulrich Göhner
Einführung in die Bewegungslehre des Sports
Teil 2: Bewegerlehre des Sports

Band 6 Ommo Grupe / Michael Krüger
Einführung in die Sportpädagogik
2. Aufl. 2002

Band 7 August Kirsch
Medien in Sportunterricht und Training

Band 8 Michael Krüger
Einführung in die Geschichte der Leibeserziehung und des Sports
Teil 1: Von den Anfängen bis ins 18. Jahrhundert

Band 9 Michael Krüger
Einführung in die Geschichte der Leibeserziehung und des Sports
Teil 2: Leibeserziehung im 19. Jahrhundert.
Turnen fürs Vaterland, 2. Aufl. 2005

Band 10 Michael Krüger
Einführung in die Geschichte der Leibeserziehung und des Sports
Teil 3: Leibesübungen im 20. Jahrhundert. Sport für alle,
2. Aufl. 2005

Band 11 Günter Frey / Eberhard Hildenbrandt
Einführung in die Trainingslehre
Teil 1: Grundlagen
2. Aufl. 2002

Band 12 Günter Frey / Eberhard Hildenbrandt
Einführung in die Trainingslehre
Teil 2: Anwendungsfelder

Band 15 Klaus Heinemann
Einführung in Methoden und Techniken empirischer Forschung im Sport

Band 16 Hans-Hermann Dickhuth
unter Mitarbeit von
H.-Ch. Heitkamp / A. Hipp / Th. Horstmann / F. Mayer / H. Möller / A. Niess / K. Röcker / H. Striegel
Einführung in die Sport- und Leistungsmedizin

Michael Krüger

Einführung in die Geschichte der Leibeserziehung und des Sports

Teil 3:
Leibesübungen im 20. Jahrhundert.
Sport für alle

hofmann

Bibliografische Information Der Deutschen Bibliothek
Die Deutsche Bibliothek verzeichnet diese Publikation in der Deutschen Nationalbibliografie; detaillierte bibliografische Daten sind im Internet über http://dnb.ddb.de abrufbar.

Bestellnummer 8402

© 1993 by Verlag Karl Hofmann, Schorndorf

2., neu bearbeitete Auflage 2005

www.hofmann-verlag.de

Alle Rechte vorbehalten. Ohne ausdrückliche Genehmigung des Verlags ist es nicht gestattet, die Schrift oder Teile daraus auf fototechnischem Wege zu vervielfältigen. Dieses Verbot – ausgenommen die in §§ 53, 54 URG genannten Sonderfälle – erstreckt sich auch auf die Vervielfältigung für Zwecke der Unterrichtsgestaltung. Dies gilt insbesondere für Übersetzungen, Vervielfältigungen, Mikroverfilmungen und die Einspeicherung und Verarbeitung in elektronischen Systemen.

Titelfoto – Aus: Fischer, H. W., Körperschönheit und Körperkultur, Tafel 135. Berlin 1928.

Gesamtherstellung in der Hausdruckerei des Verlags
Printed in Germany · ISBN 3-7780-8402-X

Inhalt

Vorwort zur zweiten Auflage 9

1 Einführung: Der Sport –
„Weltreligion des 20. Jahrhunderts" 11

2 Die Anfänge des Sports in England 18
2.1 Englische „sports" 19
2.2 Sport, Industrialisierung und Parlamentarisierung 25
2.2.1 Sport, Industrie und Zivilisation 25
2.2.2 Sportisierung und Parlamentarisierung 27
2.3 Die Zivilisierung des Fußballspiels 31

3 Sport in Deutschland 40
3.1 Die Ausbreitung des Sports 40
3.2 Deutscher Sport 42
3.2.1 Herrenruderer 49
3.2.2 Anfänge des Fußballsports 52
3.3 Die Versportlichung der Leibesübungen 59

4 Die Wiedereinsetzung
der Olympischen Spiele in der Neuzeit 65
4.1 Der Sport in der Kritik 65
4.2 Die Olympischen Spiele der Neuzeit 69
4.2.1 Ernst Curtius und das antike Olympia 70
4.2.2 Pierre de Coubertin und die Friedensidee des Sports 72
4.2.3 Olympischer Kongress und Olympische Spiele 74
4.3 „Die philosophischen Grundlagen
des modernen Olympismus" 77
4.3.1 Olympismus in der Diskussion 81

5 Die Beteiligung Deutschlands
an den Olympischen Spielen 87
5.1 Der missglückte Beginn
des olympischen Sports in Deutschland 88

5.2	„Wilde Turner" in Athen	91
5.3	Das „Nein" der Deutschen Turnerschaft zu den Olympischen Spielen	92
5.4	Olympische Spiele in Deutschland	95
6	**Turnen und Sport in der Weimarer Republik: Vielfalt, Leistung und Zersplitterung**	**101**
6.1	Sport und Gesellschaft in Deutschland nach dem Ersten Weltkrieg	102
6.2	Die Spaltung des Sports	105
6.2.1	Der Streit zwischen Turnen und Sport	107
6.2.2	Die nationale Idee des deutschen Sports	109
6.2.3	Bürgersport gegen Arbeitersport	115
6.3	Reformansätze	122
6.3.1	Maßnahmen zur Förderung des Sports	122
6.3.2	Jugendbewegung und Sport	124
7	**Turnen und Sport im Nationalsozialismus: „Das Heranzüchten kerngesunder Körper"**	**130**
7.1	Kontinuität oder Bruch mit der Vergangenheit?	131
7.2	Die Selbstgleichschaltung der Deutschen Turnerschaft	135
7.3	Die Olympischen Spiele von 1936 in Berlin	139
7.3.1	Vorgeschichte und Planung	140
7.3.2	Die Propagandawirkung der Spiele	142
7.3.3	Boykottversuche gegen die Nazi-Spiele	143
7.3.4	Olympische Symbolik in Berlin 1936	147
7.4	Nationalsozialistische Leibeserziehung	152
7.4.1	Ein neuer „Menschentyp"	152
7.4.2	Totale Leibeserziehung	155
7.5	Erzwungene Einheit und bitteres Ende	158
8	**Ein „neuer Weg" im deutschen Sport**	**164**
8.1	„Wege aus der Not zur Einheit"	164
8.1.1	Sport in den Besatzungszonen	165
8.1.2	Die Gründung von Verbänden und des Deutschen Sportbundes	169

8.2	Die „Eigenwelttheorie" des Sports	172
8.2.1	Das Spiel im Sport	175
8.2.2	Der Bildungswert der Leibesübungen	177
8.3	Stationen der Sportentwicklung und Leibeserziehung	181
9	**Körperkultur und Sport in der DDR**	**188**
9.1	Der Aufbau einer „sozialistischen Körperkultur" in der sowjetisch besetzten Zone (SBZ) und der Deutschen Demokratischen Republik (DDR)	188
9.2	Schulsport und Körpererziehung	195
9.3	Mit Höchstleistungen gegen den Klassenfeind	199
10	**Resümee und Ausblick: Die Zukunft des Sports**	**207**

Literatur- und Quellenverzeichnis 215

Bildnachweise 229

Daten zur Sportgeschichte im 20. Jahrhundert 230

Namen zur Sportgeschichte 238

Die deutsche Jugend treibt Sport.

Vorwort zur zweiten, überarbeiteten und erweiterten Auflage

Die Geschichte der Leibesübungen im 20. Jahrhundert ist die Geschichte des Sports. Er steht im Mittelpunkt dieses dritten Teilbandes der Einführung in die Geschichte der Leibeserziehung und des Sports. Nachdem im ersten Teilband Anfänge und Grundlagen von Leibesübungen, Spielen, Übungen und Wettkämpfen dargestellt und im zweiten Teil das Augenmerk auf die Entwicklung der Gymnastik und des Turnens im 19. Jahrhundert gelenkt wurde, geht es nun um den englischen Sport und seine Verbreitung – auf der ganzen Welt, in diesem Band aber mit besonderem Augenmerk auf die Entwicklung in Deutschland.

Die Geschichte des olympischen Sports und der modernen Olympischen Spiele prägte das 20. Jahrhundert des Sports. Aus deutscher Sicht sind nicht nur die Vielfalt an neuen „sports", an Sportarten, Sportereignissen, neuen Ideen und Realisierungen von Leibesübungen, Spielen und sportlichen Wettkämpfen aller Art hervorzuheben, sondern sind auch die politischen und gesellschaftlich-sozialen Rahmenbedingungen und Konflikte, in denen sich diese spezifische Sportentwicklung vollzog, zu beachten. Der Arbeitersport, Leibeserziehung und Sport im Nationalsozialismus und die Geschichte von Körperkultur und Sport in der DDR sind Schwerpunkte dieses Bandes.

Seit der ersten Auflage 1993 wurden zahlreiche sporthistorische Arbeiten veröffentlicht, die das Bild der Geschichte des Sports im 20. Jahrhundert zwar nicht grundlegend verändern, aber doch neue Einsichten und Erkenntnisse gebracht haben. Deshalb ist eine Neubearbeitung des Bandes nötig geworden. Seine Grundstruktur ist allerdings gleich geblieben. In jedem Kapitel wurden die wichtigsten Neuerscheinungen und damit die wesentlichen neueren sporthistorischen Forschungen berücksichtigt. Das am stärksten überarbeitete Kapitel ist das über „Körperkultur und Sport in der DDR". Dieses Thema bildete in den letzten zehn Jahren einen Schwerpunkt der historischen und sporthistorischen Forschung in Deutschland. Die wichtigsten Ergebnisse dieser neueren Forschungen wurden in dieses Kapitel eingearbeitet. Sie tragen dazu bei, das Bild des Sports in der DDR klarer und zugleich differenzierter erscheinen zu lassen.

Absicht aller drei Einführungsbände zur Sportgeschichte ist es, einen Überblick über die grundlegenden Entwicklungen von Leibesübungen, körperlich betriebenen Spielen, Wettkämpfen, Gymnastik, Turnen und Sport zu geben, die damit zusammenhängenden Fragen und Probleme zu beleuchten und Orientierungen in der Vielfalt der Geschichte der Leibesübungen und des Sports anzubieten. Die sportgeschichtlichen Grundlagen für Studium und Prüfung des Faches Sport und Sportwissenschaft sind in diesen Bänden zu finden. Zeittafeln und ein Personenverzeichnis liefern ein chronologisches und biographisches Gerüst und Hilfen zur raschen Orientierung. Jedes Kapitel wird durch eine *kursiv* gedruckte Vorschau eingeleitet. Fett gedruckte **Zusammenfassungen** stehen am Ende, ebenso – *kursiv* – entsprechende *Hinweise zur Literatur- und Quellenlage.*

Michael Krüger

Abb. 2: Deutsches Turnfest 1933 Stuttgart. Turnerinnen beim Keulenschwingen.

1 Einführung: Der Sport – „Weltreligion des 20. Jahrhunderts"

Das Juniheft der Zeitschrift „Querschnitt" aus dem Jahr 1932, die sich an eine überwiegend intellektuelle Leserschaft wandte, war dem Sport gewidmet. Der Sport sei die „Weltreligion des 20. Jahrhunderts", hieß es in dem einleitenden Essay von Hans *Seiffert* (1936). Im 20. Jahrhundert, schrieb *Seiffert,* und er versetzte sich dabei in die Lage eines Archäologen aus dem 120. Jahrhundert, seien die alten Religionen wie das Christentum von einem neuen, sonderbaren Kult mit dem angelsächsischen Namen „Sport" abgelöst worden. Das Symbol dieser neuen Religion sei der Ball, der bei den Ausgrabungen in aller Welt in unterschiedlichster Form zutage getreten sei. Je nach Größe der Bälle oder Kugeln seien verschiedene Sport- „Sekten" zu unterscheiden: die Fußballer, Handballer und Rugby-Gläubigen als die zahlenmäßig stärkste, aber

Abb. 3: Titelbild der Zeitschrift „Querschnitt" aus dem Jahre 1932.

auch kapitalmäßig am wenigsten bemittelte Sekte; dann die Tennis- und Hockeyspieler, die sich noch eines „rackets" bedienten, und schließlich die exklusiven Sekten der Golf- und Polospieler, die eine geheimnisvolle und rätselhafte Zeremonie mit ihren kultischen Hilfsgeräten pflegten. Allen Anhängern und Gläubigen der neuen Sport-Religion sei aber gemeinsam, dass sie „dem Dienst am Ball huldigen". „Nur eine auserwählte Schar einheitlich gekleideter Priester diente dem Ball nach strengen Regeln, deren strikte Befolgung ein amtierender Oberpriester (Schiedsrichter) überwachte. Die Massen der Gläubigen schauten dem Mysterium zu und brachen des Öfteren in eine Art kurzer Chorgesänge und Responsorien aus, wenn die zelebrierenden Priester in wilder Begeisterung, des Gottes voll, im heiligen Bezirk ihr verantwortungsreiches Werk vollbrachten. Von der geradezu fanatischen Inbrunst dieser Sport-Kulthandlungen geben viele aufgefundene Berichte beredtes Zeugnis (...) wir lesen auch, dass manche Priester und Priesterorden der Sport-Religion sich besonderer Beliebtheit erfreuten und oftmals hunderttausend Gläubige gleichzeitig um sich versammelten."

Um diesen Sport im 20. Jahrhundert geht es im dritten Teil der „Einführung in die Geschichte der Leibeserziehung und des Sports". Woher der Sport kam, wie er entstanden ist, welche Formen und Inhalte der Leibesübungen und körperlichen Aktivität zum Sport zu zählen waren, ob es eine „Idee" des Sports gab und wenn ja, wie sie entwickelt, den jeweiligen Verhältnissen angepasst und pädagogisch fruchtbar gemacht wurde, wer diesen Sport betrieb, wozu er diente und welche Konflikte der Sport mit anderen Realisierungsformen von Leibesübungen auszutragen hatte, z. B. mit dem deutschen Turnen.

Die „Goldenen Zwanzigerjahre" des letzten Jahrhunderts hatten dem Sport tatsächlich eine bis dahin ungeahnte Verbreitung und Bedeutung beschert. Aber dieser Sport im 20. Jahrhundert hat viele Gesichter. Es gab weder in England, wo diese Art von Leibesübungen und Körperkultur zwischen dem 16. und 19. Jahrhundert entstand, die wir heute als „Sport" bezeichnen, noch in Deutschland einen einheitlichen Sport. Weder wurden überall in Europa dieselben „sports", Sportarten, Sportdisziplinen, Sportaktivitäten betrieben, noch waren es nur bestimmte Bevölkerungsgruppen oder -schichten, die sich sportlich betätigten. Das Aufkommen dieses „Sports" war zwar mit der Karriere der englischen Gentlemen zur herrschenden Klasse Englands und der ganzen Welt im 19. Jahrhundert verbunden, aber das bedeutet nicht, dass der Sport auf diese Gentlemen-Klasse oder auf die oberen Gesellschaftsschichten in Europa beschränkt geblieben wäre. Auch die Arbeiter und Mittelschichten trieben Sport, meistens andere Sportarten und in anderen Organisationen als die Gentlemen, aber es war Sport. Sport war (und ist) vielfältig – verschieden je nach Ländern und Regionen, abhängig von den politischen, sozialen und kulturellen Verhältnissen und bedingt von den Traditionen an Leibesübungen und Spielen, die die Menschen kannten. Aber es entwickelten sich neben der Vielfalt und Unübersichtlichkeit der „sports" auch Gemeinsamkeiten, die es schließlich erlaubten, von *dem* Sport in der Einzahl zu sprechen.

Im Mittelpunkt der „Einführung in die Geschichte der Leibeserziehung und des Sports" im 20. Jahrhundert steht der Sport in Deutschland. Dort gab es bereits seit dem 19. Jahrhundert eine gewachsene und stabile Kultur der Leibesübungen und der körperlichen Erziehung, nämlich das Turnen und die Gymnastik. Unter dem Namen Turnen hatte sich ein festes System von Leibesübungen entwickelt, das in pädagogischer Absicht in Schule und Verein gelehrt und verbreitet wurde. „Kultur" turnerischer Leibesübungen bedeutete auch, dass mit diesen rein körperlichen Übungen und Spielen „geistige" Inhalte, ideelle Werte verbunden waren (oder sein sollten), also ein bestimmter Sinn und Zweck des Turnens als nationale, volkstümliche Leibesübung, und eine spezifische Rolle und Funktion des Turnens und seiner Organisationen in der Gesellschaft des wilhelminischen Deutschland.

Der Sport hatte andere Ursprünge und Wurzeln als das deutsche Turnen. Um diese Frage der Entstehung und Entwicklung des Sports in England geht es im zweiten Kapitel. *Sports* wurden zuerst in England, von den vornehmen englischen Gentlemen, in den Public Schools, und schließlich auch von den Massen in den englischen Industriestädten betrieben. England war im 19. Jahrhundert zur Weltmacht aufgestiegen, nicht nur was seine Industrie und seine Kolonien betraf, sondern auch in Bezug auf den Sport. Von England aus kam dieser Sport auf den europäischen Kontinent, besonders nach Frankreich und Deutschland.

Einführung: Der Sport – „Weltreligion des 20. Jahrhunderts"

Der Sport brachte in Deutschland, das ist das Thema des nächsten Kapitels, die Kultur der turnerischen Leibesübungen durcheinander. Die Turner – zu Beginn des neuen Jahrhunderts waren in Deutschland alle Turner, auch wenn sie sich eher zu Bewegungsspielen, zu Ballspielen, zur (Leicht-)Athletik und/oder zur Gymnastik hingezogen fühlten – konnten sich lange Zeit nicht mit diesem „englischen Sport" anfreunden; weniger weil sie die sportlichen Inhalte nicht mochten, also das Laufen, Springen und Werfen, das Spielen mit- und gegeneinander, mit und ohne Bälle und Schläger, oder auch das Rudern, Ringen und sogar Boxen. Es war mehr die Art und Weise, wie dieser englische Sport betrieben wurde, an der sich die Turner rieben: dass die absolute Leistung und der Wettkampf so sehr im Vordergrund standen; dass es nur einen Sieger gab und dieser Sieger auch vor allen anderen anerkannt, aus der Masse herausgehoben und öffentlich gelobt wurde; dass Siegerlisten und schließlich auch Rekordlisten geführt wurden; dass alles technisch zuging und überall die Zeit, die Weite, die Leistung usw., gemessen wurden; dass im Sport gewettet wurde und Geld im Spiel war; und dass sich die Sportler auf einzelne Disziplinen spezialisierten und sich gezielt durch ein spezielles Training auf einen Wettkampf vorbereiteten.

Vom „turnpädagogischen" Standpunkt aus gesehen war dieser englische Sport ungeeignet, die Jugend in Deutschland im nationalen Geist zu erziehen. Nicht Tugendhaftigkeit und Sittlichkeit, wie sie die Turnvereine verstanden und von den Turnlehrern und Vorturnern in den Schulen und Vereinen hochgehalten wurden, seien das – erzieherische – Ergebnis „sportmäßig" betriebener Leibesübungen,[1] sondern der Verfall von Sitte und Moral, die Entfesselung der im deutschen Turnen für beherrscht gehaltenen Leidenschaften bei Spiel und Bewegung, und damit der Niedergang einer mühsam erreichten und gesellschaftlich im Großen und Ganzen geachteten Kultur des Körpers und der Körpererziehung unter dem Namen Turnen.

Der Sport in Deutschland hatte es angesichts der Übermacht turnerischer Leibesübungen und turnerischen Geistes zunächst schwer, sich durchzusetzen; zumal er anfangs wirklich nur die ungeschliffene Praxis, „rohen Empirismus" bedeutete, genauso wie in den 1860er Jahren Hugo *Rothstein* im Verlauf des „Barrenstreits" in Preußen das alte *Jahn*sche Turnen charakterisiert hatte.[2] Eine gereifte Idee des Sports oder auch eine Art pädagogischer Theorie des Sports in Bezug auf den Wert sportlicher Leibesübungen für Bildung und Erziehung gab es noch nicht, auch wenn sich die Anhänger des Sports darum bemühten. In Deutschland hatten diese geistigen und pädagogischen Bemühungen um den Sport nur wenig Erfolg. Der Sport hatte ebenso wenig Rückhalt in Deutschland

---

[1] Das Wort „sportmäßig" hatte für Turner und Vertreter der Spielbewegung eine negative, abwertende Bedeutung und wurde benutzt, um im Unterschied zu Turnen, Gymnastik und Bewegungsspielen den unpädagogischen Ursprung und Charakter des Sports hervorzuheben. Vgl. dazu die Serie von F. A. *Schmidt* in der DTZ 1886 über „Sport und Leibesübungen".

[2] Siehe Teil 2 der Einführung in die Geschichte der Leibeserziehung und des Sports. Das Wort vom „rohen Empirismus" des Jahnschen Turnens fiel 1862 im Bericht der Kommission für das Unterrichtswesen betreffend die Turner-Petitionen im preußischen Abgeordnetenhaus. Haus der Abgeordneten, Nr. 142, 7. Legislaturperiode, 1. Session 1862, S. 6.

wie seine noch zu entwickelnde „Idee", weder bei den Meinungsführern des Turnens, den gebildeten Turnlehrern oder „Turnphilologen" noch bei den Spitzen von Staat und Gesellschaft.
Die Praxis des Sports entstand in England, seine geistig-ideelle und pädagogische Begründung in Frankreich. Baron Pierre *de Coubertin* hat es verstanden, die geistigen, kulturellen und pädagogischen Wurzeln des modernen Sports freizulegen und in der olympischen Bewegung allgemein und der Olympischen Idee speziell zu bündeln (Kapitel 4 und 5). Der Olympische Gedanke wurde zur stärksten geistigen Kraft des Sports im 20. Jahrhundert. Er machte den Sport aus einer englischen Erfindung zu einer internationalen Bewegung, aus mehr oder weniger unschuldigen, aber auch aus unkultivierten „sports" zu einer universellen Idee von inzwischen gewaltigen Ausmaßen und Auswirkungen. Der heutige, moderne Sport, der im weltweiten Maßstab betrieben wird, ist so gesehen eine soziale Konstruktion, ein von den Menschen gemachter Sport, der sich aus den unterschiedlichsten Traditionen speist, aus traditionellen Volksspielen ebenso wie aus wehrertüchtigenden Übungen und Exerzitien oder athletischen Wettkampfformen.[3]

Mit dieser „invented tradition" des olympischen Sports taten sich die Deutschen schwer. Die Geschichte des Olympismus und der Olympischen Spiele in Deutschland macht dies deutlich.

Turnen und Sport war der eine große Gegensatz, der das organisierte Sportleben in Theorie und Praxis zu Beginn des 20. Jahrhunderts in Deutschland prägte, der andere war der zwischen bürgerlichem Sport und Arbeitersport, ein Problem, das im Mittelpunkt des Kapitels über den Sport in der Weimarer Republik steht. Hier ging es allerdings weniger um im engeren Sinn „sportliche" Gegensätze oder Unterschiede, sondern es handelte sich um eine Folge der sozialen Spaltung, die Deutschland seit der wilhelminischen Zeit (1871–1918) kennzeichnete. Deutschland war in ein bürgerliches Lager und in das Lager der klassenbewussten, proletarischen Arbeiter gespalten. Es war die Zeit, in der viele kritische und aufmerksame Geister von der Wahrheit der Gesellschaftsanalyse eines in der Tradition des „deutschen Idealismus" stehenden Philosophen im 19. Jahrhundert, Karl *Marx,* überzeugt waren. In jeder Fabrik, in jedem Arbeitervorort, in jeder Stadt, beim Militär und in den Schulen konnte man sich auf den ersten Blick davon überzeugen: arme, elende und ausgebeutete Arbeiter, Arbeiterfrauen und Arbeiterkinder auf der einen und reiche, skrupellose, bürgerliche Herren auf der anderen Seite, die Macht und Gewinn im Sinn hatten und das arbeitende Volk immer weiter ins Elend zu stoßen drohten.

Dieser tiefe Konflikt zwischen oben und unten, zwischen Arm und Reich, griff auch auf das Gebiet der Leibesübungen über. Viele Arbeiter und Arbeiterführer sahen in Turnen und Sport ein Mittel, das Los der Arbeiter zu verbessern, manche hofften, die Arbeiterschaft bei Turnen, Spiel und Sport klassenbewusster und solidarischer zu machen, und einige waren der Meinung, dass an Leib und Seele

---

[3] Der Sport ist eine Form von „invented tradition", um eine Formulierung des britischen Historikers Eric *Hobsbawm* 1983 aufzugreifen. Der belgische Historiker Roland *Renson* 1998 entwickelte ein viel beachtetes, heuristisches Modell, um die „Genealogie" des Sports zu verdeutlichen.

gestärkte und dementsprechend geübte und trainierte Arbeiter sich besonders gut für die nahende und für unausweichlich gehaltene Revolution eigneten.

Das erste Drittel des neuen Jahrhunderts stellte also nicht nur in politischer, wirtschaftlicher und sozialer Hinsicht ein besonders aufregendes Kapitel deutscher Geschichte dar, sondern auch in turnerischer oder in „sportlicher" Hinsicht. Glanz und Elend hielten sich in Turnen und Sport der Weimarer Republik die Waage. Der Begriff Sport setzte sich in dieser Zeit gegenüber dem des Turnens durch. Sport wurde ab den Zwanzigerjahren zum Sammelbegriff für die Gesamtheit der Leibesübungen überhaupt.

Die Sport- und Bewegungskultur in Deutschland war damals besonders vielfältig; sie war hoch entwickelt und erreichte in spezifischer Form fast alle Gruppen und Schichten der Bevölkerung. Aber sie war auch tief gespalten, so wie die deutsche Gesellschaft am Vorabend der nationalsozialistischen Machtergreifung in Deutschland insgesamt. Die Lösung der Spannungen und Probleme erfolgte im Jahr 1933 nicht durch eine von vielen erwartete – von manchen erhoffte, von anderen befürchtete – sozialistische oder kommunistische Revolution, sondern durch die Nationalsozialisten. Aber es war eigentlich keine Lösung, sondern es handelte sich um ein gewaltsames, brutales und diktatorisches Zerschlagen und Vernichten von Gegnern und um eine rigorose Zentralisierung und „Gleichschaltung" der staatlichen Macht in Deutschland. Auch Turnen und Sport und ihre Organisationen waren davon betroffen, der Schulsport ebenso wie der Vereinssport.

Wie dies konkret aussah und welche Rolle Turnen, Sport und Leibeserziehung und ihre Repräsentanten, aber auch die Masse der Turnerinnen und Turner, Sportlerinnen und Sportler im Nationalsozialismus spielten, davon handelt das siebte Kapitel. Sie waren nicht nur betroffen, sondern viele mischten auch mehr oder weniger kräftig mit. Die jahrzehntelange Suche nach den „richtigen" Leibesübungen, nach dem Was, Wie und Warum von Leibeserziehung, Turnen, Gymnastik, Spiel und Sport war jetzt von „oben" entschieden worden, von SA-Führern, Sturm- und Hauptsturmbannführern und von anderen größeren und kleineren „Führern" des „Dritten Reichs". Mit dieser „Lösung" waren zwar die wenigsten wirklich zufrieden, die früher die Sache des freien und selbstverwalteten Vereinssports vertreten hatten; aber von Widerstand des „bürgerlichen" Sports gegen die Vereinnahmung und Instrumentalisierung des Sports durch den Nationalsozialismus kann nicht die Rede sein. Die bürgerlichen Turn- und Sportvertreter passten sich an und machten mit – bis zum Schluss. Anders sah es dagegen bei den sozialistischen und kommunistischen Arbeitersportlern und auch den konfessionellen Sportorganisationen aus.

Mit der deutschen Kapitulation im Mai 1945 stand auch der Sport in Deutschland vor dem Nichts. Ein „neuer Weg" musste im deutschen Sport nach 1945 eingeschlagen werden; wie dieser Weg aussah, wird im achten Kapitel dargestellt. Unter dem Druck der alliierten Besatzungsmächte besannen sich die Turner und Sportler schnell auf ihre alten Ideale von Turnen, Sport und Leibeserziehung. Viele wollten auch ganz einfach nur ihren Sport treiben – ohne den ideologischen Ballast der vergangenen Jahre, ohne sich von der Politik hineinreden zu lassen und ohne an die unangenehmen zwölf „braunen" Jahre erinnert zu werden. Dieses Stück deutscher Vergangenheit wurde deshalb rasch vergessen und verdrängt; stattdessen waren olympische Ideale, war die Ganzheit von Leib und Seele, war Charakter- und Persönlichkeitsbildung durch Turnen, Spiel und Sport, waren Humanismus und Idealismus auch im Sport gefragt. Der Sport hatte einiges zu tun, um sein beschädigtes Ansehen wiederherzustellen. Die Menschen wollten wieder turnen und Sport treiben; die „Gebildeten" in Deutschland distanzierten sich jedoch in der Mehrzahl von Sport und Leibeserziehung.

Es gab nicht wenige, die bemüht waren, Turnen, Spiel und Sport dem neuen, demokratischen Deutschland anzupassen und nach neuen geistigen Grundlagen dieses Sports zu suchen. Dies galt sowohl für den vereins- und verbandsgebundenen Sport, der sich in Westdeutschland nach der Gründung des Deutschen Sportbundes kräftig entwickeln konnte, als auch für die Leibeserziehung an den Schulen. Diese Grundlagen von Theorie und Praxis der Leibeserziehung und des Sports in der Bundesrepublik Deutschland, die in den 50er und 60er Jahren gelegt wurden, gelten im Prinzip bis heute, wenn sie auch immer wieder geändert und fortgeschrieben wurden. Eine wissenschaftliche Disziplin, die Theorie der Sportpädagogik, später Sportpädagogik genannt, bildete sich heraus, um solche grundsätzlichen Fragen der Theorie und Praxis des Sports zu behandeln.

Einheit in der Vielfalt war das Rezept, nach dem sich der Sport in Westdeutschland nach dem Krieg in voller Blüte entfalten konnte; eine Blüte, die frei und selbstbestimmt in Vereinen und Verbänden entstand, die „für alle" da sein sollte, und an der viele teilhaben konnten. Das Bedürfnis der Menschen nach jeder Art von Sport wuchs von Jahr zu Jahr, und schließlich reichte das Angebot der traditionellen Turn- und Sportvereine nicht mehr aus. Seit den 1970er und 80er Jahren ist der Sport in Deutschland in einem grundlegenden Wandel begriffen, der das Monopol der alten Vereine und Verbände auf Sport in Frage stellte.

Im Osten Deutschlands wurde nach 1945 ein anderer Weg „gewählt". Im vorletzten Kapitel wird dieser besondere Weg des DDR-Sports nachgezeichnet, der mit dem Ende der DDR und ihrem Anschluss an die Bundesrepublik im Herbst 1990 sein Ende fand. Es war letztlich kein frei gewählter Weg, den der Sport und die sportinteressierten Menschen in der DDR gingen. Sie mussten sich dem Diktat der sowjetischen Besatzungsmacht und der kommunistischen Führer der Sozialistischen Einheitspartei Deutschlands, der SED, fügen. Treu nach dem Vorbild der UdSSR wurde der Sport zentralistisch und in staatlicher Verantwortung organisiert. Turnen und Sport in den Schulen und auch in den Betrieben und Vereinen wurden in den Dienst der real existierenden „sozialistischen" DDR gestellt. Sport war in dieser DDR kein Selbstzweck; er wurde im Geiste und zum Ruhme der DDR betrieben. Am Ende war dieser Sport zum erfolgreichsten auf der ganzen Welt geworden, wenn man von den internationalen Erfolgen der DDR-Leistungssportlerinnen und -sportler ausgeht. Die DDR-Athletinnen und Athleten siegten auf der ganzen Linie. Aber sie und der ganze Sport bezahlten einen hohen Preis dafür. Von der Partei- und Staatsführung der DDR wurde der Sport in bisher nicht gekanntem Ausmaß als Instrument der Politik genutzt.

Nach dem Zusammenbruch der DDR und dem Anschluss der ostdeutschen Bundesländer an die Bundesrepublik Deutschland 1990 befasste sich die wissenschaftliche und historische Forschung intensiv mit dem Sport in der DDR. Dabei hat sich herausgestellt, dass dieser Sport mehr Opfer als Sieger hervorgebracht hat: gedopte und geschundene Körper, missbrauchte Kinder und Athleten, betrogene Gegner, Sportfreunde und Fans, und insgesamt einen Sport, dessen Möglichkeiten und Ideale in Deutschland erneut verraten wurden. Die Zukunft wird zeigen, ob es gelingen kann, die Glaubwürdigkeit des Sports im vereinten Deutschland wiederherzustellen. Welche Perspektiven der Sport in Deutschland und in der Welt in Zukunft hat, wird im abschließenden Kapitel erörtert.

Trotz allem, der Sport ist heute im internationalen Maßstab zu einer unangefochtenen Größe geworden. Viele Ideologien sind in diesem 20. Jahrhundert zugrunde gegangen. Die in der olympischen Bewegung gebündelte Idee des internationalen, universellen Sports ist bis heute lebendig geblieben.

Abb. 4: „Die Spiele kehren zurück nach Hause", lautete das Motto der XXVIII. Olympiade 2004 in Athen.

2 Die Anfänge des Sports in England

Unter „sports" wurden die Leibesübungen, Spiele und Vergnügungen der englischen „gentlemen" seit dem 18. Jahrhundert verstanden. Sportliche Leibesübungen hatten besonders mit Wetten, Wettkämpfen, Leistungs- und Rekordstreben zu tun. Warum diese „sports" zuerst in England aufkamen, hängt mit der Entwicklung der englischen Gesellschaft zusammen. Das Aufkommen des Sports ist für England genauso typisch wie seine im Vergleich zum Kontinent frühe Industrialisierung und Parlamentarisierung.

Entscheidend für die weitere Entwicklung des Sports war dabei die Tatsache, dass sportliche Leibesübungen im 19. Jahrhundert Eingang in das Erziehungswesen fanden. An den Public Schools, den Privatschulen der englischen Oberschicht, wurde auch Sport getrieben. Am Beispiel des Fußballspiels wird gezeigt, welche Bedeutung dieser Sport für die Erziehung hatte und wie sich das Fußballspiel veränderte, seit es zu einem Bestandteil der Public School-Erziehung wurde.

Abb. 5: So wurde Lawn Tennis um 1875 nach dem Patent des Majors Wingfield gespielt. Die Spielidee hatte Erfolg. 1877 fand das erste Lawn Tennis-Turnier in Wimbledon statt.

2.1 Englische „sports"

Was heute unter „Sport" verstanden wird, ist kaum mit den „sports" vergleichbar, die im 18. und 19. Jahrhundert in England betrieben wurden. Aber damals wie heute ist Sport ein Sammelbegriff, mit dem unterschiedliche Spiele, Wettkämpfe und Übungen zusammengefasst werden. Mit „Sport" wird auch ein bestimmtes, aber nie vollständig geklärtes Verständnis der Art und Weise bzw. des Betriebs von Spielen und körperlichen Übungen bezeichnet. Im Unterschied zum deutschen Turnen, ein Wort, das von *Jahn* in Umlauf gesetzt wurde, kann im Fall des Sports nicht auf ein exakt zu benennendes Ereignis oder eine Person verwiesen werden, die diesen Begriff geprägt hat. „Sports" waren im Unterschied zu den volkstümlichen Spielen („games"), die auf den Dörfern von Arbeitern und Bauern bei Festen und Kirchweihen gepflegt wurden, die Freizeitvergnügungen der englischen „gentlemen" seit dem 18. Jahrhundert. Das Wort „sportsman" wurde praktisch gleichbedeutend mit dem Begriff „gentleman" gebraucht. Es bezeichnete jemand, „who follows, engages in, or practises sport, esp. one who hunts, or shoots wild animals or game for pleasure" *(Hirn* 1936, 22).

Im Sportwissenschaftlichen Lexikon (2003, 204) wird auf die Etymologie, die Geschichte und Bedeutung des Begriffs „Sport" eingegangen. Er geht auf das lateinische Verb „deportare" zurück, das im Französischen als „(se) de(s)porter" wieder auftauchte und dann in der englischen Sprache gebräuchlich wurde. Im Deutschen verbreitete sich das Wort nicht. Die Grundbedeutung lautete immer „Zerstreuung, Vergnügen, Zeitvertreib, Spiel".

Im Unterschied zum deutschen Turnen hatte der englische Sport ursprünglich einen ständischen, klassenspezifischen Charakter. Sport war nicht etwas, das alle machen oder machen sollten, sondern bezog sich auf eine herausgehobene gesellschaftliche Schicht, auf den englischen Adel bzw. die englischen Gentlemen, die „leisure-class", die diesen Beschäftigungen – besonders Jagen, Reiten, Spielen – „for pleasure", aus reinem Vergnügen, nachgingen. Die Herkunft des Wortes Sport weist darauf hin, dass Sport eine Sache derjenigen war, die es sich leisten konnten, nicht arbeiten zu müssen und über genügend Zeit und Muße verfügten, um sich auf diese Weise vergnügen zu können.[4]

Auch Carl *Diem* hat in seiner Weltgeschichte des Sports auf die Ursprünge und Vielfalt englischer „sports" im 19. Jahrhundert hingewiesen. Er hob in seiner Darstellung besonders den spielerischen, zweckfreien Charakter des bloßen Vergnügens und des Wett-Kampfs hervor, der diesen Spielen und Übungen zu eigen gewesen sei: „Es werden damit Spiele aller Art, ,Jagdvergnügen, Wettrennen, Kämpfe zu Wasser und zu Lande, mit der Faust, mit den Beinen, mit dem Ruder, mit dem Prügel, mit dem Balle usw. bezeichnet'", zitiert *Diem* (1971b, 676) einen deutschen Besucher in England, Johann Georg *Kohl* (1808–1878), der über diesen

---

[4] *Schöffler* 1935, 84. Die adelige, noble Gesellschaft in England („nobility") lässt sich seit dem 17. Jahrhundert in zwei Gruppen unterscheiden, die „Peers" und die „Gentlemen". Beide hatten es nicht nötig zu arbeiten, sondern lebten von ihren Pacht- und Zinseinkünften sowie ihrem Landbesitz. Die „Peers", die ihren Adelstitel vererbten, saßen in London im „House of Lords" (Oberhaus), die „Gentlemen" im „House of Commons" (Unterhaus). Vgl. *Morgan* 1984, 339 ff.

Sport der Gentlemen berichtete: Boxen und Ringen, alle Arten von Laufen und Gehen, auch Schießübungen, Schwimmen, Tauchen, Rudern, Segeln, Ballspiele und Wurfübungen, Jagen, Angeln, Pferderennen, Hunderennen, Bären-, Ochsen- und Eselrennen und auch Hahnenkämpfe. Sport, das war immer eine Vielzahl unterschiedlicher Aktivitäten, die noch nicht einmal alle unmittelbar körperbezogen waren. Auch das Wetten bei Pferderennen oder Autorennen war (und ist) Sport.[5]

Der Reiseschriftsteller Hermann Fürst von *Pückler-Muskau* (1785–1871) beschrieb als einer der ersten die für deutsche Leser und Leserinnen ungewöhnlichen Vergnügungen der englischen Gentlemen: „Sportsman, sport ist eben so unübersetzbar, wie Gentleman; es heißt keineswegs blos Jäger, sondern einen Mann, der alle Vergnügungen dieser Art, oder auch nur mehrere davon, mit Leidenschaft und Geschick treibt. Boxen, Pferderennen, Entenschießen, Fuchshetzen, Hahnenkämpfe etc., alles ist sport."[6]

Die meisten dieser sportlichen Spiele und Übungen waren alt und reichten bis weit ins Mittelalter zurück. Das „Laufen" gehörte beispielsweise schon immer zum Grundbestand menschlicher Bewegungsweisen, nicht nur, aber ganz besonders in England. Dort hielten sich die Adeligen seit dem 16. Jahrhundert sogenannte „footmen" oder „running footmen", die ursprünglich die Aufgabe hatten, vor und neben den Kutschen herzulaufen und vor Hindernissen und Gefahren zu warnen.

Aber was machte dieses berufsmäßige Laufen zum Sport? Manche Adelige und wohlhabende Gentlemen beschäftigten nun besonders gute Läufer und setzten sie nicht mehr nur für ihren eigentlichen beruflichen Zweck ein, sondern ließen ihre „footmen" gegen die „footmen" anderer Gentlemen laufen, und sie wetteten gegenseitig, welcher Läufer zuerst das vereinbarte Ziel erreichte – so wie es viele auch mit ihren Pferden bei den Pferderennen und Pferdewetten machten. Es gab auch vornehme und weniger vornehme Gentlemen, die nicht nur andere für sich und zu ihrem Vergnügen um die Wette laufen, rudern, ringen, boxen, spielen ließen, sondern die so viel Gefallen an diesen „sports" fanden, dass sie selbst um die Wette zu laufen anfingen. Der berühmteste dieser Gentleman-Läufer („gentleman-walker") war Captain *Barclay* (1779–1854), von dem sagenhafte Lauf- und Gehleistungen berichtet werden. Zum Beispiel soll er in 1000 aufeinander folgenden Stunden, vom 1. Juni bis zum 12. Juli 1809, in Haymarket jeweils eine Meile gelaufen bzw. gegangen sein, langsam zwar, mit einer Durchschnittszeit in der ersten Woche von 14 Minuten und 54 Sekunden, in der letzten Woche 21 Minuten und 4 Sekunden, aber er soll bei dieser beeindruckenden Aktion 32 Pfund Körpergewicht verloren haben *(Mandell* 1986, 195 f.).[7]

---

[5] Vgl. zur Vielfalt englischer „sports" vom *Earl of Suffolk and Berkshire* (Ed.): The encyclopaedia of sport and games. London 1911 sowie *Strutt,* J.: The Sports and Pastimes of the People of England (1903). Grundlegend zur Geschichte des Sports in England ist die Darstellung von *Holt* (1989).

[6] *Pückler-Muskau,* Herm. Ludw.: Briefe eines Verstorbenen. Ein fragmentarisches Tagebuch 1828 und 1829. Stuttgart 1836, 3. Aufl., 2. Teil, 36. Brief, S. 90.

[7] Aus heutiger Sicht erinnern solche Beispiele eher an populäre Spiel- und Unterhaltungssendungen im Fernsehen wie „Wetten dass ..." oder „Spiel ohne Grenzen", weniger an

Ein anderes Beispiel ist das Boxen. Was machte aus einer Prügelei einen geregelten sportlichen Boxkampf? Die Bauern und das „niedere Volk" prügelten sich mit den Fäusten, aber was taten die vornehmen Herrschaften? Auf dem Kontinent pflegte der Adel seine Ehrenhändel auf dem Wege eines Duells mit dem Degen auszutragen; man wollte sich die Hände nicht schmutzig machen. Boxen und Ringen war ihre Sache nicht, sondern die des „gemeinen" Volks, dem es nicht erlaubt war, Schwert und Degen zu tragen.

Abb. 6: Boxkampf in England um 1820.

In England war das anders. Dort herrschten im 17. Jahrhundert die strengen Puritaner, und sie brachten den Adel nicht nur zur Vernunft, sondern sie brachten ihn auch dazu, die Schwerter abzulegen und gegen den zivilen Spazierstock einzutauschen.[8] In England boxten seitdem auch die Gentlemen, und zwar nicht nur gegen ihresgleichen, sondern auch gegen niedriger Gestellte. „Man stellt sich mit dem unebenbürtigen Gegner auf eine Stufe", schrieb Maria *Kloeren* (1935, 85), die bereits 1935 eine kultursoziologische Untersuchung zur Entwicklung des Sports in England vom 16. bis zum 18. Jahrhundert vorgelegt hat. Die Gentlemen ließen nun nicht mehr nur gegen Bezahlung ihre Knechte und Untergebenen gegeneinander in Schaukämpfen antreten und wetteten auf den Sieger, sondern sie traten selbst in die Arena; allerdings mit einem Schiedsrichter und mit wattier-

---

den offiziellen, normierten Sport. Die Beispiele zeigen aber, dass dieses Element des Sensationellen, Nicht-für-möglich-Gehaltenen, des Sich-Vergleichens und Wettens und zugleich des Spielerischen, an dem sich die Menschen offenbar seit je her begeisterten, am Anfang der modernen Sportentwicklung stand und nach wie vor nicht aus dem Sport weg zu denken ist.

[8] Auf diese Unterschiede des Verhaltens bzw. Verhaltenskanons der englischen und deutschen Oberschichten im 19. und zu Beginn des 20. Jahrhunderts sowie insbesondere das Duellwesen geht ausführlich Elias in seinen „Studien über die Deutschen" (1989) ein.

ten Handschuhen. Der berühmteste Boxer in England war James *Figg* (er starb 1734), der selbst anscheinend über 300 Kämpfe, nicht nur Boxkämpfe, absolvierte und seine Fechtschule 1719 in eine Boxschule umgewandelt haben soll. Sein Amphitheater in London machte den Boxsport auch für die noble Gesellschaft salonfähig *(Job* 2003, 226 f.). Dieselben Gentlemen, die früher bei James *Figg* Fechtstunden nahmen, erhielten nun Boxunterricht *(Hirn* 1936, 33; *Mandell* 1986, 194). Lord *Byron* (1788–1824) beispielsweise, der romantische englische Dichter, der sich als europäischer Philhellene freiwillig für den griechischen Freiheitskampf (1821–1829) meldete und dort starb, war ein begeisterter Schwimmer und Boxer, der mit den besten Boxern Londons im „Pugilistic Club" auch Sparringskämpfe absolvierte und stets bei den großen Boxkämpfen als Zuschauer dabei war *(Diem* 1950, 82 ff.).

Neben Laufen, Schwimmen und Boxen wurden auch andere „Sportarten" und „sportliche" Spiele betrieben, außer der Jagd und dem Pferdesport waren Cricket, Rudern und Fußball die wichtigsten. Und überall wurde gewettet, trug man Wettspiele und Wettrennen aus, setzte man Preise und Prämien aus; Entfernungen und Zeiten wurden gemessen und aufgeschrieben, und Hindernisse, Hürden, Handicaps stellte man in den Weg, um die Läufe spannender und riskanter zu gestalten.

Ab der Mitte des 19. Jahrhunderts bemühte man sich in verstärktem Maße, gleiche und vergleichbare Bedingungen (Chancengleichheit) zu schaffen, unter denen Wettkämpfe und Leistungsvergleiche abgehalten wurden. Für die überall unterschiedlich gespielten Spiele, vom Cricket bis zum Fußball oder Rugby, vereinbarte man Regeln, an die sich jeder halten musste, der zu einem sportlichen Wettkampf antrat. Schiedsrichter sorgten für die Einhaltung der Regeln.

Diese sportlichen Regeln waren auch eine Voraussetzung dafür, dass solche sportlichen Spiele und Wettkämpfe „exportiert" und in anderen Ländern verstanden werden konnten; denn England war eine Handels- und Seemacht, und die englischen Kaufleute und Matrosen wollten auch in den Kolonien des englischen Weltreichs nicht auf ihren Sport verzichten. Sie wollten genauso mit anderen Ländern Sport wie Handel treiben – und natürlich möglichst gewinnen. Spezielle Ausrüstungsgegenstände, Ruderboote, Boxhandschuhe, Rennschuhe wurden entwickelt und für Pferderennen spezielle Züchtungen betrieben, die sich besonders für sportliche Rennen eigneten.[9]

Sportliche Wettkämpfe bedeuteten jedoch, dass nicht mehr nur zwei Kämpfer, Spieler oder – meistens ungleiche – Mannschaften gegeneinander antraten und bis zur physischen Vernichtung gegeneinander kämpften, sondern es wurde nach strengeren, zivilisierteren, eben sportlichen Regeln gespielt und gekämpft. Einmal erbrachte Siegerleistungen wurden als Rekorde notiert und standen als Marke, die es in Zukunft zu überbieten galt, fest. Der Begriff Rekord steht in besonderem Maße für das Neue, das die sportlichen Formen von Leibesübungen brachten. Er geht auf das englische Verb „to record" zurück und bedeutete zunächst nicht mehr als das Berichten über ein Ereignis. Im sportlichen Sinn als „best recorded time or distance" wurde das Wort erst seit den 1880er Jahren verwendet, als dann auch dazu übergegangen wurde, Rekordlisten zu führen. „Der

---

[9] Siehe im Einzelnen *Eichberg* 1973, 1978; *Mandell* 1986, 196 ff.; *Holt* 1989.

moderne Rekord ist das Kind der Quantifizierungsmanie", schreibt der amerikanische Historiker und Soziologe Allen *Guttmann,* der in seinem Buch „Vom Ritual zum Rekord" den Rekord als das zentrale Merkmal des modernen Sports hervorhob.[10] Der Rekord ist im Grunde das Ergebnis alles dessen, was sportliche Leibesübungen historisch gesehen ausmachten und zur Dynamik des modernen Wettkampfsports führte: Um Rekorde aufzustellen, müssen die sportlichen Leistungen aufgeschrieben und gemessen, „quantifiziert" werden; dies setzt ein hohes Maß an Rationalität und Rationalisierung dieser Leistungen voraus. Der Sieg in einem Wettkampf und die Leistung des Siegers werden von der Person des Siegers abstrahiert und in Zahlen, Daten, Zeiten und Weiten übersetzt. Rekordleistungen sind in diesem Sinn auch mehr als die Wettkampfleistung, die im direkten Vergleich zweier Gegner ermittelt wird, so wie es auch schon bei den Wettkämpfen im antiken Griechenland der Fall war. Um solche Wettkämpfe austragen und dann Rekorde festhalten zu können, ist eine Art von Sportverwaltung nötig, die dafür sorgt, dass der Wettkampf den Regeln entsprechend durchgeführt werden kann. Die Gleichheit der Bedingungen ist eine Voraussetzung dafür, dass aufgestellte Rekorde auch über die Zeiten hinweg vergleichbar bleiben.[11] Wenn schließlich immer neue Rekorde aufgestellt und die Leistungen besser werden, müssen sich die Sportler auch intensiver auf ihre Wettkämpfe vorbereiten; sie müssen sich auf bestimmte Disziplinen in besonderer Weise konzentrieren und spezialisieren.

„Sport und Rekord", wie *Kloeren* (1935) ihre Untersuchung betitelte, gehörten zusammen. Aber trotzdem verlief die Entwicklung zum „Rekordsport" nicht als Einbahnstraße; denn neben dieser besonders typischen Form eines spezialisierten, technisierten und bürokratisierten Sports, der nach Zentimetern, Gramm und Sekunde gemessen wird, gab es die Mannschaftsspiele wie Cricket und Fußball, in denen keine Rekorde erzielt, sondern Wettspiele nach vereinbarten Regeln ausgetragen wurden; oder Sportarten wie Fechten und Boxen, in denen es um vergleichbare Zweikämpfe Mann gegen Mann ging.

Die Tatsache, dass versucht wurde, allgemeingültige Regeln für die Durchführung sportlicher Veranstaltungen und Wettkämpfe aufzustellen, war ein durchgehendes Prinzip der Entwicklung des Sports. Regeln meinen zum einen formelle Spielregeln, zum anderen entwickelten sich eher informelle, ungeschriebene Regeln des Sports, ein bestimmter sportlicher „Geist", in dem diese Übungen betrieben wurden oder betrieben werden sollten, und der auch allen bewusst wurde, die einen Sport ausübten. Dieser „Sportsgeist" fand später in der Idee des olympischen Sports, des „Amateursports" oder auch im „Fairplay" seinen konkreten „sportideologischen" Niederschlag.

---

[10] *Guttmann* 1979, bes. 58–61. Vgl. auch die im Anhang von *Montague Shearman:* Athletics. London 1901, notierten Rekordlisten.

[11] Ein Aspekt der aktuellen Problematik um „Doping" im Sport besteht insofern darin, dass die von den Regeln definierte Gleichheit der Ausgangsbedingungen in betrügerischer Absicht unterlaufen wird und deshalb die aufgestellten Rekorde im Nachhinein als fragwürdig angesehen werden. Es wurde sogar der Vorschlag diskutiert, alle Rekordlisten für ungültig zu erklären, weil man nicht weiß, ob sie mit unerlaubten Dopingmitteln zustande kamen.

Die Sportbegeisterung in England war schon zu Beginn des 19. Jahrhunderts so groß, dass die Zeitungen voll waren von großen Sportereignissen. Sportzeitschriften wie das „Sporting Magazine" (seit 1828) erschienen regelmäßig, Lehrbücher wurden verfasst, „Clubs" und „Associations" wurden gegründet.[12] Die Cricketspieler waren die ersten in England. Bereits 1787 wurde der – vornehm-aristokratische – Marylebone Cricket Club (MCC) gegründet, der 1788 die ersten Cricket-Regeln herausgab; ebenso entstanden Fußball-, Rugby-, Lawn-Tennis-, Ruder-, Athletik-, Box- und Fechtclubs, bevor es zur Gründung nationaler Vereinigungen kam: 1863 die Football Association, 1880 die Amateur Athletic Association, 1890 die National Amateur Rowing Association *(Holt* 1989, 26; *Harris* 1972).

Der Sport war im 19. Jahrhundert zu einer Art nationalem Wesenszug der Engländer geworden. National allerdings nicht in dem Sinn, wie sich das Turnen in Deutschland verstand, nämlich als nationale und volkstümliche Oppositionsbewegung, die eine möglichst straffe Organisation und gleichmäßige nationale Verbreitung anstrebte, sondern als eine typische Erscheinung der englischen Gesellschaft, die von den mächtigen englischen Gentlemen ausging, aber bald alle Schichten der Gesellschaft und alle Regionen des britischen Weltreichs und schließlich der ganzen Welt ergriff.

Warum diese Art von Leibesübungen ausgerechnet in England zuerst betrieben wurde und sich von dort überall in der Welt verbreitete, hängt weniger mit diesem Sport selbst als mit den kulturellen und gesellschaftlichen Verhältnissen in England und mit der Rolle Englands in der Welt zusammen.

Abb. 7: Die vornehme englische Gesellschaft trifft sich beim Tennis.

---

[12] Das „Sporting Magazine" trug den Untertitel „Monthly Calendar of the Transactions of the Turf, the Chase and every other Diversion, interesting to the Man of Pleasure, Enterprise and Spirit".

2.2 Sport, Industrialisierung und Parlamentarisierung

2.2.1 Sport, Industrie und Zivilisation

England ist das Land des Sports und der Industrie. In England wurden zuerst Torpfosten und Fußballregeln aufgestellt, und in England qualmten die ersten Schornsteine von Fabriken. Historiker, Soziologen und Anglisten haben deshalb einen engen Zusammenhang zwischen der Entstehung und Entwicklung des modernen Industriezeitalters in England und des modernen Sports gesehen.[13]

Auffallend ist die Tatsache, dass dieselbe gesellschaftliche Schicht, die in England die Industrialisierung trug, auch mit der Entstehung und Entwicklung des modernen Sports in Verbindung gebracht wird. Die Industrialisierung vollzog sich seit der Mitte des 19. Jahrhunderts in London und in den Städten im Norden Englands; hier entstanden die großen Eisen- und Stahlfabriken, und in diesen Städten wuchs auch in wenigen Jahren die Masse der Fabrikarbeiter heran, eine für die Industrialisierung typische Bevölkerungsgruppe, die dann als „Industrieproletariat" bezeichnet wurde. Die Industriestädte wurden zu Zentren des Massensports, besonders Fußball. Ab 1883 wurde der englische Fußballsport von Arbeitermannschaften der Industriestädte dominiert *(Holt* 1989, 135 ff.; *Wheeler* 1979, 59). Moderner Sport und Industrie waren in diesem Sinn Erscheinungsformen der Städte. Ein bezeichnendes Beispiel dieses urbanen englischen Sports ist die Geschichte des Londoner Fußballclubs West Ham United. Dieser legendäre englische Profi-Fußballclub wurde 1895 vom Besitzer der „Themse-Eisenwerke" gegründet, einem Absolventen der Public School von Harrow, um den Arbeitern sinnvolle Möglichkeiten der Freizeitverbringung zu bieten *(Korr* 1979); denn im Unterschied zur Landbevölkerung stand den Industriearbeitern ein bescheidenes Maß an Freizeit zur Verfügung. Arbeit und Freizeit wurden durch die Industrialisierung zu deutlich getrennten Lebensbereichen, mit der Folge, dass „Sport" als eine Form der Freizeitverbringung für die Arbeiterbevölkerung in den Städten zu einem Thema werden konnte *(Holt* 1989, 134 ff., bes. 143).

Die Masse der Arbeiter spielte aber weniger selbst aktiv Fußball oder trieb eine andere Art von Sport, sondern sie strömten als Zuschauer in die Sport-Arenen der Industriestädte, auf die Fußballfelder, die Radrennbahnen und in die Boxarenen. Dieser Sport in den Städten wurde als „Metropolitan Sport" bezeichnet. Die „Gentlemen" wandten sich von diesem Sport ab, der sich bald zum Profisport entwickelte, und pflegten ihren „Gentlemansport" in den vornehmen Clubs, besonders Cricket und Rudern, aber auch – und dies zum Teil bis heute – die Fuchsjagd *(Hirn* 1936, 111 ff.).

Der Zusammenhang zwischen Industrialisierung und modernem Sport wird nicht nur in sozioökonomischer Hinsicht deutlich, sondern vor allem wegen der

---

[13] Vgl. insbesondere und im Folgenden *Schöffler* 1935; *Kloeren* 1935; *Eichberg* 1973; *Guttmann* 1979 und *Holt* 1989; zur britisch-englischen Geschichte allg. und in Grundzügen die „Oxford History of Britain", ed. by K. O. *Morgan* (1984). *Plessner* 1967 vertrat ebenfalls diese These des parallelen Verlaufs von industrieller und sportlicher Entwicklung in Deutschland, weniger in historischer als in soziologischer Absicht und Perspektive.

Parallelität des Verhaltens und Empfindens der Menschen in beiden Lebensbereichen: sich vergleichen und sich im Lebenskampf behaupten; seine Fähigkeiten und Fertigkeiten, sein individuelles Können im Kampf, in der Auseinandersetzung mit anderen entwickeln und verbessern; leisten und immer mehr leisten wollen; messen und sich messen; sich nach der Uhr richten; und sich bei all dem in eine formale Ordnung fügen und die gegenseitige Konkurrenz innerhalb vereinbarter Regeln und Gesetze austragen. Dies waren und sind Verhaltensweisen, die sich erst allmählich ausbildeten und für das Sportleben ebenso bestimmend waren wie für die industrie-kapitalistische Arbeitswelt; zumindest wie es sich Theoretiker der sich durchsetzenden liberalen und kapitalistischen Wirtschafts- und Sozialordnung wie Adam *Smith* (1723–1790) vorstellten. Dieser betrachtete die freie Entfaltung der Kräfte jedes Einzelnen, natürlich im Rahmen einer entsprechenden Ordnung, die dies garantieren sollte, als Voraussetzung für den Wohlstand aller, des Staates und der Nation(en).

Welche Gründe gibt es, warum sich in England früher als in anderen Ländern Industrie und Sport durchsetzen konnten? Als entscheidend für den im Vergleich zum Kontinent frühen Beginn der Industrialisierung Englands wird die höhere soziale Mobilität der englischen Gesellschaft angesehen, also die größere Durchlässigkeit zwischen englischem Adel und dem in Handel und Gewerbe tätigen Bürgertum. Beide trafen sich im Typus des englischen Gentleman. Ein Grund für diese höhere Durchlässigkeit der sozialen Schranken war u.a. auch die in englischen Adelshäusern übliche Erbfolge, die „Primogenitur", nach der nur der Erstgeborene die Erbfolge antreten konnte, während die anderen Nachkommen sich in anderen Geschäften betätigen mussten. Der Adel wurde deshalb praktisch auch in bürgerliche Berufe „gezwungen" (*Schöffler* 1935, 50 ff.). Dasselbe gilt im Prinzip für den Sport: Wie in Handel und Industrie pflegten reiche Adelige und Bürgerliche auch dieselben Freizeitvergnügungen, die „sports". Im Sport und in ihren Geschäften waren diese Gentlemen gleichermaßen bestrebt, ihre Leistungsfähigkeit unter Beweis zu stellen und ihre im 18./19. Jahrhundert führende Stellung in der englischen Gesellschaft zu behaupten. Der Sport blieb aber nicht auf diesen „Gentleman-Sport" beschränkt, sondern wurde allmählich zu einer Angelegenheit breiterer Kreise der Bevölkerung, auch der Arbeiterschaft und des ganzen Volkes. Die größere soziale Mobilität der englischen Gesellschaft war der Grund, warum auch die Oberschichten seit dem 17. Jahrhundert sportliche Betätigungen wie Laufen, Ringen und Boxen pflegten, die im Mittelalter und in der Frühen Neuzeit eher auf die Unterschichten beschränkt blieben. Erst mit der Industrialisierung kam es im 19. Jahrhundert wieder zu einer deutlicheren Unterscheidung zwischen dem „Gentleman-Sport", der dann auch als „Amateursport" bezeichnet wurde, und dem „Metropolitan-Sport" der Arbeiter und Massen *(Hirn* 1936, 133 ff.).

Dass die Entstehung und Entwicklung des modernen Sports, die eigentlich eine spezifische „Versportung" schon vorhandener und bekannter Tätigkeiten und Leibesübungen darstellten, eng mit der Herausbildung der modernen, industriel-

---

[14] Grundlegend ist das von *Elias/Dunning* 1986 herausgegebene Buch „Quest for Excitement", das 2003 ins Deutsche übersetzt wurde („Sport und Spannung im Prozess der Zivilisation").

len und vor allem – im Vergleich zu früher – „zivilisierteren" Gesellschaft zusammenhingen, ist eine Grundthese, die vor allem der Soziologe und „Menschenwissenschaftler" Norbert Elias (1887–1990) verfolgte.[14] Die moderne Gesellschaft ist für ihn nicht nur durch den hohen Stand von Industrie und Technik, sondern auch durch die Verbreitung sportlicher Leibesübungen gekennzeichnet. Elias betrachtet Industrie und Sport als spezifische Merkmale der modernen „Zivilisation". Der Sport ist für ihn deshalb ein interessantes und lohnenswertes Forschungsobjekt, weil er überzeugt ist, dass die Kenntnis des Sports und seiner Geschichte zugleich wesentliche Einsichten in die moderne, „zivilisierte" Gesellschaft überhaupt, ihre Strukturen und das Verhalten der Menschen ermöglicht; damals, als der Sport entstand, und auch heute, da der Sport zu einem selbstverständlichen Bestandteil zivilisierter Gesellschaften geworden ist. „Zivilisiert" bedeutet in seinem Sinn nicht ein Werturteil, sondern ist ein theoretischer Begriff, mit dem die unterschiedlichen Stadien der gesellschaftlichen Entwicklung bezeichnet werden können. Er besagt, „dass die Staats- und Gewissensbildung, der Grad der gesellschaftlich zulässigen physischen Gewalt, die Scham- und Peinlichkeitsschwellen gegenüber dem Gebrauch und Erleben von Gewalt in verschiedenen Stadien der Gesellschaftsentwicklung unterschiedlich modelliert sind" *(Elias o.J., 16)*. Auch der Sport und die Entstehung des Sports lassen deshalb wichtige Schlüsse auf die Frage nach den zivilisierten Standards einer Gesellschaft zu. „What kind of society is it where more and more people use part of their leisure-time to take part in or to watch these non-violent contests of bodily-skill and strength that we call ‚sport'?" *(Elias 1986, 19)*.

Für *Elias* ist der Sport eine Freizeitbeschäftigung, an der sich eine große Masse von Menschen entweder aktiv oder noch mehr passiv als Zuschauer beteiligt. Der Sport besteht für ihn im Kern aus Kämpfen und Wettkämpfen, die nicht gewaltorientiert sind, sondern in denen es darum geht, körperliche Geschicklichkeit und Kraft nach Regeln zu messen. Der Sport ist für *Elias* in die Gesellschaft eingelassen; was im Sport stattfindet, ist ein Spiegel der Gesellschaft, es hat seine Ursachen in gesellschaftlichen Prozessen und greift gleichzeitig auch in diese Prozesse ein. *Elias* betrachtet den Sport als ein wichtiges Glied im Zivilisationsprozess; ein langfristig angelegter sozialer Prozess, der dadurch gekennzeichnet ist, dass je nach den gesellschaftlichen Machtverhältnissen eine Zivilisierung des Verhaltens jedes einzelnen Mitglieds in dieser Gesellschaft und damit eine Befriedung der Gesellschaft insgesamt stattfindet, d. h. konkret, dass der Einzelne gezwungen ist, seine Affekte zunehmend zu kontrollieren, dass Spannungen und Konflikte weniger gewalttätig ausgetragen, sondern – zivilisierter – ausgehalten und ausgehandelt werden. Auf diesem theoretischen Hintergrund beleuchtet *Elias* auch die Entstehung des modernen Sports in England. Die Industrialisierung und die Entstehung des Sports sind für ihn „interdependente Teilentwicklungen einer umfassenden Veränderung der Staatsgesellschaften der Neuzeit" *(Elias o.J., 13)*.

2.2.2 Sportisierung und Parlamentarisierung

Wie lässt sich auf dem Hintergrund dieser Überlegungen von *Elias* die Entstehung des modernen Sports in England auch historisch erklären und verstehen?

England unterscheidet sich von anderen Ländern des Kontinents dadurch, dass sich relativ früh ein parlamentarisches System durchsetzen konnte. Der Ursprung des Wandels der englischen Gesellschaft zum Parlamentarismus geht auf das Jahr 1641 zurück, als *Charles I.* (1625-1649) einige Parlamentsmitglieder verhaften ließ und damit eine Welle der Gewalt, blutige Kämpfe und die Revolution auslöste. Es kam zum Bürgerkrieg zwischen Krone und Parlament. Die Puritaner, an ihrer Spitze Oliver *Cromwell,* köpften 1649 den König und übernahmen die Macht.[15]

In dieser Zeit der strengen Herrschaft der Puritaner wurden auch viele der bisher gepflegten Spiele und „sports" verboten, die beliebten Wett- und Würfelspiele, die sonntäglichen Tanz-Vergnügungen, die Wettrennen und ausschweifenden Feste und auch die in Arenen gezeigte Artistik *(Hirn* 1936, 24 ff.; *Schneider* 1968, 111 ff.).[16]

Es dauerte aber nicht lange, bis die „Stuarts" und an deren Spitze *Charles II.* (1660-1685) ihre Macht wieder festigen konnten (Restauration). Die Konflikte und Spannungen zwischen Königtum und Parlament verschärften sich wieder, aber sie entluden sich nicht mehr wie zur Zeit der Revolution und der Puritanerherrschaft in blutiger Gewalt, sondern sie konnten weitgehend gewaltfrei gelöst werden. Als *Charles* starb, kam sein Bruder *James II.* auf den Thron, dessen Verhältnis zu dem immer mächtiger werdenden Parlament sich verschlechterte. Die wichtigste Gruppe im Parlament, die adeligen „Kavaliere" oder Tories, die bisher für eine Stärkung des Königtums eingetreten waren, fielen von *James* ab, weil dieser offen nach der Alleinherrschaft strebte. Damit war das Schicksal des englischen Königtums besiegelt. In der als „Glorious Revolution" (1689) in die Geschichte eingegangenen Absetzung James und der Einsetzung *Wilhelms* von Oranien als König durch das englische Parlament, ging die Macht in England endgültig an das Parlament über. Mit der Verkündung der „Bill of Rights" (1688) verpflichtete sich der König, alte Rechte und Freiheiten („ancient rights and liberties") des Parlaments, das Steuerbewilligungsrecht, das Recht der freien Rede und die Kontrolle über das Heer, zu respektieren und sich den vom Parlament verabschiedeten Gesetzen zu unterwerfen.

Die Machtverschiebungen an der Spitze des Staates gingen auf Veränderungen in der englischen Gesellschaft zurück. Die wichtigste politische und gesellschaftliche Kraft in England war zu dieser Zeit nicht mehr der Hohe Adel, die „Peerage", und auch nicht die Puritaner, sondern die „Gentry", die bürgerliche, aber gleichwohl reiche und landbesitzende Oberschicht. Die englische Aristokratie bestand sowohl aus landbesitzenden adeligen „Dukes" und aus Angehörigen des englischen Hochadels als auch in zunehmendem Maße aus reichen bürgerlichen „Gentlemen", die durch den Handel zu ihrem Reichtum gekommen waren

---

[15] Zu diesen allgemeinhistorischen Grundlagen Englands im 17. Jahrhundert, zur Zeit der „Stuarts", und im 18. Jahrhundert vgl. *Morgan* 1984, 327–469.

[16] *James* I. (1566–1625) hatte 1617 im Book (oder Declaration) of Sports festgelegt, welche Vergnügen (sports) sonntags erlaubt waren, z. B. Bogenschießen und Tanzen. Nach dem Sieg der Puritaner wurde dieses „Book of Sport" 1643 auf Beschluss des Parlaments öffentlich verbrannt. Dies war ein Zeichen für die Niederlage des anglikanischen Königs gegen das puritanisch dominierte Parlament. Siehe *Schneider* 1968, 115.

und einen Lebensstil wie der englische Adel mit Landhaus und Stadtwohnung pflegten. Eine strikte Trennung zwischen Bürgertum und Adel, wie sie in Deutschland und Frankreich üblich war, existierte in England nicht. Die Interessen der Gentlemen, wurden in beiden Häusern des englischen Parlaments, im Oberhaus, wo der englische Hochadel saß, und im Unterhaus, vertreten. Die Gentry schaffte es, sich im Lauf des 18. Jahrhunderts ein hohes Maß an Freiheit und Unabhängigkeit, an Souveränität und Eigenverantwortlichkeit in den jeweiligen Grafschaften und in der englischen Gesellschaft insgesamt zu sichern.

Die Gentry war in zwei gegensätzliche politische, nicht soziale Gruppierungen gespalten, in die Whigs und die Tories. Die einen, die Tories, die „Kavaliere" traten für eine stärkere Position des Königs ein. Die anderen, die Whigs oder die „Rundköpfe", waren ebenfalls Gentlemen, allerdings hatten sie weniger „Peers" in ihren Reihen, sondern reiche Kaufleute und Gewerbetreibende, und sie zählten sich zur Opposition gegen den König, zu den Erben der puritanischen Revolution.

Friede und Wohlstand des Landes hingen jetzt davon ab, ob es gelingen würde, einen Ausgleich zwischen Whigs und Tories im Parlament herbeizuführen. Erst im Verlauf des 18. Jahrhunderts, nicht zuletzt durch die Regierungskunst von Robert *Walpole* (1676–1745), der 1715 als „Whig" Schatzlord und Schatzkanzler, faktisch der erste britische Premierminister wurde, gelang es endgültig, die Gewalt aus der politischen Auseinandersetzung zwischen Whigs und Tories zu verbannen und in parlamentarische Formen zu überführen *(Elias* 1986, 29 ff.). Der Kampf um die Macht wurde von jetzt ab in England auf parlamentarischem Wege, ohne Gewalt, zwischen Regierung und Opposition geregelt. Die Mehrheit im englischen Parlament stellte die Regierung. In weniger als hundert Jahren war die Pazifizierung der englischen Oberschicht gelungen; es war gelungen, auf friedlichem Wege eine „balance of power" im Parlament zwischen Whigs und Tories, und auch zwischen König, Hochadel und Gentry herzustellen. Die Gentlemen, die die gesellschaftliche Macht in England innehatten und diese Macht auch politisch über das Parlament ausüben konnten, pendelten zwischen ihren Landsitzen und den Stadtwohnungen in London hin- und her, wo sie sich während der „season" des Parlaments aufhielten, ihren Geschäften nachgingen, das gesellschaftliche Leben in ihren Clubs pflegten und auch Sport trieben.

Die Befriedung und Parlamentarisierung der englischen Gesellschaft ist für *Elias* „a telling example of a civilizing spurt" *(Elias* 1986, 33). Denn es ist keineswegs selbstverständlich, dass die Übergabe der Macht an die Opposition gewaltlos, friedlich und fair vonstatten geht; im Gegenteil, es erfordert bei den Mächtigen ein hohes Maß an Selbstdisziplin und Selbstbeschränkung. Diese Praxis der Machtverteilung in Staat und Gesellschaft überhaupt und zwischen Regierung und Opposition im Parlament wurde sowohl von John *Locke* (1632–1704) in seiner Lehre von der Gewaltenteilung in eine gesetzgebende (Legislative) und eine ausführende Gewalt (Exekutive) als auch von dem englischen Staatsmann und Staatstheoretiker Edmund *Burke* (1729-1797) theoretisch gerechtfertigt. *Burke* bezeichnete die Opposition als notwendigen Bestandteil eines parlamentarischen Systems und forderte, dass eine solche Opposition zu organisieren sei, um stets eine Alternative zur herrschenden Regierung parat zu haben.

Was bedeutete die frühe Parlamentarisierung Englands für die Entwicklung des Sports? „The ‚parlamentarization' of the landed classes of England", schreibt

Elias (1986, 34), „had its counterpart in the ‚sportization' of their pastimes." D. h., in dem Maße und zu dem – im Verhältnis zum Kontinent, besonders zu Deutschland – frühen Zeitpunkt, als es gelang, auf parlamentarischem Wege und ohne physische Gewalt politische Konflikte zwischen konkurrierenden Parteien und Interessen zu regeln, entstand auch der Sport als eine spezifische Form der Freizeitverbringung der Klasse der englischen Gentlemen – Spiele und Wettkämpfe ohne Gewalt, bzw. mit gedämpfter, kontrollierter Gewalt nach vereinbarten Regeln und kontrolliert durch Schiedsrichter; Siege und Niederlagen wurden akzeptiert; am Ende eines Wettkampfs wurden die Karten neu gemischt, und ein neues Spiel konnte beginnen, bei dem wieder neu gewettet wird und bei dem auch der andere, der Unterlegene, wieder eine faire Chance hat zu gewinnen. „One can see at once the affinity between parliamentary contests and sport contests", meint *Elias* (1986, 34), und zwar nicht nur, was die Regelgebundenheit, das Akzeptieren von Sieg und Niederlage, die Offenheit des Ausgangs angeht, sondern auch in Bezug auf die Haltung, die ein Gentleman in einem solchen Kampf zu zeigen hat. Er muss kämpfen, auch laut und leidenschaftlich, aber er darf die Beherrschung nicht verlieren. „Gentlemen were supposed never to lose their temper unintentionally, and never to resort to violence among equals except in the regulated form of a duel" *(Elias* 1986, 34).

Abb. 8: Der englische Zehn-Meilen-Läufer Frost bei einem Rekordversuch (1852).

Im 19. Jahrhundert kam es sehr schnell zur Gründung von „Clubs", auch von Sportclubs. Sie hatten zwei Ursachen: Erstens waren sie Ausdruck des Selbstbewusstseins der englischen Gentlemen, sich frei versammeln und organisieren zu können, wann und wie immer sie wollten; sie waren Ausdruck der Macht und Exklusivität der herrschenden Gentleman-Klasse, die immer angestrengter versuchte, sich von dem rasch anwachsenden Industrieproletariat abzugrenzen. Zweitens waren die Sport-Clubs nötig, um die sportlichen Spiele und Wettkämpfe überregional austragen zu können, nicht zuletzt in den Kolonien des englischen Weltreichs, wohin die englischen Gentlemen neben anderen Segnungen der englisch-europäischen Zivilisation auch ihren Sport brachten.

Die Erklärung von *Elias* macht auch deutlich, warum der Sport ein typisch englisches Produkt ist, und warum diese Art von sportlichen Leibesübungen in keinem anderen Land, vor allem nicht in Deutschland, entstehen konnte. Dort setzte sich der Parlamentarismus nur mühsam durch, eigentlich erst nach dem Ersten Weltkrieg. Das Turnen als spezifisch deutsche Form von Leibesübungen wurde von gesellschaftlichen Schichten getragen, die sich im politischen Machtkampf nicht durchsetzen konnten. Das Verhalten auf dem Turnplatz konnte deshalb auch nicht für die Gesellschaft insgesamt in ähnlicher Weise prägend wirken, wie dies bei den englischen Gentlemen der Fall war. Die deutschen Turner fühlten sich entweder als Oppositionsgruppe, die sich nur durch Erziehung und strenge Selbstdisziplinierung zu behaupten wusste, oder sie passten sich am Ende dem Habitus der in Deutschland herrschenden militärisch-aristokratischen Eliten an, die allerdings parlamentarisch-demokratische Formen, den Parlamentarismus insgesamt, ablehnten.

Ganz anders war dies in England, wo der Lebensstil und die Verhaltensweisen der englischen Gentlemen nicht ausdrücklich „erzogen" werden mussten, wie dies bei den deutschen Turnern der Fall war, sondern ganz selbstverständlich für alle Schichten der Bevölkerung auch prägend waren und alle Bereiche des öffentlichen Lebens prägten, die sportlichen Freizeitvergnügungen und Leibesübungen ebenso wie das Geschäftsleben und die Politik.

2.3 Die Zivilisierung des Fußballspiels

Eric *Dunning*, ein englischer Sportsoziologe und Sporthistoriker, der sich an *Elias* und dessen „Zivilisationstheorie" anlehnt, hat am Beispiel des Fußballsports den Zusammenhang zwischen gesellschaftlicher Entwicklung und Sport dargestellt und erläutert. Dabei geht es auch um die Rolle, die der Sport und besonders das Fußballspiel in der Erziehung der männlichen englischen Jugend gespielt hat. Immerhin wurde in Europa im 19. Jahrhundert behauptet, dass die Schlacht von Waterloo auf den Sportplätzen von Eton und Rugby gewonnen worden sei.[17]

Dunning unterscheidet vier Stadien in der Entwicklung des Fußballspiels. Die erste Phase dauerte vom 14. bis ins 18. Jahrhundert, als Fußball ein relativ einfaches und wildes, ungeregeltes Spiel war, das nach ungeschriebenen und lokal unterschiedlichen Übereinkünften und Traditionen gespielt wurde. Das zweite Entwicklungsstadium datiert *Dunning* zwischen ungefähr 1750 und 1840. Während dieser Zeit wurde Fußball, dieses rauhe und wilde Volksspiel, in die „Public Schools" aufgenommen und den Verhältnissen dieser Schulen angepasst. Die

---

[17] Dieses Bonmot wurde dem Duke of Wellington in den Mund gelegt. Siehe *McIntosh* 1968, 15. Siehe im Folgenden *Dunning* 1975; *Elias/Dunning* 1986/2003; *Dunning/ Sheard* 1979; sowie *Holt* 1989 und zu den Public Schools bes. *Mangan* 1981.

dritte Phase zwischen 1830 und 1860 bezeichnet *Dunning* als die eigentliche „incipient modernization" des Fußballs, weil hier die entscheidenden Regelveränderungen und Regelfestschreibungen vorgenommen wurden, die das Spiel zum Sport machten und schließlich zur Trennung in „rugby" und „association football" führten, also zu einem Fußballspiel, das mit und ohne Hände nach unterschiedlichen Regeln gespielt werden konnte. Nach 1850 setzte das vierte und vorläufig letzte Entwicklungsstadium des Fußballsports ein, als sich das Spiel in der Gesellschaft insgesamt verbreitete und durchsetzte, als Fußball in Clubs und Verbänden organisiert und in der ganzen Welt bekannt wurde, als Fußball zum Massensport wurde und sich in Amateur- und Profifußball trennte *(Dunning* 1975, 104/105).

Fußballähnliche Spiele wurden in England, in Europa und auf der ganzen Welt seit Jahrhunderten gespielt. Eines dieser „folk-games" hieß „hurling", ein anderes, ähnliches „knappan". Die Regeln dieser Spiele waren weder klar noch überall gleich, sondern sie beruhten auf lokalen Traditionen, konnten leicht verändert werden und lieferten nur einen bescheidenen Beitrag zu einer formalen Organisation des Spiels. Weder der Ball noch die Größe und Anzahl der Bälle noch die Anzahl der Spieler oder die Größe des Spielfeldes, ebensowenig die Spieldauer waren eindeutig festgelegt. Die Rollenverteilung von Zuschauern und Spielern war fließend, Schiedsrichter gab es keine, auch kannte man keine Rollendifferenzierung in Bezug auf die einzelnen Spieler; jeder stürzte sich mehr oder weniger wild in das Geschehen. Körperliche Gewalt, Brutalität und ein hohes Maß an kämpferischer Leidenschaft waren die entscheidenden Merkmale dieser frühen, fußballähnlichen Volksspiele.

Fußball in Rugby und Eton

Eine Änderung trat erst ein, als solche Spiele auch in den „Public Schools" gespielt wurden. Wie ist das zu erklären, und welche Folgen hatte dies für die Entwicklung des Spiels? Die Public Schools waren ursprünglich öffentliche Schulen für die Kinder ärmerer Leute. Später wurden sie zu privaten Internatsschulen für die Kinder der englischen Oberschicht. Seit dem 18. Jahrhundert, als die Gentry zur dominierenden gesellschaftlichen Kraft in England aufstieg und sich ihre Unabhängigkeit gegenüber dem Königtum und dem englischen Hochadel erkämpfte, schickten viele Angehörige der Aristokratie und Gentry ihre Söhne auf Public Schools. Die Eltern waren weniger von den geistigen Bildungsinhalten dieser Schulen überzeugt, sondern sie glaubten (z. T. bis heute), dass ihre Söhne dort lernen würden, sich im Lebenskampf durchzusetzen, aber auch Gemeinschaftssinn (team spirit) zu entwickeln und ihre Unabhängigkeit zu behaupten, sei es gegenüber anderen Schülern aus bürgerlichen oder auch aristokratischen Kreisen, oder auch gegenüber den meistens bürgerlichen Lehrern. Die Public Schools wurden von den Eliten als Mittel angesehen, ihre Kinder zu lebenstüchtigen und unabhängigen, freien Gentlemen zu erziehen. „Training boys in ‚manliness' and ‚independence'" war ein wichtiges Ziel der englischen Public-School-Erziehung im 19. Jahrhundert *(Dunning/Sheard* 1979, 54).

Dementsprechend schwierig, anstrengend und spannungsgeladen muss nach der Darstellung von *Dunning* wohl auch der Alltag an diesen Schulen für

Schüler und Lehrer ausgesehen haben. Es kam zu zahlreichen Schülerrevolten, zu ständigen Konflikten zwischen den Schülern, meistens zwischen bürgerlichen und adeligen, und es kam immer wieder zu harten Kämpfen und Auseinandersetzungen zwischen Schülern und Lehrern; denn die in der Regel bürgerlichen und gesellschaftlich weniger angesehenen Lehrer hatten gegenüber ihren Schülern keine Autorität, sondern sie waren im Gegenteil von den reichen und gesellschaftlich höherstehenden Schülern abhängig. Die Schüler organisierten sich selbst und entwickelten untereinander ein nach Alter und körperlicher Kraft und Stärke gestaffeltes hierarchisches System, das „prefect-fagging-system", d. h., die älteren und stärkeren Schüler ließen sich von den jüngeren und schwächeren allerhand Dienste und Leistungen, oft unter unwürdigen und gewalttätigen Bedingungen, erbringen. Ein solcher „service" war z. B. das „fagging out" beim Fußball, von dem das gesamte System seinen Namen hat. Gemeint ist damit, dass die „fags" gezwungen wurden, Torhüter zu spielen, oder sie mussten die Bälle holen, als Torpfosten herhalten oder auf irgendeine andere unwürdige Weise als Opfer ihrer älteren „prefects" zur Verfügung stehen.

Dieses oft grausame Spiel änderte sich erst, als es im 19. Jahrhundert gelang, einige Reformen des Public-School-Systems und damit auch des Fußballspiels durchzusetzen. Diese Reformen waren wiederum nur möglich, weil infolge der gesellschaftlichen Machtveränderungen die Autorität der bürgerlichen Lehrer und Direktoren der Public Schools gestärkt werden konnte. Mit dem geschilderten Aufstieg der Gentry zur herrschenden Klasse in England war eine Verbürgerlichung der Gesellschaft insgesamt verbunden, eine Verbürgerlichung der Aristokratie, aber gleichzeitig auch eine Art Aristokratisierung des Bürgertums. Dieser Prozess wird als „mid-Victorian compromise" bezeichnet, und das Ergebnis war der Typus, das Ideal des englischen Gentleman, der auch, wie bereits erwähnt, als „sportsman" bezeichnet wurde.

Die Eigenarten der Public-School-Erziehung einschließlich der großen Bedeutung, die der Sport, besonders Rugby und Fußball darin spielten, wurden durch den Erziehungsroman „Tom Brown's Schooldays" von Thomas *Hughes* aus dem Jahre 1857 bekannt *(Hughes* 1971, 77–94). *Hughes* war selbst Schüler in Rugby, und er schildert in seinem Roman am Typ eines Jungen aus der oberen Mittelklasse in England, wie der Alltag in Rugby aussah und worin das Besondere der Erziehung in Rugby bestand. Gleich am Anfang wird Tom Brown auch in die Geheimnisse des Fußballspiels eingeweiht. Es sei nicht einfach, die Spielregeln zu lernen, wird ihm von seinem Freund erklärt, und ebenso wenig sei dieses Spiel harmlos und ungefährlich. „And then it's no joke playing up in a match, I can tell you. Quite another thing from your private school games. Why, there's been two collar-bones broken this half, and a dozen fellows lamed. And last year a fellow had his leg broken." (S. 83). Tom wurde Zeuge des großen „School-house-match". Alle Jungen der Schule beteiligten sich an diesem Spiel. Lehrer waren keine dabei, nur Doktor Arnold, der Direktor der Schule, schaute aus dem Hintergrund gespannt zu. Das Spiel begann unter lautem Geschrei, der Ball wurde hin- und hergeschlagen, und die Schüler setzten sich mit voller Kraft bei diesem Spiel ein: „You hear the dull thud of the ball, and the shouts of ‚Off your side', ‚Down with him', ‚Put him over', ‚Bravo'. This is what we call a scrummage, gentlemen, and the first scrummage in a School-house match is no joke in the consulship of Plancus" (S. 88).

Es ging hart zur Sache beim Fußball in Rugby, und aus dem Chaos und der Keilerei auf dem Platz wurde eine regelrechte Schlacht. „My dear sir", wird Tom erklärt, „a battle would look much the same to you, except that the boys would be men, and the balls iron; but a battle would be worth your looking at for all that, and so is a football match. You can't be expected to appreciate the delicate strokes of play, the turns by which a game is lost and won – it takes an old player to do that, and the broad philosophy of football you can understand if you will" (S. 89).

Thomas *Arnold* steht für die Reform des Public School-Systems und für die Einbeziehung des Sports und besonders des Fußballs in seine Reform. Sie bestand keineswegs darin, dass er seine undisziplinierten und eingebildeten Schüler in ein autoritäres Schulsystem, vergleichbar dem deutschen Gymnasium, gezwängt hätte – dazu reichte seine Autorität nicht aus –, sondern er setzte auf Kompromisse. Er schaffte es, einen Ausgleich zwischen den Schülern und zwischen Schülern und Lehrern herzustellen. *Arnold* baute ein System der indirekten Herrschaft („indirect rule") auf; d. h. ihm gelang es, die Autorität der Lehrer zu stärken und gleichzeitig den Schülern ein hohes Maß an Selbstbestimmung und Selbstverantwortung zu belassen. Das prefect-fagging-system wurde aufgebrochen, und die Gewalt im Zusammenleben der Schüler zunehmend kontrolliert. *Arnold* ließ den Schülern zwar ihre freien Spiel- und Betätigungsmöglichkeiten, aber er setzte ihnen Regeln und Grenzen. Er verbot seinen Schülern die „fieldsports", also die typisch aristokratischen Vergnügungen wie Jagen und Reiten, weil dadurch immer wieder erhebliche Flurschäden angerichtet wurden, und führte stattdessen Fußball nach Regeln ein. Diese Maßnahme, die er auch durchsetzen konnte und die sich klar gegen aristokratische Privilegien und aristokratischen Lebensstil wandte, wurde *Arnold* dadurch erleichtert, dass in seiner Schule in Rugby, die im Vergleich mit anderen Public Schools kein besonderes Ansehen genoss, verhältnismäßig wenige rein aristokratische Schüler waren. Die meisten waren bürgerlicher Herkunft, und auch *Arnold* selbst tat alles, um die bürgerliche Komponente in Rugby zu stärken. Bürgerlich bedeutete in seinem Fall aber ein ganz bestimmtes Erziehungsideal, dem Arnold nacheiferte, das Ideal des „christian gentleman".

„cult of athleticism"

Arnold wurde zu einem Mythos der englischen Public School- und Sport-Erziehung. Dabei sollte jedoch nicht vergessen werden, dass er selbst in seinen Schriften den Sport und speziell das Fußballspiel gar nicht erwähnt, sondern für ihn stand die moralische und christliche Erziehung der „young gentlemen" im Vordergrund *(Mangan* 1981, 16 f.). Gleichwohl steht *Arnold* für den Beginn einer Erziehungsidee in England, die am Ende des 19. Jahrhunderts mit dem Begriff des „cult of athleticism" bezeichnet wurde *(Mangan* 1981; *McIntosh* 1968); also der feste Glaube an die Erziehungswirkung von Spiel und Sport. Daraus ergab sich eine – aus heutiger Sicht – Überbetonung von sportlichen Spielen und Wettkämpfen (sport and games) im Schulleben. *Mangan* (1981) analysierte die Schulberichte der sechs großen Public Schools von Eton, St. Pauls, Shrewsbury, Westminster, Rugby und Harrow und kam zu dem Ergebnis, dass im Durchschnitt in über einem Drittel der Berichte nur von „sports and games" die Rede war; auch die Schulkorrespondenz handelte im selben Zeitraum der zweiten Hälfte des 19. Jahrhunderts zur Hälfte von Sport. Dieser „cult of athleticism" fand natürlich auch viele Kritiker; zu den berühmtesten zählten die Schriftsteller George Bernard *Shaw* (1876–1950) und George *Orwell* (1903–1950). Statt der field-sports wurde in Rugby Fußball gespielt, leidenschaftlich und gewalttätig zwar, aber *Arnold* schaffte es, wie *Dunning* (1975) behauptet, die Willkür und Widerspenstigkeit seiner Schüler zu brechen, die Gewalt an seiner Schule zu kontrollieren und die Schüler insgesamt in der Form einer „controlled autonomy" zu erziehen. Ein Musterfall für diesen Erziehungsstil war das Fußballspiel. Es war auf der einen Seite ein Spiel, in dem die „Tugenden", die von den Eltern gewünscht wurden, trainiert werden konnten, nämlich sich durchsetzen, Härte und Stärke, Kampfgeist, Mut und „team spirit" zu entwickeln, auf der anderen Seite eröffnete sich mit dem Fußballspiel die Möglichkeit, diese Tugenden in einer eher zivilisierten Form, geregelt und trotzdem selbstbestimmt, also „gentlemanlike" zu verbreiten.[18]

Regeln und Fairness

In Rugby entstanden 1845 „the Laws of Football as Played at Rugby School", die ersten geschriebenen Regeln des Fußballspiels *(Dunning* 1975, 133 ff.). Sie enthielten zwei Teile, im ersten ging es um allgemeine Fragen der Organisation des Spiels und der Disziplin, im zweiten um seine konstitutiven Regeln. Die geschriebenen Regeln trugen dazu bei, Gewalt und Brutalität aus dem Spiel herauszunehmen. Z. B. war es nach den Regeln verboten, eisenbeschlagene Schuhe zu tragen, ebenso das Festhalten und das Treten mit den Fersen. „No hacking with the heel or above the knee is fair" *(Dunning* 1975, 135). Aus dem brutalen Spiel wurde ein geregeltes „match", das zwar auch noch ein hohes Maß an Gewalttätigkeit beinhaltete, aber das Spiel lebte nun auch von der Geschicklichkeit, dem Witz und Können der Spieler. Es war nicht mehr nur das Ergebnis willkürlicher und meistens brutaler Härte der Stärkeren gegenüber den Schwächeren.

Die Regeln dienten dazu, eine Balance zwischen Kontrolle und Disziplin auf der einen und spontaner Spiel- und Kampflust auf der anderen Seite zu halten. Das Fußballspiel in Rugby und seine geschriebenen Regeln stand für den Geist der Erziehung in den Public Schools überhaupt, nämlich einen Kompromiss, eine Mischung aus Freiheit und Kontrolle zu sichern, so wie es sich die Gentlemen auch im wirklichen Leben vorstellten: Sich die Freiheit zu nehmen, ihre Geschäfte und ihre privaten Freizeitvergnügungen nach eigenem Belieben zu gestalten (self government), aber gleichzeitig einen fairen Ausgleich mit den Interessen anderer Gentlemen zu suchen. „You have the playing fields, gentlemen, make the best of them", das war die Idee des Fußballs in Rugby, und es war zugleich das Motto, wie die Gentlemen ihr Leben insgesamt verstanden *(Hirn* 1936, 103). Mit dem Sport entwickelte und verbreitete sich auch ein spezifisches Ethos über Sinn und Zweck sowie die Art und Weise, wie sportliche Spiele und Wettkämpfe betrieben werden sollten. Es lässt sich mit dem Begriff des Fairplay kennzeichnen. Fairplay gilt heute als die zentrale Tugend, die mit dem Sporttreiben ver-

---

[18] Siehe zu diesem Erziehungsideal grundlegend und ausführlich *McIntosh* 1968.

bunden wird, die aber auch über den Sport hinaus in andere Lebenswelten und Handlungsfelder wirkt.[19] Historisch gesehen beinhaltet der Begriff der Fairness alle Tugenden, Haltungen und Verhaltensweisen, die ein gentleman oder sportsman bei Wettkampf, Spiel und Sport ebenso zum Ausdruck bringt oder bringen sollte wie bei anderen Tätigkeiten in Politik, Wirtschaft, Kultur oder auch im privaten Leben. Jeder soll seine Chance bekommen. Der Wettkampf wird mit aller Ernsthaftigkeit betrieben, aber eben auch im Wissen, dass der Einzelne im Team auf die anderen angewiesen ist und dass auch der Gegner das Recht und die Pflicht hat, im Rahmen der vereinbarten Regeln um den Sieg zu streiten. Sieg und Niederlage werden dann selbstverständlich akzeptiert und ein neues Spiel kann gewagt werden.[20]

Rugby und *Arnold* hatten den Anfang gemacht, und bald zogen andere Public Schools nach. Die Public School in Eton stand in Konkurrenz zu Rugby; dort waren die Schüler aus rein aristokratischen Familien in der Mehrzahl. Auch an der Eton-School wurden Fußball-Regeln aufgeschrieben. Der Kern dieser Regeln des Fußballs, wie er in Eton gespielt wurde, bestand im Unterschied zu Rugby darin, dass es verboten war, den Ball mit der Hand zu spielen. Die Rivalität von Eton und Rugby steht also am Anfang der Trennung (Bifurcation) des alten Volksspieles Fußball in „rugby" und „association football", dem „soccer".

Die Public Schools waren private Eliteschulen. Nur verhältnismäßig wenige junge Männer kamen in den Genuss einer Public-School-Erziehung. Trotzdem verbreitete sich das Modell dieser Erziehung und des Public-School-Sports von ihnen aus in ganz England und schließlich in der Welt. Die Fußballregeln von Rugby und Eton wurden prägend für die weitere Entwicklung des modernen Fußballsports. Das war kein Zufall, sondern zeigt die gesellschaftliche Macht, die von der Gentleman-Klasse als Träger der Eliteschulen ausgeübt wurde, auch wenn sich diese Eliten spätestens am Ende des Jahrhunderts vom Fußballsport abwandten. Nicht nur Fußball und Rugby verbreiteten sich als Sport von den Public Schools und auch von den Colleges und Universitäten aus in alle Welt. Dasselbe war mit anderen „athletics" und „games" der Fall: Rudern, Tennis, Leichtathletik, Golf usw., alles Sportarten, die ebenfalls intensiv an englischen Schulen und Universitäten betrieben wurden *(Harris* 1972; *Mangan* 1981; *McIntosh* 1968).

Der Sport war im englischen Erziehungswesen, genauer in der Erziehung der englischen Gentleman-Elite fest verankert. Durch die Gründung von Sportclubs und Sportverbänden wurden diese Grenzen gesprengt. 1863 wurde in England die „Football Association" und 1871 die „Rugby Football Union" gegründet. Die Gründungsmitglieder der FA, des ältesten Sportverbandes der Welt, waren Delegierte von Public Schools, Universitäten und Clubs.[21] Von da an wurden Fußball und Rugby auch zum Sport der Massen. Als im Zuge der Industrialisierung eine

---

[19] Der Philosoph John *Rawls* (1975, 1998) baute beispielsweise auf dem Begriff der Fairness eine umfassende „Theorie der Gerechtigkeit" für die moderne, liberale Gesellschaft auf.

[20] Zu diesem englischen, historischen Begriff der Fairness vgl. *McIntosh* 1979.

[21] Die Geschichte des Fußballsports ist inzwischen gründlich bearbeitet worden. Grundlegend und zur Orientierung vgl. den von *Eisenberg* 1997 herausgegebenen Sammelband.

Die Zivilisierung des Fußballspiels 37

Abb. 9: Studenten aus Oxford und Cambridge am Start eines Wettrennens (um 1870).

neue Klasse, die Fabrikarbeiter, entstand, entwickelte sich Fußball, besonders der „association football", zum Spiel der Arbeiter. Die Public School-Elite spielte deshalb lieber Rugby, Tennis, Cricket, Polo oder Golf, ruderte oder pflegte die Pferdezucht und den Pferdesport.

Mit der Proletarisierung des Fußballspiels und des Sports überhaupt entstand ein Problem, das die Sportwelt noch bis weit ins 20. Jahrhundert hinein beschäftigen sollte: der Gegensatz von Amateursport und Berufssport. Er war ein Ausdruck der neuen Spannungen zwischen den Besitzenden und den Arbeitern, die die moderne Industriegesellschaft prägten.

Der Sport entstand im 18. und 19. Jahrhundert in England. Unser heutiges Verständnis von Sport unterscheidet sich aber erheblich von der Wirklichkeit der „sports", die damals von den vornehmen englischen „Sportsmen" oder „Gentlemen" gepflegt wurden. „Sports" waren die Freizeitvergnügungen der englischen Gentlemen: Reiten, Jagen, Spielen, Wettrennen, Rudern, Boxkämpfe ... „for pleasure". „Sports" wurden auch an englischen Privatschulen, den „Public Schools", mit erzieherischem Hintergrund betrieben. Die Public Schools waren die Erziehungseinrichtungen der englischen Oberschichten. In Rugby und Eton entstand das Fußballspiel (mit und ohne Aufnehmen des Balles). Die ersten geschriebenen Regeln des Fußballspiels stammen aus Rugby im Jahr 1845. Thomas *Arnold,* der „Headmaster" der Public-School in Rugby, benutzte das Fußballspiel als ein Mittel der Selbst-Erziehung (self government) und Selbst-Disziplinierung der Schüler.

Der Sport blieb aber nicht auf den Public-School-Sport und den Gentleman-Sport beschränkt, sondern erfasste auch breitere Kreise der Bevölkerung. Die Mittelklasse und die Arbeiter in den Städten begannen ebenfalls Sport zu treiben oder als Zuschauer den Sportereignissen beizuwohnen. Um die Mitte des 19. Jahrhunderts entstanden in England nach den Clubs nun auch nationale Sportverbände, die Spiel- und Wettkampfregeln ausarbeiteten und Spiele, Wettkämpfe und Meisterschaften organisierten. Leistungsstreben, Wettkämpfe und Rekorde wurden zu den gemeinsamen Merkmalen der „sports". Außer den formalen Regeln von solchen Spielen und Wettkämpfen entwickelte sich auch ein bestimmter Sportgeist, ein Ethos des Sports, also eine Geisteshaltung, wie dieser Sport zu betreiben sei, nämlich „gentlemanlike" und „fair".

Die Genese des Sports in England ist eng mit der Geschichte von Staat und Gesellschaft verbunden. Sie ist dadurch gekennzeichnet, dass in England früher als in anderen Ländern die Industrialisierung stattfand und sich ein parlamentarisches System durchsetzen konnte. Norbert *Elias* und Eric *Dunning* haben die Entstehung des Sports in England im Rahmen der Theorie des Prozesses der Zivilisation erklärt. Für *Elias* verläuft die Entwicklung des Sports parallel zu der des englischen Parlamentarismus. In beiden Fällen ist es gelungen, Gewalt aus der Regelung von Konflikten herauszunehmen; im Parlament beim Kampf um die politische Macht, im Sport beim Wettkampf aus Vergnügen.

Abb. 10: Straßenfußball in England. Fastnachtsdienstag 1846 in Kingston upon Thames.

Hinweise zur Literatur- und Quellenlage:
Die Entstehung und Entwicklung des modernen Sports in England ist ein weites und intensiv bearbeitetes Feld der Sportgeschichte, besonders der englischen Sportgeschichte.[22] *In Zusammenarbeit mit Elias hat Dunning eher theoretische – in Anlehunung an die Zivilisationstheorie von Elias – Akzente bei der Frage nach der Genese des modernen Sports, speziell des Fußballsports und den Möglichkeiten der Erklärung dieses Phänomens gesetzt. Im Unterschied zur*

---

[22] Vgl. z. B. die Bücher von *McIntosh* 1968, 1979; *Holt* 1989 und *Brailsford* 1969, 1991. Ebenso grundlegend *Bailey* 1978; *Young* 1968 sowie der Beitrag von *Harris* 1972.

deutschen Turngeschichte, die zeitlich relativ klar mit Jahn und der Nationalbewegung Anfang des 19. Jahrhunderts beginnt, handelt es sich im Fall des Sports in England um einen längerfristigen Prozess, der sich zwischen dem 16. und 18. Jahrhundert vollzog und im 19. Jahrhundert mit der Gründung von Clubs und Verbänden und der Ausbreitung des englischen Sports in Europa und der ganzen Welt zu einem vorläufigen Abschluss kam.[23]

Die deutsche Sportgeschichte hat sich ebenfalls mit der Frage nach dem „Ursprung und Wesen" des Sports in England beschäftigt. Eine erste Orientierung dazu bieten die einschlägigen Artikel im Sportwissenschaftlichen Lexikon (2003). Neben den älteren kultursoziologischen und anglistischen Arbeiten aus den dreißiger Jahren von Kloeren (1935) und Schöffler (1935), die wichtige kultur- und sozialgeschichtliche Einsichten in die Geschichte des Sports in England ermöglicht haben, steht die im engeren Sinn sporthistorische Arbeit von Hirn (1936). Diese Arbeit, die aus deutsch-nationaler bzw. nationalistischer Perspektive verfasst wurde und im Sport „das System der ‚freien Konkurrenz' des englischen Liberalismus" (S. 100) widergespiegelt fand, hat die Auffassung über die Entstehung und das „Wesen" des englischen Sports in der deutschen Sportgeschichte und Sporttheorie stark beeinflusst, insbesondere bei Diem (1971b). Hirn unterscheidet zwischen dem „wahren Sport" und dem Massen- und Berufssport. Dieser wahre Sport bestand für ihn aus dem bürgerlichen Sport, der in den englischen Sportclubs gepflegt wurde und vor allem die Ideen der englischen Public School-Erziehung mit aufnahm. Dieser Amateur- und Gentlemansport stand für Hirn genauso wie für Diem (1960, 1971b) im Gegensatz zum Profisport, in dem der Erziehungsgedanke nicht wirksam sei (Hirn 1936, 137). Der Profisport sei Zirkus und Varieté, aber kein Sport.

In jüngerer Zeit hat sich Eichberg (1973, 1978) mit seinen historisch-anthropologischen und verhaltenssoziologischen Studien – in Anlehnung an Elias (aber auch an Kloeren und Schöffler) – zur Entstehung „sportlicher" Verhaltensformen und Bewegungsweisen mit dem Sport in England auseinander gesetzt. Für Eichberg, auf den noch genauer einzugehen ist, steht der Leistungsgedanke und der Aspekt der Beschleunigung und Dynamisierung von Bewegungen im Mittelpunkt der Sportentwicklung. Bei der Frage nach der Genese des Sports in England, auch das haben die Arbeiten von Eichberg gezeigt, geht es nicht nur um die Analyse und Bewertung historischer Fakten, sondern auch um den Versuch einer historisch-soziologischen Erklärung dieser „sportlichen" Formen und Inhalte von Bewegung und Leibesübungen. Die theoretische Diskussion über dieses Problem ist über die Ansätze von Elias, Dunning und Eichberg nicht wesentlich hinausgekommen. Allen Guttmann (1979) hat mit seinem Versuch einer Abgrenzung des modernen Sports gegen andere historische Realisierungsformen von Leibesübungen einen aufschlussreichen Beitrag zur historischen Einordnung des modernen Sports, aber keine Erklärung geliefert. Vergleichende Aspekte der Turn- und Sportentwicklung im 19. und 20. Jahrhundert in England und Deutschland stehen in dem inzwischen zum Standardwerk avancierten Buch von Eisenberg (1999) im Mittelpunkt.

---

[23] Die Arbeiten von *Dunning* 1975; *Dunning/Sheard* 1979; *Elias/Dunning* o. J., 1986 (2003), auf die sich die vorliegende Darstellung stützt, wurden im Text genannt.

3 Sport in Deutschland

Als der Sport von England nach Deutschland kam, traf er auf besondere politisch-gesellschaftliche und kulturelle bzw. körperkulturelle Bedingungen. An einigen ausgewählten Beispielen – Rudern, Fußball und Faustball – wird beschrieben und zu erklären versucht, wie und wo und aus welchen Gründen in Deutschland Sport getrieben wurde und welche spezifischen Probleme damit verbunden waren. Der englische Sport hat sowohl das bisher in Deutschland vorherrschende Turnen verändert, aber er hat sich auch an die Verhältnisse des deutschen Vereins(turn)wesens angepasst. Am Ende geht es auch um die Frage, welche theoretischen Erklärungsmodelle für diesen Sport diskutiert werden.

Abb. 11: Das erste Tennismatch in Deutschland, Bad Homburg 1876.

3.1 Die Ausbreitung des Sports

Warum der Sport, so wie ihn die Engländer verstanden und betrieben, am Ende des 19. Jahrhunderts überall in der Welt Verbreitung fand, auch in Deutschland, hat zwei Gründe und ist leicht einzusehen. Erstens besaßen die Engländer ein großes Kolonialreich, England war eine Weltmacht, und der englische „way of

Die Ausbreitung des Sports

life" wurde deshalb in fast alle Länder auf der ganzen Welt getragen. Dazu gehörten nicht nur englische Eisenbahnen, englische Gesetze und Verwaltungsbeamte, englische Schulen und englischer Stahl, sondern auch der Sport.

Weil England eine Weltmacht war, hatte, zweitens, alles was aus England kam, einen großen Einfluss auf Staaten und Länder, die zwar nicht dem „British Empire" angehörten, aber auch gerne eine Weltmacht mit einem großen Kolonialreich gewesen wären. Dies galt ganz besonders für Frankreich und Deutschland, die beiden anderen europäischen Großmächte, die voller Neid und Respekt nach England blickten. Viele sahen im englischen Schulsystem und in der Art, wie die Engländer ihre Kinder erzogen, das eigentliche Geheimnis der Vormachtstellung Englands – und später auch der USA.

Wie weit der – kulturelle – Arm der englischen Kolonialmacht reichte, zeigt das Beispiel der Vereinigten Staaten. Der Sport in den USA ist aber auch ein Beispiel dafür, wie unterschiedlich das englische Sportmodell in den verschiedenen Ländern interpretiert wurde. Sport in den Vereinigten Staaten war trotz seiner Ursprünge in England anders als der englische Sport; er passte sich den spezifischen Bedingungen von Land und Leuten in den USA an. Dasselbe gilt für den Sport in Deutschland, dessen Wurzeln zwar auch in England liegen, der aber in Deutschland eine besondere Ausprägung erfuhr.

In den USA, einer ehemaligen englischen Kolonie, wurde der englische Sport einschließlich seiner pädagogischen und geistigen Werte übernommen, und die USA stiegen auch auf diesem Hintergrund im 20. Jahrhundert zur führenden Sportnation in der Welt auf; wenn auch nicht unbedingt in den in Europa am meisten verbreiteten Sportarten. Im Kern handelte es sich jedoch um das englische Sportmodell, das in den USA zur Blüte gelangte; auch wenn sich auf dem Weg von Großbritannien über den Atlantik nach Nordamerika manches veränderte und neu hinzu kam. Zum Beispiel sprechen die Amerikaner nicht von „athletics" wie die Engländer, wenn sie die vielfältigen athletischen Übungen und Disziplinen meinen, die im deutschen Sprachraum ungefähr seit der Wende vom 19. zum 20. Jahrhundert unter dem Begriff „Leichtathletik" zusammengefasst werden. Das amerikanische Wort für die Leichtathletik lautet „track and fields". Es wird auch offiziell bei Weltmeisterschaften und Olympischen Spielen verwendet, während der Begriff „athletics" im amerikanischen Sprach- und Kulturraum zu einer Art Überbegriff für den wettkampforientierten Leistungs- und Spitzensport geworden ist. Der amerikanische Leichtathletikverband, der bereits 1878 unter dem Namen American Athletic Union (AAU) gegründet worden war, nannte sich jedoch erst seit 1992 in „USA Track & Field" um, weil in der AAU nicht nur die Leichtathletik („track and fields") organisiert war, sondern viele wettkampfmäßig betriebenen Sportarten. Der Internationale Leichtathletikverband (IAAF), in dem alle nationalen Verbände organisiert sind, die sich mit „Leichtathletik" befassen, führt jedoch nach wie vor das Wort „athletics" in seinem Namen.

Eine weitere Besonderheit des amerikanischen Sports besteht darüber hinaus darin, dass er nicht nur vom englischen Sportmodell geprägt ist, sondern auch vom Verständnis von Bewegung, Spiel, Gymnastik und Leibesübungen allgemein, wie sie in anderen Ländern und Kulturen betrieben wurden und werden und durch die verschiedene Einwanderergruppen in die USA gelangten und sich dort mit dem dominierenden englischen Sportmodell vermischten.

Aus einer solchen Mischung entstand letztlich auch das amerikanische Nationalspiel „Baseball". Es gilt als ein typisch amerikanisches Spiel, das sich schneller als Football oder Cricket in den USA verbreitete. Der amerikanische Sport hatte sich schon um die Jahrhundertwende von seinem englischen Vorbild gelöst; nur noch einige Reiche pflegten damals das englische „Lawn-Tennis" oder das Golfspiel. Der amerikanische Sport hatte alle Kreise der Bevölkerung erfasst. Die meisten Amerikaner waren vom Sport begeistert, trieben Leichtathletik, engagierten sich im Schwimmsport und jagten vor allem den Baseball- und Football-Sensationen hinterher, die durch eine rasch anwachsende Sportpresse, über Telegraphen und mit Hilfe einer boomenden Sportartikelindustrie in Umlauf gesetzt wurden.[24] Die Geschichte des amerikanischen Sports verdeutlicht deshalb einen für die Verbreitung des Sports überhaupt zentralen Aspekt: Der Ausbau, die Verbesserung und Beschleunigung der Verkehrs- und Kommunikationswege machten den Sport überall bekannt, in allen Ländern und in allen Schichten. Sie waren ein entscheidender Grund, warum der Sport im 20. Jahrhundert zu einem die Massen bewegenden Phänomen werden konnte.

Besondere Bedeutung erhielt der amerikanische College-Sport, aus dem bis heute die erfolgreichsten Athleten hervorgegangen sind. Zu dieser Einschätzung kam schon Anfang des 20. Jahrhunderts einer der einflussreichsten deutschen Sportpioniere, der schon mehrfach genannte Carl *Diem,* der 1913 eine Studienreise in die Vereinigten Staaten unternommen hatte, um Anregungen für die Organisation der im Jahre 1916 in Deutschland geplanten Olympischen Spiele zu sammeln. Er war vom Sport in Amerika so begeistert, von den Sportanlagen, von der Attraktivität des Sports auf die Masse der Bevölkerung, vom sportlichen Geist, der das ganze Volk erfüllt hätte, von den großartigen Leistungen der amerikanischen Sportler, von der Sporterziehung, vom Schulsport, vom College- und Universitätssport, auch von den Sportclubs, dass er vieles vom amerikanischen Sportsystem sofort in Deutschland übernehmen wollte. „Amerika hat es nicht nötig, besondere Aufwendungen zu machen", schrieb *Diem* in seinem Bericht über den Studienaufenthalt in Amerika, „weil alles zu höchster Blüte entwickelt ist, und weil der überall erfasste sportliche Geist von selbst die Weiterentfaltung ohne äußeres Zutun sicherstellt. Wir dagegen haben es sehr nötig, große Anstrengungen zu machen, um bis zu den Olympischen Spielen des Jahres 1916 unseren Sport so zu entwickeln, dass er im Kampfe mit Ehren und doch auch mit Erfolg besteht" *(Diem* 1982, Bd. 2, 42).

3.2 Deutscher Sport

Die starke Stellung des deutschen Turnens war der Grund, warum in Deutschland zwar einerseits ein hohes Maß an gesellschaftlicher Sensibilität und Akzeptanz für Leibesübungen und auch ein voll entwickeltes Organisationssystem vorhanden waren, dass aber andererseits auch große Vorbehalte gegen die sport-

---

[24] Zum Sport in Amerika vgl. knapp und im Überblick *Mandell* 1986, 228–252; aber auch und vor allem *Guttman* 1988 und *Riess* 1997.

lich-englischen Formen dieser Spiele und Leibesübungen bestanden. In den Turnvereinen und in der schulischen Körper- oder Leibeserziehung gaben die deutschen Turnlehrer den Ton an, und sie waren bis zum Ersten Weltkrieg nicht bereit, vom deutschen Turnen zu lassen. Es wurden zwar im Zuge der Spiel- und Gymnastikbewegung Reformen hinsichtlich einer Lockerung der starren Turnsysteme eingeleitet, aber es war undenkbar, das englische Sport-Erziehungssystem, wie es an den elitären Public Schools praktiziert wurde, an deutschen Schulen einzuführen; eine kleine Ausnahme bildeten einige reformpädagogische Internatsschulen, besonders die Hermann-Lietz-Schulen, die sich an englischen Vorbildern orientierten und bewusst Erlebnis und Erfahrung und auch die Eigenverantwortlichkeit der Schüler in den Mittelpunkt des Schullebens stellten.

Offener und flexibler als in den staatlichen Regelschulen sah die Situation im freien Vereinswesen aus. Zwar herrschte auch hier das deutsche Turnen vor, bzw. die Deutsche Turnerschaft fühlte sich für alle Leibesübungen und für die Körper- und Bewegungskultur in Deutschland insgesamt zuständig, aber es gab keine Möglichkeit, die Gründung eigener, nicht der Deutschen Turnerschaft angeschlossener Vereine und Verbände zu verhindern. Natürlich wurden auch in den Vereinen der Deutschen Turnerschaft solche Leibesübungen gepflegt, wie sie im Sport üblich waren: Laufen, Springen, Werfen, Schwimmen, Eislaufen, Spiele usw.; aber nicht alle, und auch nicht in der Art und Weise, wie sie in England betrieben wurden. Darüber entfachte ein heftiger Prinzipienstreit zwischen Turnen und Sport, der auf allen Ebenen geführt wurde: sportlich, pädagogisch, politisch, ideologisch.

Tatsache war, dass es immer mehr Menschen gab, insbesondere Angehörige der Oberschicht, die irgendeinen Sport betreiben wollten, aber nicht innerhalb der Deutschen Turnerschaft, nicht innerhalb eines Turnvereins; nicht deshalb, weil sie Vorbehalte gegen die Turnvereine gehegt hätten, sondern auch aus dem Grund, weil die Deutsche Turnerschaft nicht bereit und in der Lage war, Wett- und Ligaspiele, leichtathletische „Meetings", Radrennen, Turniere, Regatten usw. abzuhalten. Denn wer Sport trieb, wollte sich mit anderen in seinem Sport messen, und für diesen Zweck fühlte sich die Deutsche Turnerschaft nicht oder erst in zweiter Linie zuständig.[25]

Das Fahrrad und der Radsport standen in besonderer Weise für die neue Zeit und eine neues, modernes Lebensgefühl, das von Technik, Maschine und Geschwindigkeit bestimmt war. Das Fahrrad geht zwar auf eine Erfindung des badischen Freiherrn von *Drais* aus dem Jahr 1817 zurück, aber diese Draisine hatte nicht mehr viel mit der technischen Weiterentwicklung von Fahrrädern zu tun, die seit der zweiten Hälfte des 19. Jahrhunderts auf den Welt- und Industrieausstellungen präsentiert wurden und die zunehmend die Pferde und Kutschen aus dem Straßenbild verdrängten. Schon in den 1870er Jahren gründeten sich erste Radclubs, vor allem in England und Frankreich, aber bald auch in Deutschland, und es wurden schon Touren und Wettfahrten – auch auf Hochrädern – durchgeführt. Das Fahrrad war zunächst kein Sportgerät, aber seit den 1880er Jahren wurden

---

[25] Den sportiven Kulturtransfer von England nach Deutschland analysiert *Eisenberg* 1999, 145–291. Sie untersucht ihn insbesondere an drei Fallstudien, am Beispiel des Pferdesports sowie von Fußball und Tennis.

auch in Deutschland die ersten Radrennen durchgeführt. Der 1884 aus verschiedenen Velocipedisten-Clubs hervorgegangene Deutsche Radfahrer-Bund zählte zu den ersten Sportverbänden in Deutschland.[26]

Turnen und Turnvereine waren in Deutschland eine Sache der Mittelschichten, genauer der Arbeiter und unteren Mittelschichten. Die Eliten in Deutschland mochten weder das Turnen der „kleinen Leute" noch am Anfang den Sport. Der Adel in Deutschland trieb zunächst keinen Sport, er turnte auch nicht, sondern bewies seine Stärke und Herrlichkeit – wörtlich gemeint – beim Militär und vor allem beim Duell. Im Gegensatz zu England war in Deutschland das Duellwesen, war die tödliche Unsitte des Duellierens bei Ehrenhändeln in den Oberschichten noch bis zum Ersten Weltkrieg verbreitet *(Elias* 1990, 61 ff.).

Allmählich änderte sich der Geschmack der Eliten in Deutschland. Voller Bewunderung und Neid blickten sie nach England, wo es die Gentlemen ohne Degen, sondern mit Zylinder und Spazierstock geschafft hatten, die Insel zum Zentrum eines Weltreichs zu machen. Nicht nur der deutsche Kaiser *Wilhelm II.,* der im Jahr 1890 auf den Thron kam, wollte es deshalb den Engländern nachmachen. Er forderte und setzte es zum späteren Leid und Verderben von Millionen von Menschen auch durch, dass Deutschland wie England eine Seemacht werden müsse; denn nach seiner Ansicht beruhte die Macht Englands vor allem auf seiner Marine. Wollte Deutschland einen ihm zustehenden „Platz an der Sonne" besetzen, wie sich Reichskanzler von *Bülow* (von 1900 bis 1909) ausgedrückt hatte, und damit meinte er im Grunde den erbitterten Kampf der imperialistischen Großmächte – England, Frankreich, USA, Deutschland – um Macht, Einfluss und Kolonien in aller Welt, dann müsse auch Deutschland eine starke Flotte bekommen *(Mann* 1987, 506 ff.).

Die Anglophilie oder auch die Hassliebe des Kaisers und mit ihm der adeligen Oberschichten in Deutschland erstreckte sich nicht nur auf die Marine, sondern auch auf den Sport. Der englische Gentleman-Sport erschien dem Kaiser und seinesgleichen als die geeignete und angemessene Freizeitbeschäftigung auch für die gehobenen Gesellschaftsschichten in Deutschland. Fußball und Rugby mussten es zwar nicht unbedingt sein, aber Tennis, Golf, Pferdesport und natürlich der Segel- und Regattasport schienen nach dem Geschmack des Kaisers. Sehr zum Leidwesen der deutschen Turner ließ sich deshalb der Kaiser in seiner (zu) langen Regierungszeit zwar nie auf einem Turnfest sehen, obwohl sich dort die Masse des Volkes für Kaiser, Volk und Vaterland stählte, aber dafür umso häufiger auf Pferderennbahnen oder bei Segelregatten *(Langenfeld* 1985, 63–84).

Der Sport war, auch als er nach Deutschland kam, zunächst vor allem ein Freizeitvergnügen der Oberschicht. Der Sport bzw. einige exponierte Gentleman-Sportarten erfuhren deshalb in Deutschland große Unterstützung von den mächtigen Gruppen in der Gesellschaft, von den führenden Militärs und Verwaltungsbeamten, von den Aristokraten und den „Industriebaronen". Für sie stellte der englische Sport eine Möglichkeit dar, nach dem Vorbild der englischen Gentle-

---

[26] Die Entstehung und Entwicklung des Radsports im gesellschaftlichen Kontext wurde von *Rabenstein* 1996, 2. Aufl., aufgearbeitet. Dieses Thema kann hier nur angedeutet werden.

men eine elitäre Freizeitbeschäftigung zu pflegen, einen Sport, mit dem sie sich deutlich gegen die Masse der turnenden Arbeiter und Klein-Bürger absetzen konnten.

Natürlich war das nur eine Seite eines vielfältigen Sports, der nach der Jahrhundertwende in Deutschland rasch Verbreitung fand. Es gab schon bald nicht nur den Sport der Reichen nach dem Vorbild des englischen Gentlemansports, sondern zum Sport gehörten auch der Sport der Massen wie das Fußballspiel oder die Boxkämpfe in den Großstädten, der Radsport der Arbeiter oder je nach den regionalen und natürlichen Bedingungen der Eissport, der Schwimmsport oder das Skilaufen.

Die Anfänge des Sports in Deutschland waren aber wesentlich vom englischen Vorbild geprägt. Die ersten Sportvereine wurden in Städten und Regionen gegründet, die in irgendeinem besonderen Verhältnis zu England standen, wo es, um mit *Eisenberg* (1999, 145 ff.) zu sprechen, zu einer „Kulturbegegnung" und zur „Kreuzung sozialer Kreise", so der Soziologe Georg *Simmel* (zit. nach *Eisenberg*), kommen konnte. Dies galt zum einen für Handelsstädte wie Bremen und Hamburg, wo schon 1836 nach englischem Vorbild und unter Beteiligung von Engländern der Hamburger Ruderclub gegründet wurde. Und es galt zum anderen für das Königreich Hannover, das bis zum Regierungsantritt von Königin *Victoria* (1837) vom englischen König in Personalunion regiert wurde und traditionell enge Verbindungen mit England hatte. Der erste Fußballverein in Deutschland wurde 1878 in Hannover gegründet. Der Name des 1858 gegründeten „Turnclubs" Hannover, neben dem Männerturnverein von 1848 der älteste Turnverein Hannovers, verweist ebenso auf die Nähe zu England wie die Schülerturnvereine in Hannover, Braunschweig und Wolfenbüttel. Sie erinnern einerseits an die englische Public School-Erziehung, stehen aber andererseits auch in der Tradition des alten *Jahn*schen Schülerturnens auf den Turnplätzen, auf denen sich die Schüler und Studenten mit ihren Turnlehrern und Vorturnern ebenfalls eigenverantwortlich organisiert hatten.[27] Es galt aber auch für „englische Kolonien" und Modebäder wie Wiesbaden, Baden-Baden und Bad Homburg, wo Engländer „Urlaub" machten, oder in Städten und Regionen, wo Kinder englischer Geschäftsleute und Diplomaten zur Schule gingen, z. B. in der Hauptstadt Berlin, aber auch in Salem am Bodensee oder in anderen Internatsschulen.

Der Sport um die Jahrhundertwende hatte viele Gesichter: Zunächst die Vereine und Verbände, die ganz unterschiedliche „sports" bzw. Sportarten repräsentierten und sich national und international organisierten. 1883 war der Deutsche Ruderverband (DRV) gegründet worden, 1884 der Deutsche Radfahrerbund, 1886 der Deutsche Schwimmverband, 1887 der Deutsche und Österreichische Eislaufverband, 1897/98 die Deutsche Sportbehörde für Athletik, die sich seit 1921 Deutsche Sportbehörde für Leichtathletik nannte und erst 1949 in der Bundesrepublik Deutschland endgültig den Namen Deutscher Leichtathletik-Verband annahm *(Bernett* 1987, 148–153). Im Jahr 1900 kam es zur Gründung des Deutschen Fußballbundes, 1902 ist das Gründungsdatum des Deutschen Lawn-Tennis-Bundes und 1911 des Deutschen Boxverbandes, um nur die wichtigsten

---

[27] *Diem* 1971b, 959. Statistisches Jahrbuch der Turnvereine Deutschlands 1863, 104–127, bes. 120.

der zahlreichen Sportverbandsgründungen um die Jahrhundertwende aufzuführen *(Eichberg* 1980).

Neben diesen klassischen Sportverbänden entfaltete sich dann auch der Motor- und Automobilsport, der Pferdesport, alle Arten des Wintersports und der Touristik, das Wandern, Klettern, Bergsteigen.

Der Vielfalt der „bürgerlichen" Sportvereins- und -verbandskultur stand die spezifische Kultur des „proletarischen" Sports der klassenbewussten Arbeiter gegenüber. Er fand sowohl in den „alten" Arbeiterturnvereinen als auch in „neuen" Arbeitersportvereinen, hervorzuheben ist der Arbeiter-Radfahrerbund Solidarität (gegründet 1896), Platz. Außer dem vereinsgebundenen Sport der Arbeiter und Bürger gab es noch den vornehmen „Herrensport", vom Golf über Tennis bis zum Segeln und zum Pferdesport; schließlich fielen auch die Anfänge des massenwirksamen Profi- und Zuschauersports in die Jahre vor dem Ersten Weltkrieg.

Die folgende Aufstellung gibt eine Übersicht über die bis 1923 in Deutschland gegründeten Turn- und Sportverbände. Sie beruht auf den Angaben, die *Diem,* damals Generalsekretär des Deutschen Reichsausschusses für Leibesübungen (DRA), in dem von ihm herausgegebenen Handbuch für Leibesübungen, Teil 1: „Vereine und Verbände für Leibesübungen" zusammen trug. Dies geschah auch mit der Absicht, die Rolle des DRA als Dach- oder Gesamtverband des Sports in Deutschland zu stärken.

Verbandsgründungen in Deutschland[28]

Turnverbände
Deutsche Turnerschaft, 1861.[29] Erster und ältester Verein: Hamburger Turnerschaft, 1816
Freie deutsche Turnerschaft, 1920
Arbeiter-Turn- und Sportbund, 1892[30]
Deutscher Turnerbund, 1919[31]

Leichtathletikverbände
Deutsche Sport-Behörde für Leichtathletik, 1898
Verband Brandenburgischer Athletikvereine e. V., 1904
Südostdeutscher Leichtathletikverband, 1911
Süddeutscher Leichtathletikverband, 1909

---

[28] Nach *Diem* 1923. Die Gründungsdaten nach dem Komma.
[29] *Diem* führt den Turntag 1861 in Berlin als Gründungsdatum an, auf dem ein „ständiger Ausschuss" der Turnvereine Deutschland eingerichtet wurde. Formell gegründet wurde die Deutsche Turnerschaft jedoch erst auf dem Turntag 1868 in Weimar.
[30] Im Unterschied zu *Diem* wird als Gründungsdatum des ATSB bzw. des Arbeiter-Turner-Bundes (ATB) der Turntag 1893 in Gera angegeben. *Diem* führt die Gründung bereits auf das Treffen von Arbeiterturnvereinen 1892 in Berlin zurück. 1819 erfolgte die Umbenennung in Arbeiter-Turn- und Sportbund.
[31] Der Deutsche Turnerbund von 1919 ging auf den Ausschluss antisemitischer Turnvereine aus Österreich aus der Deutschen Turnerschaft zurück.

Unterverbände:
Frankfurter Verband für Turnsport, 1897
Badischer Landesverband für Leichtathletik e. V., 1908
Rhein-Main-Saarverband für Leichtathletik, 1919
Württembergischer Landesverband für Leichtathletik, 1909
Nordbayerischer Landesverband für Leichtathletik, 1910
Südbayerischer Landesverband für Leichtathletik, 1910

Schwerathletikverbände
Deutscher Athletik-Sportverband von 1891 e. V., 1891
Arbeiter-Athletenbund Deutschlands, 1906

Kampf-Sport-Verbände
Deutscher Reichsverband für Amateur-Boxen e. V., 1920
Verband Deutscher Faustkämpfer, 1919
Deutscher Fechterbund, 1911

Wassersportverband
Deutscher Schwimmverband e.V., 1886
Deutsche Schwimmerschaft, 1920
Deutscher Ruderverband, 1883
Deutscher Renn- und Wanderruderverband, 1921
Süddeutscher Ruderverband, 1905
Deutscher Kanuverband, 1914
Freier Ruderbund, 1909
Deutscher Seglerverband, 1888
Deutscher Seglerbund, 1912

Spielverbände
Deutscher Fußballbund, 1900

Landesverbände:
Baltischer Rasen- und Wintersportverband, 1907
Norddeutscher Fußballverband, 1905
Verband Brandenburgischer Ballspielvereine e.V., 1897
Süddeutscher Fußballverband, 1906
Westdeutscher Spiel-Verband, 1898
Verband Mitteldeutscher Ballspielvereine, 1900
Süddeutscher Fußballverband, 1898

Deutscher Rugby-Fußball-Verband, 1900
Deutscher Tennisbund e. V., 1902
Zentralausschuß für Volks- und Jugendspiele, 1891

Radfahrer- und Maschinensport-Verbände
Bund Deutscher Radfahrer e. V., 1884
Deutscher Rad- und Motorfahrerverband „Concordia" e. V., 1909
Deutsche Radfahrer-Union e. V., 1919
Arbeiterradfahrerverbund „Solidarität", 1896
Arbeiterradverbund „Freiheit"
Hessischer und Nassauischer Radfahrerbund, 1920
Sächsischer Radfahrerbund e. V., 1891
Radfahrer Landesverband Württemberg, 1921
Verband Süddeutscher Radfahrer, 1920
Deutscher Touringclub e. V., 1906
Arbeitsgemeinschaft Deutscher Rad- und Motorradsportverbände, 1920
Deutscher Rennfahrer-Verband, 1896
Verband Deutscher Radrennbahnen, 1920
Deutscher Motoryachtverband, 1908

Wintersportverbände
Deutscher Skiverband, 1905
Deutscher Eislaufverband, 1890
Deutscher Bobsleighverband, 1911
Deutscher Rodelbund, 1911
Deutscher und österreichischer Alpenverein, 1869
Verband Deutscher Gebirgs- und Wandervereine, 1883

Touristenverein „Die Naturfreunde", 1895

Jugendverbände
Ausschuss der Deutschen Jugendverbände, 1921
Bund Jungdeutschland, 1911
Deutscher Pfadfinderbund, 1911
Deutsche Jugendkraft (DJK), 1920
Ausschuss für Turnen und Sport im Reichsverband der evangelischen Jungmännerbünde Deutschlands, 1921 (ab 1923 „Eichenkreuz" im Christlichen Verein Junger Männer (CVJM))

Hochschulverbände
Deutsches Hochschulamt für Leibsübungen

Berufsverbände
Deutscher Turnlehrerverein, 1893
Verband Deutscher Sportlehrer, 1918

Deutscher Sport

3.2.1 Herrenruderer

Es ist sowohl in Bezug auf den Sport selbst als auch auf seine differenzierte Rolle innerhalb der wilhelminischen Gesellschaft aufschlussreich, anhand der beiden Sportarten Rudern und Fußball die Verbreitung des Sports in Deutschland bzw. im deutschen Vereins- und Verbandswesen zu verfolgen. Sie sind Beispiele dafür, wie vielfältig und vielschichtig der Sport von Anfang an in Deutschland betrieben wurde. Sport war auch, aber nicht nur „Herrensport"; ebenfalls Bürger, Kleinbürger und Arbeiter trieben Sport; nicht nur im Norden an der See, sondern auch im Süden in den Bergen wurde Sport getrieben; in den Industrierevieren des Rheinlands und in Westfalen entfaltete sich das Sportleben ebenso wie im Osten und in der Hauptstadt Berlin.

Rudern wurde in den Turnvereinen nicht betrieben, wenigstens nicht im Sinne des englischen Sports als Wett- und/oder Regattarudern. Die Gründung des Hamburger Ruderclubs von 1836, die durch die Söhne von reichen Hamburger Bürgern nach dem Vorbild eines englischen Ruderclubs von 1834 an der Alster veranlasst worden war, stellte wegen der besonderen Verhältnisse in Hamburg eine Ausnahme dar. Zur Gründung von Rudervereinen in anderen Städten Deutschlands, zuerst in Kiel, Frankfurt und Offenbach, kam es erst später in den 1860er und 1870er Jahren.[32] In Frankfurt und Offenbach waren es Schüler aus englischen Internaten, die den Rudersport anregten, bevor 1865 der Frankfurter Ruderverein entstand *(Eichberg* 1980, 352).

Abb. 12: Vereinshaus des Berliner Ruder-Clubs von 1884–1908.

---

[32] Vgl. im Folgenden *Ueberhorst* 1983; *Altrock* 1926; *Eichberg* 1980, bes. 351–355.

Die ersten Rudervereine waren weniger am Wettrudern interessiert, sondern für sie war das Rudern ein geselliges Ereignis; Wanderrudern war in der Anfangszeit in Deutschland beliebter als Renn- und Regattarudern. Das gilt auch für den Berliner Ruderverein von 1876, der anfangs Ruder-Wanderfahrten unter sich oder mit Gästen veranstaltete, bevor das Regatta- und Wettrudern an Bedeutung gewann. Sehr schnell kamen neu entwickelte englische Boote mit Rollsitzen nach Deutschland und verschafften der sportlichen Seite des Ruderns einen großen Aufschwung. Die Frankfurter Werft Carl F. A. *Leux* baute ab 1878 Rennboote nach englischen Maßen mit Rollsitzen und Auslegern.

Auf der Alster in Hamburg wurden seit 1844 Regatten ausgetragen. Neun Hamburger Rudervereine waren an der Gründung des DRV 1883 beteiligt.[33] Bereits 1858 wurde in Bad Ems eine erste Ruderregatta veranstaltet, 1870 dann in Frankfurt, und 1876 startete der Ruderclub Germania Frankfurt bei der Henley-Regatta auf der Themse in London. 1880 war in Frankfurt ein Regattaverein gegründet worden, der die Aufgabe hatte, die Ruderregatten in Gießen, Bad Ems, Würzburg, Mannheim usw. zu organisieren. Der deutsche Ruderverband wurde 1883 in Köln gegründet; als Ergebnis eines Ruderkongresses, den der Germania Ruderclub Frankfurt ein Jahr zuvor ausgerichtet hatte. Aus diesem Anlass war auch erstmals in Frankfurt eine Regatta als „Deutsche Meisterschaft" ausgetragen worden. Dem DRV gehörten im Gründungsjahr 1883 47 Vereine in ganz Deutschland einschließlich Österreich an *(Melsbach* 1927, 481). An den 12 Regatten des Jahres beteiligten sich 58 Vereine. Rudern war für den DRV in erster Linie Wett- und Regattarudern nach englischem Vorbild.

Rudern war dabei zunächst und überwiegend ein Sport der besseren Kreise, die es den englischen Gentlemen nachmachen wollten. Nicht von ungefähr lag eine Wurzel des deutschen Rudersports in Bad Ems, wo sich der deutsche Adel einschließlich des Kaisers regelmäßig ein Stelldichein gab. In Berlin wurde 1880 von den Berliner Rudervereinen, dem Berliner Ruder-Verein (1876), dem Ruder-Club Neptun (1877), der Berliner Ruder-Gesellschaft Borussia (1878) und anderen Vereinen die erste Ruderregatta der vereinigten Rudervereine der Oberspree auf dem langen See bei Grünau veranstaltet. Diese große Regatta von Grünau wurde ein gesellschaftliches Ereignis. Bis zu 50000 Zuschauer sollen um die Jahrhundertwende an der Regattastrecke gestanden haben, um die großen Rennen zu verfolgen (Sport in Berlin 1991, 84). Kaiser *Wilhelm I.* stiftete dem Berliner Regattaverein einen Wanderpreis, und *Wilhelm II.* erschien seit 1890 auch selbst an Bord seiner Yacht in Marineuniform und überreichte den „Kaiserpreis" *(Eichberg* 1980, 353).

Genau diese Tatsache, dass das Rudern ein „Herrensport" war und dass sich die Herrenruderer von der Masse der Sportler und anderer Ruderer abheben wollten, führte im Ruderverband über Jahre hinweg zu schweren Spannungen. Es ging um den so genannten Amateurparagraphen. Die Liebe der deutschen Herrenruderer im DRV zu den englischen Gentleman- und Regattaruderern ging so weit, dass sie deren Amateurparagraphen oder genauer die „Gentlemanklausel"

---

[33] Nachzulesen in „Der Deutsche Ruder-Verband 1883–1908, hrsg. vom Verbandsausschuß". Berlin 1908, 15.

nachahmten. Das „Henley-Regatta-Committee", das jedes Jahr die Regatta auf der Themse organisierte, hatte nämlich festgelegt, dass von Rennen jeder ausgeschlossen sei, „who is a mechanic, artisan or engaged in menial activity" *(Mandell* 1984, 153). Arbeit mit den Händen wurde als minderwertige, niedrige, knechtische Tätigkeit angesehen.

Obwohl es in Deutschland keinen einzigen Berufsruderer gab, wurde dieser Paragraph in die allgemeinen Wettkampfbestimmungen des DRV übernommen. An Rennen durften nur „Amateure" teilnehmen. „Amateur ist jeder", hieß es im § 8 *(Melsbach* 1927, 481), „der das Rudern nur aus Liebhaberei mit eigenen Mitteln betreibt oder betrieben hat und dafür keinerlei Vermögensvorteile in Aussicht hat oder hatte, weder als Arbeiter seinen Lebensunterhalt lediglich durch seiner Hände Arbeit verdient, noch in irgendeiner Weise beim Bootbau beschäftigt ist. Wer um Geldpreise startet oder nach dem 1. Januar 1884 gestartet hat, wird nicht als Amateur betrachtet."

Auch im Deutschen Ruderverband, waren Arbeiter und Handwerker praktisch vom Rudersport ausgeschlossen. Die norddeutschen Rudervereine hatten sich für diese Gentlemanklausel ausgesprochen, die süddeutschen waren dagegen; denn in ihren Reihen gab es auch viele Handwerker und Gewerbetreibende. Schon 1885 waren deshalb die österreichischen Rudervereine aus dem DRV ausgetreten; ebenso die süddeutschen Rudervereine, die 1905 einen eigenen, kleinen Verband gründeten. Noch nach dem Ersten Weltkrieg und nach der Revolution in Deutschland lautete der §4 der Satzung des DRV, dass als Mitglied nur aufgenommen werden könnte, „wer nach seiner gesellschaftlichen Stellung und Art seiner Tätigkeit als Herrenruderer anzusehen ist" *(Ueberhorst* 1983, 33; *Altrock* 1926, 466).

Trotzdem stieg die Zahl der Rudervereine und Rudersportler in Deutschland kräftig an: Aus 66 Vereinen mit 1999 Mitgliedern im Jahr 1884 wurden im Jahr 1906 205 Vereine und 19 Regattavereine mit 35227 Mitgliedern (DRV 1908, 98; *Eichberg* 1980, 353). Die sportliche Seite des Ruderns wurde im DRV immer mehr betont. Die Zahl der Bootsklassen, vom Einer bis zum Achter, wurde erhöht, Meisterschaftsregatten wurden durchgeführt und Ruderlehrer ausgebildet. Der Ruderverband trat 1912 dem Internationalen Ruderverband bei, der 1892 gegründet worden war.

Während das sportliche Rudern besonders gefördert wurde, traten andere wassersportliche Aktivitäten nicht-sportlicher Art wie Tourenrudern und Kanufahren, Vergnügungsfahrten mit Schifferstechen und Entenjagd usw. in den Hintergrund. Der Ruderverband verhielt sich bei der Zulassung oder Förderung sportlicher Änderungen oder Neuerungen ebenso konservativ und uneinsichtig wie in der Frage des Amateurparagraphen. Er sperrte sich zunächst gegen das Wanderrudern im Verband, das mehr die Masse der Bevölkerung ansprach und Anhänger in allen Schichten des Volkes fand. Nachdem sich der Verbandstag des DRV 1908 gegen das Wanderrudern ausgesprochen hatte, wurde im Frühjahr 1909 der Wanderruderverband Groß-Berlin gegründet. Die Spaltung des deutschen Ruderns in sportliches Wettrudern für „Amateure" und geselliges Wanderrudern für alle schien perfekt. Aber 1913 besann sich der DRV eines besseren und nahm den Wanderruderverband in den DRV auf. Seitdem betrachtete er auch die Pflege des Wanderruderns als eine wichtige Aufgabe des Verbandes *(Melsbach* 1927, 482). Die Kanufahrer wurden dagegen bereits 1884 vom DRV ausgeschlossen, weil der DRV Kanufahren nicht mit dem sportlichen Wett- und Regattarudern vereinbaren zu können glaubte. „So wurde (...) dem Canoe das Grab gegraben. Es wurde von mehreren Herren als ‚unsportliches' Werkzeug bezeichnet und deshalb von den Wettfahrten des DRV ausgeschlossen" (DRV 1908, 22). 1914 gründeten die Kanufahrer den Deutschen Kanuverband *(Eichberg* 1980, 354).

Die vornehmen, besseren Kreise ruderten in den Ruderclubs. „Kaufleute und Studenten, nach englischem Vorbild und in Anlehnung an die Marine, gefördert von Behörden und Fürsten, exklusiv für ‚Amateure', das typische Profil eines Oberschichtensports" *(Eichberg* 1980, 354). „Herrensport" ist im wörtlichen Sinn zu verstehen: Es gab zwar schon um die Jahrhundertwende rudernde Damen, aber sie gehörten zunächst nicht den Rudervereinen und dem Deutschen Ruderverband an. 1901 gründeten vier Damen aus der „besseren Gesellschaft" in Berlin den Friedrichshagener Damen Ruder-Club. Weitere Frauen-Rudervereine kamen hinzu, allmählich auch Frauenabteilungen in Rudervereinen, und sie gründeten 1919 einen eigenen Damen-Ruderverband mit Sitz in Berlin. Im Damenrudern wurde nicht nach Metern und Sekunden um die Wette gerudert, sondern es wurde die Rudertechnik nach Punkten – wie im Turnen – bewertet (Sport in Berlin 1991, 80). Dieses „Stilrudern" wurde im DRV noch bis Ende der 1950er Jahre gepflegt.

Der Deutsche Ruderverband sperrte sich lange Zeit sowohl gegen eine Reform des Amateurstatuts als auch gegen alle Reformen, durch die die Exklusivität des Herrenruderns hätte bedroht werden können. Letztlich gaben die Herrenruderer im DRV jedoch ihren Widerstand gegen eine Entwicklung auf, die in Deutschland das Rudern zu einer Sportart für alle Schichten der Bevölkerung und auch für Frauen, Jugendliche und Schüler werden ließ.

Schülerrudervereine gab es – außerhalb des DRV vom Kaiser bestimmt – seit 1880. 1912 wurden 291 Vereine und 60 Schülerabteilungen in Herren-Rudervereinen gezählt. Aber erst nach dem Ersten Weltkrieg zur Zeit der Weimarer Republik wurden auf dem Rudertag 1926 in Köln die Weichen für eine demokratische Öffnung des Deutschen Ruderverbandes gestellt: Auch Jugend-, Schüler- und Damenruderverbände wurden jetzt als gleichberechtigt anerkannt und konnten Mitglied im DRV werden *(Melsbach* 1927, 482).

3.2.2 Anfänge des Fußballsports

Ganz anders als das Rudern entwickelte sich der Fußballsport in Deutschland. Fußball wurde in Deutschland auch in den Turnvereinen gespielt, obwohl viele Turner und Turnlehrer jahrelang gegen diesen „Hundstritt", wie sich Otto Heinrich *Jaeger* ausdrückte, zu Felde zogen. *Jaegers* wenig schmeichelhafte Charakterisierung des Fußballspiels ist Geschichte geworden: „Wir geben dem bissigen Köter einen Tritt mit dem Fuß. Diesem ‚Hundstritts' halber, der beim Fußballspiel eine so große Rolle spielt, dann aber auch wegen der vorgebeugten, erbärmlichen Haltung, in welcher hier die Spieler dem Ball entgegen- und nacheilen, verabscheue ich das Fußballspiel." In *Jaegers* Nachfolge äußerte sich der

Stuttgarter Gymnasialprofessor Karl *Planck* in seiner ausführlichen Polemik in ähnlicher Weise gegen das Fußballspiel: „Fußlümmelei. Über Stauchballspiel und englische Krankheit".[34] Die konservativen Turnlehrer waren sich einig: Das Fußballspiel hatte auf einem deutschen Turnplatz nichts zu suchen. Trotzdem waren es Turnlehrer, die den Fußballsport in Deutschland einführten und verbreiteten: Konrad *Koch* und August *Hermann,* Turnlehrer und Turnspielexperten aus Braunschweig. 1875 wurde in Braunschweig der erste Schüler-Fußballverein gegründet. Meistens handelte es sich dabei um die englische Art des Fußballspielens, also eigentlich um Rugby, das Fußballspiel mit Aufnehmen des Balles. Fußball wurde in die Sammlung der Turnspiele bzw. der Turn-Ballspiele aufgenommen, neben Schlagball, Schleuderball, Brennball und Faustball seit den 20er Jahren auch Handball. 1889 führte ein Leipziger Turnverein das Fußballspiel beim Deutschen Turnfest in München vor. Aber die Turner und vor allem die Turnlehrer, die eine besonders meinungsbildende Funktion in der Turnerschaft ausübten, konnten sich auf Dauer nicht mit dem wilden englischen Ballspiel anfreunden. Die meisten stimmten im Grunde der Kritik Jaegers und Plancks zu. Fußball war kein Spiel für den gesitteten Turnplatz, wo auf Haltung und Ordnung geachtet wurde.

Erste Vereine

Es gründeten sich eigene Vereine, der erste Fußballverein für Erwachsene, wie bereits erwähnt, 1878 in Hannover, dann in Hamburg, Berlin und in anderen deutschen Großstädten. In Berlin hatten beispielsweise seit den 70er Jahren Engländer Cricket, Lawn-Tennis und Fußball gespielt. 1883 gründeten Schüler des Friedrich-Wilhelm-Gymnasiums einen Cricket-Club, spielten aber meistens Fußball. 1885 rief der Maler und Bildhauer Georg *Leux* aus Frankfurt in Berlin den Berliner Fußball-Club Frankfurt (B.F.C.F.) und 1890 den Bund Deutscher Fußballspieler in Berlin ins Leben. Dieser Bund trug 1891 die – vorläufig inoffizielle – erste Deutsche Fußballmeisterschaft aus, die der Berliner Fußball-Club Germania 1888 für sich entscheiden konnte (Sport in Berlin 1991, 90).

Anfangs wurde Fußball überwiegend mit Aufnehmen des Balles gespielt, aber allmählich gingen die meisten Vereine vom Rugby zum Soccer über. Das Spiel wurde dynamischer und attraktiver, als sich die neue Abseitsregel, die bereits 1875 in England eingeführt worden war, auch in Deutschland durchsetzen konnte. Sie besagte, dass nun ein Spieler auch aus dem Rückraum angespielt werden durfte, sofern sich zwischen ihm und dem gegnerischen Tor noch wenigstens drei gegnerische Spieler befanden. Später, 1925, wurde diese Regel erweitert: zwei Gegenspieler reichten aus. Beim klassischen Rugby-Spiel durfte nur nach hinten gepasst werden, mit der Folge, dass sich das Spielgeschehen auf einzelne ballführende Spieler konzentrierte, die mit dem Ball nach vorne stürmten, während nun – mit der neuen Abseitsregel – auch die Spieler ohne Ball mehr Entfal-

---

[34] Otto Heinrich *Jaeger,* zit. nach *Koppehel* 1954, 22 f. Karl *Planck:* „Fußlümmelei. Über Stauchballspiel und englische Krankheit". Stuttgart 1898. Er widmete diese Schrift seinem Lehrer O.H *Jaeger. Plancks* Schrift wurde 1982 vom LIT-Verlag Münster als Faksimile mit einem Nachwort von Henning *Eichberg* und Wilhelm *Hopf* neu aufgelegt.

tungsmöglichkeiten bekamen. Das „Spiel ohne Ball" wurde zum spielbestimmenden Faktor, und damit auch ein Spiel, bei dem – im Vergleich zu den Anfängen – Geschicklichkeit und Spielwitz eher auf-, Kraft und Aggression dagegen eher abgewertet wurden *(Eichberg* 1980, 380).

Die Probleme der Einheitlichkeit der Regeln und der Austragung nationaler Meisterschaften und Ligen waren die wesentlichen Gründe, warum es zu übergreifenden Zusammenschlüssen der Fußball spielenden Vereine in Deutschland kam. Das Ergebnis war die Gründung des Deutschen Fußball-Bundes im Jahr 1900; und 1903 wurde die erste – offizielle – Deutsche Fußball-Meisterschaft in Hamburg-Altona ausgetragen, 1908 das erste Länderspiel einer deutschen Fußball-Nationalmannschaft gegen die Schweiz *(Eichberg* 1980, 381).

Die Entwicklung des Fußballsports, nicht nur in Deutschland, folgte in spielerisch-sportlicher Hinsicht einem aufschlussreichen Trend: Durch die Einführung der Abseitsregel änderte sich das Spiel selbst. Es erinnerte immer weniger an ein Rauf- und Kampfspiel, und immer mehr trug es den Charakter eines dynamischen, spannenden und zugleich zivilisierten, formalisierten und auf allen Ebenen geregelten sportlichen Spiels. Nicht zuletzt die Organisation des Fußballs in Vereinen, so wie es von den Turnvereinen vorgemacht wurde, hat wesentlich zu dieser sportlichen Zivilisierung des Fußball-Spiels beigetragen.

Die Geschichte des Fußballs in Deutschland ist über diesen spielerischen Aspekt hinaus auch in sport-institutioneller und in sozialgeschichtlicher Hinsicht interessant.[35] Fußballvereine stehen entwicklungsgeschichtlich am Anfang der Leichtathletik in Deutschland *(Bernett* 1987, bes. 35–39). Die „natürlichen Übungen" des Laufens, Werfens und Springens waren zwar schon bei *Jahn* und *GutsMuths* betrieben worden; und es gab auch am Ende des 19. Jahrhunderts in den Turnvereinen und in der Deutschen Turnerschaft maßgebliche Turnführer und Turnlehrer, die sich gerade für diese „volkstümlichen" Übungen einsetzten und das Geräteturnen dagegen zurückzudrängen versuchten. *Jaeger* war z. B. ein engagierter Befürworter des Volksturnens, und Edmund *Neuendorff* vertrat später aus einer etwas anderen, eher jugendbewegten Perspektive dieselbe Auffassung. Dieses volkstümliche, natürliche Turnen verstand sich jedoch als pädagogisch motivierte Leibesübung und nicht als sportliche Athletik, Leichtathletik, wie später gesagt wurde.

Fußball und Leichtathletik

Fest steht jedenfalls, dass die ersten wirklichen Leichtathleten, die in den 80er und 90er Jahren des 19. Jahrhunderts in Deutschland auf den ersten athletischen „Meetings" auftraten, Fußball-, Rugby- und Cricketspieler waren. Da Fußball und Rugby – ganz nach englischer Tradition – nur in einer bestimmten Zeit des Jahres, während der „season", gespielt wurden, übten sich die Spieler in der spielfreien Jahreszeit, vor allem in den Sommermonaten, in den leichtathletischen Grunddisziplinen. Sie liefen, um beim Spiel einen schnelleren Antritt und eine verbesserte Ausdauer zu bekommen, und sie warfen mit Bällen, Speeren und Disken, um ihre Wurffähigkeit beim Rugby zu verbessern. *Bernett* nennt

---

[35] Siehe dazu bes. *Eisenberg* 1997, 1999.

einige Beispiele solcher Fußball-Leichtathleten: Georg *Demmler*, der spätere Gründer der Deutschen Sportbehörde für Athletik, war Mitglied im Berliner Fußballclub Germania und übte sich mit seinen Mannschaftskameraden beim Laufen auf dem Tempelhofer Feld. August *Gömann* aus Hannover war Rechtsaußen seiner Fußballmannschaft und gleichzeitig bester Sprinter in der ganzen Stadt. Max *Breuning*, ein international bekannter Fußballer aus Karlsruhe, war mehrfacher württembergischer Meister in verschiedenen leichtathletischen Wurfdisziplinen *(Bernett* 1987, 37). Viele andere Beispiele und auch Fußballvereine, nicht nur in Deutschland, könnten genannt werden, in denen dieser enge Zusammenhang zwischen Leichtathletik und Fußball zum Ausdruck kam. In der Anfangszeit wurden von einigen Vereinen sogar Wettbewerbe im „Fußballweitstoßen" oder im Cricketballwerfen durchgeführt. Die Deutsche Sportbehörde für Athletik führte eine Bestenliste im Fußballtreten; sie wurde im Jahr 1905 von *Demmler* mit 60 Metern angeführt.

Nicht nur die Fußballer nutzten die „tote Saison", um sich und ihre Kondition mit Leichtathletik zu verbessern. Allmählich, nachdem sich die Leichtathletik als eigenständige Disziplin gegründet hatte, gab es auch viele Leichtathleten, die den Fußballsport als „Wintertraining" nutzten. Aus verbandspolitischen Gründen kam es später zwar zu Rivalitäten zwischen dem Deutschen Fußballbund und dem Deutschen Leichtathletikverband. Fest steht aber, dass die Fußballvereine neben den Turnvereinen, in denen schon immer volkstümliche, leichtathletische Übungen praktiziert wurden, zur Keimzelle des „athletic sports", der Leichtathletik in Deutschland, wurden. Viele weitblickende Fußballer waren (und sind bis heute) der Meinung, dass eine solide und grundlegende leichtathletische Schulung die Voraussetzung für jeden guten Fußballspieler sei. *Bauwens*, anerkannter internationaler Schiedsrichter und erster Vorsitzender des DFB nach dem Zweiten Weltkrieg, forderte sogar, dass Jugendliche nur dann zum Fußballsport zugelassen werden dürften, wenn sie über eben diese leichtathletischen Voraussetzungen verfügten *(Bernett* 1987, 38 f.).

Die Zusammenarbeit von Fußball und Leichtathletik wird auch in organisatorischer Hinsicht deutlich: Im Jahr 1890 veranstaltete der Berliner Cricketclub zusammen mit dem Berliner Fußballclub Germania und einigen Turnern die erste große Leichtathletikveranstaltung in Deutschland. 1898 kam es auf Initiative des Fußballers Georg *Demmler* zur Gründung der „Deutschen Sportbehörde für Athletik", aus dem später der Deutsche Leichtathletikverband hervorging.

Schalke 04

Die sozialgeschichtlich interessante Seite der Entwicklung des Fußballsports besteht darin, dass Fußball zum typischen Sport der Arbeiter, zum Sport der Massen in den großen industriellen Zentren Deutschlands wurde, besonders im „Revier". Fußball war zwar zu Beginn eine vorwiegend von Bürgern (Angestellte) betriebene Sportart, wie *Eisenberg* (1997, 94 ff.) betont, aber entwickelte sich rasch zum Sport der Arbeiter in den Großbetrieben. Siegfried *Gehrmann* legte 1988 eine Studie zur Geschichte des Fußballs im Revier vor, die interessante Einblicke in die Alltags- und Sozialgeschichte des Fußballsports ermöglicht.

Gelsenkirchen und die Geschichte des berühmten Fußballvereins Schalke 04 stehen für diese Fußballgeschichte. Schalke war zu Beginn des 20. Jahrhunderts ein Vorort der Großstadt Gelsenkirchen, die in der Hochphase der Industrialisierung das Zentrum des Steinkohlebergbaus in Deutschland bildete. Gelsenkirchen liegt in unmittelbarer Nähe von Essen und Hamborn, wo die großen Stahlwerke von Krupp und Thyssen zuhause waren (sind); und alle drei Städte zusammen ergeben die deutsche Schwerindustrie – Kohle und Stahl, eine der Grundlagen der Industrialisierung in Deutschland. Das „Revier" war nicht nur ein Zentrum der Industrie, sondern gleichzeitig auch ein Zentrum der Industriearbeiterschaft, des Proletariats in Deutschland. Und Fußball spielte im Leben der Arbeiter des Reviers eine wichtige Rolle.

Der FC Schalke 04 war von Anfang an ein reiner Arbeiterverein, gegründet von den halbwüchsigen Söhnen von Bergarbeiterfamilien, die den erst 14-jährigen Gerhard *Klopp* als ihren ersten Vorsitzenden wählten *(Gehrmann* 1988, 90 ff.). Sie kickten auf einem von Rinnen zerfurchten Platz am Westrand Schalkes. Da der Antrag des Vereins um Aufnahme in den Westdeutschen Spielverband abgelehnt wurde, schlossen sie sich als Fußballabteilung dem Schalker Turnverein von 1877 an, der Mitglied des Spielverbandes war. Jetzt konnten die Schalker Fußballer regulär an den Spielrunden teilnehmen. Mit Kriegsbeginn (1914) löste sich die Fußballabteilung des Schalker Turnvereins auf, und es gründete sich ein neuer Verein, die „Westfalia" Schalke. Schalke 04 ging aus einem Turnverein der bürgerlichen Deutschen Turnerschaft hervor. Die Zusammenarbeit mit dem Schalker Turnverein ermöglichte den Schalker Arbeiter-Fußballern den sportlichen Aufstieg.

Der eigentliche Aufschwung des Schalker Fußballvereins erfolgte nach dem Ende des Ersten Weltkrieges; viele junge Vereinsmitglieder konnten dies nicht mehr miterleben, weil sie im Krieg gefallen waren. Wieder kam es zur Zusammenarbeit mit dem Turnverein, diesmal als Zusammenschluss zum „Turn- und Sportverein Schalke". Unter diesem Namen feierten die Schalker in den zwanziger Jahren ihre ersten Erfolge. Die Mannschaft stieg kontinuierlich auf, ihre Spielstärke verbesserte sich von Jahr zu Jahr, nicht zuletzt weil die Mannschaft schon damals den modernen englischen Stil mit konsequentem Flachpassspiel, Drop-kicks und Rückzieher praktizierte.

Die „reinliche Scheidung" in den 1920er Jahren, als die Vereine von Verbandsseite zur Trennung von Turnen und Sport gezwungen wurden, bedeutete für den „Turn- und Sportverein Schalke" das Auseinanderbrechen in Turnabteilung und Sportabteilungen. Wenn die Fußballer weiterhin in der Liga mitspielen wollten, mussten sie sich von den Turnern verabschieden; sie taten dies auch und gründeten sich im Jahr 1923 neu als „Fußball-Club Schalke 04". Erster Vorsitzender war bis zum Jahr 1939 der Turner Fritz *Unkel,* der auch schon dem Turn- und Sportverein vorgestanden hatte. In der Person von *Unkel* lebte die turnerische Tradition auch beim späteren legendären Fußball-Rekordmeister Schalke 04 weiter.

Mit der Selbstständigkeit und der Konzentration auf die eigenen fußballerischen Kräfte änderte sich die personelle Zusammensetzung der ersten Mannschaft, die von Sieg zu Sieg eilte. Ernst *Kuzorra* und Fritz *Szepan* traten in die Mannschaft ein und wurden zu wahren Helden und Idolen des fußballbegeisterten Reviers, zum Teil bis in die Gegenwart. In den Namen der Spieler von „Schalke 04" spiegelte sich nun eine Veränderung in der ethnischen Zusammensetzung der

Abb. 13: Die 1. Mannschaft des FC Schalke 04 um 1932.

Bevölkerung dieser größten deutschen Industrieregion. Die aus dem Boden schießenden Betriebe der Schwerindustrie – Kohle, Eisen und Stahl – brauchten dringend neue Arbeitskräfte. Aus der deutschen Bevölkerung allein ließ sich diese Nachfrage nicht befriedigen. Die Folge war, dass viele Menschen aus Polen in dieser damals noch jungen, sehr dynamischen und aufstrebenden Industrieregion Arbeit finden konnten. Unter den polnischen Arbeitern befanden sich auch viele talentierte junge Fußballspieler und noch mehr Fußball begeisterte Zuschauer.[36]

Für die Mannschaft von Schalke 04 kam 1927 der erste große Erfolg, die Vizemeisterschaft im Westdeutschen Spielverband hinter Duisburg, 1929 schließlich die Meisterschaft. Aber dieser Erfolgsweg wurde durch ein Ereignis jäh gestoppt: Schalkes erste Mannschaft wurde wegen Verstößen gegen das Amateurstatut vom Westdeutschen Spielverband gesperrt, indem die meisten Spieler zu Berufsspielern erklärt wurden. Auf Druck der Fußballbasis wurde die Sperre gegen die Spieler nach und nach aufgehoben, und am 1. Juni 1931 trat die ganze erste Mannschaft wieder zum Spiel gegen Düsseldorf an. Der größte Erfolg gelang Schalke, als die Mannschaft 1934 im Finale um die Deutsche Fußballmeister-

---

[36] Bezeichnenderweise fand der deutsch-polnische Gipfel zwischen Bundeskanzler *Schröder* und dem polnischen Ministerpräsidenten *Miller* im September 2003, auf dem über die Zukunft Polens in der Europäischen Union beraten wurde, in der „Arena auf Schalke" statt. Damit sollte symbolisch an den Beitrag erinnert werden, den polnische Arbeiter und ihre Familien für die Entwicklung des Ruhrgebiets – dazu gehört die Industrie genauso wie die Fußballkultur – geleistet haben.

schaft gegen den 1. FC Nürnberg mit 2:1 siegte und damit Deutscher Fußballmeister wurden. Ganz Schalke stand Kopf. Weitere Meisterschaften schlossen sich an, und das ganze Ruhrgebiet war jedes Jahr erneut aus dem Häuschen, wenn ihre „Knappen" mal wieder Deutscher Meister geworden waren.

Die Geschichte von Schalke 04 ist nicht nur wegen der turnerischen Vergangenheit des Vereins und wegen des sportlichen Erfolgs dieser Mannschaft beeindruckend, sondern vor allem deshalb, weil diese Mannschaft für Tausende, ja Hunderttausende von Arbeitern im Ruhrgebiet zum Identifikationsobjekt, fast zum Kultobjekt geworden ist. Die Schalker Spieler gehörten zum Milieu, sie waren so wie die Leute aus dem Revier selbst, sie kamen aus der gleichen Stadt, ihre Familien lebten vom Bergbau, von der Kohle und vom Stahl. Mit einem Unterschied: *Kuzorra* und seine Fußballkameraden hatten es allen vorgemacht, dass auch Arbeiter siegreich sein können, sogar polnische; sie hatten es der bürgerlichen Welt gezeigt, dass sich Schalke nicht unterkriegen lässt, dass das Revier zusammenhält. Alle Versuche, die Schalker Elf bei ihrem erfolgreichen Aufstieg zu behindern, waren gescheitert, angefangen von den Hindernissen bei der Spielberechtigung bis zum Skandal um den Amateurstatus. Bei jedem Spiel von Schalke war das Stadion ausverkauft; es sollen regelmäßig nie unter 40 000 begeisterte Fans in die Arena geströmt sein. Sie ließen sich von der Mannschaft und ihrem Spiel hypnotisieren, und die Zuschauer schafften es, ihre Idole auf dem Rasen zu immer neuen Leistungen und Siegen anzustacheln.

Nicht selten kam es auch zu Ausschreitungen und wüsten Szenen, zu Schiedsrichterbeleidigungen und Schlägereien auf dem und um das Spielfeld. Mannschaft und Zuschauer ergänzten sich. „Längst ist der Kampf zu Ende, der das Gespräch in Westdeutschland seit Wochen war", hieß es in einem Spielbericht von einem spektakulären Spiel zwischen Köln und Schalke in Duisburg vom 22. April 1928, das die Schalker mit 5:2 für sich entschieden hatten. „Der Meister von der Ruhr hat seinen großen Gegner aus der Rheinlandmetropole diesmal so niedergestürmt, wie jener es vor zwei Jahren ebenda in Duisburg fertigbrachte. Es ist gehobelt worden, es hat Späne gegeben. ... Wie ungeheuerlich gefährlich ist doch die Masse Mensch in zwangloser Unordnung. Spielbälle der Nervosität ... In wilder Unordnung fluteten Tausende herein, die nichts mehr sehen konnten, wo alles, aber auch alles besetzt war. ... auf den Rängen aber wurde die Szene zum Tribunal. Massenstürze in den Kurven rissen die Leiber von den Wällen in die Tiefe. Der Druck der Aufregung ließ die 45000 zum Werkzeug der Unvernunft werden. ... Draußen vor dem Haupteingang soll irgendwo ein Polizist in den Steigbügeln gehangen haben, mit dem Kopf nach unten ... Duisburgs Stadion hat das noch nie erlebt ..." *(Gehrmann* 1988, 113).

Solche Exzesse waren die eine Seite der Leidenschaftlichkeit, mit der die Arbeiterbevölkerung Gelsenkirchens und fast des ganzen Ruhrgebiets ihre Schalker „Knappen" begleitete; die andere war die Kraft, die Hoffnung, die Vitalität und das Selbstbewusstsein, das die „Fans" aus ihren Fußballhelden schöpften. Sie haben „vielen Leuten viel Glück gegeben", meinte ein besonderer Kenner der Schalker Szene, Wilhelm Friedrich *Koch,* und er dachte dabei auch an den dumpfen und harten Alltag der Arbeiter im Revier, an die Not und den Hunger in kinderreichen Arbeiterfamilien, an die überlangen Arbeitszeiten, an Kinder- und Frauenarbeit, an die drohende Arbeitslosigkeit, an elende Wohnungen und triste Vorstädte.

Schalke war auf seine Weise nur in Gelsenkirchen und im „Revier" möglich. Es ist deshalb ein Beispiel für die unterschiedliche Entwicklung und Ausprägung des Sports in Deutschland je nach Region, sozialen und wirtschaftlichen Verhältnissen, sportorganisatorischen Grundlagen und dem Interesse der Menschen an einer bestimmten Art von Sport.[37] Rudern in Hamburg und im Deutschen Ruderverband hat eine andere Geschichte als der Fußball in Schalke, der Radsport in Berlin oder der Pferdesport in Baden-Baden. Das Beispiel Schalke 04 zeigt auch, dass die große Zeit des massenhaften Arbeitersports erst nach dem Ersten Weltkrieg begann. Dieser Massensport der Arbeiter war auch etwas anderes als der in eigenen Vereinen organisierte sozialistische Arbeitersport.

3.3 Die Versportlichung der Leibesübungen

Trotz der Vielfalt der Formen und gesellschaftlichen Hintergründe, auf denen sich die Entwicklung des Sports in Deutschland abspielte, gab es auch Gemeinsamkeiten. Eine bestand darin, dass seine Ursprünge im Sport nach englischem Muster zu suchen sind, auch wenn er in deutschen Turnvereinen betrieben wurde. Dieser Sport emanzipierte sich und durchbrach ab der Jahrhundertwende das Monopol der Deutschen Turnerschaft auf Leibesübungen. Darüber hinaus sind noch andere Veränderungen in Turnen und Sport festzustellen, die den Wandel der Körper- und Bewegungskultur in dieser Zeit insgesamt verdeutlichen. Um welche Veränderungen es sich dabei handelte, lässt sich am besten an einem Beispiel erklären, und zwar an der Veränderung eines Spiels, der „Versportlichung" des Faustballspiels, die *Bernett* (1984) beschrieb und erläuterte.

Faustball war seit etwa 1900 ein klassisches deutsches Turnspiel. Es hatte Vorläufer im italienischen „Pallone"-Spiel, das im Freien, mit Hilfe eines Armschutzes auf Höfen und Plätzen gespielt wurde, wobei die Spieler den schweren Lederball zwischen den beteiligten Spielern hin und her schlugen.

In Deutschland gilt der Turnlehrer und Leiter der Münchener Turnlehrerbildungsanstalt, Heinrich *Weber,* als Erfinder des deutschen Turnspieles Faustball. Seit 1885 wurde es von ihm und seinen Schülern erprobt: Zwei Parteien von je sechs Spielern spielen sich den Ball über eine zwei Meter hohe Schnur zu, indem sie ihn mit der Faust oder dem Unterarm in hohem Bogen über die Leine schlagen. Um den Schlag besonders schön und hoch ausführen zu können, ist es auch erlaubt, sich den Ball durch „Päppeln" vorzulegen. Jeder gültige Rückschlag zählt einen Punkt; wer zuerst zwanzig Punkte erreicht hat, ist Sieger. „Das Spiel ist dann am schönsten, wenn die Bälle ununterbrochen von der einen auf die andere Seite geschlagen werden", formulierte Heinrich *Weber* den Grundgedanken des Spiels. „Überhaupt sollte sich jede Partei bei diesem Spiel einer gewissen Ritterlichkeit befleißigen", ergänzte ein Schüler *Weber*s, „d. h. der

---

[37] Eine ganz andere Fußballgeschichte als im Revier wurde beispielsweise in Süddeutschland geschrieben. Sie ist mit dem Namen Walther *Bensemann* verbunden, einem der wichtigsten Fußballpioniere und Fußballjournalisten in Deutschland, der als Student 1889 den Football-Club Karlsruhe gegründet und internationale Turniere organisiert hatte (vgl. *Beyer* 2003).

Gegenpartei solche Bälle geben, die sehr gut weitergespielt werden können. Hinterlistig gespielte Bälle, die gerade noch als erlaubt oder gültig angesehen werden können, schädigen die Gegenpartei und erniedrigen das ganze Spiel und damit die Spielschaft" (Bernett 1984, 145).

Hohe, schön und weit geschlagene Bälle, die ein langes Hin- und Herschlagen des Balles zwischen den Parteien ermöglichten, galten als die ideale Spielweise. Allmählich, aber spätestens nach dem Ersten Weltkrieg, änderte sie sich vollständig. Faustball wurde als wettkampfbetontes Sportspiel betrieben. Die Folge war, dass die Regeln geändert wurden. Das „kindische Päppeln" wurde verboten; ein Spieler durfte den Ball nicht mehr mehrmals hintereinander schlagen, und auf jeder Seite waren seit 1902 nur noch drei Schläge erlaubt. Schließlich und vor allem änderte sich die Zählweise: Nicht mehr die Zahl der schön geschlagenen Ballwechsel wurde notiert, sondern um einen Punkt zu erzielen, musste der Ball so über die Leine gespielt werden, dass die Gegenpartei ihn nicht regelgerecht zurückschlagen konnte. Dadurch kehrten sich Sinn und Praxis des bisherigen Spiels vollständig um: „Beim Aufgeben und Zurückschlagen des Faustballs war deutlich zu erkennen", hieß es in einem Bericht über ein Spielfest im Jahr 1907, „wie die Schwächen des Gegners erkannt und ausgenutzt wurden. Der Ball wurde meist mit tödlicher Sicherheit nach der Stelle des Spielfeldes geschlagen, die nicht besetzt war oder wo ein schwächerer Spieler seinen Platz angewiesen bekommen hatte …" (S. 151). Trotz Widerständen und engagierten Debatten über neue Regeln, die gemeine und hinterlistige Schläge verbieten sollten, wurden schließlich alle Schlagarten erlaubt; das Spiel wurde schnell und sportlich, raffinierte Schläge wurden ersonnen, die Bälle wurden hart und schnell über die Leine geschlagen, mit dem Ziel, dem Gegner das Rückschlagen zu erschweren.

Der Erfinder des Spiels, Heinrich *Weber,* war inzwischen (1911) 77 Jahre alt und empörte sich, leicht resigniert, über diese Entwicklung seines Spiels: „… die jetzt üblichen ekligen, perfiden und verkümmerten Wutzelbälle, die mit spitzfindiger Geschicklichkeit über die niedrige Leine notdürftig in das feindliche Spielfeld befördert werden, waren für uns nur Irrungen, Fehlschläge und Zerrbilder des Spiels. Heutzutage bilden sie leider allenthalben das Grundbild des Faustballes" (S. 153).

Diese Veränderung des deutschen Turnspieles Faustball steht für das, was von *Bernett* als „Versportlichung" des Spiels bezeichnet wurde, und er meint damit einen Prozess, der – an anderen Beispielen – auch von anderen Sporthistorikern und Soziologen in ähnlicher Weise gesehen wurde. Unterschiede gibt es jedoch in der Interpretation dieses Versportlichungsprozesses, der im Übrigen auch den Zeitgenossen selbst deutlich bewusst war.

Ein in der Sportgeschichte und Sportwissenschaft intensiv diskutiertes Erklärungsmodell des Versportlichungsprozesses stammt von Henning *Eichberg,* Sporthistoriker und historischer Verhaltensforscher, der in seinem Buch „Leistung, Spannung, Geschwindigkeit" unter struktur- und verhaltensgeschichtlichen Gesichtspunkten den Wandel zu den sportlichen Leibesübungen untersucht hat.[38]

---

[38] *Eichberg* 1978. Vgl. zur Diskussion des Ansatzes von Eichberg auch den von Wilhelm *Hopf* herausgegebenen Band *Eichberg* 1986.

Die Versportlichung der Leibesübungen 61

Für *Eichberg* findet im Übergang vom 17./18. Jahrhundert auf das 19./20. Jahrhundert ein grundsätzlicher „Konfigurationswandel" der Übungen, Bewegungen und Verhaltensweisen allgemein statt. Er ist gekennzeichnet durch eine höhere zeitliche Dynamik, durch eine Steigerung der Spannung und durch den alles beherrschenden Gedanken der Leistung. Für *Eichberg* ist dieser „Weg des Sports in die industrielle Zivilisation" – so ein anderer Buchtitel *Eichberg*s (1973) – allerdings kein eindimensionaler und linearer Fortschrittsprozess, kein Element eines universalen Zivilisationsprozesses, sondern eine spezifische und kulturell-relative Verhaltenskonfiguration. „Vor 250 Jahren gab es in unserem Land keinen Sport ... Auch in 250 Jahren – damit müssen wir rechnen – wird alles anders sein" *(Eichberg* 1986, 283). *Eichberg* setzte sich mit seiner These des kulturell-relativen Konfigurationswandels, in dem sportliche Bewegungsmuster nur eine von vielen möglichen historischen und kulturellen Bewegungsformen darstellen, von der „Theorie des Zivilisationsprozesses" ab, die auf *Elias* zurückgeht; denn *Elias* sieht die Genese des Sports in den langfristigen und universellen Prozess der Zivilisation eingebunden.

Die universelle Theorie der Zivilisation, die von dem *Elias*-Schüler Eric *Dunning* am Beispiel des Fußballspiels dargestellt und erläutert wurde, scheint auf den ersten Blick für die „Sportisierung" – so der Begriff von *Elias* – des Faustballspiels nicht zuzutreffen; denn wurde das alte deutsche Turnspiel mit den schönen hohen Schlägen und der „ritterlichen Haltung" der Turnspieler nicht wesentlich „zivilisierter" gespielt als die sportliche Form des Spiels mit den ekligen „Wutzelbällen", die im sportlichen Faustballspiel geschlagen wurden?

Dieser Befund steht nur oberflächlich im Widerspruch zur Zivilisationstheorie von *Elias*. Der moderne Sport ist nicht nur „zivilisierter", geregelter und weniger grausam als die Wettkämpfe in der Antike *(Elias* o. J.) oder die Spiele und Turniere im Mittelalter. Der moderne Sport ist genauso ein Ausdruck der Menschen in modernen, „zivilisierten" Gesellschaften, bei aller Beherrschung, Affekt- und Aggressionskontrolle in einem Bereich des Lebens ihren Affekten freieren Lauf zu lassen, die inneren Spannungen nicht aushalten zu müssen, sondern kontrolliert zum Ausbruch kommen zu lassen. „Quest for excitement", so *Elias/Dunning* (1986b), die deutsche Übersetzung lautet „Sport und Spannung im Prozess der Zivilisation" *(Elias/Dunning* 2003) ist eine wesentliche Funktion sportlicher Übungen und Aktivitäten in Gesellschaften, die von einem Höchstmaß an Ordnung und Kontrolle und von einer starken Dämpfung der Leidenschaften und des Gefühlshaushalts der Menschen, auch von Langeweile und angespannter Spannungslosigkeit geprägt sind. Eine zivilisierte Gesellschaft, die es nicht schafft, ihre Spannungen zu kompensieren und abzuleiten, wird den sozialen Spannungen erliegen, die sie produziert. Moderne, industrielle Gesellschaften müssen ihren Mitgliedern Gelegenheiten geben zum „enjoyable excitement of a struggle which may, but need not, involve bodily strength and skill" *(Elias/ Dunning* 1986b, 59).

Das Turnspiel Faustball, dessen „Sportisierung" oberflächlich gesehen der Theorie der Zivilisation entgegenläuft, ist deshalb gerade für die Zivilisationstheorie ein bezeichnendes Beispiel: Turnen war als bewegungsthematisierende gesellschaftliche Institution an dem breiten Formalisierungs- bzw. Zivilisierungsschub des Bewegungsverhaltens im 19. Jahrhundert in Deutschland beteiligt.

Turnen hat mit dazu beigetragen, den Affekthaushalt der Deutschen zu modellieren, ihre Körper und Leidenschaften zu beherrschen und sie in staatlich und gesellschaftlich akzeptierte Formen zu lenken. In diesem Sinn kann die Turn- und Körpererziehungsgeschichte des 19. Jahrhunderts in Deutschland auch als Disziplinierungsgeschichte gelesen werden.

Mit dem Wandel der Gesellschaft und der Zunahme an gesellschaftlich produzierten Spannungen – zwischen Arm und Reich, zwischen Adel und Bürgertum, zwischen Industrie und Landwirtschaft, zwischen den Regionen, innerhalb der Industriezentren, zwischen moderner Technik und alten, kulturellen Traditionen usw. – reichte die bloße Beherrschung, das Zurückhalten der Affekte und Leidenschaften jedoch nicht mehr aus. Im Sport und an unserem Beispiel auch in der sportlichen Form des Faustballspiels war eine Möglichkeit gegeben, dem Trieb- und Affektstau in geordneten Bahnen die Türen zu öffnen, ohne allerdings die soziale Ordnung zu gefährden; eine Grenze, die beim Faustball nie überschritten wurde, die aber bei den Massenspektakeln der Schalker Fußballfeste verschoben wurde.

Der Sport in seinen vielfältigen Formen mit jeweils unterschiedlichen Graden der Affektregulierung liefert auch unterschiedliche, fast individuelle Möglichkeiten, die Kosten der Zivilisation, u. a. Bewegungsmangel, Störungen im Affekthaushalt, im Körperverhältnis und in den sozialen Beziehungen, niedriger zu halten – vom harmlosen Faustballspiel bis zur Begeisterung der Schalker Fußballfans, die sich bis heute in spontanen und leidenschaftlichen Aktionen, bis zur Gewalt auf und außerhalb des Spielfelds, äußert.

Das Ergebnis des Prozesses der Versportlichung und Sportisierung war der moderne Sport, den *Guttmann* (1979, bes. 61) gegenüber dem mittelalterlichen und antiken Sport deutlich abgrenzte. Nur dieser Sport weist nach *Guttmann*s Meinung alle typischen Merkmale der Moderne auf: neben der „Weltlichkeit" des Sports die Gleichheit der Bedingungen, und dann vor allem die Kennzeichen der Spezialisierung, der Rationalisierung, der Bürokratisierung, der Quantifizierung und der Suche nach Rekorden. Auf viele Sportarten und sportlich-körperliche Betätigungen trifft diese Charakterisierung zu, und sie ermöglicht auch eine Differenzierung der unterschiedlichen historischen Realisierungsformen von Leibesübungen.

Der Sport war – im Unterschied zum Turnen – lange Zeit eine unreflektierte, eher spontane und elementare Bewegung. Sport war auch keine einheitliche und eindimensional zu beschreibende oder zu erklärende Erscheinung des gesellschaftlich-kulturellen Lebens. Es gab und gibt immer verschiedene „sports"; Sport war und ist vielfältig, vielschichtig, bunt und am Ende nicht völlig zu enträtseln. Verschiedene Schichten und Klassen der Gesellschaft leben unterschiedliche „sports"; der Sport von Männern war und ist anders als der von Frauen, der von Jungen anders als der von Alten.

Als sich der Sport in Deutschland verbreitete, konnte er nicht wie das Turnen auf eine gereifte und ausreichend diskutierte „Idee" zurückgreifen, weder in pädagogischer oder politischer noch in kultureller oder sozialer Hinsicht, und schon gar nicht konnte man vom Sport als einer geistig-philosophisch begründeten Form der Leibesübungen sprechen. Es war deshalb kein Wunder, dass die Bildungsbürger und Kulturträger in Deutschland den Sport als roh und geistlos

Die Versportlichung der Leibesübungen

ablehnten; wenigstens den der Massen, während sie selbst nichts dabei fanden, wie die englischen Gentlemen, sich auch vornehmen sportlichen Vergnügungen hinzugeben.

Dies änderte sich jedoch, als der Sport durch die olympische Idee eine mächtige ideelle Stütze erhielt. An dieser Geschichte waren die deutschen Turner und Sportler allerdings nicht beteiligt. Sie ging von Frankreich aus, von Baron Pierre *de Coubertin.*

Die englische Art, Leibesübungen zu treiben, wurde als Sport bezeichnet. Dieser Sport verbreitete sich ab dem 19. Jahrhundert von England aus in alle Welt – in die Kolonien des englischen Weltreichs, aber auch nach Europa und auf den europäischen Kontinent. Die führenden gesellschaftlichen Schichten in Deutschland, besonders der politisch maßgebende Adel, versuchten sich dem Lebensstil der englischen Gentlemen anzupassen. Dazu gehörten auch der Sport bzw. bestimmte Sportarten. Die „besseren Kreise" in Deutschland gingen um die Jahrhundertwende dazu über, englische Gentlemen-Sportarten selbst auszuüben oder zu fördern: Reiten und Jagen, Segeln und Rudern, Golf- und Tennisspielen. Das Rudern war auch in Deutschland am Anfang eine Herrensportart. Dies äußerte sich u. a. in den zahlreichen Konflikten, die ab 1885 im Deutschen Ruderverband (DRV) über die aus England übernommene Amateurklausel ausgetragen wurden, nach der Arbeiter und Handwerker von Rennen ausgeschlossen waren. Der erste in Deutschland gegründete nationale Sportverband war 1883 der Deutsche Ruderverband (DRV). Danach kam es in rascher Folge zu zahlreichen anderen Sportverbandsgründungen.

Fußball ist ein Beispiel, dass der Sport in Deutschland auch die Masse der Bevölkerung in ihren Bann zog. Das Spiel wurde in den Turnvereinen ebenso betrieben wie in den Athletikvereinen oder dann auch in eigenen Spiel- und Fußballvereinen. Die Geschichte des FC Schalke 04 zeigt, dass der Fußball zu einem Sport der Massen in den industrialisierten Gebieten Deutschlands, vor allem im Ruhrgebiet, wurde. Vereine und Spielverbände wurden auch in anderen Regionen Deutschlands ins Leben gerufen. Der Deutsche Fußballbund (DFB) wurde 1900 gegründet.

Der Sport wurde zu Beginn des 20. Jahrhunderts neben dem nationalen deutschen Turnen zur zweiten großen Säule der Bewegungskultur in Deutschland. Sport war die Summe unterschiedlichster Sportarten und vielfältiger Betriebsweisen in den verschiedenen Regionen; Sport wurde nicht mehr nur von den Oberschichten gepflegt, sondern schließlich von allen Schichten der Bevölkerung betrieben. Am Ende überflügelte der Sport das Turnen und wurde zum Begriff für die Gesamtheit aller Leibesübungen.

Die Veränderung des Faustballspiels vom biederen Turnspiel zum dynamischen Sportspiel macht den Prozess der „Versportlichung" *(Bernett)* **der Bewegungskultur in Deutschland deutlich. Es gibt verschiedene Ansätze zur theoretischen Erklärung dieses Versportlichungsprozesses. Henning** *Eichberg* **sieht den Sport als Erscheinung und Symbol einer Verhaltenskonfiguration, die für das Zeitalter der Industrialisierung bestimmend war. Norbert** *Elias* **und Eric** *Dunning* **haben den Sport als Teil des langfristig angelegten und universell verlaufenden Prozesses der Zivilisation analysiert.**

Hinweise zur Literatur- und Quellenlage:
Wie der komplexe Prozess der Übernahme des englischen Sportmodells nach Deutschland im Einzelnen vonstatten ging, ist historisch noch nicht ausreichend analysiert worden. Die gründlichste Studie legte Christiane Eisenberg (1999)vor. Die wesentliche Literatur und grundlegende Quellen sind darin verarbeitet. Außerdem liegen sporthistorische Arbeiten zur Geschichte einzelner Sportarten und Sportverbände in Deutschland vor, die oft weit mehr sind als Fest- und Jubiläumsschriften; sie haben aber nicht den Wandel der Bewegungskultur insgesamt im Blick.[39] *Diese wertvollen Arbeiten liefern die konkreten historischen Fakten über die Verbreitung von Sportvereinen und Sportverbänden, über Wettkämpfe und Sportveranstaltungen, über Sportlerinnen und Sportler, über den Alltag in Vereinen und Verbänden, über die Herausbildung einer Organisationsstruktur des Sports und nicht zuletzt über Ziele, Inhalte, Formen, Sinn und Selbstverständnis des frühen Sports in Deutschland. Das gilt im Prinzip auch für die DDR-Sportgeschichtsschreibung, die ein Projekt zur Geschichte der Sportarten in Deutschland durchgeführt hat (Skorning 1976; Pahncke 1979a, 1983).*

Der Sport in Deutschland war anfangs nicht mehr als die Summe der sportlichen Aktivitäten in den Sportvereinen und Verbänden. Die Entstehungsgeschichte des Sports in Deutschland muss deshalb auch von der Geschichte der Sportarten ausgehen. Um dies leisten zu können, sind neben den Sportzeitschriften, Sportfachzeitschriften und Verbandsorganen auch die Protokolle von ersten Vereinen und Verbänden in Vereins- und Verbandsarchiven als Quellen heranzuziehen.[40] *Darüber hinaus sind je nach Fragestellung auch sportbezogene Quellen aus Stadt-, Staats- und Landesarchiven unverzichtbar. Im Unterschied zur Turngeschichte erhält bei der Sportgeschichte eine neue Quellengattung eine besondere, aber noch nicht ausreichend erkannte Bedeutung: Bilder und Fotografien.*

Die Frage, inwieweit der Sport in seinen Anfängen in Deutschland eine Angelegenheit der wilhelminischen Eliten war, in welchen Schichten welcher Sport auf welche Weise und in welchen Regionen getrieben wurde und welcher nicht, welche Konflikte mit dem Turnen und den Turnvereinen entstanden und welche Werte, Ideale, Lebensstile mit diesem Sport verbunden und in spezifischer Weise übernommen wurden – bedarf gerade für die Zeit der Entstehung der ersten Sportverbände in Deutschland einer noch tiefergehenden Erörterung.

Eichberg (1973, 1978, 1980, 1986) hat sich auch theoretisch bemüht, die Veränderungen in Turnen und Sport in Deutschland am Ende des 19. Jahrhunderts in den Wandel des Verhaltens und Bewegens überhaupt einzubeziehen. Eichberg lehnt sich zwar an die Zivilisationstheorie von Elias an, folgt ihr aber in dem entscheidenden Punkt nicht, nach dem sich die Entwicklung des Sports in den breiten Strom der Zivilisation einfügt. Dieser zivilisationstheoretische Ansatz zur Analyse und zum Verständnis der Verbreitung des Sports in Deutschland ist zwar von der englischen, aber nicht von der deutschen Sportgeschichte konsequent weiterverfolgt worden.

---

[39] Siehe insbesondere *Bernett* 1987 und *Ueberhorst* 1983; auch die ältere Turn- und Sportgeschichtsschreibung, vgl. *Bogeng* 1926 oder *Diem* 1971b, hat sich schon um eine Geschichte der Sportarten bemüht.

[40] Siehe z. B. die von *Bernett* (1987) in seiner Geschichte der Leichtathletik ausgewerteten Zeitungen und Zeitschriften.

4 Die Wiedereinsetzung der Olympischen Spiele in der Neuzeit

Im Unterschied zum deutschen Turnen stand am Beginn der modernen Sportentwicklung nicht eine Idee, sondern die Praxis des Sports. Als solche erfuhr er von vielen Seiten massive Kritik, von den Turnern, den Bildungsbürgern, den Gelehrten und Philosophen. Erst durch den französischen Baron Pierre de Coubertin und die Wiedereinsetzung der antiken Olympischen Spiele in der Neuzeit erhielt auch der Sport eine ideelle Grundlage, von der aus der Kritik am Sport begegnet werden konnte. Was ist mit „Olympismus" gemeint? Diese Frage steht am Schluss des folgenden Kapitels.

Abb. 14: IOC-Gründungsmitglieder bei einer Sitzung in Athen 1896 (2. von links: Coubertin).

4.1 Der Sport in der Kritik

Der Sport verbreitete sich am Ende des 19. Jahrhunderts von England aus in aller Welt. Viele Menschen waren vom Sport begeistert. Aber diesem Sport, der auf den europäischen Kontinent übergeschwappt war und auch die neue Welt, die Vereinigten Staaten, erobert hatte, fehlte eine Idee. Die deutschen Turner konnten auf die vaterländisch-nationalen Ideale und Traditionen ihrer Leibesübungen verweisen, die schwedische Gymnastik hatte den gesundheitlichen Wert spezifischer funktionaler Leibesübungen bewiesen – aber was hatte der Sport zu bieten? Nichts von alledem. Sport war das Freizeitvergnügen einiger reicher, vornehmer und exzentrischer englischer Gentlemen. Sport waren die Massenspektakel in den Fußballstadien, auf den Radrennbahnen und Boxarenen. Sport war ungesund, davon waren die meisten Experten überzeugt; denn was konnte schon an gesundheitlichem Wert in Spielen stecken, bei denen wie beim „football" aufeinander eingedroschen wurde? Und was war mit den Wettläufen, bei denen sich die Läufer die Lunge aus dem Leib rannten, nur um sich am Ende als Sieger feiern zu lassen? Wo sollten bei so einem Sport charakterliche Tugenden ausgebildet werden, bei dem es doch nur darauf ankam, seinen Gegner in den Staub zu werfen.

Die Kritik der Turner

Wilhelm *Angerstein,* ein führender deutscher Turner und Turnlehrer des 19. Jahrhunderts, der als liberal und fortschrittlich eingeschätzt wurde, war von der Unmoral und der Verderbnis des Sports überzeugt: „Das Sportwesen hat ... sehr schlimme Auswüchse...", sagte er 1888 in einem Vortrag vor dem Turnlehrer-Verein in Brandenburg. „Deswegen halte ich es für meine Pflicht, das Sportwesen mit dem sittlichen Ernste zu bekämpfen, der einem jeden eigen sein muss, dem die Zukunft unseres Volkstums am Herzen liegt... Ich meine, wenn es irgend etwas gibt, was geradezu Abscheu vor dem Sport erregen kann, dann sind es solche Boxkämpfe" *(Angerstein* 1888, 337 f.). Angerstein war nicht der einzige, der so dachte, und die Auseinandersetzungen über den Sport und seinen „Wert" sollten die körperkulturelle Diskussion in Deutschland noch jahrelang beschäftigen.

In der Deutschen Turn-Zeitung wurde bereits in den 1880er Jahren eine Grundsatzdebatte über Wert und Unwert des Sports geführt. Ferdinand August *Schmidt,* Arzt aus Bonn und seit 1887 im Ausschuss der Deutschen Turnerschaft sowie zweiter Vorsitzender des Zentralausschusses für Volks- und Jugendspiele, hatte sie mit einer Artikelserie (DTZ 1886, 17 f./ 45–48/85–89/121–123) unter der Überschrift „Sport und Leibesübung. Ein Beitrag zur Würdigung des Sports in Deutschland" eröffnet. Es ging *Schmidt* nicht um eine allgemeine und grundsätzliche Verurteilung des Sports, sondern er legte die gesundheitlichen und pädagogischen Maßstäbe des Turnens in der Turnerschaft auch bei der Beurteilung des Werts der sportlichen Leibesübungen an. Am Ende kam er zu einem ähnlichen Ergebnis wie *Angerstein:* „Der Sport ist so recht eine Ausgeburt unserer dahinhastenden alles gleichmachenden Zeit. Es ist eine Art von Ruhmsucht, wenigstens in kleinen Dingen der Erste zu sein, ‚Sensationelles' zu leisten, aus der Menge hervorzuragen. Es ergibt sich ferner aus dem Gesagten von selbst, dass der Sport einseitig sein muss, eine Übertragung der modernen Teilung der Arbeit, des Spezialistentums auf das Gebiet der Erholung, der Liebhabereien. Denn der richtige Sportsmann treibt meist nur einen einzigen Zweig des Sports, um es umso sicherer zu einer gewissen Meisterschaft in derselben bringen zu können."

Einseitigkeit, Spezialistentum, ehrgeiziges und übertriebenes Wettkampf- und Leistungsstreben, das waren die wichtigsten Kritikpunkte am Sport. Dazu kamen aus der Sicht des nationalen Turners und Erziehers *Schmidt* die Verwendung englischer Ausdrücke in der Sportsprache, das einseitige Training und der Professionalismus, die aus einfachen Leibesübungen wie dem Laufen ein „neumodisches Zerrbild der wahren Gymnastik" machten. Bei aller Kritik anerkannte *Schmidt* aber die Leistungen des athletischen Sports, die „frische Tatkraft", die Energie, die „zähe Ausdauer", die großen Leistungen und die Disziplin, die ein wahrer Sportsmann aufbringt, wenn er sich einem strengen Training unterwirft und sich zielgerichtet und konsequent auf einen Wettkampf vorbereitet. Das war den Turnern fremd. Sie bewunderten zwar diese Seite des Sports, insgesamt lehnten sie ihn aber ab: „Wir können gewiss von den Betriebsmitteln und der Betriebsweise des Sports manches für unsere turnerischen Dinge brauchbares herübernehmen ... Aber als erziehliche körperbildende Kunst überragt unser Turnen den Sport weitaus. Wir lassen uns den Sport als Ersatzmittel für unser Turnen nie und nimmer einschwätzen."

Trotz der Erfolge des Sports um die Jahrhundertwende und der ständig steigenden Mitgliederzahlen in den Sportvereinen und Sportverbänden hielten die Turner grundsätzlich an ihrer Kritik am Sport fest. Dies gilt auch für die Zeit nach dem Ersten Weltkrieg. Der Turnlehrer und Pressewart der Deutschen Turnerschaft Franz P. *Wiedemann* hat im Jahr 1921 in einem kleinen Buch mit dem dramatischen Titel „Schicksalswende. Ein sehr notwendiger Beitrag zur Frage ‚Turnen und Sport' vom Standpunkte der Volkserziehung" (*Wiedemann* 1921/1982) die bereits von *Schmidt* und *Angerstein* genannten Aspekte aufgegriffen und verstärkt. *Wiedemann* hob dabei den erzieherischen bzw. volkserzieherischen Charakter des deutschen Turnens hervor, der dem Sport völlig fehle: „Denn das ist das wesentliche Unterscheidungsmerkmal zwischen Turnen und Sport: Das Turnen ist in erster Linie volkserzieherisch orientiert; es sucht in allen seinen Wesensäußerungen erzieherisch zu wirken, oft bis zur Übertreibung ... es will nicht nur den Leib erziehen, nicht nur zur ‚körperlichen' Tapferkeit, sondern vor allem zur sittlichen ... Der Sport, wenigstens in seinen deutschen Anfängen, stellte demgegenüber die krasse Forderung der Leistungsbewertung in den Vordergrund. ... ‚Dieser Sport betet allein die Quantität an und sein Götze ist der Rekord'" *(Wiedemann* 1982, 31).

Sport in der Kulturkritik

Der Streit zwischen Turnen und Sport, der in Kapitel 6 in seinen praktischen Auswirkungen behandelt wird, bestand in ideeller Hinsicht in einer Diskussion über den – sittlichen und erzieherischen – Wert bzw. Unwert sportlicher Leibesübungen. Aber nicht nur die deutschen Turner und Turnlehrer übten Kritik am ungeistigen Sport und seinem Mangel an erzieherischer Qualität.

Auch außerhalb Deutschlands wurde der Sport von Intellektuellen ins Visier genommen. Besonders radikal, bissig und witzig fiel die kultur- und gesellschaftskritisch motivierte Sportkritik von Thorstein Bunde *Veblen* (1857–1929) aus. *Veblen* war ein amerikanischer Soziologe, der im Jahr 1899 ein Buch mit dem Titel „The Theory of the Leisure Class", zu deutsch „Theorie der feinen Leute", verfasst hatte *(Veblen* 1981). Wörtlich übersetzt hätte es eigentlich heißen müssen „Theorie der müßigen Klasse"; denn *Veblen* geht in seinem Buch davon aus, dass das wesentliche Kennzeichen der herrschenden Klassen zu allen Zeiten der Müßiggang sei – natürlich in unterschiedlichen Formen. Die Mächtigen seien ursprünglich durch Mord, Raub, Krieg und andere Heldentaten zur Macht gelangt. Diese „räuberischen Instinkte" hätten sie sich seitdem erhalten und in die „Zivilisation" hinübergerettet. Ergänzt würden sie nun durch den „demonstrativen Müßiggang" dieser herrschenden Klassen. Ein Symbol dieser beiden Grundeigenschaften der herrschenden Klasse ist für *Veblen* der Spazierstock: „Der Spazierstock übernimmt so die Funktion eines Plakats, welches besagt, dass sich die Hände des Trägers niemals mit nützlichen Dingen beschmutzen, weshalb der Stock also einen gewissen Wert als Beweis der Muße besitzt. Andererseits stellt er eine Waffe dar und befriedigt auch in dieser Eigenschaft ein Bedürfnis des barbarischen Menschen." (S. 196).

Dieselbe symbolische Ausdruckskraft komme dem Sport zu. Der Sport vereinige nach der Ansicht von *Veblen* beides: Die archaischen Formen des „räuberischen Instinkts" der „leisure class", die sich in den sportlichen Wettkämpfen äußerten, und den demonstrativen Müßiggang, das demonstrative Verlangen nach Konsum und Prestige, nach dem Absondern und Heraustreten-Wollen aus der Masse der anderen. „Der Sport befriedigt nun nicht nur die Forderung nach wesentlicher Sinnlosigkeit, sondern er bietet auch – anstelle eines eigentlichen Zwecks – einen annehmbaren Vorwand; außerdem gestattet er dem Geist des Wettbewerbs, sich hemmungslos auszuleben, was ihn noch anziehender gestaltet." (S. 191). Und weiter: „Die Vorliebe für den athletischen Sport, die sich nicht nur in der direkten Teilnahme, sondern auch in der gefühlmäßigen und moralischen Unterstützung äußern kann, stellt ein mehr oder weniger ausgesprochenes Kennzeichen der müßigen Klasse dar, das diese außerdem mit den Kriminellen der untersten Schichten und mit allen jenen atavistischen Elementen der untersten Schichten gemeinsam hat, die mit vorwiegend räuberähnlichen Neigungen ausgestattet sind." (S. 201).[42]

Veblen konnte auch deshalb zu seinem vernichtenden Urteil über den Sport und seine Un-Kultur kommen, weil Sport zu seiner Zeit in den USA eben fast ausschließlich mit den Freizeitvergnügungen der Oberschichten, der herrschenden, müßigen Klassen in Verbindung gebracht wurde. Sport stand in engstem Zusammenhang mit den reichen englischen Gentlemen und deren Lebensstil, dem die Herrschenden in aller Welt, eben vor allem in Amerika, nachzueifern versuchten. Einen Sport der Arbeiter gab es erst in Ansätzen, und wenn, wurde dies nicht eigentlich als Sport angesehen, sondern als Massenspektakel, Berufssport bei den großen Boxkämpfen oder berufsmäßige Artistik im Zirkus. Und außerdem konnte der Sport bis dahin noch nicht eine wirklich akzeptierte Idee, eine

---

[42] Das Buch *Veblens* wurde besonders gründlich gelesen und interpretiert von dem Soziologen und Philosophen Theodor W. *Adorno* (1903–1969). Er setzte sich in einem Aufsatz, der 1963 in *Adornos* Schriften zur Kulturkritik mit dem Titel „*Veblens* Angriff auf die Kultur" erschien, mit der Theorie *Veblens* auseinander. *Veblens* Kritik am Sport diente *Adorno* als Grundlage für seine eigene, radikale Kritik am Sport.

sportliche Ideologie oder eine Art sportliches Ethos vorweisen. Sport war für ihn allein die sportliche Praxis einer müßigen Oberschicht.

Obwohl *Veblens* Sportkritik damals – um 1900 – in Deutschland nicht oder kaum bekannt war und er auch aus der Sicht eines etwas exzentrischen Soziologen bzw. Sozialphilosophen in den USA schrieb, nahm er vieles und in anderen Worten vorweg, was später in Deutschland auch vonseiten des Arbeitersports am Sport als Herren- und Elitesport kritisiert wurde (vgl. Kap. 6).

4.2 Die Olympischen Spiele der Neuzeit

Es gab allerdings auch Anhänger des Sports, die vom Sport nicht nur wegen seines Freizeitwerts für „Herrensportler" und seiner Möglichkeiten zum „demonstrativen Müßiggang" begeistert, sondern die auch von der erzieherischen und moralischen Kraft dieses Sports überzeugt waren. Einer von diesen Sportanhängern war Pierre *de Coubertin.*

Coubertin (1863–1937) gilt als Begründer der modernen Olympischen Spiele und als Schöpfer der Olympischen Idee, die er als die geistige Basis des modernen Sports überhaupt verstanden wissen wollte.

Der Triumphzug der olympischen Bewegung im 20. Jahrhundert ist ohne Beispiel. Damit sind sowohl die regelmäßig veranstalteten universellen sportlichen Spiele und Wettkämpfe als auch ihre geistigen Gehalte wie Völkerverständigung, Fairness, Friede, Humanität usw. gemeint. Im Laufe der 100-jährigen Geschichte des olympischen Sports seit den ersten Spielen von Athen 1896 ist er ein internationales Forum, ein universelles Kommunikationsmittel geworden, das überall verstanden wird.

Es hatte bereits in früheren Jahrhunderten immer wieder Versuche gegeben, so etwas Ähnliches wie die Olympien in der Antike auch wieder in der Neuzeit durchzuführen (M. *Krüger* 1999). In Literatur und Philosophie, von *Shakespeare* bis *Voltaire,* war die Erinnerung an das antike Olympia nie erloschen. Im 19. Jahrhundert verdichtete sich dieses Andenken an Olympia, weil das gebildete und aufgeklärte Europa die klassische Antike als leuchtendes Vorbild für die Gegenwart und Zukunft betrachtete. In Griechenland organisierte der reiche Grieche Evangelos *Zappas* im Jahr 1859 und auch noch in den 1870er Jahren solche modernen olympischen Spiele, die allerdings einen spezifisch nationalen Charakter trugen.

In England wurden bereits zu Beginn des 17. Jahrunderts von Captain Robert *Dover* in der Grafschaft Worcestershire Spiele abgehalten, die so genannten Cotswold Games, die von dem Sporthistoriker Joachim K. *Rühl* als „Olympische Spiele" Robert *Dovers* bezeichnet wurden. Diese Spiele umfassten Wettrennen, Spiele und Zweikämpfe aller Art, fanden jährlich mit Unterbrechungen bis zum Jahr 1851 statt und standen zeitweise unter der Schirmherrschaft der regierenden Monarchen *(Rühl* 1975). Als „Olympische Spiele" oder als Vorläufer Olympischer Spiele, wie sie von *Coubertin* neu begründet wurden, sind sie aber genauso wenig anzusehen wie die Drehbergfeste in Anhalt-Dessau bei Wörlitz, die von 1776 bis 1799 vom Fürsten Anhalt-Dessau veranstaltet wurden und die *GutsMuths* in seiner „Gymnastik für die Jugend" (1793, 126) als Beweis dafür anführt, „dass Nationalfeste ein schätzbares, leider vernachlässigtes Volkserziehungsmittel seien", wenn sie nach dem Vorbild der „Alten" wie im antiken Olympia gefeiert würden.

Dasselbe gilt für die „olympischen Spiele" des Dr. *Brookes* in Wenlock bei Shropeshire im Jahr 1849, bei denen ebenfalls Wettkämpfe und Spiele mit der Verleihung von Preisen veranstaltet wurden. Auch *Coubertin* hatte über diese Spiele berichtet, die aber nur für die „angelsächsische Rasse" gedacht waren und nichts von dem internationalen Charakter vorweisen konnten, der den Spielen *Coubertin*s zu eigen war *(Mandell* 1976, 44 f.). John Astley *Cooper* regte 1891 in der Zeitschrift „Greater Britain" an, alle vier Jahre anlässlich der Henley Regatta die besten Sportler des britischen Weltreichs und der USA zu sportlichen Spielen und Wettkämpfen zusammenzurufen.

Schließlich lassen sich auch die „National Olympian Games", die 1866 erstmals im Londoner Crystal Palace durchgeführt und vom Vorsitzenden des Deutschen Turnvereins in London, Ernest *Ravenstein* organisiert wurden, in die Tradition der geistigen und materiellen Vorbereitung der Olympischen Spiele einordnen.

Coubertin hat von diesen verschiedenen Spielen im olympischen Geist und mit Bezug auf die Antike gewusst, und er hat es verstanden, aus ihnen eine neue Form internationaler Olympischer Spiele zu gießen (vgl. A. *Krüger* 1980, 527).

4.2.1 Ernst Curtius und das antike Olympia

Die Deutschen taten sich in ihrer Begeisterung für das antike Griechentum besonders hervor. Johann Joachim *Winckelmann* (1717–1768), auf den die Begründung der deutschen Klassik zurückgeführt wird, hatte mit seinen Forschungen zur Antike viele Dichter, Philosophen und Wissenschaftler inspiriert; unter ihnen auch Friedrich *Schiller* (1759–1805) und Friedrich *Hölderlin* (1770–1843), die in ihren Werken einen neuen, nationalen Mythos des „Griechentums" begründeten, nach dem eine Art Seelenverwandtschaft zwischen den klassisch gebildeten Griechen in der Antike und den Deutschen bestünde, die zur Zeit *Schiller*s und *Hölderlin*s erst im Begriff waren, eine eigene, nationale Kultur und Tradition zu entwickeln.[43] Johann Heinrich *Krause* (1802–1882) schrieb als erster ein großes und wissenschaftlich genaues Werk zur Gymnastik und Agonistik der Hellenen.

Ernst *Curtius* (1814–1896), dem berühmten deutschen Altertumsforscher, war es schließlich beschieden, die Ausgrabung Olympias zu leiten. Mit seinem Vortrag vor dem Wissenschaftlichen Verein zu Berlin im Jahr 1852 hat *Curtius* nicht nur erreicht, dass die Ausgrabung Olympias von der preußischen Regierung gefördert wurde, sondern er hat auch einen maßgeblichen Beitrag zum modernen Mythos Olympia geliefert, wie er dann auch von *Coubertin* aufgegriffen und weiterent-

---

[43] Zu dieser Griechen- und Antike- bzw. Olympiarezeption *Schiller*s und *Hölderlin*s vgl. M. *Krüger* 2004, bes. 58 ff.

Die Olympischen Spiele der Neuzeit 71

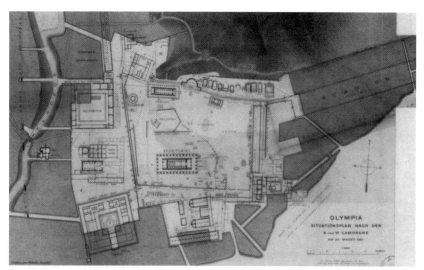

Abb. 15: Plan von Olympia. Gezeichnet von Kaupert und Dörpfeld. Berlin 1882, Blatt III.

wickelt wurde. *Curtius* begnügte sich nicht damit, nur die Lage Olympias, seine Bauwerke und Wettkampfstätten darzustellen, so wie sie ihm aus dem Studium der antiken Autoren bekannt waren, sondern er schilderte auch den Sinn und Zweck der Spiele und der antiken Gymnastik und Agonistik insgesamt.

Curtius begann seinen Vortrag mit einer Erzählung des griechischen Geschichtsschreibers *Herodot* (um 490–425 v. Chr.) aus dem Perserkrieg (480 v. Chr.). Als der persische Feldherr *Mardonius* mit seiner mächtigen Streitmacht den Hellespont überschritten hatte, erwartete er, dass die Griechen in Furcht und Schrecken versetzt sein würden. Aber er irrte sich. Die Griechen feierten in aller Seelenruhe, und wie sie das gewohnt waren, „das Fest der Olympien"; und dabei, so wurde den Persern von Einheimischen erzählt, seien weder große Preise noch Geld und Geschenke zu erringen, sondern die Griechen traten allein „um den Kranz vom Ölbaum" in die Arena. Als die Perser davon hörten, habe einer von ihnen gesagt: „Wehe *Mardonius,* gegen was für Männer hast du uns geführt, die nicht um Gold und Silber Wettkämpfe halten, sondern um Männertugend!"

Das war genau die Vorstellung von Olympia, die später auch für die modernen Olympischen Spiele gelten sollte: Edle Männer, gesund, furchtlos und gestählt an Leib und Seele, die ihren Sport um der Sache und um der Ehre willen, aber nicht aus kurzsichtigem und egoistischem Gewinn- und Profitstreben mit Ruhe und Begeisterung betreiben. „Um Macht und Besitz ist unter allen Völkern der Erde gekämpft worden, solange die Geschichte ihren blutigen Weltgang hält", fuhr *Curtius* in seinem Vortrag fort, „aber vor und nach den Hellenen hat es kein Volk gegeben, welchem die freie und volle Entfaltung der menschlichen Kräfte des Lebens Ziel war, so dass, wer in diesem Streben vor allem Volke Anerkennung errungen hatte, sich reich belohnt fühlte, so reich, dass ihm die Welt mit ihren Schätzen nichts Höheres zu bieten vermochte" *(Curtius* 1971, 7/8).

Was anders blieb den Zuhörern von *Curtius* übrig, als zu wünschen, dass eben diese Art der griechischen Bildung und Körpererziehung mit ihrem Höhepunkt der Olympischen Spiele auch für die Gegenwart und Zukunft des Abendlandes fruchtbar zu machen sei. *Curtius* schilderte mit anschaulich-plastischen Worten die gleichmäßige Ausbildung von Körper und Geist bei der griechischen Jugend, ihre Spiele und Wettkämpfe, er beschrieb die antiken Übungs- und Wettkampfstätten, die Gymnasien und schließlich auch die Anlagen von Olympia selbst; er schilderte die herrlichen Tempel und den religiösen, kultischen Hintergrund der Spiele, die Zeus geweiht waren, dem höchsten Gott in der griechischen Götterwelt, Inbegriff und Sinnbild gebändigter Kraft. In seinen Worten wurde das olympische Fest wieder lebendig: Die Masse der Zuschauer, die bei den Wettkämpfen ihre Helden begeistert anfeuerten, die Siegesfeiern, die Kunstwerke und Gedichte, die von den bedeutendsten Bildhauern und Dichtern anlässlich der Spiele geschaffen und vorgetragen wurden, die heiter gelassene und friedliche Stimmung, die in Olympia geherrscht haben soll, wo eine große Zahl Hellenen aus vielen Städten des Mittelmeerraumes zusammenkamen. „Was dort in der dunklen Tiefe liegt", schloss *Curtius* seinen Vortrag, „ist Leben von unserem Leben. (…) und wir sollen in unsere, von reinerem Lichte erleuchtete Welt herübernehmen den Schwung der Begeisterung, die aufopfernde Vaterlandsliebe, die Weihe der Kunst und die Kraft der alle Mühsale des Lebens überdauernden Freude" (S. 39).

4.2.2 Pierre de Coubertin und die Friedensidee des Sports

Baron Pierre *de Coubertin* (1863–1937) setzte das in die Tat um, was *Curtius* als Wunsch für die Zukunft formuliert hatte. Deutsche Ärchäologen begannen, das alte Olympia auszugraben, und der Franzose *Coubertin* machte daraus das größte und modernste Sportfest aller Zeiten. Später hat er selbst gesagt, dass die Idee der Olympischen Spiele keineswegs nur seiner Phantasie entsprungen sei, sondern dass es sich um das „vernünftige Ergebnis einer großen kosmopolitischen Bewegung" gehandelt habe, die in England, Griechenland, Frankreich und Deutschland lebendig war und u. a. auch zur Ausgrabung des antiken Olympia geführt habe *(Coubertin* 1971b, 118). Er meinte damit auch, dass damals die Welt begann, enger zusammenzurücken, nicht nur wegen der wirtschaftlichen Verflechtungen, wegen der Eisenbahnen und der modernen Kommunikationsmittel, sondern auch der Sport und die Leibesübungen allgemein dabei eine wichtige Rolle spielten. Die Sportler begannen, auch internationale Treffen und Wettkämpfe zu organisieren.

Coubertin selbst dachte ursprünglich nicht an Olympische Spiele. Diese Idee der Wiedererweckung der antiken olympischen Spiele entwickelte er erst am Ende der 1880er Jahre *(Mandell* 1976, 83 ff.). Er hatte sogar noch mehr, noch Utopischeres im Sinn. Er wollte die Welt verbessern und glaubte, dass letztlich nur durch Erziehung die Menschheit in eine bessere Zukunft entlassen werden könnte.

Coubertin verstand sich als Pädagoge. Die olympische Idee ist im Kern eine pädagogische Idee *(Grupe* 2004). *Coubertin* hatte nach seinem Philosophiestudium an der Sorbonne in Paris 1883 eine Reise nach England unternommen und war von der englischen Erziehung, insbesondere von der Pädagogik Thomas *Arnolds* aus Rugby begeistert. *Coubertin* hatte auch Thomas *Hughes'* Buch „Tom Brown's Schooldays" gelesen, in dem der Alltag der Public School-Erziehung geschildert wurde. Dieses Buch hatte nicht nur auf *Coubertin* großen Einfluss, sondern war in Frankreich insgesamt sehr populär. Die englische Erziehung in den Public Schools wurde als ideales Vorbild angesehen, um die Misere des französischen Schul- und Erziehungswesens überwinden zu können *(Mandell* 1976, 59 ff.). Als *Coubertin* von England zurückkam, war er von der englischen Sport-Erziehung und von den Prinzipien Thomas *Arnolds* mehr denn je überzeugt. Dessen Idee, den Sport als ein wesentliches Mittel zur Erziehung selbständiger und selbstbewusster „christian gentlemen" einzusetzen, machte sich auch *Coubertin* zu eigen. Am Ende dieses sportlichen Erziehungsprozesses sollten nach seiner Vorstellung selbstbewusste, starke und human gebildete Persönlichkeiten stehen, die sich in „gegenseitiger Achtung" („Le Respect Mutuel") – so ein späterer Titel *Coubertins* – fair und ritterlich begegneten. „Und gerade für die demokratischen Gesellschaften ist die ‚gegenseitige Achtung' unverzichtbar", schrieb er in der genannten Schrift, „sonst laufen sie Gefahr, in Anarchie zu versinken. Dies spürten die französischen Revolutionäre, als sie ihren Wahlspruch verbessern und vervollständigen wollten. Neben die Worte: Freiheit und Gleichheit setzten sie das Wort: Brüderlichkeit. Aber dies verlangt zuviel vom Menschen. Brüderlichkeit kennen nur die Engel. Die gegenseitige Achtung aber kann ohne Übertreibung von der Menschheit verlangt werden. (...) Die Toleranz – schließlich nur eine Form der Gleichgültigkeit – kann zwischen Menschen bestehen, die sich nicht kennen, die Achtung jedoch wächst nur zwischen Menschen, die sich kennen." *(Coubertin* 1988, 13/ 14).

Wo anders konnte diese gegenseitige Achtung freier und gleicher Menschen besser, unmittelbarer, anschaulicher gelernt, erfahren, gezeigt, symbolisiert werden als bei einem sportlichen Wettkampf? Ist das nicht die Grundlage wirklichen Friedens unter den Menschen, wenn sie sich über den Sport kennen- und gegenseitig schätzen lernen?

Coubertin glaubte fest daran und arbeitete unermüdlich an dieser pädagogischen Idee des Sports. Anfangs ging es ihm auch um eine Reform der französischen Erziehung: „Rebronzer la France" lautete sein Motto, mit dem gemeint war, die französische Nation an Leib und Seele zu reformieren und zu neuer Kraft und Stärke zu führen, nachdem Frankreich im 1870/71er Krieg gegen Deutschland eine so schändliche Niederlage hatte einstecken müssen. Trotz dieses militärischen Sieges Deutschlands hielt er aber das deutsche Turn-, Erziehungs- und Leibeserziehungssystem, das auf preußischen Tugenden, auf Drill und Gehorsam beruhte, für seine Reformpläne für nicht geeignet; er orientierte sich am englischen Vorbild. Gegen das deutsche Turnen hegte er zeitlebens eine tiefe Abneigung, die ihm auch viel Ärger einbrachte.

Coubertin war ein gebildeter Mann. Er hatte umfangreiche historische, kulturhistorische, philosophische und pädagogische Studien getrieben, er hatte sich in die Geschichte des Altertums vertieft, er schrieb unablässig kluge populäre und gelehrte Artikel und Bücher, aber auch einfache Reportagen in normalen Tageszeitungen und Zeitschriften. Die meisten dieser Arikel hatten allerdings mit Sport nichts zu tun, sondern sie beschäftigten sich mit politischen, kulturellen oder pädagogischen Problemen, auch mit den damals die Öffentlichkeit bewegenden Bemühungen um mehr Frieden in der Welt.

Seit der Mitte des 19. Jahrhunderts gab es in Europa eine „Friedensbewegung", die auch internationale Tagungen und Kongresse durchführte, um durch eine Zusammenarbeit der Völker und eine Ausgestaltung des Völkerrechts Kriege zu verhindern und Frieden zu sichern. Der Höhepunkt dieser Friedensbemühungen war die Konferenz von Den Haag im Jahr 1899, auf der die Einberufung eines internationalen Gerichtshofes beschlossen wurde.

*Coubertin*s Arbeit an und in der olympischen Bewegung ist im Zusammenhang dieser internationalen Friedensbewegung zu sehen. Im selben Jahr 1896, in dem die ersten Olympischen Spiele der Neuzeit stattfanden, stiftete Alfred *Nobel* seinen Preis, der den Zweck hatte, Bemühungen um die Förderung allgemeiner Brüderlichkeit, um die Abrüstung und die internationale Zusammenarbeit zu unterstützen.[44]

Solche Ziele verfolgte auch Coubertin. Er schien das ganze Wissen seiner Zeit in sich aufsaugen zu wollen, und er erkannte als einer der wenigen Intellektuellen, vor allem im gebildeten Frankreich, das traditionell nur an der geistigen Kultur interessiert war, dass der Sport in Zukunft ein wesentliches Element moderner Kultur und Bildung darstellen würde und einen Beitrag zum Frieden in der Welt leisten könnte.

Coubertin war „sportbesessen", meinte *Diem*.[45] Fast alle Sportarten, die *Coubertin* später in das olympische Programm aufnahm, hatte er auch selbst betrieben: Reiten, Fechten, Boxen, Laufen, Fußballspielen und vor allem Rudern; und dazu verfügte er über genaue Kenntnisse der Methoden und des Trainings von Turnen und Sport. Er war für die Vielseitigkeit des Sports und der sportlichen Ausbildung und Erziehung, und er verehrte die höchste Leistung, den Rekord: „Damit hundert ihren Körper bilden, ist es nötig, dass fünfzig Sport treiben", hat er immer wieder gesagt, „damit fünfzig Sport treiben, ist es nötig, dass zwanzig sich spezialisieren, damit sich zwanzig spezialisieren, ist es nötig, dass fünf zu überragenden Gipfelleistungen befähigt sind".[46]

4.2.3 Olympischer Kongress und Olympische Spiele

Coubertin verfolgte sein Ziel, die Olympischen Spiele der Antike in moderner und den aktuellen Notwendigkeiten und Verhältnissen angemessener Form wiederzubeleben, konsequent und listenreich *(Mandell* 1976; A. *Krüger* 1980).

---

[44] Zur Friedensidee *Coubertin*s und des Olympischen Sports vgl. im Überblick *Höfer* 1994.
[45] *Diem* 1971b, 1133. *Diem* liefert eine knappe und auf das Wesentliche konzentrierte Biographie seines Vorbildes *Coubertin*.
[46] Am prominentesten in seiner Rundfunkansprache 1935, auf deutsch abgedruckt in dem vom Carl Diem-Institut heraus gegebenen Band der Schriften *Coubertin*s: „Der olympische Gedanke (1966, hier 151).

Die Olympischen Spiele der Neuzeit

Als er für den Juni 1894 eine Reihe einflussreicher Herren und Vertreter verschiedener Sportarten, die nicht unbedingt mit den Vertretern von Sportverbänden identisch waren, zu einem Kongress an die Sorbonne nach Paris einlud, tat er das nicht von vornherein mit der Ankündigung, die Olympischen Spiele wiedereinführen zu wollen, sondern er gab vor, eine Konferenz über das Amateurpoblem abzuhalten. Das war taktisch deshalb klug, weil dieses Problem die Sportverbände und ihre Vertreter in aller Welt beschäftigte. Die Zahl internationaler Sportwettkämpfe nahm damals in allen Disziplinen zu, aber es herrschte Unklarheit über einheitlich gültige Regeln und Teilnahmebedingungen. Sie mussten immer wieder neu und mühsam vor jedem Wettkampf ausgehandelt werden. Bei den Wettkämpfen traten selten Gegner unter gleichen Bedingungen an. Ein Ärgernis war dies vor allem für die Vertreter einiger Herrensportarten, vom Rudern bis zur Leichtathletik; denn sie hielten es unter ihrer Würde, etwa gegen sozial niedrig stehende berufsmäßige Ruderer oder Läufer in einem Wettkampf antreten und dann auch noch verlieren zu müssen. Vor allem *Coubertin*s Mitstreiter George *Herbert* aus London, der Sekretär der Amateur Athletic Association, des englischen Leichtathletikverbandes, und Professor William Milligan *Sloane* von der Princeton-Universität, der die amerikanische Leichtathletik vertrat, waren an einer Lösung des Amateurproblems dringend interessiert. Sie und mit ihnen andere hochgestellte „Amateursportler" wollten endlich sichergestellt wissen, dass die Herrensportler auch bei internationalen Begegnungen unter sich bleiben könnten. Obwohl die Amateurfrage, eine „bewundernswerte Mumie", wie *Coubertin* den Amateurismus spöttisch nannte, für ihn selbst nur eine nachgeordnete Bedeutung hatte, mit der er seine eigentliche große Idee, die Wiedererweckung der Olympischen Spiele, schneller verwirklichen wollte, blieb sie bis in die 1970er Jahre auf der Tagesordnung der olympischen Geschichte.

Der Amateurismus hat der olympischen Bewegung am Ende mehr geschadet als genutzt, weil er zur Diskriminierung von Sportlern geführt und sie zur Unehrlichkeit verleitet hat. Damit erhielt der olympische Sport einen elitären und geschlossenen Charakter, der seiner demokratischen und internationalen Idee, wie sie von *Coubertin* gedacht und formuliert wurde, widersprach. Trotzdem: Das eigentliche Motiv für *Coubertin* waren die Olympischen Spiele, und er fand nichts dabei, wenn wiederum englische und andere Herrensportler seine Idee benutzten, um auch im internationalen Sport als „Amateure", besser als solche, die sich den Luxus sportlicher Vergnügungen leisten konnten, unter sich zu bleiben.

Auf die Tagesordnung für den Kongress in Paris hatte *Coubertin* acht Punkte ge-

Abb. 16: Pierre de Coubertin.

setzt, von denen sieben mit der Amateurfrage zu tun hatten – von der Definition angefangen („was ist ein Amateur?") bis zu Preisen und Siegprämien –, und erst der letzte Punkt der Tagesordnung enthielt das eigentliche Thema: „Über die Möglichkeit, die Olympischen Spiele wiedereinzusetzen". Zu *Coubertins* eigenem Erstaunen wurde der Kongress zu einem vollen Erfolg. Sein Vorschlag war ohne Widerspruch und mit großer Zustimmung angenommen worden: Alle vier Jahre sollten Olympische Spiele stattfinden, es sollten ausschließlich moderne, neuzeitliche Wettbewerbe durchgeführt werden. Teilnehmen durften männliche, erwachsene Athleten, keine Frauen und keine Jugendlichen (wie in der Antike). *Coubertin* wurde ermächtigt, ein Internationales Komitee einzuberufen, um den Olympismus stabil und dauerhaft zu repräsentieren.[47]

Die Olympischen Spiele und der Olympismus waren geboren. Dass im Verlauf von hundert Jahren daraus das größte Sport- und Medienereignis der Welt werden würde und dass sich der „Olympismus" zur zentralen sportlichen Ideologie, wenn auch offen und brüchig, entwickeln würde, das konnte zu diesem Zeitpunkt niemand ahnen. *Coubertin* und seinen Mitstreitern im Internationalen Olympischen Komitee (IOC) kam es zunächst nur darauf an, dass so schnell wie möglich die ersten Spiele abgehalten werden konnten. Sie fanden schon zwei Jahre später, 1896, wie nicht anders zu erwarten, in Athen statt.

Obwohl *Coubertin* nicht Vorsitzender des IOC war – er selbst hatte den Griechen *Vikelas* dafür vorgeschlagen –, waren die Spiele von Athen ausschließlich sein Verdienst. Er hat diese ersten Spiele geplant und geprägt, angefangen vom olympischen Zeremoniell bis zur Durchführung des olympischen Marathonlaufs. Der Grieche Spiridon *Louis* gewann diesen ersten olympischen Marathonlauf, den *Coubertin* in Anlehnung an eine antike Sage in das olympische Programm aufgenommen hatte: Nach dem Sieg des *Miltiades* über die Perser (490 v. Chr.) soll ein Soldat in voller Rüstung 42 Kilometer nach Athen gelaufen sein, um die Nachricht des Sieges in die Stadt zu tragen. Mit den Worten „Freut euch, wir haben gesiegt!" brach er tot zusammen. Als Spiridon *Louis* nach 2 Stunden und 58 Minuten im neuen Olympiastadion in Athen einlief, entfesselte er einen Sturm der Begeisterung bei den Zuschauern und beim griechischen König und Kronprinzen *(Mandell* 1976, 129 ff.).

Das olympische Programm von Athen war ein Kompromiss zwischen den Verbandsinteressen und den Interessen der teilnehmenden Länder auf der einen und dem Gestaltungswillen *Coubertins* auf der anderen Seite, der versuchte, die verschiedenen Disziplinen zu einem gemeinsamen Fest zusammenzuführen. Die Leichtathletik stand im Mittelpunkt des sportlichen Programms mit den Lauf-, Wurf- und Sprungdisziplinen. Der Marathonlauf war eine neue, olympische Erfindung. In der Gymnastik bzw. im Turnen wurden Einzelübungen an Geräten und Gesamtübungen, Riegenübungen vorgeführt. Außerdem gab es Wettbewerbe im Fechten und Ringen, im Schießen, im Segeln und Rudern, im Radfahren, und es wurde Tennis, Kricket und Fußball gespielt.[48]

---

[47] *Coubertin* 1987, 7–22: „Der Kongreß zu Paris und die Wiedereinsetzung der Olympischen Spiele". Siehe auch *Müller* 1983.

[48] Das Programm und der offizielle Bericht der Spiele von Athen 1896 sind abgedruckt und erläutert bei *Lennartz* 1996; vgl. außerdem *Gebhardt* 1896, 114–116.

Die Spiele von Athen machten einen guten und verheißungsvollen Anfang, aber bereits vier Jahre später, als die Spiele in Paris, im Heimatland *Coubertins* stattfanden, drohten sie zu scheitern. Das sportliche Programm war in die Pariser Weltausstellung, die von Mai bis Oktober stattfand, eingebunden und wurde kaum zur Kenntnis genommen. *Coubertin* war tief enttäuscht, und viele Athleten kehrten verärgert aus Paris nach Hause zurück.

Eine ähnliche Enttäuschung erlebten die Freunde Olympias 1904 in Saint Louis (USA). Aber *Coubertin* und das IOC ließen sich nicht entmutigen: Die offiziellen vierten Spiele von London 1908 und die von Stockholm 1912 wurden große Erfolge. Olympia hatte seine Kinderkrankheiten überwunden. 1916 sollten die Spiele in Berlin stattfinden, aber der Erste Weltkrieg machte einen Strich durch die Rechnung (A. *Krüger* 1980).

4.3 „Die philosophischen Grundlagen des modernen Olympismus"

Aber was ist eigentlich das Besondere an den modernen Olympischen Spielen? Was hat es mit der vielgerühmten Olympischen Idee auf sich, die den geistigen Hintergrund der Olympischen Spiele abgeben soll? Was ist mit dieser Olympischen Idee gemeint? Was bedeutet „Olympismus"?

Zwischen Krieg und Frieden

Coubertin hat selbst immer wieder versucht, eine Antwort auf diese Frage zu geben. Eine der ersten noch vor den Spielen 1896 in Athen: „Man bittet uns, das Wesen unseres Unterfangens genau zu bestimmen. Hier die Antwort in wenigen Zeilen. – Unser Gedanke, eine seit so vielen Jahrhunderten verschollene Einrichtung wieder aufleben zu lassen, ist folgender: Die Athletik hat eine Bedeutung erhalten, die von Jahr zu Jahr noch zunimmt. Ihre Rolle scheint in der modernen Welt ebenso beträchtlich und ebenso dauerhaft sein zu sollen, wie sie es in der Antike gewesen ist. Außerdem erscheint sie mit neuen Wesenszügen wieder; sie ist international und demokratisch, folglich den Ideen und Bedürfnissen der Gegenwart angepasst. Aber heute wie ehedem wird ihre Wirkung heilsam oder schädlich sein, je nach dem Nutzen, den man aus ihr ziehen, und der Richtung, in die man sie einpendeln wird. Die Athletik kann die edelsten wie die niedrigsten Leidenschaften ins Spiel bringen; sie kann Uneigennützigkeit und Ehrgefühl genauso entwickeln wie Geldgier; sie kann ritterlich oder verderbt, männlich oder roh sein. Schließlich kann man sie genauso gut verwenden, den Frieden zu festigen wie Krieg vorzubereiten. Aber: Adel der Gefühle, Pflege von Uneigennützigkeit und Ehre, ritterlicher Geist, männliche Energie und Friede sind das erste natürliche Bedürfnis moderner Demokratien, mögen sie republikanisch oder monarchisch sein."[49]

---

[49] *Coubertin* 1987, 24/25. *Coubertin* zitiert eine Passage aus der Ausgabe 2 des Bulletin du Comité International des Jeux Olympiques (1894), in der er über die ersten Beschlüsse des neu gegründeten IOC im Hinblick auf die Spiele von Athen berichtete. Das Bulletin erschien von Juli 1894 bis Dezember 1996 vierteljährlich. Von 1901 bis Juli 1914 wurde es monatlich als „Revue Olympique" von *Coubertin* herausgegeben und persönlich redigiert.

Abgesehen davon, dass diese Aussage auch heute noch aktuell klingt, besonders im Hinblick auf die Risiken, die der moderne athletische Sport und auch die Olympischen Spiele selbst bergen, wird der Kern des ganzen olympischen Unternehmens, das man verkürzt als „Olympismus" bezeichnet, deutlich. *Coubertin* sieht die Olympischen Spiele, den olympischen Sport in engem Zusammenhang mit der Entwicklung der modernen Welt; und diese charakterisiert er durch zwei Begriffe: Sie ist international und demokratisch. Für sie wollte *Coubertin* den Sport, die Athletik, die ohnehin schon weltweit große Verbreitung gefunden hätten, fruchtbar machen. Das antike Vorbild ist so gesehen nur ein ferner Anhaltspunkt für eine im Grunde vollkommen neue, internationale und demokratische Idee. Aber *Coubertin* war sich, nicht zuletzt durch die Anschauung der Antike, auch der Zweischneidigkeit des modernen Sports bewusst. Er könne zum Segen, und er kann aber auch zum Verderben der Menschen beitragen. Vor allem würden durch den Sport die Leidenschaften und Gefühle der Menschen, die sonst ausgeklammert und tabuisiert sind, angesprochen, „ins Spiel gebracht". Diese Leidenschaften, auch wenn sie bedrohlich und gefährlich werden können, will *Coubertin* keineswegs zurückhalten oder verhindern, sondern er will sie in positive, „edle" Energien umsetzen. Das sei der Zweck der olympischen Bewegung: die Vitalität und Leidenschaftlichkeit des Sports nutzen und für eine zukünftige demokratische und internationale Welt fruchtbar machen. Auf diese Weise sollte, wenn man die altmodischen Wörter von „Ehre", „Männlichkeit", „Adel" und „Ritterlichkeit" in unsere gegenwärtige Sprache überträgt, der Geist des Fairplay Wirklichkeit und der Frieden in der Welt möglicher werden.

Coubertin hatte sich viel vorgenommen, aber er hat für diese wahrhaft utopische und zugleich realistische Idee bis an sein Lebensende alles eingesetzt, was er hatte; nicht nur sein ganzes Vermögen, sondern auch seine ganze menschliche Energie und Größe, die sogar so weit reichte, dass *Coubertin* sich beim olympischen Kongress 1925 in Prag – zur allgemeinen Verblüffung – vom IOC und von allen olympischen Ämtern zurückzog und sich neuen Aufgaben zuwandte, auf neuen Feldern gegen die um sich greifende „Hydra der Ignoranz" ankämpfte, wie er sich ausdrückte. Er begründete einen „Pädagogischen Weltbund".[50]

Coubertin hatte, wie *Diem* bewundernd und verehrend schrieb, den Olympischen Spielen „nicht nur die sportliche Form, sondern auch die festliche Gestalt gegeben. Er wusste, dass sich innere Werte in Symbolen ausdrücken, und so übernahm er 1894 den Wahlspruch seines Freundes, des großen Pädagogen und Kanzelredners *Didon*: „Citius – Altius – Fortius" (schneller – höher – stärker), also den Hinweis auf das Streben nach Steigerung und Fortschritt, das sich in sportlichen Kämpfen ausdrückt, das aber auch ein Kennzeichen der modernen Welt ist. *Coubertin* wollte dieses Fortschrittsdenken nicht nur im technischen Sinn der Steigerung sportlicher Leistungen verstanden wissen, sondern auch und vor allem in Verbindung mit moralischen Qualitäten. Ohne sie ist der sportliche Erfolg, sind sportliche Leistungen wertlos. *Coubertin* verdanken wir das Kennzeichen der Spiele, das er 1920 entwarf, die fünf olympischen Ringe in den Farben blau, gelb, schwarz, grün, rot, die Vereinigung der fünf Erdteile bedeutend,

---

[50] So in seiner Erinnerung an den Olympischen Kongreß 1925 in Prag, auf dem er zurücktrat. *Coubertin* 1987, 224–246, hier 225.

auf weißem Grunde. Ihm verdanken wir das Zeremoniell der Spiele, die Wiedereinführung der olympischen Flamme, den Wortlaut der olympischen Verkündigung und des olympischen Eides, den Sinnspruch, mit dem die Olympischen Spiele eröffnet und geschlossen werden, und auch die olympische Siegerehrung. Alles dies begründete die wahre Magie des olympischen Festes ..." *(Diem 1971b, 1143/1144)*. *Coubertin* war es, der die Verbindung des olympischen Sports mit Kunst und Wissenschaft suchte und auch verwirklichte, nicht zuletzt bei den Olympischen Spielen selbst.

„religio athletae"

Trotz seines frühen Rückzugs aus der olympischen Bewegung meldete sich *Coubertin* noch einmal, kurz vor den ersten Olympischen Spielen, die in Deutschland stattfanden, und nur zwei Jahre vor seinem Tod 1937 in Genf, zu Wort. Er hielt 1935 eine Rundfunkansprache über „Die philosophischen Grundlagen des modernen Olympismus", die auch nach Deutschland übertragen wurde. Hier faßte er „die wesentlichen Leitgedanken und die philosophischen Grundlagen, auf denen ich versucht habe, mein Werk aufzubauen", zusammen.[51] Er unterschied vier Punkte:

(1) **„Das erste und wesentliche Merkmal des alten wie des modernen Olympismus ist: eine Religion zu sein"** (S. 47).

Mit dieser sportlichen Religion des Olympismus, der „religio athletae", die Coubertin an den Anfang und an die Spitze der Prinzipien der olympischen Philosophie stellte, wollte er an die kultischen Ursprünge der antiken Olympischen Spiele anknüpfen, bei denen die Wettkämpfer mit ihrem Körper und mit ihrem Sport die antiken Götter geehrt hätten. Aber wer sind die Götter der Neuzeit? *Coubertin* kann keine nennen. Er meinte mit seiner „religio athletae" auch nicht die Anbetung moderner Götzen, obwohl die Wettkämpfer mit ihren Siegen ihr „Vaterland", ihre „Rasse" und ihre „Fahne" erhöhten, sondern er meinte das „religiöse Empfinden", in dem auch die modernen Sportler ihren Sport betreiben sollten. Deshalb seien die Formen des Kultes, das olympische Zeremoniell bei den modernen Olympischen Spielen geschaffen worden, um den Sportlern den tiefen Ernst der Sache zu verdeutlichen. Aber wozu dieser „religiöse" Ernst? Die Sportler treiben, besonders bei Olympia, ihren Sport nicht aus einer oberflächlichen Lust an Wettkampf, Spiel und Bewegung, sondern sie stehen im Dienste einer universellen Erziehungsidee. Die Grundpfeiler der modernen menschlichen Gesellschaft seien „Demokratie und Internationalismus". Der Sinn der „religio athletae" besteht in der großen Erziehungsaufgabe, die Menschen, die „zivilisierten Völker", für Demokratie und Internationalismus reif zu machen und wie die Wissenschaft dazu beizutragen, „den Körper von dem Zwange ungeregelter Leidenschaften freizumachen, denen er sich unter dem Vorwand persönlicher Freiheit hingab" (S. 48).

Es ist schwer zu verstehen, was mit dieser „religio athletae" letztlich gemeint sein könnte. Da *Coubertin* von der erzieherischen Kraft des Sports und auch von

---

[51] Im Folgenden nach *Coubertin* 1971a (1935), 47–65. Der Text findet sich auch in dem vom Carl Diem-Institut herausgegebenen Band der Schriften *Coubertins*: „Der olympische Gedanke" (1966, 150–154).

der Notwendigkeit, diese Kraft zu nutzen, überzeugt war, liegt es nahe, „religio athletae" in diesem pädagogischen Sinn zu interpretieren. Der letzte Sinn des Sports besteht für ihn darin, die Menschen für die moderne Welt-Gesellschaft, für Demokratie und Internationalismus, zu erziehen, und das bedeutet, dass sie lernen müssen, mit ihren Körpern und ihren Leidenschaften beherrscht und diszipliniert umzugehen, so wie dies bei einem fairen, sportlichen Wettkampf der Fall ist.[52]

(2) **„Das zweite Merkmal des Olympismus ist, dass er Adel und Auslese bedeutet, aber wohl verstanden, einen Adel, der von Anfang an vollkommene Gleichheit bedeutet, der nur bestimmt wird durch die körperliche Überlegenheit des einzelnen und die gesteigerte körperliche Vielseitigkeit und bis zu einem gewissen Grade durch seinen Trainingswillen"** (S. 48 f.).

Dieses zweite Prinzip ist ein klares Bekenntnis zum Leistungs- und Rekordprinzip des olympischen Sports. Es sind die Besten, die bei Olympischen Spielen antreten, „Männer, die befähigt sind, um Weltrekorde zu ringen" (S. 49). Aber auch das ist nicht Selbstzweck und geschieht nicht aus der Lust, sich von anderen absondern zu wollen. Sportler und Olympiakämpfer sind Vorbilder für alle. Sie symbolisieren mit ihrer Leistung und durch ihren fairen, ritterlichen Wettkampf den Fortschritt in einer auf dem Prinzip der Gleichheit beruhenden demokratischen und internationalen Welt-Gesellschaft. Die „Auslese" der Besten ist wertlos, wenn sie nicht auf vollkommener Gleichheit beruht, und sie ist ebenso wertlos, wenn sie nicht „mit Ritterlichkeit verbunden" ist. Nicht nur die Sportler und Wettkämpfer, sondern auch die Zuschauer müssen dieses faire, ritterliche Verhalten lernen. Beifall und Auszeichnung sind nur nach der Leistung, nicht nach nationaler (oder anderer) Parteilichkeit zu vergeben.

(3) **„Die Idee des Burgfriedens ist gleichfalls wesentlicher Bestandteil des Olympismus und sehr stark mit der Idee des Rhythmus verbunden"** (S. 50).

Coubertin legt größten Wert darauf, dass der vierjährige Rhythmus der Olympischen Spiele streng eingehalten wird, weil die Spiele das „Vierjahresfest des menschlichen Frühlings darstellen", in der Antike, aber auch in der Gegenwart. Die Olympischen Spiele sind das Fest der Jugend. Der wirkliche olympische Held ist der junge, erwachsene, männliche Einzelkämpfer. Ihm zu Ehren werden die Spiele veranstaltet, „weil von ihm die Zukunft und die harmonische Verkettung der Vergangenheit mit der Zukunft abhängt. Wie könnte man ihn besser ehren als dadurch, dass man seinetwegen in regelmäßig festgesetzten Abständen das vorübergehende Aufhören aller Streitigkeiten, Meinungsverschiedenheiten und Missverständnisse verkündet!" (S. 51). *Coubertin* sprach sich ausdrücklich gegen die Teilnahme von Frauen an den Olympischen Spielen aus. Ihre Rolle bei den Spielen sollte – wie bei den alten Spielen – darauf beschränkt sein, „die Sieger zu bekränzen".

Coubertin meint mit seiner ebenfalls an die Antike angelehnten Idee des Burgfriedens einen „Frieden auf Zeit", wie sich der Soziologe Helmut *Schelsky* später

---

[52] Zur Interpretation des von *Coubertin* geprägten Begriffs „religio athletae" aus christlicher Perspektive vgl. *Hörrmann* 1968 sowie *Herms* 1998.

ausdrückte; einen Frieden, der weder Schwäche noch das Ignorieren von Konflikten bedeutete, sondern ein Zeichen von Stärke und Beherrschung setzt. *Coubertin* hielt die Menschen nicht für „Engel", er hält sie nicht für dauerhaft friedensfähig in dem Sinn, dass sie nicht ihre Interessen massiv und auch gewalttätig gegen andere durchzusetzen versuchten. Aber er hielt es für möglich, dass diese Konflikte vorübergehend beherrscht werden könnten, eben durch einen „Burgfrieden" zu Ehren des Sports und für eine bessere Zukunft. „Aber derjenige ist der wahrhaft starke Mensch, dessen Wille mächtig genug ist, sich selbst zu bezwingen und der Gesamtheit Einhalt zu gebieten in der Befolgung ihrer Interessen, ihrer Herrschsucht oder Besitzleidenschaft, so berechtigt diese auch sein mögen" (S. 51).

(4) **„Dann noch als letzten Bestandteil der Olympischen Spiele: die Schönheit durch die Beteiligung der Kunst und des Geistes an den Spielen"** (S. 52).

Musik und Dichtung, auch die darstellende Kunst und die Architektur, sollten an den Spielen beteiligt werden, um die Verbindung von Geist und Muskelkraft zu bekunden. Außerdem sollte in den geistig-kulturellen Rahmenveranstaltungen der Spiele die Geschichtsschreibung einen besonderen Platz erhalten. „Die Olympischen Spiele feiern heißt sich auf die Geschichte berufen. Sie ist es, die am besten den Frieden sichern kann. Von den Völkern zu verlangen, sich gegenseitig zu lieben, ist eine Art Kinderei; sie aufzufordern, sich zu achten, ist keine Utopie; aber um sich zu achten, muss man sich zunächst kennen. Die Weltgeschichte, so wie man sie künftig lehren sollte, unter Berücksichtigung ihrer genau erforschten hundertjährigen und geographischen Verhältnisse, ist die einzig wahrhafte Grundlage für wahrhaften Frieden" (S. 53).

Coubertins Hoffnung auf einen wahrhaften Frieden, der durch den Sport und durch sportlich-olympische Erziehung möglich gemacht werden könnte, erfüllte sich nicht. Die Spiele von 1936, von denen er glaubt, dass sie die Menschen in ihrer Sehnsucht nach diesem Frieden ein Stück weiter bringen würden, haben in Wirklichkeit mitgeholfen, den Krieg vorzubereiten. Schon vier Jahre nach seiner Rundfunkansprache wurde der Zweite Weltkrieg von den Deutschen entfesselt, die 1936 noch versichert hatten, ein olympisches Friedensfest in Berlin feiern zu wollen.

4.3.1 Olympismus in der Diskussion

Bevor in der Geschichte des Sports und des olympischen Sports fortgefahren werden kann, muss gefragt werden, was aus dieser Grundidee des internationalen Sports geworden ist; denn immer noch werden Olympische Spiele veranstaltet, und immer noch geschieht dies unter Berufung auf *Coubertin,* auf dem Olympismus und die olympische Idee.

Der Olympismus ist eine große und auch mächtige internationale sportliche, soziale und politische Bewegung geworden, die sich seit Pierre *de Coubertin* auch auf eine eigene Philosophie berufen kann. Sie ist nicht bei *Coubertin* stehen geblieben, sondern hat sich mit den Spielen und dem Sport weiterentwickelt. Der Olympismus ist zugleich die Philosophie des Sports überhaupt. Und diese Philosophie besteht wie der Sport selbst aus einer merkwürdigen Mischung unterschiedlichster Elemente, zum Teil profaner und nur hohler und pathetischer Natur. Aber sie ist auch eine in hohem Maß anschauliche, lebensnahe, konkrete und vitale „Philosophie" unserer Zeit. Der Olympismus als Idee steht ebenso wenig still wie der praktische Sport und wie die lebendigen Olympischen Spiele. Aus diesem Grund hat der Olympismus in seiner mehr als 100-jährigen Geschichte immer wieder neue Deutungen und Interpretationen erfahren.

Die Vieldeutigkeit des Olympismus

Eine Studie zum Olympismus stammt von Hans *Lenk,* Olympiasieger im Ruderachter von Rom 1960 und heute emeritierter Philosophieprofessor in Karlsruhe. In seinem Buch über die „Werte, Ziele, Wirklichkeit der modernen Olympischen Spiele" sprach er von der „Vielfalt" und „Vagheit", von der „Vieldeutigkeit" der „olympischen Idee" *(Lenk* 1964). Olympia und die olympische Idee sind in Bewegung; eine klare, eindeutige und letztendliche Definition des „Olympismus" sei bis heute nicht gelungen und werde vermutlich auch in Zukunft scheitern. Vielmehr bleibe es eine Aufgabe des Sports, der Sportwissenschaft und der „Olympier", ständig an der Weiterentwicklung des Olympismus und seiner Idee zu arbeiten, äußerte sich der langjährige Präsident des NOK für Deutschland, Willi *Daume* (1913–1996) *(Daume* 1990).

Lenk (1964) unterschied, ausgehend von *Coubertin,* elf zentrale Werte und Ziele, die sich nicht nur auf die Spiele selbst, sondern auf die olympische Bewegung insgesamt bezogen:
1. die kultisch-religiöse Feier, also das, was Coubertin „religio athletae" genannt hatte,
2. die künstlerische und geistige Gestaltung, womit alle Bemühungen gemeint sind, um Kunst, Kultur und Geistesleben an der olympischen Bewegung zu beteiligen,
3. die Idee der Elite und der Chancengleichheit,
4. die Höchstleistung und der Wettkampf,
5. Fairplay und Ritterlichkeit,
6. der regelmäßige vierjährige Rhythmus der Spiele und die Idee des Burgfriedens,
7. die Internationalität der Spiele auf der Grundlage nationaler und kultureller Eigenständigkeit, kurz die Idee der „Völkerverständigung",
8. die Gemeinschaft aller Sportarten,
9. der Amateurgedanke,
10. die olympische Unabhängigkeit, die sich im Wesentlichen auf die Unabhängigkeit des IOC und seiner – persönlichen – Mitglieder bezieht, und
11. das antike Vorbild des modernen olympischen Sports.

Allen diesen zentralen olympischen Werten und Zielen haben sich immer wieder große Hindernisse entgegengestellt; sie sind nie wirklich erfüllt worden. Seit der Veröffentlichung des Buches von *Lenk* hat sich die olympische Bewegung auch erheblich verändert. Der Amateurgedanke, der *Coubertin* als Geburtshelfer der Spiele diente, ist gescheitert und völlig aufgegeben worden. Die Ökonomie beherrscht inzwischen die Spiele, und mehr oder weniger hartgesottene Profis und Funktionäre benutzen die Spiele und den internationalen Sport, um für sich oder andere Geschäfte zu machen. Oft genug ist die olympische Unabhängigkeit in Frage gestellt worden, bzw. sie hat sich nicht als Schutz vor dem Missbrauch der Spiele und des Sports durch die Politik und in neuerer Zeit durch Wirtschaft und Medien erweisen können. Das IOC, das ursprünglich als Garant für die Unabhängigkeit der Spiele, der olympischen Bewegung und der Olympischen Idee galt, ist den Versuchungen des großen Geldes erlegen. Unter Juan Antonio *Samaranch*, der schon unter General *Franco* in Spanien wichtige politische Ämter inne hatte und 1980 in Moskau an die Spitze des IOC gewählt wurde, wandelte sich das IOC von einem exklusiven „Männerorden" zu einem Club mächtiger Sportfunktionäre und anderer Männer aus Politik und Wirtschaft, die den Maßstäben, die *Coubertin* an einen Gentleman gelegt hätte, nicht immer entsprachen. Unter *Samaranch* wurde das IOC in den 1980er Jahren zwar reich und mächtig, und die Olympischen Spiele entwickelten sich zum größten Sportereignis der Welt, um dessen Ausrichtung sich Städte in aller Welt beim IOC bewerben und bereit sind, viele Milliarden zu investieren. Aber dieser politische und ökonomische Aufstieg der olympischen Bewegung führte auch dazu, dass in den 1990er Jahren eine Reihe von Korruptionskrisen die „olympische Familie" heimsuchten, die verdeutlichten, dass der olympische Sport reformiert werden muss, wenn die Zukunft der Olympischen Spiele gesichert werden soll.

Erneuerung der olympischen Bewegung

Ein erster und wichtiger Schritt in diese Richtung war die Verabschiedung einer neuen, reformierten „Charta" des IOC auf dem olympischen Kongress 1994 in Paris (zur Erinnerung an den Sorbonne-Kongress von 1894), in der die grundlegenden Ziele und Aufgaben der olympischen Bewegung genannt werden. Danach möchte die olympische Bewegung einen Beitrag zum Frieden und zur Erziehung der Jugend in der Welt leisten (Olympische Charta 1996).

Die politische Instrumentalisierung des olympischen Sports war ein Problem, das bereits bei den Olympischen Spielen von 1936 in Berlin brennend wurde, seinen Höhepunkt allerdings in der Zeit des „Kalten Krieges" (1950–1990) erlebte. Die Idee der Völkerverständigung durch den internationalen olympischen Sport wurde während dieser Zeit zum Kampf der Systeme pervertiert. Der Anspruch, die Gemeinschaft aller Sportarten sein zu wollen, droht das moderne Olympia am eigenen Gigantismus der Spiele zu ersticken. Die Praxis der Spiele hat bisher nicht erkennen lassen, dass das IOC und die internationalen Fachverbände willens und in der Lage sind, klare und verbindliche Kriterien für die Zulassung von Sportarten bei Olympischen Spielen durchzusetzen, um einen Kollaps der Spiele zu verhindern. Darüber hinaus ist es vonseiten der verantwortlichen internationalen Organisationen und insbesondere des IOC nicht gelungen, die Probleme der Leistungsmanipulation und des Dopings im Sport einer Lösung näher zu bringen.[53] Seit dem Ende der Ära *Samaranch* und dem Beginn der IOC-Präsidentschaft des belgischen Arztes Jacques *Rogge* 2001 wird versucht, diese Probleme

---

[53] Zu den Widersprüchen des Olympismus, zu seinen Krisen und geistigen Unzulänglichkeiten vgl. neben *Daume* 1990 auch *Lenk* 1982; *Wirkus* 1989.

der weltweit operierenden olympischen Bewegung und seiner Organisationen besser in den Griff zu bekommen.

Rudolf *Malter* (1969) deutete den Olympismus *Coubertins* als ein „Phänomen historischer Erinnerung", wie es im 19. Jahrhundert, in der Epoche des Historismus weit verbreitet war. Es gilt heute als unbestritten, dass die antiken olympischen Spiele bei weitem nicht dem entsprachen, wie sie *Coubertin* dargestellt hatte. Die Anlehnung an das antike Vorbild hatte für ihn auch nicht den Zweck, eine treue Abbildung der antiken Verhältnisse zu liefern, sondern er verfolgte pädagogische Absichten. Ihm ging es darum, die kranke Gegenwart am antiken Vorbild zu regenerieren, auch wenn das antike Ideal dieser Wirklichkeit gar nicht entsprach. Der Olympismus hatte seine Ursprünge in einer kulturkritischen Einstellung gegenüber den Verhältnissen um die Jahrhundertwende, gegen den vorherrschenden Intellektualismus, gegen die unbefriedigenden moralischen, sozialen und politischen Zustände in der zivilisierten und industrialisierten Welt.

Die Nähe des Olympismus zur „Lebensphilosophie" fällt deshalb besonders auf: Im Sport liegt eine Hoffnung, wieder die vitalen Kräfte des Menschen freizulegen und damit die Menschen vor dem Verfall zu bewahren und sie zu neuer Kraft und Stärke zu führen. Das entscheidende Merkmal der olympischen Philosophie sieht *Malter* aber in dem, was *Coubertin* „religio athletae" genannt hatte. Sie ist für *Malter* der Ausdruck des „Kults diesseitig-leibhafter Existenz", wie er für die Moderne typisch ist, und wie er im Sport und in seinem Kult der Jugend und der Leistung und im gleichzeitigen Verschweigen von Alter, Krankheit und Verfall konkret wird.[54] Ein Sport, in dessen Zentrum der Wettkampf- und Leistungsgedanke steht, ist „Ausdruck der den Tod nicht akzeptieren wollenden Idee einer leiblich präsenten ‚humanité'" *(Malter* 1969, 24). Diesem Kult, der in der „religio athletae" zur Philosophie erhoben werde, seien aber Grenzen gesetzt. Eine Philosophie und/ oder Religion, die im physisch-körperlichen Erfahren und Erleben die Quelle der Selbst- und Welterkenntnis überhaupt sehe, habe im Tod keinen Bestand. Der Olympismus schweige, wenn er versuche, zur Religion zu werden.[55]

Pierre *de Coubertin* (1863–1937) gilt als der Begründer der modernen Olympischen Spiele. Er lehnte sich sowohl an das Vorbild der antiken Olympischen Spiele als auch an den modernen Sport an. *Coubertin* war ein Bewunderer des englischen Sports und der englischen Sporterziehung. Bereits vor *Coubertin* gab es im 19. Jahrhundert in Europa Bestrebungen, die antiken Olympischen Spiele neu zu beleben, in Griechenland z. B. von Evangelis Zappas und in England von John Astley *Cooper*. In beiden Fällen handelte es sich aber um die Idee nationaler oder pan-britischer Spiele, während *Coubertins* Olympische Spiele internationalen Charakter hatten. In Deutschland waren seit Johann Joachim *Winckelmann* und der Deutschen Klassik die Begeisterung und Verehrung für das antike Griechenland groß. Der Altertumsforscher Ernst *Curtius* (1814–1896) knüpfte daran an

---

[54] *Hörrmann* 1968, bes. 47 ff., äußert sich positiver über die religiöse Funktion des modernen Sports. Der Sport sei eine Äußerungsform religiöser Bedürfnisse in einer säkularisierten Welt.

[55] Zu dieser Kritik am olympischen Menschenbild vgl. auch *Huber* 2000, 133–151.

und setzte es durch, dass die Ausgrabung Olympias von deutscher Seite gefördert und betrieben wurde. *Coubertin* konnte auf einem internationalen Kongress 1894 an der Sorbonne in Paris die Zustimmung der anwesenden Sportvertreter für die Durchführung Olympischer Spiele erreichen. Als Tagungsthema hatte *Coubertin* ursprünglich die Frage von Amateurbestimmungen bei internationalen sportlichen Wettkämpfen vorgesehen. Die ersten Olympischen Spiele der Neuzeit 1896 in Athen waren ein großer Erfolg. Sie enthielten bereits die bis heute gültigen, aber immer wieder veränderten und erweiterten Elemente der Olympischen Spiele: Neuzeitliche Sportarten, Veranstaltungen im Wechsel von vier Jahren, olympisches Zeremoniell, Vergabe durch das IOC, Ausrichtung durch eine Stadt. Die nächsten Spiele von Paris (1900) und Saint Louis (1904) waren eine Enttäuschung und drohten den erfolgreichen Beginn der Olympischen Spiele zunichte zu machen. Erst durch die Spiele von London (1908) und vor allem Stockholm (1912) konnte sich der olympische Sport einen festen und zentralen Platz im Sportleben sichern. 1916 sollten die Spiele in Berlin stattfinden; sie mussten wegen des Ersten Weltkriegs ausfallen.

Nach *Coubertin* sind die Grundlagen des Olympismus bzw. der olympischen Bewegung insgesamt Internationalismus und Demokratie. Die Olympischen Spiele sind Ausdruck einer demokratischen Weltgesellschaft, in der starke Nationen im friedlichen Wettstreit miteinander um den Sieg ringen. Für *Coubertin* trägt diese Art des olympischen Sports zum Frieden in der Welt bei. Über Sinn und Bedeutung des Olympismus als der Idee des Sports ist seit *Coubertin* viel geschrieben und gestritten worden. Hans *Lenk* hat in Deutschland die philosophischen Grundlagen der Olympischen Spiele analysiert und dargestellt. Beim Olympismus handelt sich nicht um eine feste sportliche Ideologie, sondern um eine offene, wandelbare, vielfältige und schillernde geistige Grundlegung des universellen Sports.

Hinweise zur Literatur- und Quellenlage:
Die Geschichte der Olympischen Spiele der Neuzeit, ihre Begründung durch Pierre de Coubertin und die geistig-ideellen Hintergründe seines Unternehmens sind intensiv aufgearbeitet worden. Ein „Klassiker" ist das Werk des früheren ungarische IOC-Mitglieds Ferenc (Franz) Mezö über die Geschichte der Olympischen Spiele (Mezö 1930, 1959). Mezö, der die antiken und die modernen Olympischen Spiele erforscht hat, erhielt dafür bei den olympischen Kunstwettbewerben 1928 in Amsterdam eine Goldmedaille. Richard D. Mandell verfasste 1976 eine Bibliographie zu den modernen Olympischen Spielen und bearbeitete ausführlich die ersten Olympischen Spiele der Neuzeit 1896 in Athen.[56] *Otto Mayer (1960), Horst Ueberhorst (1971), Walter Umminger (1969) und Karl Adolf Scherer (o. J. (1971)) und vor allem Volker Kluge (1997–2002) haben die Ge-*

---

[56] *Mandell* 1976 und seine Bibliographie über die Olympischen Spiele in Sportwissenschaft 6 (1976), 89–98.

schichte der modernen Olympischen Spiele von den Anfängen bis in die Gegenwart geschrieben; Norbert Müller (1983) die der Olympischen Kongresse von Paris (1894) bis Baden-Baden (1981). Hans Lenks (1964) Studie über Werte, Ziele, Wirklichkeit der modernen Olympischen Spiele ist bis heute grundlegend geblieben, obwohl sie von der Wirklichkeit der Spiele eingeholt wurde; sie hat, in bescheidenerem Umfang, auch Nachfolger gefunden.[57] Die Arbeit der 1961 gegründeten Internationalen Olympischen Akademie in Olympia hat wesentlich dazu beigetragen, Geschichte und Idee der olympischen Bewegung auch in ihrer aktuellen Bedeutung zu erörtern (Müller 1987). In jüngerer Zeit wurde auch die Diskussion um die olympische Erziehung neu belebt (Müller 1998; Grupe 1997; M. Krüger 2001a; 2004b; NOK 2004).

Als hilfreich bei der Aufarbeitung der frühen olympischen Geschichte der Neuzeit hat sich die Arbeit des Carl-Diem-Instituts in Köln erwiesen, das zentrale Schriften Pierre de Coubertins und Carl Diems herausgegeben und Quellen zur Geschichte der Olympischen Spiele gesammelt hat.[58] Die Herausgabe der ausgewählten Werke Coubertins in drei Bänden sowie ausgewählter Schriften (Coubertin 2000) in der Verantwortung von Norbert Müller trug wesentlich dazu bei, Coubertins Lebensleistung noch differenzierter und breiter beurteilen zu können (Coubertin 1986).

Zu Coubertin selbst liegt bis heute keine historisch-kritische Biographie vor, nicht zuletzt deshalb, weil sein wissenschaftliches, pädagogisches, kulturelles, politisches und olympisches Werk sich in einer Fülle von Beiträgen und Artikeln niedergeschlagen hat, die nur sehr schwer zu erfassen sind. Die dreibändige Ausgabe der Schriften Coubertins hat den Zugang zu Coubertins Werk nun erheblich erleichtert. Die Biographie von Marie-Therese Eyquem (1972) ist zwar bis heute eine wertvolle Quelle zur Person und zum Leben Pierre de Coubertins; sie stellt aber keine im engeren Sinn historisch-kritische, wissenschaftliche Arbeit dar.

Obwohl die frühe Geschichte der Olympischen Spiele der Neuzeit und die Rolle Coubertins relativ breit und intensiv erforscht sind, bleiben Fragen offen, die sich nicht nur durch das Studium der Akten im IOC-Archiv in Lausanne beantworten lassen: Wie steht es mit der Rezeption der Olympischen Spiele und der olympischen Idee in den jeweiligen Ländern, in den Sportverwaltungen, in der Presse, in der Politik? Ist die Frage nach der geistesgeschichtlichen und auch politisch-gesellschaftlichen Einordnung des Olympismus befriedigend beantwortet? Welche Zusammenhänge bestehen zwischen der Friedensbewegung im 19. Jahrhundert und der olympischen Bewegung? Wie steht es mit der Rolle der Frauen im IOC und bei Olympischen Spielen? Welche Bedeutung hat der olympische Sport, haben die olympischen Organisationen im Prozess der Globalisierung? Dies sind nur einige der Fragen, die es in Zukunft zu behandeln gibt.

---

[57] Vgl. z.B. die Arbeiten von Malter 1969 und Wirkus 1989. Einen informativen Einstieg in Geschichte und Idee der olympischen Bewegung in ihren Anfängen ermöglicht A. Krüger 1980.

[58] Siehe u. a. folgende vom Carl-Diem-Institut herausgegebene Schriften 1959, 1966, 1970, 1971. Das Carl- und Liselott-Diem Archiv (so lautet der Name heute) unter Leitung von Karl Lennartz gab auch zahlreiche Dokumentationsbände zu den frühen Olympischen Spielen der Neuzeit (von 1896 bis 1916) heraus.

5 Die Beteiligung Deutschlands an den Olympischen Spielen

Beim Olympischen Kongress 1894 in Paris, auf dem die ersten Olympischen Spiele der Neuzeit beschlossen wurden, war kein deutscher Vertreter anwesend. Im Internationalen Olympischen Komitee (IOC), das dort gegründet wurde, saß zunächst niemand aus Deutschland. Bei den Spielen 1896 in Athen beteiligten sich zwar deutsche Turner und Sportler, aber die Turn- und Sportverbände in Deutschland, besonders die Deutsche Turnerschaft, die größte Organisation für Leibesübungen in Europa, lehnten es ab, an den Spielen teilzunehmen.

Wie ist das zu erklären? Waren es nicht Deutsche, die Olympia ausgegraben hatten? Waren es nicht Deutsche, auch Turner, die seit langem die Idee von Olympia und olympischen Spielen ausgesprochen hatten? Und jetzt waren sie nicht dabei?

Auf diese Fragen gibt es Antworten auf verschiedenen Ebenen, die Aufschluss über die besondere Rolle Deutschlands in Europa um die Jahrhundertwende, über seine Isolierung in Europa und auch über das besondere und unterschiedliche Verständnis von Turnen und Sport geben.

Abb. 17: Die deutsche Turnerriege 1896 für Athen. Von links nach rechts: Gustav Felix Flatow, Fritz Hofmann, Gustav Schuft (stehend); Richard Röstel, Conrad Böcker, Hermann Weingärtner, Alfred Flatow, Richard Gadebusch (sitzend); Fritz Manteuffel, Carl Schumann (liegend).

5.1 Der missglückte Beginn des olympischen Sports in Deutschland

Eine oberflächliche Antwort ist schnell gegeben: *Coubertin* behauptete, er habe auch Deutschland zu seinem Kongress nach Paris eingeladen; aber sein Versuch, sich an die maßgeblichen Leute in Deutschland zu wenden, sei gescheitert. Auf Empfehlung des deutschen Militärattachés in Paris, Oberst *Schwartzkoppen,* hatte *Coubertin* an Victor von *Podbielski,* den preußischen Minister und Vizepräsidenten des noblen Berliner Union-Klubs, der die Berliner Pferderennbahn unterhielt, geschrieben. Aber er bekam nie eine Antwort; offenbar waren seine beiden Briefe in *Podbielski*s Papierkorb gelandet. An die Deutsche Turnerschaft war *Coubertin* nicht herangetreten. Enttäuscht über die ausgebliebene Reaktion aus Deutschland wandte sich *Coubertin* schließlich an den englischen Herausgeber der deutschen Sport-Fachzeitschrift „Sport und Spiel", *Bloch,* der am 2. Juni 1894 das Programm des Pariser Kongresses abdruckte, um den Kongress auch für deutsche Leser und Sportinteressierte bekannt zu machen.[59]

Aber der Kongress in Paris fand ohne deutsche Beteiligung statt – die Olympischen Spiele wurden ohne die Deutschen wiedererweckt. Die Deutsche Turnerschaft war empört und zeigte kein Verständnis, dass die größte Organisation für Leibesübungen in Deutschland und auf der ganzen Welt nicht direkt angeschrieben worden war. Die Empörung steigerte sich zur Wut, als ein Jahr später in dem Pariser Boulevardblatt „Gil Blas" ein Artikel über den Pariser Kongress und über die bevorstehenden Spiele in Athen erschien, in dem *Coubertin* mit folgenden Worten zitiert wurde: „Nur allein Deutschland, welches – vielleicht mit Absicht – sehr spät eingeladen worden war, machte uns ein saures Gesicht und lehnte es ab, an dem Kongress teilzunehmen. Dieses Fernbleiben wurde besprochen, erweckte aber niemandes Unzufriedenheit."[60] *Coubertin* dementierte diese Äußerung, aber die deutschen Turner glaubten ihm nicht.

Inzwischen war das griechische Organisationskomitee zur Vorbereitung der Spiele in Athen aktiv geworden und versuchte, die Deutschen für eine Teilnahme an den Spielen zu gewinnen. Aber sowohl die Deutsche Turnerschaft als auch der Zentralausschuss für Volks- und Jugendspiele, also die zu diesem Zeitpunkt größten und maßgebenden Organisationen für Turnen und Sport in Deutschland, lehnten eine Teilnahme ab. Die Absage der Deutschen Turnerschaft, unterschrieben von ihrem Vorsitzenden Ferdinand *Goetz* und von Geschäftsführer Hugo *Rühl,* an das griechische Organisationskomitee lautete folgendermaßen: Nach dem Dank für die freundliche Einladung des Organisationskomitees, die man sehr zu schätzen wisse, heißt es, dass sich die Turnerschaft nicht in der Lage sehe, „einer Einladung des lokalen griechischen Komitees Folge zu leisten, nachdem die Hauptleitung der Feste von vornherein uns Deutschen gegenüber

---

[59] Diese Vorgänge sind vielfach erforscht und diskutiert worden. Eine ausführliche Darstellung gibt Willibald *Gebhardt* 1896 in seiner Schrift „Soll Deutschland sich an den Olympischen Spielen beteiligen? Ein Mahnruf an die deutschen Turner und Sportsmänner". Berlin 1896. Vgl. auch A. *Krüger* 1980, 545 ff.
[60] Der Artikel ist mit Übersetzung abgedruckt in *Gebhardt* 1896, 119–124, hier 123.

eine Stellung mit Wort und Tat eingenommen hat, die es mit deutscher Ehre unverträglich macht, an den Wettkämpfen in Athen teilzunehmen. Die deutsche Turnerschaft ... und überhaupt Vertreter der deutschen Nation nicht in erster Linie mit zur Vorbereitung eines international sein sollenden Festes zuzuziehen, kann nur auf einer bestimmten Absicht beruht haben" *(Gebhardt* 1896, 18).

Ähnlich antwortete der Zentralausschuss für Jugend- und Volksspiele, unterschrieben vom Vorsitzenden Emil *von Schenckendorff* und vom stellvertretenden Vorsitzenden, dem Turner und Arzt Ferdinand August *Schmidt.* Einleitend wird ebenfalls dem griechischen Organisationskomitee höflichst gedankt und dazu das „lebhafte Interesse" des Zentralausschusses an der Sache selbst bekundet. Aber die gekränkte Ehre der Deutschen wog schwerer. Die Äußerungen *Coubertins* wurden als Ausdruck nationalen Hasses der Franzosen gewertet: „Unsere nationale Ehre und Würde gebieten uns daher, von den Festlichkeiten in Athen fernzubleiben", hieß es in der vom „Zentralausschuß" herausgegebenen „Zeitschrift für Turnen und Jugendspiel" (1895/96, 317 f.).

Die Ablehnung der Spiele *Coubertins* in Deutschland traf besonders auf die nationalen deutschen Turner zu. Unter den Sportlern in Deutschland – und unter einigen Turnern – gab es jedoch auch Anhänger des olympischen Unternehmens. Der wichtigste von ihnen war der deutsche Arzt und Fechter Dr. Willibald *Gebhardt.*[61] Nach einigen vergeblichen Versuchen hatte er am 13. Dezember 1895 zu einer Versammlung in das Berliner Hotel „Vier Jahreszeiten" mit dem Ziel eingeladen, ein „Komitee zur Beteiligung Deutschlands an den Olympischen Spielen" zu gründen. Es gelang *Gebhardt,* maßgebliche Personen des öffentlichen Lebens für dieses Komitee zu gewinnen, an seiner Spitze sogar den Erbprinzen zu *Hohenlohe-Schillingsfürst,* den Sohn des damaligen Reichskanzlers. Aus diesem Komitee wurde 1904, nach den Spielen von Saint Louis, der „Deutsche Reichsausschuss für Olympische Spiele" (DRAFOS) gegründet, der die Aufgabe hatte, die gemeinsame Vertretung aller Leibesübungen treibenden Körperschaften bei Olympischen Spielen zu organisieren. 1917 bildete sich daraus der „Deutsche Reichsausschuß für Leibesübungen" (DRA), der erste Dachverband für Turnen und Sport in Deutschland. Wie stark auch die Olympier in Deutschland in nationalen Kategorien dachten und von den nationalen Argumenten der Turner geprägt waren, zeigt die Tatsache, dass im § 1 des DRAFOS dessen Aufgabe folgendermaßen beschrieben wurde: „Der Deutsche Reichsausschuss für Olympische Spiele hat die Aufgabe, nationale Olympische Spiele im Deutschen Reiche zu veranstalten" *(Diem* 1923, 106). Das heißt, es war nicht nur daran gedacht, die zentrale Aufgabe des Komitees von *Gebhardt* wahrzunehmen, nämlich eine deutsche Mannschaft für internationale Olympische Spiele aufzustellen und zu melden, sondern auch, im eigenen Land nationale Spiele zu organisieren. Nach dem Ersten Weltkrieg wurde dies mit den „Deutschen Kampfspielen" realisiert.

Man kann den DRAFOS und den DRA als die direkten Vorläufer des Deutschen Sportbundes (DSB) und des Nationalen Olympischen Komitees für Deutschland (NOK) bezeichnen, die nach dem Zweiten Weltkrieg (1950 bzw. 1949)

---

[61] Zu *Gebhardt* siehe die Biographie von *Hamer* 1971 sowie *Naul/Lämmer* 1999.

gegründet wurden. „Wie auch das Zusammenwachsen der deutschen Turn- und Sportverbände zu einem Dachverband von den olympischen Aufgaben bewirkt wurde, sind auch andere wichtige Antriebe aus dem olympischen Geschehen entstanden", fasste *Diem* (1971, 967) zusammen. Und tatsächlich erscheint es wie eine Ironie der Sportgeschichte, dass ausgerechnet die Idee des internationalen Sports, wie sie in der olympischen Bewegung formuliert und praktiziert wurde, in Deutschland am Ende zu einer nationalen Gemeinsamkeit von Turnen und Sport beigetragen hat. Sie schadete nicht, wie die Turner befürchteten, den nationalen Leibesübungen und ihren Organisationen, sondern sie nutzte ihnen.

Aber diesen Weitblick konnten die beteiligten und beleidigten Turner und Sportler in Deutschland noch nicht haben. Sie betrachteten die Olympischen Spiele weniger als eine Angelegenheit des internationalen Sports, mit dem die Turner nichts zu tun haben wollten, sondern vielmehr als eine antideutsche französische Aktion. Deutschland fühlte sich gedemütigt, und die deutschen Turner fühlten sich in ihrem Absageschreiben sogar aufgerufen, für die ganze deutsche Nation zu sprechen, deren Ehre durch den französischen Baron verletzt worden sei.

Die Reaktion der Turnerschaft und des Zentralausschusses für Volks- und Jugendspiele, die sich beide als staatstragend und national empfanden, entspricht der politischen Situation des Deutschen Reiches um die Jahrhundertwende. Seit dem Krieg gegen Frankreich von 1870/71 fühlte sich das Deutsche Reich von Frankreich und seiner bevorstehenden Rache bedroht. *Bismarck* war es gelungen, Frankreich in Europa zu isolieren. Aber nun, nach *Bismarcks* erzwungenem Abschied von der Politik (1890), trug Deutschland selbst dazu bei, in die Isolation gedrängt zu werden. Der „junge Kaiser" *Wilhelm II.*, der das Ruder des Staatsschiffs in die Hand genommen hatte, sah nicht in der Zusammenarbeit und im Kompromiss mit anderen Ländern und Nationen die Zukunft Deutschlands, sondern er und mit ihm die meisten führenden Staatsmänner glaubten, dass sich das „Reich" im harten Daseins- und Konkurrenzkampf gegen den Rest der Welt behaupten müsse. Es ging um Deutschlands Größe und Ehre, nicht um einen angemessenen Platz in der Völkergemeinschaft.[62]

Deshalb konnten die Deutschen und die Deutsche Turnerschaft auch nicht akzeptieren, dass sie nicht eine herausgehobene Rolle bei den geplanten Spielen einnehmen würden, wo doch den Deutschen das Verdienst zukam, die Anstöße zu Ausgrabung Olympias und seiner Erforschung gegeben zu haben.

Tatsache ist jedenfalls, dass man nicht in der internationalen Zusammenarbeit die Zukunft von Sport und Politik sah, sondern in der Behauptung der nationalen Größe und Stärke; und dabei konnten die anderen eher störend als fördernd sein, besonders dann, wenn zu befürchten war, dass die Deutschen im Ausland das Opfer französischer Intrigen werden könnten. Die Deutsche Turnerschaft machte sich durch ihre Verweigerung gegenüber der olympischen Bewegung auf diese Weise zum Sprachrohr wilhelminischer Politik, die im Übrigen von Männern vertreten wurde, die dem Turnen und der Turnerschaft eher mit Verachtung und

---

[62] Zu Politik und Gesellschaft sowie zur deutschen Geisteshaltung im Kaiserreich vgl. *Mann* 1987, bes. 506–545; ebenso *Krockow* 1990; auch *Elias* 1990, der von der „satisfaktionsfähigen Gesellschaft" im Deutschen Kaiserreich spricht.

Hochnäsigkeit gegenüberstanden, als dass sie deren Engagement für die Nation anerkannten.

5.2 „Wilde Turner" in Athen

Dass Deutschland schließlich doch mit einer Mannschaft von elf Turnern, zwei Leichtathleten, fünf Radsportlern, einem Tennisspieler und zwei Ruderern in Athen starten konnte, war das Verdienst des unermüdlichen Gebhardt *(Lennartz/Teutenberg* 1992). Die Turner fuhren nicht mit dem offiziellen Segen der Deutschen Turnerschaft nach Athen, sondern in eigener Sache bzw. mit Hilfe des Komitees zur Beteiligung Deutschlands an den Olympischen Spielen. Unter den Turnern befanden sich vier jüdische Turner, darunter die späteren Olympiasieger Alfred *Flatow* und sein Vetter Gustav Felix aus Berlin. Die „wilde Turnriege der Berliner", schrieb *Neuendorff,* „machte der deutschen Turnsache nur Unehre" *(Neuendorff* 1936, 133). Alfred *Flatow* wurde 1933 aufgrund des „Arierparagraphen" aus der Turnerschaft ausgeschlossen und 1942 im Konzentrationslager ermordet. Der Deutsche Turner-Bund hat ihm zu Ehren 1987 eine Medaille gestiftet.[63]

Die *Flatows* und ihre Turnkameraden waren in Athen äußerst erfolgreich. Sie gewannen fünf von acht ausgeschriebenen Wettbewerben, die Mannschaftswertung an Barren und Reck, Carl *Schuhmann* siegte beim Pferdsprung, Alfred *Flatow* am Barren, und Hermann *Weingärtner* wurde Olympiasieger am Reck; dazu kamen zweite und dritte Plätze. Carl *Schuhmann* errang insgesamt vier Medaillen und war damit erfolgreichster Teilnehmer der ersten Olympischen Spiele der Neuzeit. Außer seinen Medaillen bei den Turnwettbewerben holte er sich die Goldmedaille im Ringen und wurde Vierter im Gewichtheben. Der Turner Fritz *Hofmann* beteiligte sich auch bei den Laufwettbewerben und wurde Zweiter über 100 m, Dritter über 400 m und Vierter im Hochsprung.[64]

Als die deutsche Olympiariege sich nach Ostern 1896 wieder auf den langen Heimweg machte, wurde ihr in einer gemeinsamen Erklärung der Deutschen Turnerschaft, des Zentralausschusses für Volks- und Jugendspiele, des Deutschen Turnlehrervereins sowie des Allgemeinen Deutschen Sportbundes und des Deutschen Fußballvereins in Hannover das Recht abgesprochen, sich als „Vertreter des deutschen Turnens, Spiels und Sports anzusehen".[65] Ferdinand *Goetz,* der Vorsitzende der Deutschen Turnerschaft, bezichtigte die elf Turner der „Untreue" und „eitlen Ruhmsucht" *(Neuendorff* o. J., Band 4, 495).

---

[63] Vgl. die Beiträge von *Bernett* und *Steins* über die *Flatows* in der „Sozial- und Zeitgeschichte des Sports" 1 (1987) 2, 94–111.

[64] Lennartz/Teutenberg 1992, 52. Der Begriff „Goldmedaille" ist allerdings nicht ganz richtig, weil aus Kostengründen die Sieger nur Medaillen aus Silber, die Zweitplatzierten aus Kupfer und die Dritten gar keine Medaille erhielten. Ab 1904 wurden vergoldete, silberne und bronzene Medaillen überreicht *(Lennartz/Höfer* 2000).

[65] Die „Erklärung", unterzeichnet von je einem Vertreter des „Allgemeinen deutschen Sport-Bundes", der „Deutschen Turnerschaft", des „Deutschen Turnlehrer-Vereins" und des „Zentralausschusses zur Förderung der Volks- und Jugendspiele in Deutschland" erschien am 11. April 1896 in der „Zeitschrift für Turnen und Jugendspiel" (5. Jg., Nr. 1) auf der Titelseite.

Die Haltung der Turner, Turnlehrer und Vertreter des Sports erscheint aus heutiger Sicht unverständlich und irrational. Wie war es möglich, sich wegen der Teilnahme einiger Turner und Sportler an einem großen internationalen Turn- und Sportfest so aufzuregen? Wie war es möglich, die Formfehler des Organisators *Coubertin* zum Anlass zu nehmen, sich in der deutschen Ehre verletzt zu fühlen und deshalb das ganze Unternehmen zu kippen?

5.3 Das „Nein" der Deutschen Turnerschaft zu den Olympischen Spielen

Den Turnern passte die ganze Richtung nicht. Sie waren in gewisser Hinsicht über die Formfehler *Coubertins* auch gar nicht so unglücklich, wie sie taten; denn dadurch hatten sie einen Vorwand, sich von dem ganzen ungeliebten internationalen Sportgeschehen fernzuhalten. „Zum Teufel mit den ganzen Olympischen Spielen", fluchte 1912 der inzwischen 86-jährige Ex-Revolutionär von 1848/49 und immer noch Vorsitzender der DT, Ferdinand *Goetz*, als wieder eine Riege deutscher Turner zu den Olympischen Spielen nach Stockholm gereist war, wieder ohne den Segen der Turnerschaft *(Neuendorff o. J., Band 4, 501)*.

Goetz begründete selbst noch mehrfach das „Nein" der Deutschen Turnerschaft zu den Olympischen Spielen. Die Kritik der Turner richtete sich in erster Linie gegen die „Internationalität" des Festes. „Olympia war der Glanzpunkt nationaler althellenischer Herrlichkeit – 1896 soll es eine ‚internationale' Veranstaltung geben" *(Goetz 1971, 191–194)*.

Mit diesem Vorwurf an *Coubertin* lagen *Goetz* und die Turner keineswegs völlig falsch. Die antiken Olympischen Spiele als internationales Sport- und Friedensfest zu interpretieren, wie es *Coubertin* getan hatte, entsprach nicht der historischen Wirklichkeit. Allerdings war es genauso falsch, wenn die Turner und Turnlehrer von Olympia als dem „ältesten Nationalturnplatz" oder „Über die Olympien als die ältesten Nationalturnfeste" sprachen.[66]

Die Begriffe Nationalismus und Internationalismus passen nicht auf die Antike; sie sind Wortschöpfungen der Neuzeit, Produkte des Zeitalters des Nationalismus, und Turnen und Sport stellten auf körperkulturellem Gebiet die scheinbar unversöhnlichen Pole nationaler Leibesübungen und internationaler sportlicher Wettkämpfe dar. Die Idee *Coubertins*, die von den Turnern nicht verstanden wurde, war es, diese Pole zusammenzubringen.

„Olympia war die Betätigung einer auf harmonische Allgemeinbildung hinzielenden Leibesübung", fuhr *Goetz* (1971, 204) fort, „– 1896 soll gerade das in Deutschland so sehr verhasste einseitige Sportfexentum seine Triumphe feiern. Den Gipfelpunkt von Olympia bildete der Fünfkampf – 1896 soll die athletische Kraftleistung, das auf die Spitze getriebene Spezialistentum entscheiden. Kurz,

---

[66] So lauteten die Beiträge des Leiters der Turnlehrerbildungsanstalt in Dresden, Dr. Moritz *Kloss*, in den Neuen Jahrbüchern der deutschen Turnkunst, schon im Jahrgang 1858, 7–18 und 114–123.

die Sache ist das genaue Gegenteil von dem, was wir Deutschen anstreben und – beiläufig bemerkt – als unser geistiges Erbe klassisch-griechischen Denkens und Empfindens betrachten."

Auch in diesem Punkt zeigte sich – aus heutiger historischer Distanz – ein krasses Missverständnis und Nichtverstehen dessen, was *Coubertin* mit den Olympischen Spielen meinte. Diese Missverständnisse kamen auch deshalb auf, weil *Coubertin* in seiner Werbung für Olympia stets ausdrücklich an das antike Vorbild erinnerte und nicht genügend deutlich machte, dass es sich um eine völlige Neuschöpfung moderner Olympischer Spiele handelte. Die harmonische Bildung von Körper und Geist war ein Ideal antiker Erziehung und wurde in diesem idealistischen Sinn sowohl von den Turnern als auch von *Coubertin* für die Neuzeit interpretiert. Die Olympischen Spiele der Antike waren aber keineswegs, wie *Goetz* meinte, ein Abbild dieser harmonischen Leibeserziehung; sie waren aber auch nicht das, was bei den modernen Olympischen Spielen stattfand. Die Olympien in der Antike trugen ihren eigenen, mit der Moderne kaum vergleichbaren Charakter. Auf Deutschlands Turn- und Sportplätzen kam dagegen *Coubertins* Grundidee nicht an, nämlich über das Ideal einer harmonischen Körpererziehung hinaus, wie sie die Turner zurecht einklagten, auch die zentralen Elemente des modernen Sports in die Leibes- und Menschenerziehung mit einzubeziehen; und dies dazu noch in einer internationalen Perspektive. Wettkampf, Leistung, Leistungs- und Rekordstreben könnten, meinte *Coubertin,* wenn sie in die richtigen olympischen Formen gebracht werden, für die Sporterziehung fruchtbar gemacht werden, sie könnten ein Modell abgeben für das Streben nach Höherem, für eine bessere Zukunft und für den friedlichen Wettstreit auf der Grundlage der Chancengleichheit. Dieser Gedanke, der in der Geschichte des englischen Parlamentarismus und des englischen Sports entstanden ist, war in Deutschland fremd.

Die Deutschen und besonders die deutschen Turner konnten sich und ihre Idee der Leibesübungen nicht in dem olympischen Programm von Athen finden. Dazu wieder *Goetz* (1971, 204 f.): „Das von Franzosen und Südamerikanern, Griechen und sonstigen interessanten Herren entworfene Programm beweist, dass die Welt sich in diesen Köpfen mindestens anders als in deutschen spiegelt. Sie haben keine Ahnung von dem durch die Deutsche Turnerschaft und Sportwelt gehenden Zuge nach geläuterter Form der Leibesübungen; ihre Kraftmeierei, wie sie in dem Athletentum zum Ausdruck kommt, ist uns ebenso zuwider wie die Einseitigkeit in allen anderen Sports. ... Wir wissen auch, dass durch die einzelnen deutschen Sports (beiläufig ist das kein Fremdwort, sondern gut deutscher Ausdruck) der Zug nach engerem Zusammenschlusse geht. Die Verständigung wird und muss sich auch finden, und dann wollen wir deutsch-nationale Festspiele feiern! Nach Olympia gehen wir nicht." Und weiter: „Wir haben nicht nur die Ehre der Deutschen Turnerschaft, sondern die des ganzen Reiches zu vertreten!" (S. 206).

Abgesehen davon, dass auch die Kraftmeierei der deutschen Turner nicht zu unterschätzen und in deutschen Turnhallen nicht überall eine „geläuterte Form" der Leibesübung anzutreffen war, ist die Richtung klar: Es geht um die nationale deutsche Leibesübung, nicht um internationalen „Firlefanz", es geht um Deutschland, nicht um die Welt.

Fritz Kessler in London

Erstaunlich sind weniger die Missverständnisse, die sich rund um die ersten Olympischen Spiele von Athen 1896 einstellten, sondern vielmehr muss das starre Festhalten speziell der Deutschen Turnerschaft an ihrer ablehnenden Haltung gegenüber den Olympischen Spielen verwundern. Bei den Olympischen Spielen 1900 in Paris beteiligten sich die deutschen Sportverbände jetzt auch offiziell; die Turner lehnten ab, ebenso bei den Spielen 1904 in St. Louis und bei den von den Griechen allein veranstalteten Zwischenspielen 1906 in Athen. Aber bei allen Spielen waren „wilde" deutsche Turnriegen vertreten. Der Druck auf die Turnerschaft wuchs, von ihrer starren, ablehnenden Haltung gegenüber Olympia abzulassen.

Im Jahr 1907 war es schließlich so weit. Der Turntag nahm den Antrag auf Beitritt der Deutschen Turnerschaft zum Deutschen Reichsausschuss für die Olympischen Spiele (DRAFOS) an. Deshalb konnte erstmals bei den Olympischen Spielen 1908 in London eine deutsche Turnriege offiziell an Olympischen Spielen teilnehmen. Die DT schickte eine Abordnung unter Leitung des Vorstands der Stuttgarter Turnlehrerbildungsanstalt, Fritz *Kessler,* nach London. Aber der Auftritt der Deutschen in London war ein Reinfall. Die zunehmende Isolierung Deutschlands in der internationalen Politik wirkte sich auch auf die Londoner Spiele aus. Die deutschen Turner und Sportler fühlten sich wieder zurückgesetzt und beleidigt. Die deutsche Turnriege musste ihre „mustergültige" Vorführung unter *Kessler*s Leitung vor leeren Zuschauerrängen und ohne die wichtigen IOC-Funktionäre darbieten, weil die Festleitung zum selben Zeitpunkt einen offiziellen Empfang angesetzt hatte.

Coubertin und das IOC versuchten zwar hinterher, den Affront gegen die Turnerschaft wieder gut zu machen, indem sie der DT für ihren Auftritt in London den „Coupe Olympique", die höchste olympische Ehrengabe, verliehen, aber auch diese taktische Versöhnungsgeste konnte den deutschen Turnern das internationale Olympia nicht schmackhafter machen. Schließlich hielten sich auch die deutschen Siege in Grenzen, und bei einigen Wettkämpfen fühlten sich die deutschen Turner und Sportler gegenüber ihren Gegnern behindert und benachteiligt. Von keinem deutschen Sportler wurde in London ein erster Platz errungen, mit

Abb. 18: Plakat der Olympischen Spiele 1912 in Stockholm.

zwei Ausnahmen: dem 100-m-Rückenschwimmen und dem Wasserspringen. Der beste deutsche Turner landete im turnerischen Siebenkampf auf Rang vier. „Es sickerte auch mehr und mehr durch", schrieb *Neuendorff* (o. J., Band IV, 498) entschuldigend, „dass die großen Kanonen von Übersee, die dem Körper immer ungeheuerlichere Leistungen abzwangen, sie nur dadurch erreichten, dass sie ihn einem jahrelangen Training so ausschließlich unterwarfen, dass für Ausübung eines Berufes keinerlei Zeit mehr blieb. Erschrocken fragten sich da viele, ob es nicht natürlicher Verlauf wäre, dass die olympischen Kämpfe, die nicht nur von persönlichem, sondern auch nationalem Ehrgeiz hochgepeitscht wurden, notwendig im Berufssportler- und Spezialistentum enden mussten."

Die Stimmung gegen Olympia verstärkte sich in der Turnerschaft mit dem Ergebnis, dass bei den gelungenen Spielen von Stockholm im Jahr 1912 wiederum nur „wilde" deutsche Turner und keine Turner in offizieller Mission der Deutschen Turnerschaft vertreten waren. Wie weit sich die Turnerschaft mit dieser starren Haltung inzwischen innerhalb des gesamten Sports auf der ganzen Welt und auch in Deutschland isoliert hatte, zeigt die Tatsache, dass die Spiele für 1916 nach Berlin vergeben worden waren.

5.4 Olympische Spiele in Deutschland

Seit der Gründung des DRAFOS war es *Gebhardt* gelungen, die Stimmung in Deutschland ganz entscheidend zugunsten der Olympischen Spiele zu wenden; nicht zuletzt aus dem einfachen Grund, weil immer neue Sportverbände in Deutschland gegründet wurden, die an internationalen Sportwettkämpfen teilnehmen wollten. Vor allem aus den Kreisen der adeligen wilhelminischen Oberschicht, bis hinauf zum Kaiser, wuchs die Bereitschaft, sich an dem olympischen Unternehmen zu beteiligen. Prinz Aribert von *Anhalt* konnte schon 1899 als Präsident des „Komitees für die Beteiligung Deutschlands an den Spielen von 1900" gewonnen werden; Vizepräsident wurde Prinz Eduard *zu Salm-Horstmar,* der das Komitee 1904 in den DRAFOS umwandelte. Nach seinem Rücktritt im Jahr 1905 trat Graf Egbert *von der Asseburg* an dessen Stelle. Er versuchte den DRAFOS straffer zu organisieren und setzte sich auch energisch für eine stärkere Beteiligung Deutschlands an den Spielen, konkret für die Durchführung Olympischer Spiele in Deutschland ein.[67] 1909 fand ein Olympischer Kongress in Berlin statt, auf dem sich Deutschland für die Spiele bewerben wollte.

Schon 1906 war es zur Ablösung *Gebhardt*s als Geschäftsführer des DRAFOS und als IOC-Mitglied gekommen. Als kurz vor Kongressbeginn auch noch *von der Asseburg* starb, waren zwei Plätze im IOC freigeworden. Über die Frage, wer die beiden neuen deutschen Mitglieder im IOC werden sollten, kam es zu einem Streit zwischen dem DRAFOS und *Coubertin,* der seine Ursachen allerdings weniger in den Personen als in der unterschiedlichen Auffassung über die Rolle und Struktur des IOC in der olympischen Bewegung hatte – ein Konflikt, der

---

[67] Siehe die Darstellung von Carl *Diem* 1923, 104–111.

bereits das Verhältnis *Gebhardts* zu *Coubertin* getrübt hatte. *Coubertin* war der Meinung, dass er allein die IOC-Mitglieder berufen könne, die dann als Delegierte des IOC und des olympischen Sports in ihren Heimatländern wirken sollten. *Gebhardt* und der Deutsche Reichsausschuss (DRAFOS) waren dagegen der umgekehrten Auffassung, dass die IOC-Mitglieder nationale Sportvertreter seien, die im IOC die Sportinteressen ihrer Heimatländer wahrzunehmen hätten.

Auch 1909 konnten sich deshalb die Deutschen in der Frage der Ernennung neuer deutscher IOC-Mitglieder bei *Coubertin* nicht durchsetzen. Der entsprach nämlich nicht dem Wunsch des DRAFOS, als Nachfolger des verstorbenen IOC-Mitglieds *von der Asseburg* den neuen Vorsitzenden des Reichsausschusses, General Victor von *Podbielski,* ins IOC zu berufen. Stattdessen entschied er sich für zwei adelige Herren, die Berlin und dem preußischen Sport fern standen: Baron Karl *von Venningen,* ein badischer Freiherr, und Graf Adalbert *von Sierstorpff* aus Eltville.[68]

Coubertin hatte damals deutliche Vorbehalte gegen Preußen-Deutschland. Er sperrte sich auch lange Zeit gegen den Wunsch der deutschen Sportvertreter im DRAFOS, in Deutschland Olympische Spiele durchzuführen. Erst nachdem *Coubertin* nach seiner Deutschland-Reise im Jahr 1909 seine Meinung geändert hatte, war der Weg frei für eine Bewerbung Deutschlands für die Spiele 1916. Auch *Coubertin* stellte sich nun hinter diese Entscheidung und sprach von der „schwedisch-germanischen Periode", die in der olympischen Bewegung angebrochen sei.

Die Vorbereitung der geplanten Spiele von 1916 war bereits mit das Verdienst des jungen Sportjournalisten und Vorsitzenden der Deutschen Sportbehörde für

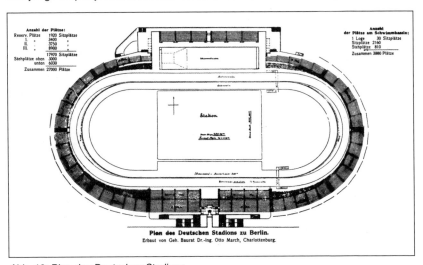

Abb. 19: Plan des Deutschen Stadions.

---

[68] A. *Krüger* 1980, 553 f.; *Langenfeld* 1999; *Venningen* war von 1909–1914 und *Sierstorpff* von 1909–1919 IOC-Mitglied.

Athletik, also des Leichtathletikverbandes, Carl *Diem*, der 1913 als Generalsekretär für die Olympischen Spiele von 1916 eingestellt wurde und damit der erste hauptamtliche Sportfunktionär in Deutschland war. Im Zentrum dieser Spiele sollte das neu erbaute Berliner Stadion, das „Deutsche Stadion im Grunewald" stehen. Der Reichsausschuss unter Vorsitz von von *Podbielski* hatte diesen Stadionbau durchgesetzt. Das Stadion wurde 1913 im Beisein des Kaisers offiziell dem deutschen Sport übergeben *(Diem* 1971b, 968).

Als im Februar 1914 im Deutschen Reichstag die von *Diem* beantragten 200 000 Mark zur Vorbereitung der Spiele beraten und letztlich auch genehmigt wurden, machte diese Debatte noch einmal die Gegensätze in sportlicher und politischer Hinsicht deutlich, die sich an den Olympischen Spielen entzündet hatten. Im Reichstag kam noch ein weiterer Aspekt ins – olympische – Spiel, der bisher noch nicht beachtet wurde; denn der Sport und die Olympischen Spiele schienen ausschließlich eine Sache des bürgerlichen Sports und der bürgerlichen Turner zu sein. Aber was sagten die Arbeiterturner und die Arbeitersportler, die inzwischen auch eigene, der Sozialdemokratischen Partei Deutschlands nahe stehende Vereine und Verbände gegründet hatten?[69]

Erstaunlich ist bereits die Tatsache, dass die Budgetkommission des Reichstags, die den Antrag vorberaten hatte, zwar einmütig die Bedeutung des Sports anerkannte und auch befürwortete, dass Spiele, auch internationale und Olympische Spiele zur Förderung des Sports abgehalten und unterstützt werden sollten. Trotzdem lehnte die Kommission den Antrag zunächst mehrheitlich ab. Warum?[70]

Die Sozialdemokraten, die als stärkste Partei aus den Reichstagswahlen von 1912 hervorgegangen waren – ein Drittel der Wähler hatten sich für sie entschieden –, lehnten den Antrag in der Kommission und im Plenum ab. Der Antrag kam schließlich doch im Reichstag durch, weil das Zentrum, das in der Kommission noch dagegen gestimmt hatte, bei der Schlussabstimmung seine Zustimmung gab.

Der sozialdemokratische Abgeordnete *Rühle* begründete die ablehnende Haltung seiner Fraktion. Sozialdemokraten seien für Turnen und Sport und besonders für gesunde Körpererziehung. Aber sie sprächen sich gegen die Bewilligung dieser Mittel für die Olympischen Spiele aus, weil sie eben nicht diesem Zweck zugute kämen, sondern weil allein die bürgerlichen Turn- und Sportverbände, insbesondere die „nationalen deutschen Turner" davon profitierten. „Dass es neben den nationalen deutschen Turnern noch Arbeiterturner gibt, die zu vielen Tausenden von Mitgliedern in Arbeiterturnvereinen organisiert und im Arbeiterturnerbund zusammengeschlossen sind, und dass neben den von der Regierung angegebenen Sportvereinen eine Unmenge von Arbeitersportvereinen besteht, davon hat die Regierung gar keine Notiz genommen. ... Gerade die Arbeiterturner und die Mitglieder der Arbeitersportvereine sind ausgeschlossen von dem Empfang der Reichszuwendungen" (7333). Und dies, obwohl gerade die Arbeiter die am meisten benachteiligte Schicht der Bevölkerung überhaupt darstellten. Angesichts der Armut, der harten körperlichen Arbeit und der schlech-

---

[69] Zum Arbeitersport siehe im Einzelnen Kapitel 6.
[70] Im Folgenden zur Debatte des Reichstags siehe Verhandlungen des Reichstags, XIII. Legislaturperiode, 1. Session, Band 193, 214. Sitzung vom 14. Februar 1914. Berlin 1914, 7333–7348.

ten Ernährung hätten gerade sie Erholung und sinnvolle Leibesübungen am nötigsten; nicht den Rekordsport, wie er bei den Olympischen Spielen ungesund und übertrieben praktiziert werde, sondern einen Sport, wie ihn die Arbeiterturn- und Sportvereine in „mäßiger, besonnener und volkstümlicher Form" anböten. *Rühle* prangerte die Unterdrückung und schikanöse Behandlung des Arbeitersports an, und er wandte sich gegen die Diskriminierung der Arbeiterturn- und Sportvereine als „politische" Vereine; denn dadurch könnten sie von allen öffentlichen Zuwendungen ferngehalten werden.

Die Sozialdemokraten verweigerten ihre Zustimmung zu einer Sache, die sie an sich befürworteten. Sie verweigerten sich deshalb, weil die Arbeiterschaft in Deutschland von der bürgerlichen Gesellschaft, von bürgerlicher Kultur und vom bürgerlichen Sport ausgeschlossen wurde. „Der Sport als solcher", konnte zwar Theodor *Lewald,* damals Regierungsdirektor im Innenministerium und seit 1919 erster Vorsitzender des Deutschen Reichsausschusses für Leibesübungen (DRA), in der Reichstagsdebatte zurecht behaupten, „ist innerhalb des Deutschen Reiches nicht irgendwie durch die Landesgrenzen geschieden; denn er hat einen stark demokratischen Zug und geht durch alle Schichten hindurch. (Lachen bei den Sozialdemokraten. Zuruf aus dem Zentrum)" (7339). Aber er konnte den Vorwurf der Sozialdemokraten nicht entkräften, dass die Politik des Reiches auch in diesem Punkt der – bescheidenen – Mittelvergabe zur Vorbereitung der Olympischen Spiele eben dieser auf Demokratie und Gleichheit beruhenden Struktur des Sports nicht entsprach, weil die Arbeiterturn- und Sportvereine ausgeschlossen, behindert und unterdrückt wurden. Die Diskriminierung des Arbeitersports und der Arbeiterkultur insgesamt im wilhelminischen Deutschland trug wesentlich dazu bei, dass sich die Spannungen in Kultur, Gesellschaft und Sport in Deutschland verschärften. Eine Lösung schien nicht mehr möglich zu sein. Die Gesellschaft in Deutschland zeigte tiefe Risse, sogar Gräben, und auch Turnen und Sport waren am Vorabend des Ersten Weltkriegs sportlich, politisch, sozial und ideologisch gespalten.

In diesem ersten großen Krieg des 20. Jahrhunderts trat der Sport zwar völlig in den Hintergrund, aber es gab ein Ereignis im Kleinen, an dem deutlich wird, dass dieser Sport tatsächlich etwas mit der Friedenssehnsucht der Menschen zu tun hat und das Friedensideal und -potential des Sports nicht nur als ein fernes, theoretisches Ideal der Olympischen Spiele existiert. Im ersten Kriegswinter, Weihnachten 1914, kam es an einem Frontabschnitt in Flandern, wo sich deutsche, englische, belgische und französische Soldaten in ihren Schützengräben auf Sichtweite gegenüberlagen, zu einer ungewöhnlichen Verbrüderung. Die Soldaten aus den verfeindeten Nationen, die sich auf Befehl ihrer Generäle eigentlich hätten tot schießen sollen, feierten gemeinsam Weihnachten, sangen Weihnachtslieder und spielten gemeinsam Fußball: „Hunderte spielen Fußball zwischen den Fronten, es wird gebolzt und gekickt, und wenn einer in den Dreck fällt dabei, denn in Uniform und Stiefeln lässt sich nun mal schwer elegant spielen, hilft ihm sportlich der Gegner, der ein Feind ist, wieder auf."[71]

---

[71] Diese ungewöhnliche, aber wahre Geschichte wird in dem Buch von Michael *Jürgs:* „Der kleine Frieden im großen Krieg" (2003, hier 176) erzählt.

Deutschland war auf dem Olympischen Kongress 1894 in Paris nicht vertreten. Wegen gegenseitiger Missverständnisse zwischen Pierre de *Coubertin* und den deutschen Vertretern von Turnen und Sport kam es nicht zu einer offiziellen Einladung Deutschlands. Die Deutsche Turnerschaft lehnte ebenso wie der Zentralausschuss für Volks- und Jugendspiele eine Beteiligung an den Olympischen Spielen in Athen 1896 ab. Der Hauptgrund der Ablehnung bestand darin, dass sich die zentrale Idee der olympischen Bewegung – Internationalismus und Demokratie – nicht mit der nationalen Haltung der Turner vereinbaren ließ. Wenn Olympische Spiele, dann sollten es nationale Wettkämpfe sein.

Bei den Olympischen Spielen in Athen 1896 startete gegen den Willen der Deutschen Turnerschaft neben einigen Sportlern auch eine „wilde" Turnmannschaft aus Deutschland. Der Turner Carl *Schuhmann* war der erfolgreichste Teilnehmer der Spiele; er errang vier Goldmedaillen. Nach ihrer Rückkehr wurden die erfolgreichen Turner aus Athen von der Führung der Deutschen Turnerschaft gerügt.

Der Berliner Arzt und Fechter Willibald *Gebhardt* gründete 1895 ein „Komitee zur Beteiligung Deutschlands an den Olympischen Spielen". Der Deutsche Reichausschuss für die Olympischen Spiele (DRAFOS), der 1904 gegründet wurde, konnte immer mehr Sportverbände für die Idee internationaler Wettkämpfe im Rahmen Olympischer Spiele gewinnen. Außerdem gelang es, maßgebliche Kreise der adeligen Oberschicht im wilhelminischen Deutschland zu interessieren. Ab 1900 nahmen regelmäßig auch offizielle deutsche Delegationen an den Olympischen Spielen teil. Die Deutsche Turnerschaft verweigerte mit Ausnahme der Spiele von London im Jahr 1908 aber nach wie vor ihre Teilnahme. Sie war auch bei den gelunge-

Abb. 20: Einmarsch der deutschen Mannschaft bei der Eröffnungsfeier zu den Olympischen Spielen 1912 in Stockholm.

nen Spielen 1912 in Stockholm nicht vertreten, konnte aber gegen das Auftreten „wilder" deutscher Turner nichts unternehmen.

Der DRAFOS und Berlin bewarben sich um die Ausrichtung der Olympischen Spiele 1916 in Berlin. Carl *Diem* wurde 1913 als hauptamtlicher Generalsekretär dieser Spiele angestellt. General Victor von *Podbielski* als Vorsitzender des DRAFOS hatte den Bau des Stadions in Berlin in die Wege geleitet und durchgesetzt. Das Stadion wurde 1913 im Beisein des Kaisers eingeweiht.

Hinweise zur Literatur- und Quellenlage:

Die Fragen, warum sich Deutschland nicht oder nur zögernd an den Olympischen Spielen beteiligten, und die Deutsche Turnerschaft lange Zeit eine kompromisslos ablehnende Haltung vertrat, sind oft gestellt und beantwortet worden. Willibald Gebhardt stellte in seiner Schrift die Vorgänge selbst dar, und Erke Hamer würdigte in seiner Biographie Gebhardts Bemühungen um eine Beseitigung der Hindernisse auf dem Weg Deutschlands nach Olympia (Gebhardt 1896; Hamer 1971). Fast alle Beiträge zur Geschichte der Olympischen Spiele in Deutschland gehen dieser Frage nach (vgl. A. Krüger 1980).

Die Darstellung der Fakten und Missverständnisse der frühen olympischen Geschichte in Deutschland wäre jedoch um eine historisch-kritische Analyse der Ursachen zu ergänzen. Ansätze lieferte A. Krüger (1980, 1982), aber die besondere weltpolitische Situation des wilhelminischen Deutschlands, seine internationale Isolierung, die wachsenden gesellschaftlichen Spannungen in Deutschland, die sich bis in die eher kleinen Welten von Turnen und Sport auswirkten, sind als Faktoren noch zu wenig berücksichtigt worden, um die besondere Rolle Deutschlands in der olympischen Geschichte beurteilen zu können. Die neuesten Erkenntnisse und Einsichten zur Rolle Deutschlands bzw. des deutschen Sports in der olympischen Bewegung finden sich in dem vom NOK 1999 herausgegebenen Sammelband „Deutschland in der olympischen Bewegung". Für die erste Zeit sind die Artikel von M. Krüger (11-24), Naul (25-40) und Langenfeld (41–84) hervorzuheben.

Die Entstehungsgeschichte des DRAFOS und des DRA ist von Carl Diem (1923, 1971) selbst beschrieben und vom Carl-Diem-Institut z.T. dokumentiert worden (Carl-Diem-Institut 1984). Auch Neuendorff (o. J., Band 4) hat aus seiner – turnerischen – Sicht die Ereignisse dargestellt. Bei Eisenberg (1999) wird dieses Thema ebenfalls ausführlich behandelt.

6 Turnen und Sport in der Weimarer Republik: Vielfalt, Leistung und Zersplitterung

Das auffälligste Merkmal von Turnen und Sport in der Zeit der Weimarer Republik, seit dem Ende des Ersten Weltkriegs bis zum Beginn des Nationalsozialismus in Deutschland, war seine Vielfalt. Die 1920er Jahre waren insofern „goldene Jahre" für den Sport. Aber der Sport war auch tief gespalten, in ein bürgerliches und proletarisches Lager, in Turnen und Sport, in sozialdemokratischen und kommunistischen Arbeitersport sowie schließlich auch in konfessionelle Vereine und Verbände. Die Ursachen dieser Spannungen und Auseinandersetzung im Sport der Weimarer Republik lagen auch in den politischen, wirtschaftlichen und sozialen Verhältnissen in Deutschland.

Trotz allem erlebten Turnen und Sport im öffentlichen Leben insgesamt einen großen Aufschwung. Dies gilt sowohl für die Entwicklung des Vereinssports als auch des Schulsports. Der Sport trat mehr als je zuvor in das Bewusstsein der Öffentlichkeit. Die Meinungsführer des Sports wurden politisch aktiv und hoben die Bedeutung des Sports für Kultur und Gesellschaft hervor.

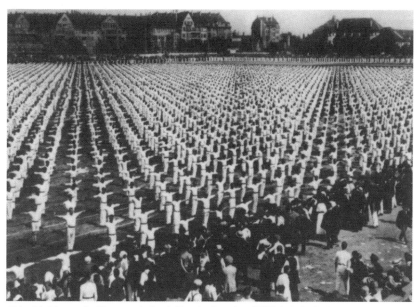

Abb. 21: Massenfreiübungen beim 1. Bundesfest des ATSB in Leipzig 1922.

6.1 Sport und Gesellschaft in Deutschland nach dem Ersten Weltkrieg

Das wilhelminische Deutschland war vor dem Ausbruch des Ersten Weltkriegs im Sommer 1914 in eine ausweglose Situation geraten. Außenpolitisch sahen die verantwortlichen Politiker keine Möglichkeit mehr, wie die Isolation Deutschlands aufgebrochen und das sich über dem Reich zusammenbrauende Unheil, das sie selbst mit heraufbeschworen hatten, aufgehalten werden könnte. Innenpolitisch klammerten sich die alten und immer noch bestimmenden aristokratischen Eliten, meistens Preußens, an die Macht, obwohl die bürgerlichen Kräfte und auch die Arbeiterklasse und die sie tragenden Parteien und Gewerkschaften eine Beteiligung an der Macht forderten. Die Gesellschaft war gespalten in Bürger, Adelige, Bauern und lohnabhängige Arbeiter, in Monarchisten, Demokraten, Liberale und Sozialisten, in Industrie und Landwirtschaft, in Reiche und Arme, in Gebildete und in die Masse derjenigen, die keinen Zugang zu bürgerlicher Bildung und Kultur hatten, in Konservative und Fortschrittsgläubige usw. Das Alte, die „gute alte Zeit", wie die wilhelminische Epoche im Rückblick beschönigend genannt wurde, zerbrach, aber das Neue, das die Industrie- und Massengesellschaft des 20. Jahrhunderts ausmachen sollte, war noch nicht erkennbar. Die Spannungen in Politik, Wirtschaft, Kultur und Gesellschaft hatten sich bis zum Beginn des Ersten Weltkriegs verschärft, ohne dass Lösungen in Sicht gewesen wären. Ein Gefühl von Erstarrung und Bewegungslosigkeit breitete sich in ganz Deutschland aus.

Der Krieg von 1914 bedeutete für viele Menschen eine Art Erlösung von einer als unerträglich empfundenen Stagnation des gesellschaftlichen Lebens. Er erschien vielen wie die Zerschlagung des Gordischen Knotens, mit der alle Probleme gelöst würden, und sich endlich das Neue durchsetzen und die alte, erstarrte und verkrustete Welt verschwinden würde. Für einige Meinungsführer in Turnen und Sport, hervorzuheben ist der Turner Edmund *Neuendorff,* war daran auch die Überbewertung des Rationalismus und der geistigen Kultur überhaupt schuld, durch die die natürlichen, bewegenden Kräfte des Menschen, seine triebhaften Impulse, unterdrückt worden seien. *Neuendorff* ging in seiner Geschichte der neueren deutschen Leibesübung sogar so weit, dass der Krieg das Ende des „Intellektualismus" besiegelt und den Beginn einer neuen, vitalen Epoche eingeleitet habe: „der wahre Besiegte waren nicht die Völker, das war die gesamte auf den Intellektualismus zugespitzte Kulturentwicklung der letzten Jahrhunderte" *(Neuendorff* o. J., Band IV, 582).

Der „Intellektualismus" oder – neutraler – Vernunft und Rationalität waren aber auch durch den schrecklichen Verlauf und Ausgang des Ersten Weltkrieges nicht aus der Welt geschafft worden. Besiegte waren vielmehr eindeutig Österreich und Deutschland, dessen „Griff nach der Weltmacht" – so der Titel eines bekannten Buches des Historikers Fritz *Fischer* (1961) – gründlich daneben gegangen war. Zum verlorenen Krieg kam die Revolution, durch die das wilhelminische Kaiserreich endgültig beseitigt wurde. Zum ersten Mal gab es in Deutschland eine Republik mit einer freiheitlichen, demokratischen und rechtsstaatlichen Verfassung und einem in Weimar tagenden Parlament, die Nationalversammlung.

Der Preis für Frieden und Demokratie und damit auch die auf der jungen Republik lastenden Hypotheken waren hoch: Die Wirtschaft war am Ende, zerstört durch den Krieg und behindert durch hohe Reparationsleistungen, die von den Siegern im Versailler Friedensvertrag Deutschland auferlegt wurden. Die Gesellschaft war zerrüttet und gespalten in extreme politische Lager und soziale Klassen, und dem jungen demokratischen Staat gelang es nicht, sich ausreichend Vertrauen und Autorität zu verschaffen. Die alten wilhelminischen Eliten übten weiterhin in Verwaltung, Justiz und Militär große Macht aus, obwohl die Reichswehr entsprechend den Bedingungen des Friedensvertrages nur noch eine Stärke von 100 000 Mann aufweisen durfte. Diese Regelung sollte sich auch auf Turnen und Sport auswirken.[72]

Was Leibesübungen, Turnen, Gymnastik, Spiel und Sport angeht, hatte sich die Beseitigung oder Relativierung des „Alten", verkörpert im Turnen und der Deutschen Turnerschaft, ebenfalls schon lange vor Ausbruch des Weltkrieges abgezeichnet. Aber der verlorene Krieg und die Revolution führten dazu, dass die alten, früher etablierten Kräfte weiter zurückgedrängt wurden, und das Neue und Andere, das am Rande gestanden hatte, nun in den Mittelpunkt trat. Die Reformkräfte erhielten sowohl in Sachen Leibesübungen und Körperkultur als auch innerhalb der Pädagogik großen Auftrieb. Das Turnen und die bürgerliche Turnerschaft büßten ihr Monopol auf Leibesübungen ein. Sport, nicht mehr Turnen, wurde zum Sammelbegriff für alle Arten und Formen von Leibesübungen. Träger des Sports waren die Sportvereine und vor allem die Sportverbände, die schon vor und nach der Jahrhundertwende gegründet wurden und die Zahl ihrer Mitglieder kontinuierlich steigern konnten.

Die Verschiebung der Machtverhältnisse in der organisierten Körper- und Bewegungskultur in Deutschland schlug sich in der Entwicklung der Mitgliederzahlen der Verbände nieder. Während vor dem Ersten Weltkrieg die Deutsche Turnerschaft mit über 1,3 Millionen Mitgliedern mit Abstand der größte Verband für Leibesübungen in Deutschland war, demgegenüber sich die Mitgliederzahlen der Sportverbände mit insgesamt rund 400 000 und der Arbeitersportverbände mit rund 320 000 Mitgliedern bescheiden ausnehmen, sah die Lage nach dem Krieg ganz anders aus. 1920 waren noch 1,25 Millionen Mitglieder in den Turnvereinen; ihnen standen nun 750 000 Mitglieder in den bürgerlichen Sportvereinen und 640 000 Mitglieder in den Arbeitersportvereinen gegenüber – mit steigender Tendenz: Während die Turnerschaft in ihrer Mitgliederentwicklung stagnierte und sich in der Folgezeit bei rund 1,6 Millionen einpendelte, stiegen die Mitgliederzahlen bei den Sportverbänden, besonders beim Deutschen Fußballbund, den Arbeitersportverbänden und nun auch den konfessionellen Sportverbänden, die den Kirchen nahe standen, kräftig an. 1927 waren rund 1,37 Millionen Menschen im Sport, 1,05 Millionen im Arbeitersport und eine knappe Million Menschen in den konfessionellen Sportverbänden, Eichenkreuz (evangelisch) und Deutsche Jugendkraft (DJK, katholisch), organisiert. In Prozentzahlen ausgedrückt hatte sich der Anteil des Turnens am Sport insgesamt von 64% im Jahr 1914 auf 38% im Jahr 1928 vermindert. 1929 gab es nach einer Statistik des Deutschen

---

[72] Vgl. zum Ende des Kaiserreichs und zu den Anfängen der Weimarer Republik im Überblick *Mann* 1987; von *Krockow* 1990.

Reichsausschusses für Leibesübungen 66 selbständige Turn- und Sportverbände mit etwa 85 000 Vereinen.[73] Die folgende Tabelle nach *Neuendorff* (o. J., Band IV, 643) gibt einen Eindruck, wie stark sich zum einen die Anzahl der Sportreibenden erhöht und zum anderen

Mitgliederbestand in 100 000

Am Anfang des Jahres	„Deutsche Turnerschaft"	Sportverbände	Arbeitersportverbände	„Konfessionelle Verbände für Leibesübungen"
1880	1,7	0,1	–	–
1890	3,8	0,3	–	–
1900	6,4	1,1	0,5	–
1910	10,8	2,4	1,8	–
1914	13,4	4,1	3,2	–
1919	6,8	1,7	1,9	–
1920	12,5	7,5	6,4	–
1922	16,5	12	11,4	2,7
1925	16,3	13,2	8,4	6,0
1926	16,0	13,4	9,3	8,1
1927	16,5	13,7	10,5	9,5
1928	16,2	14,2	10,8	9,6

Gebiet der Leibesübungen	Mitgliederbestand in 1000		von 100 der Gesamtzahl entfielen auf	
	1914	1928	1914	1928
Turnen	1454	2668	64	38
Rasenspiele	204	1029	9	15
Leichtathletik	131	623	6	9
Schießsport	38	557	2	8
Radfahr- und Maschinensport	200	515	9	7
Wassersport	127	322	5	4
Schwerathletik und Kampfsports	71	308	3	4
Wintersport	53	105	2	1

---

[73] Die Zahlen beziehen sich auf *Neuendorff* o.J., Band IV, 642 f. *Diem* 1923a, bes. 96 hat ebenfalls genaue statistische Angaben über die Mitgliederzahlen der Turn- und Sportverbände vor und nach dem Ersten Weltkrieg gegeben. Seine Zahlen liegen bei den Turnern etwas niedriger, bei den Sportlern etwas höher als die *Neuendorff*s; sie sind in der Grundtendenz aber gleich. Zum Vergleich: 1992 wurden im vereinten Deutschland 79 434 Turn- und Sportvereine gezählt; 2003 über 87 000. Die Zahl der im DSB organisierten nationalen Spitzenverbände beträgt 55.

die Gewichte in den Vereinen und Verbänden von Turnen und Sport seit dem Ende des 19. Jahrhunderts und dann besonders in der Weimarer Republik verändert hatten. Die Deutsche Turnerschaft verlor ihr Monopol als nationaler Verband für Leibesübungen. Sportverbände, Arbeiter- Turn- und Sportorganisationen und konfessionelle Sportvereine und -verbände traten verstärkt in Erscheinung.

Diese Zahlen sind zum einen ein Hinweis auf die gewachsene Vielfalt und die Beliebtheit der Leibesübungen und des Sports während der Weimarer Republik. Sport war ein Massenphänomen geworden, sowohl in Bezug auf die Zahl der aktiv Sporttreibenden in den Vereinen, ablesbar auch an den großen Turn- und Sportfesten, als auch hinsichtlich der großen Massen an begeisterten Zuschauern, die in den Großstädten, besonders in Berlin, von sportlichen Massenspektakeln wie den Sechstagerennen, den Profi-Boxkämpfen, den großen Fußballspielen oder den leichtathletischen Meetings angezogen wurden. Zum anderen lenken diese Zahlen den Blick auch auf die Zersplitterung und Zerrissenheit des Sports in der Weimarer Republik und auf die Verschiebung der Machtverhältnisse, die sich nicht nur in der Gesellschaft insgesamt, sondern auch auf dem Gebiet der Leibesübungen vollzogen.

6.2 Die Spaltung des Sports

Es liegt nahe, dass die alte Deutsche Turnerschaft dem Sport nicht kampflos das (Sport-)Feld überlassen hat. Die ganze Zeit über tobte ein heftiger sportideologischer Streit zwischen Turnen und Sport um die besseren Leibesübungen und die dazugehörige geistige, moralische oder nationale Einstellung; ebenso verhielt es sich mit der politisch-ideologischen Auseinandersetzung zwischen den bürgerlichen Turn- und Sportverbänden und den Arbeitersportorganisationen. Innerhalb des Arbeitersports wiederum kam es zu Spaltungen und ideologischen Richtungskämpfen zwischen sozialdemokratischen und sozialistischen Arbeitersportlern auf der einen und kommunistischen auf der anderen Seite. Der Sport oder das Sporttreiben selbst spielten dabei oft nur noch am Rande eine Rolle.

Diese Auseinandersetzungen wurden in der Regel auf Verbandsebene, von den „Ideologen" der Verbände geführt, während an der Basis der Vereine nicht selten Turnen, Sport und Arbeitersport friedlich miteinander zusammenarbeiteten. Aber diese ideologischen Richtungskämpfe haben auch konkrete Auswirkungen auf das Turnen und Sporttreiben bis hinunter in die Vereine gezeigt und am Ende auch viele Wunden hinterlassen.

Vielfalt und Zersplitterung des Sports in der Weimarer Republik hatten nicht nur schlechte Seiten. Die Konkurrenz belebte auch im ehrenamtlich geführten Amateur-Vereinssport im Deutschland der Zwanzigerjahre das Geschäft – und deshalb bemühten sich die Vereine und Verbände nach Kräften, das bessere Angebot an Sport zu bieten als die anderen, ein jeweils eigenes Profil dieses Sports zu entwickeln und immer neue Formen, Betriebsweisen, Weiterentwicklungen ihres Sports auszuprobieren. In dieser Hinsicht waren die Zwanzigerjahre die größte Zeit des Sports überhaupt. Es waren „goldene Jahre" für den Sport und die körperliche ebenso wie für die geistige Kultur in Deutschland. Noch nie fanden so große und begeisternde Turn- und Sportfeste statt wie damals, organisiert von den bürgerlichen Turnern und Sportlern oder auch von den Arbeitersportorganisationen: 1922 wurden beim ersten Deutschen Arbeiter-Turn- und Sportfest in Leipzig über 100 000 Teilnehmer gezählt, 1928 beim 14. Deutschen Turnfest in Köln rund 200 000 Teilnehmer. Noch nie wurden so phantastische sportliche Leistungen erzielt wie damals: „Ede" *Rademacher,* Weltrekordler im Brustschwimmen, Otto *Peltzer,* Weltrekordler in den leichtathletischen Mittelstrecken, Box-Weltmeister Max *Schmeling,* Gottfried von *Cramm,* der deutsche Tennisbaron, Helene *Mayer,* Fecht-Olympiasiegerin von 1928, Wimbledon-Siegerin Cilly *Aussen,* und nicht zuletzt der Ringer und Spartakiade-Sieger Werner *Seelenbinder* sind Namen deutscher Sportlerinnen und Sportler, die damals weltberühmt wurden und weit über die Zwanziger- und Dreißigerjahre hinaus in Erinnerung blieben.[74]

Zum ersten Mal kamen nun auch Frauen in die Schlagzeilen der sich rasch ausdehnenden Sportpresse. Sport war zwar immer noch Männersache, und Leibesübungen für Mädchen und Frauen bedeuteten vorwiegend Gymnastik und Tanz. Aber es gab immer mehr Frauen, die sich auch im Wettkampfsport betätigen wollten. Für diese Emanzipation des Frauen-Wettkampfsports, die von den USA ausging, stehen die Namen berühmter Sportlerinnen wie die Leichtathletin Mildred „Babe" *Didrikson* oder die Tennisspielerinnen Helen *Wills* und Suzanne *Lenglen,* die berühmteste Athletin der 20er Jahre, die auch in Europa und in Deutschland sehr bekannt war.[75]

Noch nie wurde so viel über Leibeserziehung und Sport geschrieben wie damals; noch nie erreichte der Sport so viele Menschen wie damals. In der Zeitschrift „Der Querschnitt" (1932) wurde der Sport als die „Weltreligion des 20. Jahrhunderts" bezeichnet. Künstler und Intellektuelle entdeckten den Sport *(Becker* 1993). *Neuendorff* (Band IV, 585) sprach von einer „wahrhaften Vergottung des Körpers", die zwar zu einem Aufschwung von Turnen und Sport geführt habe, deren Ursprünge aber in der sittlichen Verwilderung des Volkes zu suchen seien. „Allen gemeinsam war eine innerlich scham- und hemmungslose Haltung, die den Körper nicht schweigend als Werkzeug und Gefäß in Ehren hielt, sondern ihm als dem Spender angeblich ästhetischer und handgreiflich derber fleischlicher Freuden Altäre baute und ihn verhätschelte."

Die folgende Tabelle gibt eine Übersicht über die großen, nationalen Turn- und Sportfeste, die von den verschiedenen Verbänden während der Zeit der Weimarer Republik durchgeführt wurden. Die Wurzeln der Deutschen Turnfeste lagen im 19. Jahrhundert; ebenso wie die der Olympischen Spiele. Die „deutsch-akademi-

---

[74] Hans Ulrich *Gumbrecht* versuchte in seinem Buch „1926" die 1920er Jahre und ihre neue Kultur wie in einem Kaleidoskop einzufangen. Mehrere Artikel sind auch sportlichen Themen gewidmet, z. B. „Bergsteigen", „Boxen", „Sechstagerennen", „Stierkampf", „Tanz". Sie stehen für das spektakulär Neue, Avantgardistische der „Goldenen Zwanziger Jahre" („Golden Twenties").

[75] *Guttmann* 1991, 135 ff. Die Geschichte des Frauensports mit besonderer Berücksichtigung der zwanziger Jahre und Englands wird anschaulich von *Müller-Windisch* 2000 dargestellt. Sie sieht diese Entwicklung auch im Zusammenhang der Frauenemanzipation. Speziell zur Weimarer Republik vgl. außerdem *Wesp* 1998.

Die Spaltung des Sports 107

schen Olympien" stellten eine Art von nationaler und akademischer Alternative zu den internationalen Olympischen Spielen Coubertins dar. Diese von akademischen und studentischen Kreisen ausgehenden Veranstaltungen wurden schon vor dem Ersten Weltkrieg ins Leben gerufen und in der Weimarer Zeit fortgesetzt. Eine Entsprechung waren dann die Deutschen Kampfspiele, die von *Diem* wesentlich initiiert wurden. Auf der anderen Seite des ideologischen Spektrums sind die Massensportveranstaltungen des Arbeitersports, die Arbeiter-Turn- und Sportfeste und die große Arbeiter-Olympiade 1925 in Frankfurt anzusiedeln. Hinzu kamen noch Turn- und Sportfeste der freien Verbände und der konfessionellen Turn- und Sportverbände DJK und Eichenkreuz sowie z. B. auch jüdischer Sportorganisationen, die in der folgenden Tabelle nicht aufgeführt sind. Zu bedenken ist auch, dass diese großen, reichsweit organisierten Feste durch regionale und lokale Turn- und Sportfeste ergänzt wurden, so dass in der Summe ein großes Angebot an sportlichen Festen, Wettkämpfen und Veranstaltungen aller Art in diesen „Golden Twenties" in Deutschland vorhanden war.

Turn- und Sportfeste während der Zeit der Weimarer Republik auf Reichsebene

Olympische Spiele	Deutsche Turnfeste	Deutsch- akademische Olympien	Turn- und Sportfeste des Arbeiter-Turn- und Sportbundes (ATSB)	Deutsche Kampfspiele
1920 Antwerpen		1909 Leipzig	1922 Leipzig	1922 Berlin und Garmisch (Winterspiele)
1924 Paris und erstmals Winterspiele in Chamonix	1923 München	1913 Leipzig	1925 Arbeiter-Olympiade Frankfurt	1926 Köln und Schwarzwald (Winterspiele)
1928 Amsterdam und Winterspiele in St. Moritz	1928 Köln	1924 Marburg	1926 Nürnberg	1930 Breslau
1932 Los Angeles und Winterspiele in Lake Placid	1933 Stuttgart	1927 Königsberg		1934 Nürnberg

6.2.1 Der Streit zwischen Turnen und Sport

Die alte Deutsche Turnerschaft verstand sich selbstverständlich als ein sicherer Hort von alter Sitte und Moral; aber auch sie änderte ihr Erscheinungsbild und ihre innere Struktur. Sie wurde lebendiger, offener, breiter, ein – mit modernen Begriffen – Breiten- und Freizeitsportverband für weite Kreise der Bevölkerung, insbesondere der Arbeiter und des Kleinbürgertums. Vor allem die Jugend strömte massenhaft in die Vereine. Neue Wettkampfformen, Mehrkämpfe und Meisterschaften, Massenfreiübungen, volkstümliche Übungen, Vereinsriegen, Bergfeste, Spielfeste usw. wurden von der Turnerschaft mit großem Erfolg organisiert. Neue Wettkampfordnungen und Regeln wurden erarbeitet, und auch das Leistungs- und Wettturnen, das Schön- und Kunstturnen erlebten einen großen Aufschwung. Die deutschen Kunstturner zählten zu den besten auf der Welt.[76]

Trotz aller Fortschritte riss der jahrelange Streit zwischen Turnen und Sport innerhalb des bürgerlichen Lagers tiefe Gräben auf.[77] Obwohl viele Sportarten, die sich inzwischen zunehmend in eigenen Fachverbänden organisierten, als „volkstümliche Übungen" und Spiele auch in den Turnvereinen und der Turnerschaft gepflegt wurden, kam es nicht oder nur mit großen Schwierigkeiten und Vorbehalten zu einer Zusammenarbeit zwischen den Organisationen von Turnen und Sport. Es ging um Mitglieder und zunächst um ganz konkrete Fragen: Wer sollte in Zukunft die einzelnen Sportarten und Fachgebiete „betreuen" und Wettkämpfe und Meisterschaften z. B. in der Leichtathletik, im Schwimmen, im Fußball oder Handball organisieren? Die erstarkten Sportverbände oder die Turnerschaft, in deren Vereinen ebenfalls geschwommen und gespielt und volkstümliche, leichtathletische Übungen gepflegt wurden?

Diem, der noch während des Krieges (1917) sein Amt als neuer Generalsekretär des Deutschen Reichsausschusses für Leibesübungen (DRA) angetreten hatte, setzte sich an die Spitze der Sportbewegung. Er sollte zur zentralen Persönlichkeit des deutschen Sports in der ersten Hälfte des 20. Jahrhunderts werden. Als er faktisch die Leitung des DRA übernahm – und mit ihm 1919 Theodor *Lewald* als Präsident des DRA –, weitete der „Reichsausschuss" seine Aufgaben aus. Er konnte sich in kürzester Zeit zu einem „Mittelamt für die Verwaltung des Gesamtgebietes aller Leibesübungen treibenden Verbände" entwickeln – eine Aufgabe, die vor dem Krieg allein die Deutsche Turnerschaft für sich in Anspruch genommen hatte.

Anfangs kam es zu einer Mitarbeit der Turnerschaft im DRA und zu Absprachen zwischen den großen Sport-Spiel-Verbänden – Fußball, Schwimmen, Leichtathletik –, z. B. in den Fragen der Durchführung von Meisterschaften und Spielrunden. *Diem* ging vom „Grundsatz der Ausschließlichkeit" aus, d. h. von dem Prinzip, dass ein Sportverband nur eine Sportart, ein Fachgebiet betreuen könne *(Beyer* 1982, 684 ff.). Aber die Turnerschaft wollte sich keineswegs damit abfinden, nur als Fachverband für Geräteturnen und Turnspiele zu gelten. Da sie auch nicht darauf verzichten wollte, eigene Spielrunden und Meisterschaften durchzuführen, kam es zum Ausschluss von Turnern bei Sport- und von Sportlern bei Turnveranstaltungen. Im Dezember 1922 wurde vom Hauptausschuss der DT die so genannte „reinliche Scheidung" beschlossen, also die Trennung von Turnen und Sport bis hinunter in die Vereine. 1925 trat die DT sogar aus dem DRA aus, ein Jahr später trat sie wieder ein. Erst zu Beginn der 30er Jahre wurde die „reinliche Scheidung" zurückgenommen und entspannte sich das Verhältnis zwischen Turnen und Sport.

---

[76] Einen Überblick über Vielfalt und Qualität turnerischer Körper- und Bewegungskultur in den Zwanziger- und zu Beginn der Dreißigerjahre bietet die Festschrift zum Deutschen Turnfest 1933 in Stuttgart.
[77] Die Diss. von *Loose* 1924 ist bis heute die einzige wissenschaftliche Arbeit, die sich gezielt mit dem Streit zwischen Turnen und Sport befasste.

Die Spaltung des Sports

Was diese „reinliche Scheidung" konkret bedeutete und welche unmittelbar praktischen, selbstzerstörerischen und auch grotesken Auswirkungen dieser Streit für die Praxis und den Alltag von Turnen und Sport in den Vereinen hatte, wurde nicht nur in der Geschichte von Schalke 04 deutlich, sondern geht auch aus dem Beispiel des MTV Stuttgart hervor. In diesem ältesten – 1843 gegründeten – und typischen Turnverein im Schwäbischen Turnerbund war 1912 eine Spielabteilung ins Leben gerufen worden. Die Fußballer des MTV beteiligten sich an den Spielrunden des Württembergischen und Deutschen Fußballbundes. Da es von den Verbandsführungen DT und DFB bzw. DRA aber zu keiner Einigung kam, durften sie als Abteilung eines Turnvereins an diesen Spielrunden nicht mehr teilnehmen. Der DT und dem Schwäbischen Turnerbund gelang es aber nicht, eine eigene Fußball-Spielrunde zu organisieren. Die Spielabteilung des MTV richtete an die verantwortlichen Turn- und Sportfunktionäre einen eindringlichen Appell: „Im Interesse der deutschen Jugend, die sich um die Streitigkeiten der Führer der bisherigen Verbände um einige bevorrechtete Stellen nicht kümmert", müsse bei den Verhandlungen zwischen der DT und dem DRA „unter allen Umständen ein Weg gefunden werden" *(Körner* 1953, 129). Aber es nützte nichts. Der Weg wurde nicht gefunden, und der Spielabteilung des MTV Stuttgart blieb, wenn sie weiter an Spielrunden teilnehmen wollte, nichts anderes übrig, als im Jahr 1923 aus dem MTV auszutreten. Der neue Fußballverein nannte sich „Jahn 1912" und bekundete damit demonstrativ seine Nähe und Verbundenheit mit dem Turnen bzw. dem Stammverein MTV Stuttgart. Zehn Jahre später, als die nationalsozialistische Umgestaltung des Sports bereits begonnen hatte, kehrte der Fußballverein „Jahn 1912" wieder als Fußballabteilung in den MTV Stuttgart zurück.

6.2.2 Die nationale Idee des deutschen Sports

Die praktisch-organisatorischen Konflikte wurden von den jeweiligen Turn- und Sportfunktionären mit großem Aufwand sport-ideologisch gerechtfertigt. Auch Fragen der Leibeserziehung und Körperbildung spielten dabei eine wichtige Rolle. Die Turner griffen ihre Argumente aus der Zeit vor dem Ersten Weltkrieg auf und wandten sich gegen den Sport: Der englische Sport sei eine nur technisch-mechanische Verrichtung, ohne tieferen Sinn und Zweck und ohne den im Volk verankerten nationalen „Geist", den nur das deutsche Turnen und die Deutsche Turnerschaft bieten könnten. Der Sport sei ungesund, weil er in übertriebener Weise die Höchstleistung und den Rekord erstrebe, während das Turnen Gesundheit und Wohlbefinden aller fördere. Der Sport zerstöre das Gemeinschaftsleben, weil er im Wettkampf zur Konkurrenz, zum Individualismus und zum Egoismus erziehe, während das Turnen grundsätzlich gemeinschaftsbildend und sozial sei.[78]

Der Sport und seine Befürworter brauchten in den Zwanzigerjahren ihren Turn-Kritikern eigentlich nicht sehr viel entgegenzusetzen; denn der Erfolg gab dem Sport Recht. Die sportlichen Formen der Leibesübung hatten sich durchgesetzt, die Menschen fanden Freude am Sport, sie gingen in Massen in die Sportvereine. Aber der Sport fühlte sich nicht nur durch die Turner herausge-

---

[78] Zur Kritik der Turner am Sport s. o.; zusammengefasst bei *Bernett* 1982.

fordert. Die „gebildeten" bürgerlichen Kreise in Deutschland standen ihm kritisch und eher ablehnend gegenüber. Für sie war der Sport eine kulturlose, sogar kulturfeindliche Erscheinung, geboren aus dem Geist des Industriezeitalters und der Massendemokratie, und zugleich ein Ausdruck des Zerfalls und der Dekadenz der westlichen Zivilisation.

Der Sport am Scheideweg

Ein Beispiel für diese Sport-Kritik, aber auch für die Faszination, die der Sport auf Künstler und Intellektuelle der „Avantgarde" ausübte, ist das von dem Sportreporter Willy *Meisl* 1928 herausgegebene Buch „Der Sport am Scheidewege". Der Kulturkritiker Egon Erwin *Kisch* ging darin den Ab- und Hintergründen des modernen Sports ebenso auf die Spur wie die Schriftsteller Frank *Thiess,* Arnolt *Bronnen* und Bertolt *Brecht. Kisch* zählte in seinem Vorwort (S. 7–18) die Vorwürfe auf, die gegenüber dem modernen Sport geäußert wurden: Sport als „englische Krankheit", als Gladiatorentum, als Mittel zur Kriegsvorbereitung, als Unterdrückungsinstrument der Großindustrie, als „Rekordwahnsinn"; und er selbst sah, wie der Titel des Buchs, den Sport „am Scheideweg". Entweder der Sport schreitet auf dem Weg des „Rekordwahnsinns" mit der „perversen Kanalschwimmerei", den ungesunden Marathonläufen oder den Sechstagerennen weiter voran, oder er besinnt sich auf Maß und Ziel. Nicht Sieg um jeden Preis, nicht Höchstleistung um jeden Preis, nicht widernatürlicher Rekord. Was man in den Beinen hat, muss man auch im Kopf haben" (17).

In *Meisl*s Buch äußerte sich auch der inzwischen wichtigste Meinungsführer des Sports in Deutschland, Carl *Diem.* Er versuchte unter der Überschrift „Das neue Ziel" (157–162) die Möglichkeiten des Sports in seiner Zeit zu beleuchten. Die Sportentwicklung habe sich bisher nur vom „Wandel der Zeit" treiben lassen. Der Sport sei ein Ausdruck der „Sehnsucht nach der Natur" in der modernen, vergeistigten, technischen Welt. Inzwischen habe der in Vereinen und Verbänden organisierte Sport eine Form angenommen, die es ermögliche, neben die „Geisteskultur" gleichberechtigt und lange entbehrt eine „neue Körperkultur" zu stellen; sie wirke der „Entseelung der Menschheit" entgegen und erfülle ihr Streben nach Ganzheit und Harmonie.

Das Wort von der „Körperkultur" des Sports war im Verständnis *Diem*s keine Zustandsbeschreibung, sondern eine Forderung. Wenn der Sport tatsächlich eine neben der geistigen Kultur anerkannte „Körperkultur" darstellen wollte, musste er seine kulturelle Qualität, seine moralische Kraft und seine erzieherischen Möglichkeiten unter Beweis stellen. Nicht nur *Diem* versuchte dieses Kunststück, sondern auch andere führende Sportvetreter wie der Schwimmer Hans *Geisow,* der Skiläufer Henry *Hoek,* der Sportlehrer Hans *Sippel,* der Arzt und Fußballer Ferdinand *Hueppe,* oder der Schriftsteller Viktor Silberer wurden nicht müde, immer wieder die besonderen Werte des Sports auch öffentlich zu vertreten, sowohl seine leibes-erzieherischen Werte für den Einzelnen als auch seine Bedeutung für Kultur und Gesellschaft, für das Volk.[79]

---

[79] Auf einige von ihnen geht auch *Court* 1998 in seiner kleinen Ideengeschichte der Sportwissenschaft ein, die sich jedoch auf die Zeit vor dem Ersten Weltkrieg konzentriert, in der schon der Grund für die spätere Entwicklung gelegt wurde.

Dass der moderne Sport mindestens genauso gesund sei wie das altväterliche Turnen, das verstand sich für die Befürworter und Anhänger des Sports von selbst. Fand denn nicht der Sport in der frischen Luft statt, während das alte Turnen in staubigen Hallen betrieben wurde? Hatten nicht die medizinischen Experten schon seit langem eine Reform des Turnens gefordert, die auf eine Überwindung der starren und unnatürlich-stilisierten Turnbewegungen hinauslief, letztlich auf Spiel und Sport? Hatte nicht die Medizin schon lange festgestellt, dass körperliche Leistungen und Anstrengungen, auch in einem sportlichen Wettkampf, keineswegs zu gesundheitlichen Beeinträchtigungen führten, sondern im Gegenteil die körperliche Widerstandsfähigkeit, Gesundheit und das Wohlbefinden des einzelnen erhöhten? Ungesund sei der Sport nur dann, wenn er ohne Maß betrieben werde, wenn dem Körper Leistungen abverlangt würden, auf die er nicht ausreichend vorbereitet oder für die er nicht geeignet ist. Solche Übertreibungen und Exzesse seien aber von vornherein ausgeschlossen, wenn der Sport und der sportliche Wettkampf aus Spaß und Freude, als Entlastung und Erholung von den Mühen des Alltags und der Arbeit betrieben werde, aus reiner Lust am Sport selbst, an der Bewegung, an der eigenen Leistung und am eigenen Können. Ungesund und schädlich sei deshalb höchstens der Profisport, in dem aus – niederen – materiellen Motiven dem Körper unnatürliche Leistungen abverlangt werden. Dieser Berufssport sei in der Tat nicht gesund, aber er sei eben auch kein echter Sport, sondern Schaustellerei, meinte *Diem*.[80]

Wie stand es mit dem Vorwurf, der Sport erziehe durch seine Wettkämpfe zur Konkurrenz und zum Egoismus statt zum Miteinander und zum friedlichen Leben in einer Gemeinschaft? Jedes Fußballspiel, jeder Wettlauf, jeder Boxkampf führte doch klar und deutlich vor Augen, dass es im Sport um nichts anderes als um die rücksichtslose Durchsetzung der eigenen Interessen ging. Insofern erschien der Sport vielen Kritikern als die typische Form von Leibesübungen in einer kapitalistischen Ellbogengesellschaft, in der sich am Ende nur die Starken und Stärksten durchsetzen und die Schwachen auf der Strecke bleiben.

Demgegenüber betonten *Diem* und die Freunde des Sports gerade den erzieherischen Wert des Wettkampfs und des persönlichen Leistungsstrebens.[81] „Der Erste zu sein und vorzustreben den andern", das sei der Sinn des Sports, so wie es bereits Homer und die alten Griechen gesagt und bei ihren Olympischen Spielen auch praktiziert hätten. Der sportliche Wettkampf sei kein zerstörerischer, sondern ein schöpferischer Wettkampf, der zu neuen und immer besseren Leistungen anspornte, der den Fortschritt bringe und die Zukunft erobere. Das Gegeneinander des sportlichen Wettkampfs sei eine Art künstlich geschaffene

---

[80] Diese im Folgenden wiedergegebene Auffassung *Diems* findet sich in zahlreichen Schriften. Vgl. dazu die 1982 vom Carl-Diem-Institut herausgegebenen „Ausgewählten Schriften"; im Einzelnen seine Schriften „Friede zwischen Turnen und Sport" (1914), „Der olympische Gedanke" (1920), „Sport ist Kampf" (1923b), „Persönlichkeit und Körpererziehung" (1924). Vgl. auch seinen Beitrag „Erziehungswerte des Wettkampfs" (1927). *Diems* Sportauffassung der 1920er und 30er Jahre, die prägend und typisch für das Sportverständnis in ganz Deutschland war, wird auch deutlich in seiner Aufsatzsammlung „Olympische Flamme" (1942).
[81] *Diem* in seiner Schrift „Erziehungswerte des Wettkampfs" von 1927.

Konkurrenz auf Zeit, ein Leistungsmessen, ohne das auch kein Bewusstsein der eigenen Leistung und des eigenen Könnens entstehen könne. Der Sinn des sportlichen Wettkampfs bestehe keineswegs in der Vernichtung des Gegners, sondern in einem fairen Messen der Kräfte unter gleichen Bedingungen. Die selbstgesetzten Regeln des Sports böten die Garantie, dass der sportliche Wettkampf nicht in Gefahr komme, diesem Risiko der Selbst- und Fremdzerstörung zu erliegen. Neben den spezifischen Spiel- und Wettkampfregeln sei deshalb das Fairplay, der anständig-ritterliche, kameradschaftliche Umgang mit dem Gegner und Sportkameraden ein Grundprinzip, das im Sport immer gelten müsse. Aber wiederum ist es nur der Amateursport, in dem Fairplay überhaupt möglich sei; denn nur im zweckfreien sportlichen Wettkampf, wo es um nichts als um den Sport und das Spiel geht, kann sich der Sportler an dieses Prinzip halten.

Dass der Sport keine Sache des Volks, sondern nur für eine kleine Elite von Hoch- und Höchstleistungssportlern Ruhm und Ehre einbringe, dieser Vorwurf, der ebenfalls von Turnern und konservativ-nationalen Sportkritikern geäußert wurde, hatte sich durch die tatsächlichen Verhältnisse von selbst widerlegt; denn bei Millionen von sportbegeisterten Deutschen konnte von einer kleinen elitären Minderheit keine Rede sein. Der Sport war wie das Turnen eine echte „Volkssache" geworden; ihm, dem Sport gehörte die Sympathie der Massen. Aber um jeden Zweifel daran auszuräumen, bemühte Diem erneut die Amateuridee des Sports. Wenn der Sport, wie er meinte, im Grunde ein Spiel sei, eine Freizeitbeschäftigung, die nur aus Spaß und Freude betrieben werde, sei er auch jedem zugänglich. Sport sei nicht nur eine Sache, ein Wettkampf der Besten, sondern ein Spiel für alle. Und wer sich bei diesem Spiel besonders anstrenge, könne auch gewinnen. Die großen Leistungen einzelner Profisportler könnten dabei nicht als Vorbild dienen; denn für sie sei der Sport kein Spiel mehr, sondern hartes Training, harte Arbeit, für die ein normaler Amateursportler gar keine Zeit habe.

Die Erfindung des deutschen Sports

Diem und die Vertreter des Sports in Deutschland stützten sich bei der Formulierung ihrer Sport-Idee oder auch Sport-Ideologie auf die olympische Idee des Barons *Pierre de Coubertin*. *Diem* war von dieser Idee des olympischen Sports fasziniert. Er war wie *Coubertin* von der Überlegenheit des englischen bzw. angelsächsischen und amerikanischen Sportsystems gegenüber dem deutschen Turnen überzeugt. Aber *Diem* wusste auch, dass der Internationalismus des Sports und seine englischen Ursprünge seinem Ansehen in Deutschland eher schaden als nützen konnten. Internationalismus war in den nationalen Kreisen in Deutschland und auch bei den nationalen Turnern ein Schimpfwort. Die Turner hatten sich ganz wesentlich aus diesem Grund nicht offiziell an den Olympischen Spielen beteiligt. Und nun, nach dem verlorenen Weltkrieg, wie konnte es da ein deutscher Turner und Sportler über sein nationales Herz bringen, in einem sportlich-turnerischen Wettkampf etwa gegen Franzosen anzutreten, die Deutschland mit einem Schmachfrieden gedemütigt hatten und sogar noch mit eigenen Truppen im Land standen?

So wie die Turner dachten viele, auch viele Sportler. *Diem* nationalisierte bzw. „germanisierte" deshalb kurzerhand den internationalen Sport. Neben seinem

Schlagwort „Sport ist Spiel", mit dem er dem Idealismus der Deutschen und ihrer Verehrung des deutschen Nationaldichters Friedrich *Schiller* Rechnung trug, verkündete er nun die Parole „Sport ist Kampf" und traf damit mitten ins nationale und militärische, ins nationalistische Herz der Deutschen. „Sport ist Kampf" sagte Carl *Diem* bereits vor dem Ersten Weltkrieg und verstärkt danach: „Wie der Krieg der Vater aller Dinge, so ist der Kampf die Ursache aller Turn- und Sportverbände", schrieb Diem 1923 in seinem Buch über die Vereine und Verbände für Leibesübungen in Deutschland (S. 85). „Sie sind alle gegründet worden aus Anlass einheitlicher Regelung der Kampfgesetze." Im selben Jahr hatte er auch seine Schrift „Sport ist Kampf" mit dem Untertitel „Glücksstunden im Sport" verfasst.[82]

Diem war der bekannteste und von seiner Tätigkeit als Generalsekretär des DRA her gesehen erfolgreichste Meinungsführer des Sports. An der Diskussion um die sittlichen und pädagogischen Werte des Sports beteiligten sich außer *Diem* aber noch andere Sportführer, z. B. Hans *Geisow*, der Vorsitzende des Deutschen Schwimmverbandes. Sein Sportverständnis bringt in besonderem Maße das auch bei *Diem* erkennbare Bemühen zum Ausdruck, den internationalen Sport deutsch-national zu interpretieren. Der Sport, schrieb *Geisow* (1927) in einem Artikel über die „Gesinnung im Sport", stehe zwar nicht in gleicher Weise für die nationale, vaterländisch-patriotische Leibesübung wie das deutsche Turnen; der Sport komme aus England und Amerika und sei international. Gerade deshalb bestehe die Aufgabe der Sportvertreter und Sportanhänger in Deutschland darin, die „undeutschen" Elemente des Sports auszusondern: „Zunächst heißt es also: den Sport deutsch machen!" (S. 143). Das „Gute" des englischen Sports sollte für deutsche Zwecke genutzt werden, um auch im Vergleich mit anderen Völkern bestehen zu können.[83]

Was musste nach *Geisows* Ansicht am englischen Sport gestrichen, was sollte „nationalisiert" werden? Übermäßiges „Rekordstreben" und der „Personenkult" hätten nichts im deutschen Sport zu suchen, meinte er, wohl aber das Streben nach der persönlichen Höchstleistung im fairen sportlichen Wettkampf: „Nicht auf das Beste, auf Dein Bestes kommt es an!" (S. 145) Dieses Streben nach Vollendung, das im Sport zum Ausdruck gebracht und gelernt werden könne, gelte es auf alle Bereiche des Lebens zu übertragen. Aber nicht, um am Ende perfekte Spitzen- und Einzelkönner hervorzubringen, sondern um diese Leistungen der Besten für das Wohl des ganzen deutschen Volkes, des Vaterlandes, fruchtbar zu machen. Deshalb werde der deutsche Sport im Verein, unter „Sportkameraden" getrieben: „Sport heißt Dienst an der Gemeinschaft!" (S. 147)

Am Ende seines Artikels formulierte Geisow – in Anlehnung an *Diem* – einige „Gebote", die für ihn den „deutschen Sportsgeist" ausmachten: „Stähle Deinen Willen, die Sportbahn ist Deine Schule ... Freue Dich, dass Du etwas kannst, mehr kannst als andere. Lache, jauchze über Deine Leistung, aber laß Deine Freude nie Überhebung werden!... Wenn Du kämpfst, kämpfe ritterlich und gib

---

[82] Zum Wandel des Sportverständnisses vom Kaiserreich bis heute und insbesondere auch bei Carl *Diem* vgl. *Bernett* 1990c, 168 ff.; ebenso *Eisenberg* 1999, 313 ff.

[83] Der Artikel *Geisows* stellt die Kurzform seiner größeren, im Jahr 1925 als Buch erschienenen Abhandlung „Deutscher Sportsgeist" dar.

Dein Bestes her! ... Ehre im Unterlegenen den Mitstrebenden ... Der deutsche Sportsgeist predigt's, nimm's mit ins Leben! Lerne dienen! ... Bleibe deutsch! ... Du sollst Deutschland neu erbauen!" (S. 148)

Sport ist Kampf

Leibesübungen und Sport als ein wichtiges (Erziehungs-)Mittel, um Deutschland nach dem verlorenen Weltkrieg wiedererstarken zu lassen, das war auch ein zentrales Motiv des Medizin-Professors und ersten Rektors der 1920 gegründeten Deutschen Hochschule für Leibesübungen (DHfL) in Berlin, August *Bier*. *Diem* war Initiator und Prorektor, faktisch der Leiter dieser ersten wissenschaftlichen Hochschule für Leibesübungen in Deutschland. Bei seiner Rede zur Eröffnung der DHfL sprach *Bier* von den Leibesübungen als einem „Mittel zur Rettung des Deutschen Volkes aus der Erniedrigung". „Eiserner Wille, helle Begeisterung, treue Pflichterfüllung und kraftvolle Männlichkeit", das waren die Erziehungsziele, die nach *Bier* in der neuen DHfL angestrebt werden sollten.[84]

Leibesübungen als Kampf und Wehrersatz:[85] Dieser Gedanke hatte in Deutschland eine lange Tradition, und deshalb leuchtete es gerade auch den nationalen und konservativen bürgerlichen Kreisen in der Republik ein, dass die Förderung des Sports in Schule und Verein zugleich einen Beitrag zur Sicherung der nationalen Wehrkraft darstellen könnte. Gegenüber dem stolzen kaiserlichen Heer war es zwar nur ein dürftiger Ersatz, aber immerhin: Der wilde Kampf in einem Fußballspiel, der verbissene Kampf Mann gegen Mann beim Boxen oder auch die erschöpfenden Ausdauerläufe bei leichtathletischen Wettkämpfen boten anschauliche Beispiele für das wehrertüchtigende Potential des Sports.

Wie weit dieser Gedanke des wehrertüchtigenden Sports in alle Kreise des organisierten Sports eindrang, zeigt das Beispiel des Leiters der universitären Turnanstalt in Tübingen, Paul *Sturm*. Er plädierte in seinem 1924 veröffentlichten Buch „Die seelischen und sittlichen Werte des Sports, insbesondere des Fußballsports, als Grundlage zur Befreiung aus der Knechtschaft" heftig für die Pflege der großen Sportspiele, insbesondere Fußball und Rugby: „Der Hauptvorzug beider Sportspiele, Rugby voran, anderen Kampfspielen gegenüber, liegt entschieden an seinem starken Zug zum Nahkampf, der zu Angriff, Abwehr und Selbsthilfe führt und einen höheren Grad von Mannheit als irgendein anderes Spiel bedingt."[86] Das Ergebnis dieses Denkens war ein sportliches Erziehungskonzept, das dem der Nationalsozialisten schon sehr nahe kam.

Da Deutschland nach dem Krieg nicht bei den Olympischen Spielen starten und seine Kräfte nicht mit anderen Nationen messen durfte, erfand *Diem* als Ersatz die „Deutschen Kampfspiele", praktisch nationale Olympiaden, die auch als politische Demonstrationen benutzt wurden und als Beleg für die nationale Ideo-

---

[84] *Bernett* 1990c, 169; *Bier* 1919; Carl-Diem-Institut 1967, 51.

[85] *Eisenberg* (1999, 323) spricht sogar von der „Fortsetzung des Kriegs mit anderen Mittel", die von Freicorps und Wehrverbänden, aber auch von „Sportvereinen" betrieben worden sei.

[86] *Sturm*, zit. nach M. *Krüger* 1989b, 238. In M. *Krüger* 2000, bes. 98 ff. werden *Sturm* und die Versuche der Nationalisierung des Fußballsports in einen größeren zivilisationstheoretischen Zusammenhang eingeordnet.

Die Spaltung des Sports

logie und Zuverlässigkeit des deutschen Sports dienten. Sie wurden vom DRA 1922 in Berlin und Garmisch, 1926 in Köln und im Schwarzwald, 1930 in Breslau und 1934 in Nürnberg durchgeführt *(Eisenberg* 1999, 358 f.). Der deutsche Sport versuchte damit auch, den von der DT organisierten traditionell nationalen Turnfesten ein gleichwertiges nationales Sportfest gegenüberzustellen.

6.2.3 Bürgersport gegen Arbeitersport

Der zweite große Gegensatz, der das Turn- und Sportleben in der Weimarer Republik beherrschte, war der zwischen bürgerlicher Turn- und Sportbewegung auf der einen und der Arbeiterturn- und Sportbewegung auf der anderen Seite; sie bildete vor den konfessionellen Verbänden die zweite Säule des organisierten Sports in Deutschland. Weit über eine Million Menschen waren im Durchschnitt in den Arbeiterturn- und Sportvereinen organisiert.

Warum gab es aber überhaupt Arbeitersportvereine? Unterschieden sie sich von den bürgerlichen Turn- und Sportvereinen? Welche Rolle spielten Bildung und Erziehung im Arbeitersport?

Zur Entstehung von Arbeitersportvereinen

Selbständige Arbeiterturnvereine entstanden in Deutschland am Ende des 19. Jahrhunderts. Der Grund, warum Arbeiter, Handwerker und Handwerksgesellen und in wachsender Zahl die Lohnarbeiter in den Fabriken dazu übergingen, eigene Turnvereine zu gründen und aus den Vereinen der Deutschen Turnerschaft auszutreten, lag darin, dass sich die Klassenunterschiede zwischen der wachsenden Industriearbeiterschaft auf der einen und den bürgerlichen Schichten auf der anderen Seite verschärften. Dies wirkte sich auch auf die Turnvereine aus, in denen bisher Arbeiter, Bürger und Kleinbürger gemeinsam geturnt hatten. Die Arbeiterschaft stellte im wilhelminischen Kaiserreich eine Außenseitergruppe dar, die von den herrschenden adeligen und bürgerlichen Kreisen diskriminiert wurde; *Bismarck* bezeichnete die Arbeiter als „vaterlandslose Gesellen" und meinte damit vor allem die klassenbewussten, sozialistischen Arbeiter, die sich in der SPD und in den Gewerkschaften zusammengeschlossen hatten und für die Rechte und die Verbesserung der schlechten Lebensverhältnisse des „Proletariats" kämpften.

Abb. 22: Die Arbeiter-Turn-Zeitung war das Organ des sozialistischen Arbeiter-Turn- und Sportbundes. Sie ist eine der wichtigsten Quellen zur Geschichte der Arbeiter-, Turn- und Sportbewegung.

Nachdem 1878 zwei Männer, die keine Sozialdemokraten waren, auf Kaiser *Wilhelm I.* Attentate verübt hatten, setzte der „eiserne Kanzler" *Bismarck* ein „Gesetz gegen die gemeingefährlichen Bestrebungen der Sozialdemokratie", kurz das „Sozialistengesetz", durch. Nach diesem Gesetz wurden alle sozialdemokratischen, sozialistischen oder kommunistischen Organisationen verboten. Versammlungen konnten aufgelöst werden, Bücher, Schriften und Propagandamaterial wurden zensiert und eingestampft. Obwohl es bereits viele Turnvereine gab, die auch unter sozialdemokratischem oder sozialistischem Einfluss standen, durften keine offen sozialistischen Vereine und Verbände gegründet werden, solange dieses Gesetz gültig war. Es wurde insgesamt viermal vom Reichstag verlängert, und erst 1890 fiel mit dem Abgang *Bismarck*s von der Politik auch das „Sozialistengesetz" *(Grebing* 1974/75).

Da sich die Turnvereine und vor allem die Führer der Deutschen Turnerschaft als kaisertreues „Bollwerk des Vaterlands" (so der DT-Vorsitzende *Goetz)* verstanden, fühlten sich viele zur Sozialdemokratie hingezogene Arbeiter in den DT-Vereinen nicht mehr wohl. „Für vaterlandslose Gesellen ist kein Raum" in der Deutschen Turnerschaft, hatte *Goetz* gesagt.[87] Die DT unternahm nichts, um die Eingliederung von Arbeitern in die DT-Vereine zu fördern, sondern beteiligte sich an der gesellschaftlichen Diskriminierung und Stigmatisierung. Damit wurde von der DT eine historische Chance verspielt, die zu nutzen sie aufgrund ihrer Satzung eigentlich verpflichtet gewesen wäre: nämlich das ganze Volk an den Segnungen des Turnens in den Turnvereinen teilhaben zu lassen.

Der Preis, den die DT für ihre kaisertreue, deutsch-nationale und arbeiterfeindliche Haltung zahlte, war hoch: Viele Arbeiter traten nach dem Ende des Sozialistengesetzes 1891 aus den DT-Vereinen aus und gründeten eigene Turnvereine. Ein Beispiel ist der Männerturnverein Brandenburg, der fast ausschließlich aus Sozialdemokraten und Sozialisten bestand. Sie gründeten 1892 den sozialistischen Märkischen Turnerbund. 1893 kam es in Gera zur Gründung des Arbeiterturnerbundes (ATB), dem bei der Gründung 4000 Mitglieder angehörten und als Organ die „Arbeiterturnzeitung" herausgab *(Neuendorff* o. J., Band 4, 521 ff.).

Von nun an setzte eine verstärkte Agitation von Seiten der Arbeitersportfunktionäre ein, um neue Mitglieder für ihre Vereine zu gewinnen. „Ihr aber mit uns denkende und fühlende Arbeiter in der DT", hieß es zum Beispiel in der Arbeiterturnzeitung (1902, S. 98), „ihr Hunderttausende, das Gros der DT, die ihr sehen müsst, wie eure Weltanschauung herhalten muss, um euere vorwärtsstrebenden Turn- und Klassengenossen bei den Behörden zu denunzieren und anzuschwärzen, treibt euch das nicht die Zornesröte in das bleiche Proletarierantlitz (...)? Wie könnt ihr auf der einen Seite in Gewerkschaften und anderen Organisationen tätig sein und Opfer bringen und auf der anderen Seite die Herde bilden für Personen, die für eure Leiden, für eure Interessen kein Gefühl und kein Verständnis besitzen. Weist es von euch als blinde Werkzeuge missbraucht zu werden

---

[87] Vgl. die von Paul *Erhardt* unter dem Motto „Herz und Hand dem Vaterland" zum 80. Geburtstag von Ferdinand *Goetz* herausgegebenen Schriften „Treu deutsche Worte und Gedanken" von Ferdinand *Goetz* (1906), hier 219.

gegen die Arbeiterturnbewegung, rafft euch doch endlich einmal auf und kämpft mit uns, aber nicht gegen uns".[88]

Ziele und Aufgaben

Die im engeren Sinn politischen Ziele und Motive des ATB traten zumindest in der Anfangszeit bis zum Ersten Weltkrieg deutlich hinter das Interesse zurück, sich als Arbeiterschaft gegen die gesellschaftliche Ausgrenzung zusammenzuschließen, die Kräfte zu bündeln, für bessere und gesündere Lebensverhältnisse einzutreten und sich ein eigenes gesellschaftliches und kulturelles Umfeld zu schaffen. Arbeiterkultur war ein ausgegrenzter Bereich der wilhelminischen Gesellschaft. Die Turnvereine der Arbeiter gehörten ebenfalls dazu. In ihnen wurde zwar genauso wie in den bürgerlichen DT-Vereinen geturnt und gespielt, gewandert und gesungen, gefeiert und diskutiert; aber nur unter sich, sogar in betonter Abgrenzung zur DT und anderen bürgerlichen Vereinen und Verbänden. Auch die Politik spielte eine Rolle. Je mehr sich die DT als nationaler Verband fühlte und gebärdete, umso mehr verstanden sich die Arbeiterturnvereine als sozialistische Vereine, als Träger einer spezifischen proletarisch-sozialistischen Kultur oder Körperkultur.

Trotz größter Behinderungen durch den wilhelminischen Obrigkeitsstaat und durch die DT wuchs die Zahl der Vereine und Mitglieder in den Arbeiterturnvereinen vor dem Ersten Weltkrieg mächtig an, nicht zuletzt auch als Ergebnis der wirkungsvollen Agitationstätigkeit des ATB: 1914 gab es 2411 Vereine mit insgesamt 186958 Mitgliedern, darunter 13370 Turnerinnen und 32358 Zöglinge; auch Schülerturnen wurde in einigen Arbeitervereinen durchgeführt, obwohl vonseiten der Regierung und der DT immer wieder versucht wurde, die Jugendarbeit der ATB-Vereine zu behindern: „Unserer Jugend raubt die Sozialdemokratie allen sittlichen Halt", sorgte sich der DT-Vorsitzende Goetz, und deshalb müsse diesen Vereinen die Jugendarbeit verboten werden *(Teichler* 1980, 450). Das entsprach aber nicht der Wirklichkeit und bedeutete eine Beleidigung für die umfangreiche und wertvolle pädagogische und soziale Arbeit und Leistung der Arbeiter-Turn-Vereine; denn diese Arbeitervereine waren eine der wenigen Einrichtungen, die sinnvoll und erfolgreich der von *Goetz* beklagten „sittlichen Verwilderung" der Arbeiterjugend entgegentraten. Das Leben in den Turnvereinen, die gemeinsamen Übungen, die sportlichen Leistungen, die praktische Solidarität untereinander gaben den Arbeitern Halt, soziale Anerkennung und Selbstbewusstsein angesichts einer für Arbeiter und Arbeiterkinder trostlosen sozialen und ökonomischen Situation.[89]

Als nach dem Ersten Weltkrieg und nach der Revolution 1918 sozialdemokratische Regierungen die Macht mit übernahmen, wurde die Stellung der Arbeiterorganisationen und auch des ATB gestärkt. SPD und Arbeiterorganisationen

---

[88] Vgl. als Beispiel für die Agitation der Arbeitersportvereine vor Ort *Schönberger* 1986; sowie zur Kultur der Arbeitersportvereine insgesamt besonders anschaulich *Teichler/Hauk* 1987.
[89] Vgl. den Beitrag von Peter *Friedemann:* Arbeitersport in Lebensgeschichten, in: *Teichler/ Hauk* 1987, 227–230.

wurden in gewisser Hinsicht zu staatstragenden Institutionen. Das heißt aber nicht, dass sie „gesellschaftlich" akzeptiert worden wären. Die Gräben zwischen den verschiedenen Bevölkerungsschichten in Deutschland verringerten sich keineswegs, im Gegenteil: Zu den gesellschaftlichen Unterschieden und den wirtschaftlichen Ungleichheiten kamen unüberwindliche politische und weltanschaulich-ideologische Differenzen. Während die bürgerlichen Turn- und Sportorganisationen sich für politisch „neutral" erklärten, aber in Wirklichkeit für bürgerliche und „nationale" Interessen – oder was sie dafür hielten – eintraten, bekannte sich die Arbeiterturn- und Sportbewegung zum Sozialismus, verstand sich als eine „Turnbewegung klassenbewusster Arbeiter", als „politische Turnbewegung" (Beyer 1982, 681; Teichler 1980).

Abb. 23: Schüler des Turnerbundes Feuerbach (1920) mit Schülerturnwart Adolf Kirchner.

Die Gemeinsamkeit der politischen Überzeugung und der sozialistischen Ideale trug dazu bei, dass der körperkulturelle Konflikt zwischen Turnen und Sport bei den Arbeitern weniger heftig ausgetragen wurde als im bürgerlichen Lager. Der ATB nahm 1919 auch sportliche Leibesübungen in sein Programm auf und nannte sich von nun an Arbeiter-Turn- und Sportbund (ATSB). Gleichzeitig rief er die Arbeiter zum Verlassen der bürgerlichen Vereine auf. Die Zusammenarbeit mit dem DRA wurde abgelehnt, eine Doppelmitgliedschaft in einem bürgerlichen und einem Arbeitersportverein war nicht möglich, es kam zu keinen gemeinsamen turnerischen und/oder sportlichen Veranstaltungen. Der Bundestag des ATSB hatte 1926 in Hamburg eine Zusammenarbeit mit bürgerlichen Turn- und Sportvereinen und -verbänden abgelehnt (Beyer 1982, 682). So lautete wenigstens die offizielle Politik der Verbände, die jedoch nicht verhindern konnte, dass es in manchen Städten und Gemeinden auch ein friedliches Nebeneinander und sogar ein partnerschaftliches Miteinander von Arbeitersportlern und bürgerlichen Sportlern gegeben hat.

Die Arbeiterturn- und Sportvereine nutzten nun den im Vergleich zum Kaiserreich gewonnenen Spielraum, um eine spezifische proletarisch-sozialistische Körperkultur auszubilden. Die Zahl der Mitglieder in den Arbeiterturn- und Sportvereinen wuchs steil an. Nach dem Krieg wurden 1919 etwa 190000 Mitglieder gezählt, und schon 1922 erreichte die Arbeiterturn- und Sportbewegung mit rund 1,1 Millionen Mitgliedern einen Höchststand, der mit leichtem Rückgang auch bis zum Ende der Zwanzigerjahre gehalten werden konnte *(Diem* 1923, 92 ff.; *Neuendorff* o.J., Band 4, 643).

Kultur des Arbeitersports

Wie im bürgerlichen Sport breiteten sich auch im Arbeitersport viele neue Sport-, Spiel- und Gymnastikaktivitäten aus; neue Abteilungen und neue Vereine kamen hinzu. Die Arbeitersportverbände organisierten sich und gaben Bücher, Zeitungen, Zeitschriften heraus; die bekannteste war die Arbeiter-Turnzeitung, in denen auch der Sinn, die „Ideologie" des Arbeitersports verbreitet wurde. 1926 konnte der ATSB in Leipzig seine prächtige Bundesschule, einschließlich einer Geschäftsstelle und einer Druckerei einweihen. Der Radfahrerbund „Solidarität" verfügte mit über 5000 Ortsgruppen und bis zu 350000 Mitgliedern in ganz Deutschland über eine eigene Fahrradfabrik „Frischauf" in Offenbach. 1926 produzierten sie über 26000 Fahrräder und Motorräder *(Teichler/Hauk* 1987, 248). Der ATSB veranstaltete große „Bundesfeste", 1922 in Leipzig und 1929 in Nürnberg. Die Verbände traten internationalen Sportorganisationen bei und beteiligten sich an den Arbeiterolympiaden. 1925 wurde in Frankfurt von der „Luzerner Sportinternationalen" (LSI), später „Sozialistische Arbeitersport-Internationale" (SASI), die 1. Internationale Arbeiter-Olympiade durchgeführt. Die SASI war der Zusammenschluss sozialdemokratischer und sozialistischer Arbeitersportorganisationen aus aller Welt, die sich aber gegen eine Zusammenarbeit mit dem kommunistischen Sport der Sowjetunion aussprachen.

Zunächst unterschied sich das Turn- und Sportleben in den AT(S)B-Vereinen nicht oder nicht wesentlich von dem in bürgerlichen Vereinen. Auch in ihnen wurde geturnt, sogar im Stil von *Spieß* mit Frei- und Ordnungsübungen, mit Massengymnastik und Geräteübungen, auch in ihnen wurden begeistert die großen Sportspiele gepflegt, besonders Fußball, auch in ihnen blühte ein intensives Gemeinschaftsleben. Die Ziele des Arbeitersports waren in leibeserzieherischer Hinsicht fast dieselben wie im bürgerlichen Sport: Gesundheit, körperliche Stärke und Widerstandsfähigkeit, um den Strapazen des Arbeitslebens besser gewachsen zu sein und um mit seinen gesundheitsschädigenden Folgen besser fertig zu werden. Besonders die jugendlichen Arbeiter, hieß es in einer frühen (1893) Agitationsschrift der Freien Turnvereinigung Leipzig, werden sich „durch regelmäßige und regelrechte turnerische Übungen (…) für ihr ganzes Leben einen gesunderen kräftigeren und widerstandsfähigeren Körper zu eigen machen, der auch noch in späteren Jahren den Anstrengungen des Proletarierlebens eher gewachsen ist, als der ohne alle Gegenwirkung durch die oft anstrengende Arbeit der Jugend geschwächte und missbildete Körper, sie werden sich dadurch ferner für den Fall des Militärdienstes manche Grobheit und Misshandlung roher Vorgesetzter ersparen, (…) sie werden ferner ihre freie Zeit mit ihren Turngenossen in angenehmer und bildenderer Weise verbringen, als wenn sie dieselbe in dem Wirtshause oder sonst wo verbrächten, (...) ja sie werden vielfach selbst für ihr Arbeitsfach Vorteile erringen, indem ein körperlich gewandter und sicherer Arbeiter jeglichen Handgriff in seinem Gewerbe vorteilhafter und rascher zuwege bringen wird (...) als ein körperlich ungeübter Arbeiter" (nach *Teichler* 1980, 467).

Noch deutlicher wurden die grundlegenden Ziele des Arbeitersports in einem Leitartikel in der Arbeiter-Turnzeitung von 1911 formuliert – wahrscheinlich von Fritz *Wildung,* ab 1919 Sekretär der Zentralkommission für Arbeitersport und Körperpflege: „Die Leibesübungen sind in der öden Werktagsarbeit der Leibespflege feiertägliches Moment. (...) Wir wollen versuchen, unsere Anhänger durch die Pflege der Leibesübungen zur Beachtung und Wertschätzung ihres Körpers zu erziehen, damit sie vernunftgemäß und natürlich leben und die hässlichen und demoralisierenden Gewohnheiten der großstädtischen Kulturmenschheit abstreifen. (...) Es kann daher nie davon die Rede sein, direkt durch das Mittel der Leibesübungen soziale Umwälzungen herbeiführen zu wollen, sondern sie dienen nur dazu, dem Dasein der sich wirtschaftlich emanzipierenden Arbeiterklasse neuen Inhalt zu geben. Das in doppelter Hinsicht. Einmal sollen die Leibesübungen die Gesundheit des Arbeiters kräftigen, Krankheiten fernhalten und damit auf ganz natürlichem Wege das Lebensglück vermehren. Andererseits soll – als Resultat der ersteren – höheres Lebensglück zu gesunder Denk- und Lebensweise führen und die Vermeidung lasterhafter Gewohnheiten zur Selbstverständlichkeit machen. Endlich soll auf der Grundlage gesunder Körperlichkeit ein gesundes und gesteigertes Geistesleben erreicht und so in einer geschlossenen Kette an der Höherentwicklung der Menschheit mitgearbeitet werden. Das alles kann aber nur dann Wirklichkeit werden, wenn die Arbeiterschaft ihre wirtschaftliche Befreiung im gleichen Tempo vollzieht" (nach *Teichler* 1980, 468).

Diese grundlegenden Erziehungsziele des Arbeitersports waren noch im Kaiserreich formuliert worden, sie blieben aber auch während der Zeit der Weimarer Republik erhalten; allerdings kamen neue, politischere Ziele hinzu, und es verschärften sich auch die Meinungsunterschiede innerhalb der Arbeiter- und Arbeitersportbewegung über diese Ziele und über den richtigen Weg zum Sozialismus durch Turnen und Sport. Zum einen grenzte man sich deutlicher gegen den als reaktionär angesehenen so genannten bürgerlichen Sport ab, gegen das Wettkampf-, Leistungs- und Rekordprinzip des bürgerlichen Sports, gegen die feudalen „Herrensportarten", gegen die kapitalistische Sportgesinnung im Profisport, und schließlich gegen die Vereinnahmung von Turnen und Sport durch Militarismus, Nationalismus, Chauvinismus und schließlich Faschismus – dieser Vorwurf richtete sich vor allem gegen die Deutsche Turnerschaft.[90] Nicht der Sport an sich, sondern nur der Sport im Kapitalismus wurde kritisiert; er sei der Ausdruck des „Niedergangs" und „Verfalls" der bürgerlichen Gesellschaft", während die sozialistische Gesellschaft und dementsprechend auch der sozialistische Sport im Vormarsch seien *(Wildung* 1929/ 1982, 54).

---

[90] Siehe die Artikel von Fritz *Wildung,* Julius *Deutsch,* Paul *Franken,* Emil *Karle* und Helmut *Wagner,* die bei *Bernett* 1982, 43–82, abgedruckt sind. Im Folgenden danach.

Zum anderen verstärkte sich das Bemühen, eine eigene Identität der proletarischen Körperkultur zu schaffen und zu formulieren. Es gelang zwar nicht, eine in der Praxis alternative proletarische Körperkultur durchzusetzen, weil die Arbeiter dieselben Sportarten und ebenso wie bürgerliche Handwerker und Angestellte Leistung und Wettkampf, Spiel und Gymnastik in ihren Vereinen pflegen wollten. Diese von Arbeitern betriebenen Leibesübungen wurden nun von den Arbeitersport-Ideologen als „proletarisch" und „sozialistisch" bezeichnet; als Teil der großen proletarischen Revolution hätten auch sie, die Leibesübungen, ihren Beitrag zum Sozialismus zu leisten.

Spaltung und Streit

Darüber kam es innerhalb der Arbeitersportbewegung ebenfalls zum Streit. Die einen, die gemäßigten, reformerischen Kräfte, die der SPD nahe standen und im ATSB und in der Zentralkommission für Arbeitersport und Körperpflege (ZK) organisiert waren, wollten Leibesübungen, Turnen und Sport als ein Instrument der Reform und der Verbesserung der Lebensqualität der Arbeiter nutzen. Die anderen, die unter dem Einfluss einer kommunistischen und radikalen Ideologie standen, betrachteten den Sport als Agitationsmittel, um die Arbeiterschaft im Sinne der kommunistischen Revolution zu beeinflussen und schließlich auch wehrsportlich zu schulen.

1928 kam es zur Trennung zwischen den kommunistischen Rot-Sportlern und den sozialistischen bzw. sozialdemokratischen Turnern und Sportlern, die im ATSB und in der Zentralkommission für Arbeitersport und Körperpflege organisiert waren. Nachdem die Kommunisten immer wieder versucht hatten, einzelne Arbeitersportler und ganze Vereine kommunistisch zu unterwandern und auf diese Weise die gesamte Arbeitersportbewegung bzw. die ganze Arbeiterkulturbewegung unter ihren Einfluss zu bringen, wusste sich die Führung des sozialdemokratischen ATSB nicht mehr anders zu helfen, als auf dem 16. Bundestag des ATSB 1928 in Leipzig einen Antrag auf Ausschluss kommunistischer Agitatoren aus dem Bund einzubringen. Der Antrag wurde mit großer Mehrheit angenommen. Trotzdem bedeutete der Trennungsbeschluss eine erhebliche Schwächung der Arbeitersportbewegung insgesamt. Die kommunistischen Turn- und Sportvereine bildeten seit 1930 die Kampfgemeinschaft (KG) Rote Sporteinheit.[91] Auf internationalem Parkett war es bereits 1920/21 zur Trennung von sozialistischem bzw. sozialdemokratischem und kommunistischem Arbeitersport gekommen. Der Sozialistischen Arbeitersport-Internationale (SASI) stand die 1921 in Moskau gegründete kommunistische „Rote Sport-Internationale" gegenüber.

---

[91] In der DDR-Sportgeschichtsschreibung wird konsequenterweise dem SPD-nahen ATSB die alleinige Schuld an der Spaltung der Arbeitersportbewegung gegeben. In dem kurzen Abriss der Geschichte der Körperkultur in Deutschland seit 1800, hrsg. von einem Autorenkollektiv unter Leitung von Lothar *Skorning*, Berlin 1952, S. 317, ist z. B. von „diktatorischen Massenausschlüssen" des ATSB und von der „Spaltungsaktion der Reformisten" die Rede, deren „historische Schuld ... erwiesen" sei (S. 319).

6.3 Reformansätze

Die Verschärfung der Klassengegensätze und das gestiegene Klassenbewusstsein der Arbeitersportler machten eine Zusammenarbeit zwischen bürgerlichem Turnen und Sport auf der einen und proletarischem Arbeitersport auf der anderen Seite schwer, fast unmöglich. Trotz des tiefen Grabens zwischen Arbeitersport und bürgerlichem Sport kam es aber bei einigen wegweisenden politischen Initiativen zur staatlich-öffentlichen Förderung der Leibesübungen und des Sports zu einer Zusammenarbeit zwischen dem Dachverband des Arbeitersports, der Zentralkommission für Arbeitersport und Körperpflege (ZK) unter Geschäftsführer *Wildung* sowie dem Vorsitzenden und ab 1930 Reichstagsabgeordneten Cornelius *Gellert* auf der einen, und dem des bürgerlichen Sports, dem DRA unter *Diem* und *Lewald* auf der anderen Seite. Beide Verbände haben z. B. 1919 zur Frage der Übungsstätten oder der täglichen Turnstunde ähnlich lautende Forderungen erhoben und Denkschriften erstellt *(Beyer* 1982, 662). Letztlich beschränkte sich jedoch die Wirksamkeit der Arbeitersportorganisationen auf ihre proletarische Anhängerschaft. Die wegweisenden politischen Initiativen zur öffentlichen Förderung der Leibesübungen und des Sports, zur Verbesserung der Turnlehrerausbildung oder zur wissenschaftlichen Forschung auf dem Gebiet des Sports gingen vom bürgerlichen Sport, vom DRA und seinem Generalsekretär *Diem* aus.

6.3.1 Maßnahmen zur Förderung des Sports

Unmittelbar nach dem Ende des Krieges überreichte der DRA der Weimarer Nationalversammlung, also dem höchsten, gesetzgebenden Verfassungsorgan der Weimarer Republik, eine Denkschrift mit sieben Forderungen zu Leibesübungen, Turnen, Spiel und Sport:

1. Bau von Übungsstätten, Spiel- und Sportplätzen
2. Sportpflicht für die Jugend
3. Turnunterricht an den Fortbildungsschulen
4. Tägliche Sportstunde
5. Beibehaltung der Sommerzeit
6. Finanzielle Unterstützung der Vereine durch den Staat
7. Einrichtung und Ausbau der staatlichen Ämter für Leibesübungen und Sport.[92]

Der erste Punkt fasst die Bemühungen des DRA um das „Reichsspielplatzgesetz" zusammen – ähnlich, wie es auch in der Denkschrift der ZK an die Nationalversammlung, ebenfalls 1919, vorgeschlagen wurde. Gefordert wurde eine gesetzliche Regelung, durch die das Reich, die Länder und die Gemeinden zum Bau von Spiel- und Sportplätzen verpflichtet werden sollten. „Kein Stadtteil ohne Spielplatz, ohne Turnhalle und ohne Schwimmbad! Keine Turnhalle ohne Dusche! Kein Schultag ohne Turnstunde!" – so lauteten die Forderungen, unter denen der DRA Expertisen und Gutachten verfasste, Tagungen durchführte, Eingaben ver-

---

[92] *Neuendorff* o. J., Band IV, 592 ff.; *Beyer* 1982, 660 ff.; Dokumente 1984, 103 ff.

schickte, Werbekampagnen startete. Konkret wurden 3 qm Spielplatzfläche und 0,1 qm Hallenfläche pro Einwohner und ein Hallen-Schwimmbad auf 30 000 Einwohner gefordert. Auch Reichswehrgelände sollte, da das Heer verkleinert werden musste und die Wehrpflicht abgeschafft war, als Sportgelände genutzt werden. Zwar kam es zu keiner Verabschiedung eines Reichsspielplatzgesetzes, aber die Initiativen der Verbände und besonders des DRA haben mit dazu beigetragen, dass sich bereits in den 20er Jahren die Sportstättensituation in Deutschland wesentlich verbesserte – trotz Inflation und Wirtschaftskrise.

Ohne direkten Erfolg blieben auch die Forderungen des DRA nach einem Sportpflichtgesetz für die Jugend und nach der täglichen Turnstunde, aber auch sie haben das Bewusstsein der Öffentlichkeit für die Bedeutung der Leibeserziehung und des Sports wesentlich geschärft. Die Turnlehrpläne wurden in den 20er Jahren nach und nach in allen Ländern in Deutschland den Reformideen in der Pädagogik im Allgemeinen und in der Leibeserziehung speziell angepasst. Das alte systematische Turnen wurde im Kern abgeschafft, kind- und jugendgemäße Leibeserziehung trat an seine Stelle. Die Situation des Schulturnens konnte sich entscheidend verbessern, an vielen Schulen wurden zusätzlich zu den drei Sport-Pflichtstunden Spielnachmittage eingeführt, und in Preußen wurde per Erlass Turnen als versetzungsrelevantes Fach aufgewertet *(Beyer* 1982, 666).

Gegen die tägliche Turnstunde und gegen eine Sportpflicht für die Jugend waren die Widerstände unter den Pädagogen und Philologen zu groß, um weitergehende Erfolge erreichen zu können. Gleichwohl gingen von den Studenten an den Universitäten Initiativen zur Einführung einer Sportpflicht für alle Studierenden aus. Der zweite deutsche Studententag verabschiedete 1920 in Göttingen eine dementsprechende Resolution. Im Hintergrund stand der Gedanke, dass angesichts des Wegfalls der allgemeinen Wehrpflicht eine allgemeine Sport- und Körpererziehung der Jugend die Aufgabe der Wehrertüchtigung der Jugend in verstärktem Maße erfüllen müsse *(Buss* 1975).

Der organisierte, vereins- und verbandsgebundene Sport konnte darüber hinaus noch weitere Erfolge verbuchen: Die steuerliche und finanzielle Unterstützung der Turn- und Sportvereine durch den Staat verbesserte sich. Sie mussten ab 1920 keine Körperschaftssteuer mehr bezahlen, die Vergnügungssteuer bei Sportveranstaltungen wurde ihnen erlassen, und die Reichsbahn gewährte Fahrpreisermäßigungen für Turn- und Sportfahrten.

Auch diese Beispiele zeigen, dass die Bedeutung und das öffentliche Ansehen von Turnen und Sport zur Zeit der Weimarer Republik einen Höhepunkt erreicht hatten.

Neben den Initiativen zur Einführung des „Turn- und Sportabzeichens" (1913, ab 1921 auch für Frauen) und später des „Jugendsportabzeichens" (1925 für Jungen und 1927 für Mädchen) zählte die Gründung der Deutschen Hochschule für Leibesübungen in Berlin zu den größten Erfolgen *Diems* und des DRA. Schon vor dem Krieg hatte *Diem* diese Idee, eine Forschungs- und Lehrstätte für Leibesübungen in dem neu erbauten Berliner Stadion einzurichten, formuliert. Zwei Jahre nach dem Ende des Krieges konnte die DHfL gegründet werden. Sie sollte zwei Aufgaben erfüllen: Erstens die Ausbildung wissenschaftlich geschulter Lehrkräfte für Leibesübungen, und zweitens die wissenschaftliche Erforschung aller Fragen der Leibesübungen und des Sports.

Träger der DHfL war der DRA. Sie war also eine private Hochschuleinrichtung, und erst 1931 erhielt sie die staatliche Anerkennung. Gedacht war von *Diem* an eine qualitativ hochwertige, akademische Diplomsportlehrerausbildung. Die Absolventen der DHfL sollten in den Vereinen zum Einsatz kommen, möglicherweise auch in den Schulen. Begonnen hatte die DHfL mit 24 Studenten und einer Studentin, aber schon zu Beginn der 30er Jahre war sie zu einer weltweit anerkannten Institution mit durchschnittlich 350 Studierenden geworden. Das Schwergewicht der Forschungstätigkeit in der DHfL lag auf der Medizin und auf der Pädagogik. Dies kommt auch durch die Berufung des bekannten Medizinprofessors August *Bier* aus Berlin als Rektor der Hochschule zum Ausdruck. *Diem* nannte sich Prorektor, leitete aber de facto die Geschicke der DHfL (Carl-Diem-Institut 1967).

Die Gründung der DHfL war ein Zeichen für die wichtigen Veränderungen, die sich in dieser Zeit in der Frage der Forschung und der Turn- und Sportlehrerausbildung insgesamt ergeben hatten. Das System der Turnlehrbildungsanstalten musste dringend reformiert bzw. ergänzt werden. In Preußen geschah dies durch einen Erlass vom 30. September 1925, in dem die Einrichtung von Instituten für Leibesübungen an den Universitäten verfügt wurde. Die meisten Länder im Deutschen Reich schlossen sich dieser Regelung an, mit der in der Folgezeit sowohl die Turn- und Sportlehrerausbildung als auch die sportwissenschaftliche Tätigkeit in die Universitäten integriert werden sollte. Aufgabe dieser Institute für Leibesübungen war aber zunächst die Förderung des Hochschulsports in Zusammenarbeit mit den studentischen Ämtern für Leibesübungen. Jetzt ergab sich zum ersten Mal die konkrete Möglichkeit, akademisch gebildete Turn- und Sportlehrer, wie es von Adolf *Spieß* schon in der Mitte des 19. Jahrhunderts vorgeschlagen worden war, heranzubilden.

6.3.2 Jugendbewegung und Sport

Der große Aufschwung des Sports und der Leibeserziehung in der Weimarer Zeit steht im Zusammenhang mit den zahlreichen Reformen und geistigen Erneuerungsbewegungen in der Pädagogik und Jugendpflege.[93] Die „Jugendbewegung" ist dabei an erster Stelle zu nennen; sie hat sowohl den freien Sport und das Jugendleben in den Vereinen als auch den offiziellen Schulsport erfasst und geprägt.

Im weiteren Sinn war und ist der Sport insgesamt, einschließlich des Turnens, des Spielens und der Gymnastik, eine Jugendbewegung. Im engeren Sinn wird mit dem Begriff „Jugendbewegung" eine breit angelegte und wirksame Aufbruchsstimmung verstanden, die um die Jahrhundertwende die Jugend in ganz Deutschland, besonders aber in den Großstädten, erfasste, sie in die freie Natur

---

[93] Auf die vielfältigen gesellschaftlichen Reformbewegungen, die auch mit einem veränderten Körper- und Naturverhältnis zu tun hatten und in denen Gymnastik, Turnen, Spiel und Sport eine Rolle spielten, kann hier nicht im Einzelnen eingegangen werden. Zu nennen wäre etwa die Gymnastikbewegung (vgl. L. *Diem* 1991) oder die Freikörperkulturbewegung (vgl. *Spitzer* 1983). Grundlegend ist die Studie von *Wedemeyer-Kolwe* 2004.

Reformansätze

und in die Wälder trieb, zum einfachen Leben in der Gemeinschaft, ohne Erziehung und Bevormundung Erwachsener. „Jugendbewegung" ist der Sammelname für eine Fülle unterschiedlicher Gruppen, Initiativen und schließlich auch fester Organisationen, die sich bereits vor dem Ersten Weltkrieg gründeten und später in der Weimarer Zeit große gesellschaftliche Wirkung entfalteten.

Die bekannteste bürgerliche Gruppierung war der „Wandervogel", der 1901 vom Gymnasium in Steglitz seinen Ausgang nahm. Am Anfang waren es nur einige Schüler, eine „vom Alter gekränkte Jugend", wie sich der selbsternannte Geschichtsschreiber der Jugendbewegung, Hans *Blüher,* ausdrückte, die „aus grauer Städte Mauern" – so der Titel eines bekannten Liedes – ausbrach und „durch die Wälder brauste" *(Blüher).*[94]

1913 traf sich dann auf dem „Hohen Meißner" (Rhön) die inzwischen mächtig angewachsene „Freideutsche Jugend", eine Sammlung zahlreicher jugendbewegter und lebensreformerischer Bünde und Verbände. „Die Freideutsche Jugend will aus eigener Bestimmung, vor eigener Verantwortung, mit innerer Wahrhaftigkeit ihr Leben gestalten" – das war das „Glaubensbekenntnis" dieser frühen Jugendbewegung, wie es auf dem Meißner ausgesprochen wurde.

Nach dem Ersten Weltkrieg ging diese Freideutsche Jugend in die „Bündische Jugend" über; ihr gehörten nun auch verstärkt politisch und weltanschaulich ausgerichtete Gruppen und Verbände an. Die Bedeutung des Wandervogels, der Freideutschen und schließlich der Bündischen Jugend bestand aber in erster Linie darin, dass sie einen Jugendmythos schufen, der sich in den Jugendverbänden der Parteien, Gewerkschaften und des Sports entfaltete und konkretisierte. Dem Sport, den freien Turn- und Sportverbänden kam dabei eine besondere Bedeutung zu; denn sie bildeten die Gruppierungen, in denen die größte Zahl an Jugendlichen in der Weimarer Republik organisiert war, im DRA rund 1,4 Millionen Jugendliche unter 18 Jahre und in der ZK für Arbeitersport und Körperpflege 400 000.

Die wichtigsten Motive der – bürgerlichen – Jugendbewegung bestanden zunächst in der Verdammung und im Umsturz des Alten, dann in der Vorstellung eines autonomen „Jugendreichs", das in der Zukunft durch einen Akt rauschhaften Erlebens, durch den „Bruch" mit dem Alten und den Aufbruch zum Neuen zu erreichen sei. Die Jugend an sich verkörperte die hoffnungsvolle Zukunft *(Mogge* 1987).

In der Jugend der Deutschen Turnerschaft, die aus fast einer halben Million junger Menschen bestand, fielen die Ideen der Jugend- und Reformbewegung auf fruchtbaren Boden. *Neuendorff,* der im Wandervogel groß geworden war und ab 1924 das Amt des Direktors der preußischen Turnlehrerbildungsanstalt in Spandau bekleidete, setzte sich an die Spitze der Jugend in der Turnerschaft. 1921 war er vom Hauptausschuss der DT zum Jugendwart und damit zum Vorsitzenden des Jugendausschusses der Turnerschaft gewählt worden. Seitdem gab es in der alten Deutschen Turnerschaft eine mehr oder weniger eigenständige Turnerjugend.

---

[94] Das Folgende nach *Mogge* 1987, 245 ff. Vgl. auch die „Grundschriften zur Jugendbewegung", hrsg. von Werner *Kindt* (1963) und den einführenden Beitrag von Theodor *Wilhelm.*

Neuendorff fühlte sich als „Führer" dieser Turnerjugend, der sich berufen glaubte, in ihr „ein Feuer anzuzünden, und ich wollte nur, es brennete schon".[95] Gemeint waren mit diesem Feuer die Ideen der Jugendbewegung, aber es ging ihm und seinen Kollegen im „offenen Führerring" weniger um Inhalte als um einen neuen „Geist" in der Turnerschaft, der von der Jugend ausgehen sollte: „Wir Führer der Jugendturnerschaft stellen uns die Aufgabe, auf der Grundlage natürlicher Leibesübungen das deutsche Leben im Sinne der Volkskraft und des Volkstums neu zu gestalten", erklärten sie in ihrem „Spandauer Bekenntnis" 1927.[96] Bewusst sollte eine Abkehr von dem bisher nur rein „technischen" Verständnis von Jugendarbeit in den Turnvereinen vollzogen werden, also weg vom „Nur-Turnen", vom sportlichen Wettkampf, von der Einzelleistung im Gerätturnen und hin zu einer eher „kulturellen", erzieherischen Jugendarbeit mit vielen außersportlichen Aktivitäten wie Singen, Wandern, Theaterspielen, Gemeinschaftsspielen, Zeltlagern und besonders den „Tieabenden", an denen die eigentliche – ideologische – Erziehungsarbeit zum „Volkstum" (s. o.) stattfinden sollte.

Diese von *Neuendorff* propagierte Idee einer turnerischen Jugendarbeit ging zwar an den sportlichen Interessen der meisten Jugendlichen in der Turnerschaft vorbei und erreichte nie mehr als höchstens 10% (ca. 44 000) der in der Turnerschaft organisierten Jugendlichen; aber sie prägte über weite Strecken das Gesamtbild der Turnerjugend *(Dieckert* 1968, 134 ff.). Spektakuläre Jugendtreffen (1922 in Weimar, 1924 in Marburg, 1926 in Hirschberg; 1929 Wunsiedel) und Jugendführertagungen wurden abgehalten, hinter denen der Alltag der sportlichen Jugendarbeit in den Vereinen verblasste.

Es ging *Neuendorff* aber um weit mehr als nur um die Turnerjugend oder gar um die Turnerschaft. „Unser Ziel ist Volk, unser Weg ist die deutsche Turnerschaft", verkündete er pathetisch beim vierten und letzten Turnerjugendtreffen in Wunsiedel 1929; und sein Ziel war fast erreicht, als er 1930 beim Treffen der Jugendführer in Annweiler feststellen konnte, dass nach seiner Schätzung „90 v.H. aller Mitglieder des Jugendausschusses und der Kreisjugendwarte Nationalsozialisten" waren *(Neuendorff* 1936, 235).

Abb. 24: Edmund Neuendorff, der „Führer" der Deutschen Turnerjugend bei einer Ansprache 1929.

---

[95] Dieses Motto hatte *Neuendorff* seinem Buch „Jugendturnerspiegel" vorangestellt, in dem er die Arbeit und das Selbstverständnis der Turnerjugend darstellte. Berlin 1927a.

[96] *Dieckert* 1968, 66. Die Darstellung der Turnerjugend lehnt sich an *Dieckert* an.

Reformansätze

Der Erste Weltkrieg (1914–1918) bedeutete eine Unterbrechung der Ausdehnung des Turn- und Sportlebens in Quantität und Qualität, die bereits um die Jahrhundertwende begonnen hatte; dies gilt auch für die Reformen, die sich auf dem Gebiet der Erziehung und der schulischen Leibeserziehung angekündigt hatten. Die Zeit der Weimarer Republik (1919–1933) brachte dann einen Höhepunkt für die Turn- und Sportbewegung in Deutschland. Eine bisher nicht gekannte Vielfalt der Bewegungskultur verbreitete sich, die Turner und Sportler vollbrachten hervorragende Leistungen, ebenso die Organisationen von Turnen und Sport. Noch nie nahmen so viel Menschen aktiv und passiv an Turnen und Sport teil wie in den 1920er und 1930er Jahren.

Die organisierte Turn- und Sportbewegung in Deutschland war trotz ihrer Blüte zerrissen: in Turnen und Sport und in bürgerlichen Sport und Arbeitersport. Diese Zerrissenheit war ein Abbild der wachsenden Spannungen in der Gesellschaft der Weimarer Republik insgesamt. Die Zusammenarbeit zwischen der Deutschen Turnerschaft und den im Deutschen Reichsausschuss für Leibesübungen (DRA) zusammengefassten bürgerlichen Sportverbänden war sehr schwierig. Anfangs war auch die DT Mitglied im DRA. 1922 kam es zur „reinlichen Scheidung", 1925 zum (vorübergehenden) Austritt der DT aus dem DRA.

Die Kultur des Arbeitersports erlebte zur Zeit der Weimarer Republik ebenfalls eine große Blüte. Die Organisationen des Arbeitersports grenzten sich entschieden gegen den bürgerlichen Sport ab. Innerhalb des Arbeitersports kam es jedoch zur politisch-ideologischen Spaltung. Der 1919 aus dem Arbeiterturnerbund (1893) hervorgegangene Arbeiterturn- und Sportbund (ATSB) und die Zentralkommission (ZK) für Arbeitersport und Körperpflege stehen für den sozialistischen Arbeitersport, die 1930 gegründete Kampfgemeinschaft Rote Sporteinheit (KG) für den kommunistischen. Die Arbeiterturn- und Sportbewegung war Teil einer sich auf breiter Grundlage entfaltenden Arbeiterkulturbewegung in den Zwanzigerjahren. Arbeitersport und bürgerlicher Sport grenzten sich in organisatorischer und ideeller bzw. ideologischer Hinsicht scharf voneinander ab.

In den Zwanzigerjahren wurde von führenden Sportvertretern wie Carl *Diem* und Hans *Geisow* versucht, eine spezifisch bürgerliche und deutschnationale Sportidee zu formulieren. Einerseits lehnte sich dieses Sportverständnis an die Idee des olympischen Sports an, andererseits wurden als nationale Elemente Kampfgeist, Dienst an der Gemeinschaft, Kraft und Stärke besonders hervorgehoben. Der Sport wurde auch als Mittel angesehen, die im Ersten Weltkrieg verloren gegangenen (Wehr-)Kräfte des Volkes wiederherzustellen. Er war eine Art Ersatz für die allgemeine Wehrpflicht, die als Folge des Versailler Friedensvertrages (1919/20) auf Druck der Siegermächte in Deutschland abgeschafft werden musste.

Durch die Arbeit und die Initiativen der Turn- und Sportorganisationen gelang es, wichtige Reformen im Schulsport und bei der öffentlichen Anerkennung des Sports insgesamt durchzusetzen. 1920 wurde in Berlin die Deutsche Hochschule für Leibesübungen gegründet. Die Situation des Schulsports konnte sich erheblich verbessern. Die Forderung nach der täglichen Sportstunde wurde zwar nicht erfüllt, aber dafür wurden drei Pflichtstunden Sport an allen Schulen eingeführt sowie zusätzlich Spielnachmittage und außerunterrichtliche sportbezogene Aktivitäten wie Wandertage und Schullandheimaufenthalte. Im außerschulischen Bereich wurde die Kinder- und Jugendarbeit in den Turn- und Sportvereinen immer wichtiger.

Die Ideen der „Jugendbewegung" fanden besonders in der Jugend der Deutschen Turnerschaft Anklang. Ihr „Führer" Edmund *Neuendorff* trug aber wesentlich dazu bei, die Turnerjugend im nationalsozialistischen Sinn zu beeinflussen.

Hinweise zur Literatur- und Quellenlage:

Eines der am gründlichsten erforschten Gebiete der deutschen Sportgeschichte ist die Geschichte des Arbeitersports. Teichler (1984, 1985) hat einen Überblick über diese Forschungsarbeiten vorgelegt. Die wichtigsten Arbeiten stammen von Timmermann (1973), Ueberhorst (1973) und Dierker (1990). Interessante regionalhistorische Studien zum Arbeitersport wurden von Schönberger (1995) und Fricke (1995) verfasst. Gounot (2002) konnte in seiner auf Quellen aus russischen Archiven aufbauenden Dissertationen die Rolle und Bedeutung der Sowjetmacht für die internationale Sportbewegung herausarbeiten. Das Interesse am Arbeitersport entstand im Zuge der Hinwendung der allgemeinen Geschichte zur Sozialgeschichte und war auch ein Ergebnis der Kritik an der bürgerlichen Kultur und Gesellschaft in der Bundesrepublik im Rahmen der studentischen Protestbewegung der späten 1960er und frühen 70er Jahre.

Die Arbeitersportgeschichte war auch ein Schwerpunkt der DDR-Sportgeschichte (Eichel 1983; Pahncke 1979a). Die DDR-Sportgeschichte hat den Arbeitersport und seine Geschichte heroisiert, die Rolle des kommunistischen Arbeitersports überbewertet und den sozialdemokratischen und bürgerlichen Sport denunziert.[97]

Die ältere Turn- und Sportgeschichte in Deutschland stellte dagegen die Geschichte der Deutschen Turnerschaft (Neuendorff o. J., Band 4; 1936; Saurbier 1972) und der bürgerlichen Sportorganisationen in den Mittelpunkt (Diem 1971b). Als neuere Arbeit über die Deutsche Turnerschaft, in der auch die älteren Positionen relativiert werden, ist die Darstellung von Peiffer (1976) hervorzuheben, der sich der bis dahin noch nicht gestellten Frage nach der Rolle der Turnerschaft beim Übergang in den Nationalsozialismus angenommen hat.

Neuere Gesamtdarstellung des Sports zur Zeit der Weimarer Republik liegen von Beyer (1982) in dem Sammelband von Ueberhorst und von Eisenberg (1999) vor. Eisenberg stellt die Sportentwicklung in einen weiten zeit- und gesellschaftsgeschichtlichen Rahmen.[98] *Becker (1993) konnte zeigen, dass Sportsymbole in der Weimarer Zeit zu Paradigmen der Moderne wurden und dazu beitru-*

---

[97] Siehe zum Geschichtsverständnis der DDR-Sportgeschichte *Bernett* 1990. Vgl. als Beispiel *Wonneberger* o. J. sowie *Skorning* 1952.

[98] *Eisenberg* stützt sich auf das gesellschaftsgeschichtliche Konzept Hans-Ulrich *Wehlers*, dessen vierter Band der „Deutschen Gesellschaftsgeschichte" (erschienen 2003) die Zeit von 1914 bis 1990 umfasst.

gen, ein neues, modernes, "sportliches" Menschenbild zu entwerfen. Einzelne Aspekte wie die Turn- und Sportfeste einschließlich der Deutschen Kampfspiele und akademischen Olympien, die Geschichte einzelner Sportarten und Sportzweige, die Geschichte des Schulsports, des Hochschulsports und der Sportwissenschaft einschließlich der Deutschen Hochschule für Leibesübungen sind in der Regel in Aufsatzform behandelt worden.[99] *Das Sportverständnis in der Weimarer Republik wurde in einem Artikel von Bernett thematisiert (Bernett 1990c, 163–185, bes. 168-171); der Streit zwischen Turnen und Sport hat seit Loose (1924) und Neuendorff (o. J., Band IV, 473–504) keine spezifische Beachtung mehr gefunden. Wedemeyer-Kolwe (2004) legte eine umfassende Studie zu den verschiedenen Körperkultur-Bewegungen der Weimarer Zeit, die sich nur mit Mühe dem Sport im engeren Sinn zuordnen lassen, aber gleichwohl Ausdruck des Umbruchs und der Vielfalt neuer Formen, Inhalte und Sinngehalte von Körperkultur in dieser Zeit sind.*

In der Fülle der Turn- und Sportliteratur, die in den Zwanziger- und Dreißigerjahren geschrieben wurde, befinden sich auch historische Darstellungen. Neben Gasch (1920), Diem (1923) und Neuendorff (1927b) sind Bogeng (1926) und Mallwitz (1928) zu nennen. Sie sind zugleich wertvolle Quellen zur Sportgeschichte dieser Zeit. Dazu kommen die zahlreichen Sportzeitschriften und Sportfachzeitschriften wie die Deutsche Turn-Zeitung und die Arbeiter-Turnzeitung als wichtigste Quellen, der Stadion-Kalender bzw. die Zeitschrift Stadion als Organ des DRA, die Monatsschrift für das Turnwesen als Organ der Deutschen Turnlehrer (ab 1925 „Die Leibesübungen") oder die Hochschulblätter für Leibesübungen, Festschriften und Festbücher zu Turn- und Sportfesten und zu Jubiläen, Jahrbücher und Merkblätter vieler Fachverbände, die Geschäfts- und Tätigkeitsberichte der Dachorganisationen usw.

Die Zunahme und der Umfang der turn- und sportbezogenen Fachliteratur belegt, welche qualitative und quantitative Ausdehnung Turnen, Spiel und Sport dieser Jahre erfahren haben. Deutlich wird dies allein im umfangreichen literarischen und sportideologischen Werk Carl Diems.[100]

Eine Bewertung des Forschungsstandes zur Geschichte von Leibeserziehung und Sport in der Weimarer Republik muss zu dem Schluss kommen, dass zwar Einzelaspekte vertieft bearbeitet wurden, dass aber nur selten oder gar nicht eine Einordnung des Sportlebens bzw. der gesamten Körper- und Bewegungskultur in die politische und gesellschaftliche Situation der Zeit erfolgt ist. Ansätze solcher Studien stellen die Arbeiten von Müller-Windisch (2000) und Wesp (1998) dar.

---

[99] Siehe die Literatur- und Quellenangaben bei *Beyer* 1982 und *Eisenberg* 1999.
[100] Vgl. *Diems* „Ausgewählte Schriften". Hrsg. vom Carl-Diem-Institut 1982.

7 Turnen und Sport im Nationalsozialismus: „Das Heranzüchten kerngesunder Körper"

Beim Thema Sport und Nationalsozialismus entsteht schnell der Eindruck, als ob die Jahre 1933 bis 1945, von der „Machtergreifung" der Nationalsozialisten in Deutschland bis zur bedingungslosen Kapitulation des „Dritten Reiches" am Ende des Zweiten Weltkriegs, auch für Turnen und Sport eine scharfe Abgrenzung bedeuteten; dass also Turnen und Sport in Inhalt, Form und Idee vor dem Jahr 1933 etwas völlig anderes gewesen seien als danach – dasselbe gilt für das Jahr 1945.

Das Jahr 1933 hatte zweifellos einen Einschnitt in das öffentliche und somit auch sportliche Leben in Deutschland gebracht. Aber es gab auch viele Verbindungslinien aus der Zeit der Weimarer Republik und des Deutschen Kaiserreichs, die es erst verständlich machen, warum die Bewegungskultur im „Dritten Reich" sich schließlich doch entscheidend veränderte.

Letztlich kam es zwischen 1933 und 1945 zu einer Umkehrung des bisherigen Sinnes von Bewegung, Turnen, Spiel und Sport. Diese Zusammenhänge zwischen den alten Turn- und Sportkonzepten auf der einen und dem politischen Programm der Nationalsozialisten auf der anderen Seite sollen im folgenden Kapitel dargestellt werden. Weitere Fragen schließen sich an: Wie erfolgte der „Zugriff" der Nationalsozialisten auf Turnen und Sport? Wie äußerte sich schließlich der „Missbrauch"? Ein anschauliches Beispiel sind die Olympischen Spiele 1936 in Berlin. Was hatte es mit diesen Spielen auf sich? Warum scheiterte die Boykottbewegung gegen Berlin? Und schließlich: Gab es überhaupt ein spezifisches Konzept nationalsozialistischer Körpererziehung?

Abb. 25: „Faustkämpfer" mit Schwimmerin. Die 3,75 m hohe Bronzeplastik, von Josef Thorak 1935 fertig gestellt, wurde auf dem Reichssportfeld in Berlin aufgestellt. Das Foto stammt aus dem Jahr 1937.

7.1 Kontinuität oder Bruch mit der Vergangenheit?

Wie leicht den Nationalsozialisten 1933 die Macht in Deutschland zufiel, wird aus einem Beispiel deutlich, das mit dem Sport auf den ersten Blick wenig zu tun hat: die Universitäten und die Deutsche Studentenschaft. Sie standen in der Mehrheit dem Weimarer Staat misstrauisch, sogar feindlich und mit akademischer Verachtung gegenüber. Die Republik von Weimar war für sie ein Übel, ein ungeliebter Staat: „Dieser Staat ist undeutsch von der Wurzel bis zum Wipfel", hatte der deutsche Philosoph Max *Wundt* geschrieben, durchaus repräsentativ für den „Geist" der Universitäten in der Republik von Weimar.[101]

Bei den Studenten war die Abneigung gegen die „Novemberrepublik" besonders verbreitet. Die Nationalsozialisten errangen am Ende der Zwanziger Jahre bei den Studentenschaftswahlen in vielen Universitäten die Mehrheit, zum Wintersemester 1930/31 in Erlangen 76% und in Breslau 70,9%; andere Universitäten zogen nach. Gewalttätigkeiten gegen jüdische und/oder andersdenkende Studenten und Professoren häuften sich. In der Deutschen Studentenschaft, die 1920 auch die Einführung der Sportpflicht für alle Studierenden gefordert hatte, wurde die „Machtergreifung" schon 1931 beim Studententag vorweggenommen: Die Nationalsozialisten waren in der Mehrheit. Ein Jahr später und ein Jahr vor der „nationalen Erhebung" galt in der Studentenschaft bereits das „Führerprinzip".

Ein großer Schritt auf dem Weg zur endgültigen „Gleichschaltung" ab 1933 war getan, ohne Zwang, aus eigenem Antrieb. Kurt *Sontheimer* analysierte die Gründe für diesen nahtlosen Übergang der deutschen Universitäten in den Nationalsozialismus: „Die deutschen Universitäten fielen dem Nationalsozialismus relativ leicht anheim, weil ihre unkritische, bloß patriotisch nationale Gesinnung alles legitimierte, was mit dem entschiedenen Anspruch, das Weimarer Parteiensystem zu zerstören und Deutschland wieder zu innerer und äußerer Stärke emporzuführen, auftrat. Die Institution, die sich der nüchternen und vorurteilslosen Wahrheitsforschung verschrieben hatte, wurde das Opfer ihrer antidemokratischen Vorurteile".[102]

Die Universitäten waren zwar nur ein kleiner Teil der Gesellschaft. Professoren und Dozenten prägten jedoch die öffentliche Meinung und unterrichteten Studierenden, die in nächster Zukunft selbst als Lehrer, Richter, Ärzte, hohe Verwaltungsbeamte usw. in Schlüsselpositionen der Gesellschaft kamen. Die Stimmung an den Universitäten gegen die verhasste Republik von Weimar war typisch für die Situation in ganz Deutschland.

---

[101] Zit. nach von *Krockow* 1990, 142. *Wundt* hatte diesen Satz in seinem 1922 veröffentlichten Buch „Vom Geist unserer Zeit" geschrieben. Zu den historisch-politischen Fragen der nationalsozialistischen Zeit, z. T. auch mit Bezug zum Sport vgl. *Hildebrand* 1991; *Burleigh* 2000 und *Krockow* 2001.

[102] Kurt *Sontheimer* ist u.a. durch eine Untersuchung der politischen Festreden auf Universitätsveranstaltungen in der Weimarer Zeit zu diesem Ergebnis gekommen. Sie sind charakteristische „Dokumente deutschnationaler, antiweimaristischer Staatsgesinnung und in vieler Hinsicht repräsentativ für den Geist der Universitäten". Nach von *Krockow* 1990, 143, 147.

Auch die – bürgerlichen – Turner und Sportler pflegten eine „patriotisch nationale Gesinnung"; auch sie wollten Deutschland wieder zu „innerer und äußerer Stärke" emporführen. Sie waren, wie weite bürgerliche Kreise in Deutschland, mit dem Weimarer Staat unzufrieden, obwohl die Turn- und Sportorganisationen diesem Staat vieles zu verdanken hatten: eine ungehinderte, freie und reiche Entfaltung, ein buntes Turn- und Sportleben, steuerliche Vergünstigungen, drei Sportstunden an den Schulen, viele neue, moderne Sportstätten usw. Aber sie erhofften sich von einem anderen Staat ein wiedererstarktes Deutschland, in dem Turnen und Sport eine noch größere Rolle spielen sollten, als sie es in der Weimarer Republik schon taten. Dabei ging es ihnen auch um die Anerkennung des „ungeistigen" Sports in einer immer noch körperfeindlichen und elitären Kultur in Deutschland, um die Anerkennung der Leistungen von Turnen und Sport für die Gesundheit des Einzelnen und des Volkes und um einen besseren Platz für die Leibeserziehung in den deutschen Stillsitz- und Paukschulen. Um diese Ziele zu erreichen, scheute man kein Argument und schreckte vor allem vor Anbiederungen gegenüber den Mächtigen nicht zurück. Die Turner und Leibeserzieher hatten seit der Reichsgründung (1871) unablässig um einen „Platz an der Sonne" der guten wilhelminischen Gesellschaft gebuhlt.

Wenn schon Professoren und Studenten den nationalsozialistischen Verführern auf den Leim gingen, obwohl diese für die „bemoosten Häupter" und „Studiosi" (so *Hitler* über Professoren und Studenten) nur Hohn und Spott übrig hatten und überall anti-intellektualistische Parolen verbreiteten, wie viel weniger konnte man von Turnern und Sportlern, von Turnlehrern und Leibeserziehern Vorbehalte oder gar Widerstand gegenüber den Nationalsozialisten erwarten?

Hitler hatte in seinem Buch „Mein Kampf" Erziehungsgrundsätze formuliert, die auf den ersten Blick durchaus den Vorstellungen und Wünschen der Turn- und Sportlehrer entsprachen, aber nicht im Kern. Die beiden wichtigsten Erziehungsziele, um die es *Hitler* in diesem millionenfach verbreiteten (aber nur selten gründlich gelesenen) Buch immer wieder ging, waren „Gehorsam und Opferbereitschaft", wie von *Krockow* (2001, 87) herausstellt; sie sind „Voraussetzungen für das was wirklich wichtig ist: Herrschaft und Unterwerfung." Um sie zu erreichen, wurden auch Leibesübungen, Spiel und Sport in Dienst genommen. Im „völkischen Staat", hieß es bei *Hitler,* werde sich die „Erziehungsarbeit" nicht „auf das Einpumpen bloßen Wissens" beschränken, sondern wichtiger sei das „Heranzüchten kerngesunder Körper". Und weiter: ein „körperlich gesunder Mensch mit gutem, festem Charakter, erfüllt von Entschlussfreudigkeit und Willenskraft", sei für die „Volksgemeinschaft wertvoller ... als ein geistreicher Schwächling". In der Schule müsse viel mehr Wert auf die „körperliche Ertüchtigung" gelegt werde: „Es dürfte kein Tag vergehen, an dem der junge Mensch nicht mindestens vormittags und abends je eine Stunde lang körperlich geschult wird, und zwar in jeder Art von Sport und Turnen" (in *Bernett* 1966, 20–24).

Selbst wenn sie die Formulierung über das „Heranzüchten kerngesunder Körper" gestört haben mag, aber viele Turn- und Sportlehrer konnten solchen Ansichten und Forderungen zustimmen. Schließlich hatten sie sich immer für eine Aufwertung des Körperlichen in der Erziehung und im Kulturleben eingesetzt. Schließlich waren die Turner schon immer ausgesprochen national eingestellt gewesen und hatten sich stets für ein auch körperlich erstarktes deutsches

Volk eingesetzt; und auch der Sport in Deutschland war durch die „Germanisierung" oder Nationalisierung der Sportidee „ideologisch" auf den neuen nationalsozialistischen Staat vorbereitet. Leibesübungen, Turnen und Sport wurden als Mittel angesehen, die Schwäche und Erniedrigung Deutschlands nach dem Ersten Weltkrieg zu überwinden.

In diesem Zusammenhang kann auch an den Vortrag des Philosophen und Pädagogen Eduard *Spranger* erinnert werden, den er 1928 vor Turnlehrern gehalten hatte. Spranger, der gewiss nicht im Verdacht steht, ein Nationalsozialist zu sein oder dem Nationalsozialismus Vorschub geleistet zu haben, hatte damals von der allgemeinen „Kulturerkrankung" gesprochen, die Deutschland erfasst habe, und die durch Leibesübungen, Turnen und Sport geheilt werden könne. Turnen und Sport, erklärte er, seien Ausdruck eines „Selbstheilungsvorganges" der „Kulturmenschheit" – damit war vor allem Deutschland gemeint –, die Angst habe, „über der Geistigkeit und Nervenkultur die Basis des physischen Daseins zu verlieren".[103]

Vieles deutete daraufhin, dass der in Vereinen und Verbänden organisierte Sport und die professionellen Turn- und Sportlehrer der neuen nationalsozialistischen Bewegung eher wohlwollend gegenüberstanden. Tatsächlich war es so, dass einige bürgerliche Turn- und Sportführer und Funktionäre den Nationalsozialisten in die Hände arbeiteten. Entweder teilten sie, wie anfangs *Neuendorff,* die politische Überzeugung der Nationalsozialisten, oder sie erhofften sich, wie *Diem,* von den neuen Machthabern eine Aufwertung des Sports und wohl auch ihrer eigenen Person.

Dieses scheinbar nur individuelle Verhalten oder Fehlverhalten einiger Persönlichkeiten gegenüber den Mächtigen in Staat und Gesellschaft hatte in der deutschen Turn- und Sportbewegung eine gewisse Tradition. Die einst revolutionären Turner hatten sich schon nach der Reichsgründung von ihren früheren Idealen abgewandt oder sie sogar verraten und sich in der Hoffnung auf mehr Anerkennung und Einfluss dem wilhelminischen Staat und den herrschenden Eliten angebiedert. Dieses Muster wiederholte sich, als die neuen braunen Herren ans Ruder kamen, die sich auch als eine Art Elite verstanden, die nun aber nicht auf „blauem Blut", sondern auf der „nordischen Rasse" beruhte.[104] Nicht nur die Turner um *Neuendorff* beteuerten ihnen sofort nach der Machtergreifung ihre Sympathie und politische Zuverlässigkeit; auch führende Sportvertreter wie Felix *Linnemann,* Führer des Deutschen Fußball-Bundes (ab 1925) und ab 1934 Leiter des neu geschaffenen „Fachamtes" Fußball im Deutschen Reichsbund für Leibesübungen (DRL), und Heinrich *Pauli,* zunächst Führer des Deutschen Ruderverbandes und ab 1934 Leiter des Fachamtes Rudern im DRL. *Diem* kritisierte später dieses opportunistische Anbiedern einiger Turn- und Sportvertreter als „charakterlos wie ein Sportführer" und beklagte, dass sich „die maßgeblichen Leute den Nationalsozialisten an den Hals geworfen haben".[105]

---

[103] Eduard *Spranger* in seinem Vortrag „Die Persönlichkeit des Turnlehrers" (1928). In: Klöhn 1966, 96–102, hier 96.
[104] Siehe zu dieser Traditionslinie die „Studien über die Deutschen" von *Elias* (1990).
[105] In einem Brief an Erich *Harte* vom 9. 2. 1955. Zit. nach Bernett 1983b, 13.

Sicher war der deutsche Sport nicht nur ein „Opfer" der Nationalsozialisten oder selbstherrlicher Turnführer, wie es etwa Guido von *Mengden* oder Joseph *Göhler* nach 1945 hinstellen wollten;[106] Turnen und Sport haben ihren eigenen, keineswegs geringen Anteil an der Machtentfaltung des nationalsozialistischen Regimes geleistet. Ihre Organisationen haben sich vielfach freiwillig und ohne Not den Nationalsozialisten geöffnet. Turnen und Sport waren bereit für den „freiwilligen Vormarsch ins Dritte Reich".[107]

Aber das trifft nicht auf alle zu: Die Arbeiterturn- und Sportorganisationen wurden sofort verboten, die jüdischen Sportorganisationen isoliert, diskriminiert und dann aufgelöst, die kommunistischen Rot-Sportler schon im Frühjahr 1933 brutal verfolgt; die konfessionellen Verbände DJK und Eichenkreuz sahen sich erheblichen Repressalien ausgesetzt und wurden aufgelöst bzw. gleichgeschaltet.

Ein Beispiel dafür ist die Stadt Münster in Westfalen, eine Hochburg der Katholischen Sportbewegung DJK. In Münster gehörten Ende der 1920er Jahre fast ein Drittel (31%) aller männlichen Turn- und Sportvereinsmitglieder einem DJK-Verein an *(Langenfeld/Prange* 2002, 222). Das 1924 errichtete DJK-Stadion mit Freibad war lange Zeit die modernste Sportanlage Münsters und beherbergte seit 1927 die „Reichslehrstätte der DJK", in der die zentralen Ausbildungskurse für die Lehrkräfte in den DJK-Vereinen durchgeführt wurden *(Langenfeld/Prange* 2002, 249). Nach der „Machtergreifung" musste diese Anlage jedoch aufgegeben und dem Reichsfiskus übertragen werden. Die Wehrmacht nutzte sie als „Standortsportanlage". Trotzdem fühlten sich die DJK-Sportler im Schoß der Kirche noch lange sicher. Nach und nach wurden jedoch durch allerlei Schikanen von Seiten der Partei- und Staatsstellen die sportliche Betätigung der DJK-Vereine stark eingeschränkt; z. B. wurden keine DJK-Vereine mehr zu den Spielserien zugelassen. Nach der Ermordung des Reichsführers der DJK, Albert *Probst,* im Jahr 1934 wurden die DJK-Vereine vor die Wahl gestellt, entweder ihre Vereine aufzulösen oder sich von der Kirche zu trennen und sich in den „Reichsbund für Leibesübungen" (DRL, ab 1935) einzugliedern *(Langenfeld/Prange* 2002, 283).

Ähnlich erging es den seit 1923 im „Eichenkreuz" zusammengeschlossenen „evangelischen Jungmännerbünden Deutschlands". Das Eichenkreuz war somit der „Verband für Leibesübungen" des „christlichen Vereins junger Männer" (CVJM), der Jugendorganisation der evangelischen Kirchen im Deutschen Reich. Wie die DJK in Münster, bauten die Eichenkreuzler 1928 in Kassel eine zentrale „Eichenkreuz-Turnhalle", in der Lehrgänge und Schulungen durchgeführt wurden. Die Eichenkreuzler organisierten eigene Turn- und Sportfeste und gaben eine Turnzeitung heraus. Dieser blühende Verband, dem Anfang der 1930er Jahre mehr als 700 000 Mitglieder angehörten, löste sich 1933 praktisch selbst auf. Am 19. Dezember 1933 unterschrieb Reichsbischof *Müller* einen „Ein-

---

[106] Zur Debatte um Guido von *Mengden,* den „Stabsleiter des NSRL" vgl. *Bernett* 1989. Die Haltung der Turner versuchte nach dem Krieg auch *Göhler* zu erklären und zu verteidigen. Vgl. *Göhler* 1973, 335; und die Antwort von *Bernett* in: Deutsches Turnen 21 (1973), 453.

[107] So der Titel von *Bernett* zum Deutschen Turnfest 1933 in Stuttgart. *Bernett* 1983a, 433–445.

gliederungsvertrag", nach dem die Eichenkreuzvereine der Hitlerjugend unterstellt werden sollten. Im März 1934 erschien die letzte Ausgabe der Eichenkreuzzeitschrift.[108]

7.2 Die Selbstgleichschaltung der Deutschen Turnerschaft

Was geschah mit dem so genannten bürgerlichen Sport? Auch der DRA als Dachverband des bürgerlichen Sports wurde aufgelöst; aber seine Auflösung erfolgte mehr oder weniger auf Vorschlag des DRA und seines Vorstandes selbst, der sich in einem Telegramm an *Hitler* zum „gewaltigen Strom nationaler Erneuerung" bekannte (*Bernett* 1990d, 65). Der DRA und der bürgerliche Sport insgesamt waren uneinig und gespalten in Turnen und Sport und in die jeweiligen konkurrierenden Verbände. Jeder erhoffte sich Vorteile von einer raschen und untertänig-freiwilligen Anpassung an die Vorstellungen der Nationalsozialisten.

Die Deutsche Turnerschaft und ihr neuer „Führer" *Neuendorff* taten sich besonders hervor; sie wollten die ersten sein, die sich der „nationalen Erhebung" zur Verfügung stellten.[109] Schon am 8./9. April 1933 beschlossen sie auf ihrer Hauptausschusssitzung die Umarbeitung der Satzung der DT im nationalsozialistischen Sinn. Dies bedeutete die Einführung des „Führerprinzips" und des Wehrturnens in den Vereinen. Wehrhaftigkeit sollte in Zukunft oberstes Ziel turnerischer Arbeit sein. Außerdem wurde der Ausschluss jüdischer und marxistischer Turner aus den Vereinen verfügt. *Neuendorff* verkündete, dass bis zum Deutschen Turnfest im Sommer des Jahres 1933 die „Vollarisierung" der Turnerschaft durchzuführen sei. Die Turnvereine waren zu all dem nicht gefragt worden. Sie hatten sich ab sofort den Weisungen der von *Neuendorff* eingesetzten Kreisführer zu unterwerfen. Am 16. Mai 1933 schickte er dem „Führer und Reichskanzler" ein Schreiben, in dem er ihm versicherte, „dass die Deutsche Turnerschaft sich unter Ihrer Führung Seite an Seite neben SA und Stahlhelm stellt, und dass sie unter Ihrer Führung Schulter an Schulter mit SA und Stahlhelm den Vormarsch ins Dritte Reich antritt".[110]

Hitler und seine „braune Terrorarmee", wie der Historiker und Publizist Joachim *Fest* (1963, 194) die Schlägertruppen aus der SA, der „Sturmabteilung" der NSDAP nannte, konnten und wollten mit den Turnern nichts anfangen. Sie lehnten das Angebot der DT ab; aber *Neuendorff* und die Deutsche Turnerschaft hatten ein Beispiel für die Art der „Selbstgleichschaltung" von Turnen und Sport geliefert, das Schule machte.

---

[108] Siehe die Darstellung bei R. *Müller* 2002, bes. 117–144.
[109] Das folgende nach *Bernett* 1990d, 65–67. *Bernett* zeigt am Beispiel des Turnkreises Mittelrhein anschaulich, wie die Vereine mit den Beschlüssen des DT-Hauptausschusses konfrontiert wurden.
[110] Zum Verhalten der DT und *Neuendorffs* im Einzelnen *Bernett* 1983b sowie der Jahrgang 1933 der Deutschen Turn-Zeitung, hier S. 429.

Wie ist es zu erklären, dass die Turner und die Deutsche Turnerschaft, die in der Vergangenheit so viel auf ihr liberales und demokratisches Vereinsleben gegeben hatten, diese alten Grundsätze so schnell und mehr oder weniger freiwillig preisgaben? Sicherlich, national, deutsch und volkstümlich waren sie immer gewesen, aber eben nicht „völkisch" und „nationalsozialistisch". Dasselbe trifft auf die Mehrzahl der Sportler und ihre Verbände zu, die Fußballer, Schwimmer, Ruderer, Leichtathleten und Radfahrer, die der Turnerschaft an Unterwürfigkeit und Liebedienerei gegenüber den Nationalsozialisten nicht viel nachstanden *(Bernett* 1981, 225–283; 1983a, 10–14; 1987, 259).

Viel mag dabei an *Neuendorff* selbst gelegen haben, der den NS-Strategen die Arbeit abnahm und die Basis der Turner und Turnvereine auch überrumpelte. Ein anderer Grund war das große 15. Deutsche Turnfest, das im Juli 1933 in Stuttgart stattfinden sollte. Wie immer war viel Arbeit, Zeit und Geld in dieses große und, wie sich später herausstellen sollte, letzte von der DT organisierte Fest investiert worden. Die Planungen und Vorarbeiten waren längst abgeschlossen, und das Turnfest sollte durch die politischen Ereignisse nicht in Frage gestellt werden. Diese Gefahr war besonders der ausrichtenden Schwäbischen Turnerschaft bewusst. Also scheute man sich vor Kniefällen gegenüber den neuen Machthabern in Deutschland nicht.

Hitler wurde zum Turnfest eingeladen, und tatsächlich sprach zum ersten Mal in der Geschichte ein Reichskanzler auf einem Deutschen Turnfest. Er ließ sich den Auftritt vor der großen Masse der Turnerinnen und Turner nicht nehmen und hielt eine Rede, in der er sich zu *Jahn,* dem deutschen Volkstum und dem deutschen Turnen bekannte. Zum ersten Mal mag *Hitler* bei diesem Turnfest auch erfahren haben, welche propagandistischen Möglichkeiten ein großes, massenhaftes Sportfest mit Tausenden von begeisterten und meist jungen Teilnehmern und Zuschauern bieten konnte. Bei den Olympischen Spielen 1936 wurde das „Propagandainstrument" Sport bereits perfekt von den Nationalsozialisten beherrscht.[111]

Nach Stuttgart war, so schien es, dass Turnen und Sport im Dritten Reich auf die Unterstützung der Nationalsozialisten rechnen konnten. Und was die anderen, für die meisten sicherlich unangenehmen Punkte der Anpassung an die nationalsozialistischen Prinzipien wie Ausschluss der Sozialisten und Marxisten, „Arierparagraph" und Ausschluss der Juden sowie die Einführung des „Führerprinzips" betraf, konnte man das nicht angesichts der ungewöhnlichen Aufwertung des Sports in Kauf nehmen?! So dachten jedenfalls viele Turner und Sportler im „bürgerlichen" Lager. Sozialdemokraten und Marxisten wurden in den Turnvereinen seit *Bismarck* ohnehin als „vaterlandslose Gesellen" beschimpft; auf sie glaubte man in den bürgerlichen Turn- und Sportvereinen jetzt verzichten zu können; und wenn die lästige Konkurrenz der Arbeiterturn- und Sportvereine ausgeschaltet wurde, war das den Funktionären des bürgerlichen Sports auch nicht gerade unrecht.

---

[111] Zur Bedeutung des Deutschen Turnfestes 1933 in Stuttgart vgl. *M. Krüger* 1989c sowie *Bernett* 1983a.

Rassismus und Antisemitismus kannte man allerdings bis 1933 in den Turn- und Sportvereinen in Deutschland nicht. Seit jeher gab es in ihnen viele Juden. Die Deutsche Turnerschaft hatte sich 1889 sogar ausdrücklich von dem antisemitischen österreichischen „Deutschen Turnerbund" getrennt. Aber nun sprach *Hitler* auf dem Stuttgarter Turnfest ebenso wie der Reichssportführer *von Tschammer und Osten* vom *Jahn*schen „Volkstum"; *Hitler* legte in Stuttgart sogar eine Gedenkminute für *Jahn* ein, und beide benutzten diesen Begriff in ihrem rassistischen und antisemitischen Sinn. Sie vermittelten den Eindruck, als ob der „Turnvater" *Jahn* schon immer die „arische Rasse" gemeint habe, wenn er vom deutschen Volkstum gesprochen hatte; und Juden waren mit dieser NS-Interpretation des *Jahn*schen Volkstumsgedankens nicht vereinbar.[112] Viele national und nationalsozialistisch gesinnte Vereinsmitglieder distanzierten sich nun plötzlich von den jüdischen Mitgliedern, mit denen sie über viele Jahre zusammen geturnt und Sport getrieben hatten. Für viele mag dies in einzelnen Fällen unangenehm gewesen sein, sie glaubten nun aber in alter *Jahn*scher Tradition zu handeln.

Dasselbe galt im Prinzip im Hinblick auf die „Demokratie" im Verein: Sie erschien vielen im Verein nicht mehr so wichtig, als dass man sie nicht einem erhofften Bedeutungs- und Machtzuwachs in der neu zu ordnenden Sportlandschaft im neuen Dritten Reich hätte opfern können. In dieser Weise argumentierte *Neuendorff,* als es um die konkrete Durchführung des „Arierparagraphen" in den Vereinen ging, gegenüber der Berliner Turnerschaft, die sich nicht von ihren verdienten jüdischen Mitgliedern, besonders Turn-Olympiasieger Alfred *Flatow,* trennen wollte.[113]

Wenn die Vereinsvorsitzenden nun „Führer" genannt werden sollten, was würde sich denn damit im Alltag groß ändern? Waren nicht die meisten Vereine froh, wenn sie jemanden gefunden hatten, der sich für solche „Führungsämter" zur Verfügung stellte – die Personen selber blieben ohnehin häufig dieselben.

Weil sich vieles so ähnlich anhörte, sah es aus, als ob der nationalsozialistische Sport nichts als die logische und zeitgemäße Fortsetzung von Turnen und Sport des Kaiserreichs und der Weimarer Republik sei. Sie fielen, wie *Neuendorff* meinte, „dem Führer" regelrecht als „reife Frucht" in den Schoß *(Bernett* 1981, 272). Er sprach deshalb auch vom Nationalsozialismus als der „Zeit der Erfüllung", die nun für die Leibesübung in Deutschland angebrochen sei *(Neuendorff* 1936). Die bisherige Entwicklung der deutschen Leibesübungen schien folgerichtig in der nationalsozialistischen Leibeserziehung aufzugehen: Die Tradition des Wehrturnens und Wehrsports, der Nationalismus und Chauvinismus der bürgerlichen Turner und Sportler, die Formel vom „Sport als Kampf", die Kraft- und Härtemetaphern, die sich auf biologische und rassische „Argumente"

---

[112] Den Zusammenhang von *Jahn*schem Volkstumsgedanken und nationalsozialistischer Rasse-Ideologie hat *Bernett* 1988, 167–192, hier 183 aufgezeigt. Vgl. auch den Roman von Peter *Hacks: Ascher* gegen *Jahn.* Berlin 1992 (3 Bände), in dem die anscheinend antisemitische Haltung des Turnvaters dargestellt wird.
[113] Vgl. die Beiträge über die Cousins *Flatow* von *Bernett* und *Steins,* in: Sozial- und Zeitgeschichte des Sports 1 (1987), 94–111.

stützende besondere Körperthematisierung der deutschen Gymnastikbewegung (*Bernett* 1978), das Führer- und Gefolgschaftsdenken in einigen Jugendorganisationen, die Faszination der Massen im und am Sport, die von Turnern und Sportlern immer wieder formulierte antirationalistische und antiintellektuelle Zeit- und Kulturkritik, die in der Nachfolge *Nietzsches* die Gegenwart als eine am Geist erkrankte Zeit bezeichnete. Der Sport versprach Heilung. *Neuendorff* hatte das „neue Lebensgefühl" der Wandervögel, der Turner und Sportler, der Jugendbewegten direkt auf *Nietzsches* Philosophie des vitalen Übermenschen und seine Kritik am Bildungsbürgertum zurückgeführt.[114]

Es handelt sich hier nicht nur um „harte" historische Fakten, an denen das Verhältnis von Turnen und Sport zum Nationalsozialismus zu messen wäre. Aber alle diese Punkte geben ein Stück weit die Atmosphäre wieder, die es möglich machte, dass der Übergang in den Nationalsozialismus eher als Kontinuität denn als Bruch mit der Vergangenheit empfunden wurde.

In Wirklichkeit wurde damit jedoch der Sinn von Turnen und Sport in sein Gegenteil gewendet, ohne dass es den Zeitgenossen ausreichend bewusst geworden wäre. Die Nationalsozialisten bekamen plötzlich das „Image", dass sie besonders „sportfreundlich" eingestellt seien. Aber das war keineswegs der Fall; zumindest meinten sie mit Sport nicht dasselbe wie die Turner und Sportler, die sich entweder in ihren Vereinen frei und selbstverantwortlich bei Spiel und Sport treffen oder im Sinne Pierre *de Coubertins* 1936 in Berlin ein sportlich-olympisches Friedensfest feiern wollten. Die führenden Nationalsozialisten von *Hitler* über *Göring* bis zu *Goebbels* hatten nie irgendeinen Sport getrieben; sie waren völlig unsportlich und hatten keine Beziehung zum Turn- und Sportvereinsleben. Die Bezeichnung SA als „Turn- und Sportabteilung", die 1920 bei der Gründung benutzt wurde, war zum einen Tarnung, um der drohenden Auflösung dieser paramilitärischen Partei-Truppe zu entgehen; schon 1921 wurde SA in „Sturmabteilung" umbenannt. Zum anderen verweist die Bezeichnung auf die große Bedeutung, die wehrsportliche, aggressive und kampfbetonte Aktivitäten in der SA und in der ganzen NSDAP, während der „Kampfzeit" und darüber hinaus, gespielt haben.

Das individuelle Leistungsstreben, das für den Sport und den sportlichen Wettkampf eine zentrale Bedeutung hatte, war mit der NS-Ideologie unvereinbar. Völlig abgelehnt wurde der Internationalismus des Sports. Die NS-Presse hetzte vor 1933, im Vorfeld der Olympischen Spiele von Berlin 1936, gegen die Spiele und gegen die Organisatoren *Diem* und *Lewald,* den Generalsekretär und den Präsidenten des Organisationskomitees. Erst als die Nationalsozialisten an der Macht waren und erkannten, dass die Spiele ein geeignetes Mittel sein könnten, das Prestige des NS-Regimes in der Welt zu erhöhen, förderten sie mit allen Mitteln diese ersten Olympischen Spiele auf deutschem Boden.[115]

---

[114] Vgl. *Bernett* 1988, 178/79. Auch Alfred *Baeumler,* der maßgeblichste Erziehungstheoretiker des Nationalsozialismus, knüpfte an diesem *Nietzsche*-Bild an.
[115] Vgl. insgesamt *Joch* 1982; *Bernett* 1971, 1983a.

Die Olympischen Spiele von 1936 in Berlin 139

Abb. 26: *Beginn der Eröffnungsfeier der Olympischen Spiele in Berlin (1. August 1936). Vorne rechts neben Hitler Theodor Lewald, links Graf Baillet-Latour; hinter ihm ist Carl Diem zu erkennen.*

7.3 Die Olympischen Spiele von 1936 in Berlin

Kein anderes sportliches Ereignis hat jemals eindrucksvoller vor Augen geführt, wie nahe Licht und Schatten im Sport und besonders im olympischen Sport beieinander liegen können, als es die Olympischen Spiele von 1936 in Berlin getan haben. Das Wort Pierre *de Coubertins*, dass sich der athletische Sport dazu verwenden ließe, „den Frieden zu festigen wie Krieg vorzubereiten", (s. o.) drängt sich auf; denn die Historiker sind sich heute darin einig, dass die glanzvollen Olympischen Spiele von 1936 der ganzen Welt ein falsches und trügerisches Bild eines olympischen Friedensfestes vorgemacht haben. Die Spiele haben den Eindruck erweckt, als ob das nationalsozialistische Deutschland in Frieden mit den anderen Völkern und Nationen leben und Sport treiben wollte. In Wirklichkeit haben die Spiele die kriegerischen Absichten Deutschlands vor der Welt verschleiert; die nationalsozialistischen Machthaber nutzten die Spiele, um für den großen Krieg zu rüsten, bei dem Deutschland zum zweiten Mal im 20. Jahrhundert versuchen wollte, nach der Weltherrschaft zu greifen.

Die Olympischen Spiele von 1936 sind ein Musterbeispiel für die Inanspruchnahme des Sports durch die Mächtigen; sie sind auch ein Musterbeispiel für die

Vieldeutigkeit des Sports, und sie sind ein Musterbeispiel für den symbolischen Gehalt sportlicher Aktionen, Formen, Rituale. In diesen Spielen kam alles zusammen, was der Weltsport damals in seiner ersten großen Blüte zu bieten hatte: die Fülle der Sportarten und Disziplinen, die sich inzwischen fast in allen zivilisierten Ländern der Erde in Verbänden organisiert hatten, herausragende sportliche Leistungen von Männern und Frauen, die olympische Bewegung als anerkannter Mittelpunkt des Weltsports, die Spiele als weltweites Medienereignis, und nicht zuletzt auch das Ethos des völkerverbindenden und friedenstiftenden Sports bei Olympischen Spielen.

Aber dieser Höhepunkt der sportlichen Bewegungskultur war zugleich der Beginn ihres tiefen Falls; denn am Ende hatte sich herausgestellt, dass der Sport sich zum Spielball der Nationalsozialisten und ihrer menschenverachtenden Politik hatte machen lassen und dass es auch der großen und pathetisch verkündeten Olympischen Idee nicht gelungen war, den Sport vor diesem Fall zu bewahren.

7.3.1 Vorgeschichte und Planung

Wie kam es zu den Olympischen Spielen von 1936 in Berlin? Wir erinnern uns, dass *Diem* und seine olympischen Freunde in Deutschland, insbesondere *Lewald* und Ritter von *Halt,* der Präsident des Deutschen Leichtathletik-Verbandes und seit 1929 auch IOC-Mitglied, ihren Traum von Olympischen Spielen in Deutschland nach dem kriegsbedingten Ausfall der Spiele von 1916 nicht aufgaben. Sie wollten diese Spiele sobald wie möglich in Deutschland nachholen.

Die Rückkehr Deutschlands in die olympische Familie vollzog sich in Etappen. An den beiden ersten Olympischen Spielen nach dem Ersten Weltkrieg, 1920 in Antwerpen, wo der Ruhm des finnischen Langstreckenläufers Paavo *Nurmi* begründet wurde, und 1924 in Paris, den letzten Spielen unter der Präsidentschaft *Coubertins*, durften noch keine deutschen Sportlerinnen und Sportler teilnehmen. Aber dann war der Weg für Deutschland nach Olympia wieder frei. Im selben Jahr 1924 wurden mit Theodor *Lewald* und Oskar *Ruperti,* dem Präsidenten des Ruderverbandes, wieder zwei deutsche Vertreter in das IOC berufen. Bei den Olympischen Spielen in Amsterdam 1928 ging wieder eine deutsche Mannschaft an den Start.

Die deutschen Olympier schafften es, 1930 eine Tagung des IOC und den anschließenden Olympischen Kongress in Berlin zu einem glanzvollen, beeindruckenden Erlebnis für alle Delegierten werden zu lassen – *Diems* Studentinnen und Studenten von der Deutschen Hochschule für Leibesübungen hatten eine überzeugende Vorführung gegeben, und *Diem* selbst bewies bei der Durchführung des Kongresses sein großes Organisationstalent. Ein Jahr später fiel dann in Barcelona eine klare Entscheidung für Berlin als Austragungsort der Olympischen Spiele 1936.[116]

Diem und seine Mitarbeiter gingen an die Arbeit. Am 24. Januar 1933, eine Woche vor dem Tag, den die Nationalsozialisten später zum Tag ihrer „Machter-

---

[116] A. *Krüger* 1982, 1035. Das Folgende orientiert sich an A. *Krüger* 1982; *Bernett* 1966, 1971; *Teichler* 1991 und *Eisenberg* 1999, 409 ff.

greifung" deklarierten, wurde das Organisationskomitee für die Olympischen Spiele in Berlin mit *Lewald* als Präsidenten und *Diem* als Generalsekretär offiziell gegründet und auch in das Vereinsregister eingetragen. Dies geschah zu diesem Zeitpunkt auch deshalb, weil die deutschen Olympiaverantwortlichen der zu erwartenden neuen politischen Führung mit einer festen Organisationsstruktur gegenübertreten wollten.

Die politische Entwicklung, die Wahlsiege der Nationalsozialisten im Jahr 1932 und schließlich Ende Januar 1933 die „Machtergreifung" drohten jedoch wieder alles zunichte zu machen. Denn es war klar, dass die Internationalen Olympischen Spiele und ihre Idee nicht mit den weltanschaulichen Grundsätzen der Nationalsozialisten in Einklang zu bringen waren. Gleichheit, Demokratie, Frieden, Internationalismus waren unvereinbar mit Militarismus, Chauvinismus, Rassismus und Antisemitismus der Nationalsozialisten, und sie vertrugen sich auch nicht mit ihrer stets beteuerten Kriegsbereitschaft. Es leuchtet deshalb ein, dass die nationalsozialistische Anhängerschaft gegen die Spiele war und Stimmung gegen sie machte. Zum Beispiel hatten – nach Aussagen *Diem*s – nationalsozialistische Studenten als Protest gegen die Spiele und den internationalen Rekordsport Eichenbäume auf der Aschenbahn des Berliner Stadions gepflanzt und sich in einer Resolution gegen die Durchführung der Spiele ausgesprochen. Die NS-Presse hetzte nicht nur gegen die Olympischen Spiele selbst, sondern auch gegen Personen, die sich für sie einsetzten, besonders gegen *Lewald*. Noch zu Beginn des Jahres 1933, als sich *Diem* und *Lewald* gerade bei den neuen Machthabern für eine Protektion der Spiele einsetzten, wurden sie von der Parteipresse der NSDAP beschimpft, *Lewald* als „Jude", weil er aus einer jüdischen Familie stammte, und *Diem,* dessen Frau Liselott im Nazi-Jargon als „jüdisch versippt" galt, als „Mann, der dem Ausland hörig" sei *(Bernett* 1971, 42).

Die Angriffe wurden eingestellt, nachdem es *Diem* und *Lewald* gelungen war, *Hitler* und seine Propagandaabteilung, an der Spitze der gerade erst ernannte Reichsminister Joseph *Goebbel*s, von der „ungeheuren Propagandawirkung" der Spiele zu überzeugen. Mit diesen Worten hatte *Lewald* in der Reichskanzlei um das Wohlwollen der Machthaber und um die persönliche Fürsprache *Hitler*s für die Spiele geworben, und dieses Argument dürfte seine Wirkung nicht verfehlt haben. Denn von nun an standen *Diem* und dem Organisationskomitee praktisch unbegrenzte Mittel zur Verfügung. Statt des ursprünglich geplanten Ausbaus des alten wurde ein neues Olympiastadion gebaut, die Haushaltsmittel für die Spiele lagen bei den ersten Planungen bei rund fünf Millionen Mark; jetzt wurden sie auf über 100 Millionen erhöht. „Kein Wunsch blieb unerfüllt", schrieb der Organisationschef selbst *(Diem* 1971b, 1015).

Alle Anlagen, das „Reichssportfeld", wie das Stadion einschließlich des riesigen Aufmarschgeländes genannt wurde,[117] die Regattabahn in Grünau, die Segelanlagen in Kiel und auch das Ski- und Eisstadion in Garmisch, wo die Winterspiele stattfanden, konnten großzügig geplant und termingerecht fertig gestellt werden. Die Organisatoren hatten den vollen Rückhalt des „Führers", der sich sogar zum Schirmherrn der Spiele machen ließ. Künstler und Architekten

---

[117] Das Olympiastadion und die gesamte Anlage wird von *Kluge* 1999 beschrieben und historisch erklärt.

von damals hohem Rang konnten verpflichtet werden, der Architekt Werner *March* plante das Stadion – und *Hitler* selbst mischte sich in die Planungen ein –, der Bildhauer Josef *Thorak* entwarf seinen gewaltigen „Faustkämpfer" und Josef *Wackerle* seine „Rosseführer", die vor dem Marathontor auf dem Reichssportfeld aufgestellt wurden.[118] Größe und Macht des Dritten Reiches, die Überlegenheit der deutschen „Herrenrasse" und der Wehrwille der Nation sollten damit dargestellt werden. Richard *Strauss* komponierte die Hymne zur Eröffnung der Spiele, und Mary *Wigman* tanzte zum „Weihespiel" *Diems*, Carl *Orff* und Werner *Egk* schrieben die Musik. Schließlich wurde bei der Regisseurin Leni *Riefenstahl* ein Olympiafilm in Auftrag gegeben, ob vom IOC, vom Organisationskomitee oder vom Reichspropagandaministerium ist bis heute umstritten, in dem die Spiele für die Ewigkeit im Bild festgehalten werden sollten. Riefenstahls Film wurde zu einem Musterbeispiel nationalsozialistischer Propaganda-Filmkunst *(Hoffmann* 1993).

Die deutschen Olympiakämpfer wurden großzügig und – zum ersten Mal – professionell in Lehrgängen unter der Leitung von hauptamtlichen Trainern auf ihre Wettkämpfe vorbereitet. Viele von ihnen wurden im öffentlichen Dienst oder bei der Armee und Polizei eingestellt und konnten deshalb problemlos für das Training freigestellt werden.

7.3.2 Die Propagandawirkung der Spiele

Wie ist dieser Sinneswandel der Nationalsozialisten zu erklären? Warum dieser Aufwand für Olympische Spiele, die doch eigentlich nicht in das politische Konzept der Nationalsozialisten passten? Welche „ungeheure Propagandawirkung" versprachen sich *Hitler* und *Goebbels* von den Spielen?

Sie setzten auf die Wirkung nach außen, gegenüber der Weltöffentlichkeit, und nach innen, gegenüber der Bevölkerung in Deutschland. Mit der Übernahme und perfekten Organisation der olympischen Friedensspiele konnte der ganzen Welt die Friedensliebe des Regimes demonstriert werden. Das misstrauische Ausland konnte sich selbst davon überzeugen, wie friedlich und gastfreundlich die Deutschen sind, und dass die Kritik, die an den Nationalsozialisten geäußert wurde, unberechtigt sei und nur vom „internationalen Judentum" gegen die Deutschen angestachelt werde. Diese Demonstration der Friedensliebe sollte bewusst die eigentlichen kriegerischen Ziele verschleiern, an denen die Machthaber im Übrigen nie einen Zweifel ließen, weil das Reich nach Ansicht der Experten zu diesem Zeitpunkt für einen Krieg noch nicht reif war *(Teichler* 1991, bes. 163 ff.).

Das zweite außenpolitische Ziel, das mit den Olympischen Spielen propagandistisch verfolgt werden konnte, bestand in der Demonstration der Stärke und Leistungsfähigkeit des Regimes und seiner Verbundenheit mit dem Volk. Deshalb war es den Machthabern besonders wichtig, dass die Organisation perfekt funktionierte, dass nirgends ein Eindruck von Schwäche und Fehlerhaftigkeit aufkommen konnte und dass die deutschen Olympiakämpfer besonders gut,

---

[118] Die Frage, wie die „Nazi-Skulpturen" ästhetisch zu bewerten und wie mit ihnen umgegangen werden soll und kann, beschäftigt Kunst und Politik bis in die Gegenwart. Vgl. dazu den Artikel von Christian *Saehrendt* in der Neuen Zürcher vom 17. Januar 2004 mit dem Titel „Die Bodybuilding-Denkmäler".

möglichst als Sieger, bei den Wettkämpfen abschnitten. „Im Jahre 1936 werden wir uns mit den Völkern der Erde messen und ihnen zeigen, welche Kräfte die Idee der deutschen Volksgemeinschaft auszulösen imstande ist", hieß es in dem Aufruf zur Schulung der deutschen Athleten *(Bernett* 1966, 206 f.). Diese Rechnung ist am Ende einerseits aufgegangen, zumal die Deutschen in der Nationenwertung sogar vor den hoch favorisierten Amerikanern lagen. Andererseits gab es bei den Spielen genügend Beispiele herausragender Athletinnen und Athleten aus dem Ausland, die genau diese Ideologie der deutschen „Herrenrasse" widerlegten. Der farbige Athlet aus den USA, Jesse *Owens,* ist an erster Stelle zu nennen.

Die Olympischen Spiele eigneten sich aber auch für Propagandazwecke nach innen, gegenüber der Bevölkerung und gegenüber den wachsenden Zweifeln am Regime, die im Volk nach der brutalen Zerschlagung der Opposition und nach den ersten Judenverfolgungen und der Verabschiedung der Nürnberger Rassegesetze von 1935, die einen entscheidenden Schritt bei der Diskriminierung, Verfolgung und schließlich Vernichtung der Juden bedeuteten, aufgekommen waren. Mit den Spielen konnte der eigenen Bevölkerung ebenfalls die Stärke der nationalsozialistischen Machthaber demonstriert werden, die es fertig brachten, ein so großes Fest zu organisieren und unter ihrer Verantwortung die deutschen Athleten zum Sieg zu führen. Die Identifikation der Deutschen mit den siegreichen Sportlern konnte auf das Regime selbst übertragen werden.

Zugleich konnte dem Volk demonstriert werden, dass Deutschland in der Welt nicht isoliert sei, wie es zum Teil während der Weimarer Zeit der Fall war, als Deutschland nicht an Olympischen Spielen teilnehmen durfte, sondern dass jetzt, wo eine Politik der Stärke gegenüber dem Ausland betrieben wurde, die Welt zu Gast nach Deutschland kam.

Eine weitere, wichtige Botschaft konnte durch eine erfolgreiche Organisation und Durchführung internationaler sportlicher Wettkämpfe transportiert werden: Die olympischen Kämpfe sind eine Einstimmung auf den großen Kampf, der den Deutschen noch bevorsteht, sie sind das Symbol des Kampfes auf dem Schlachtfeld, Symbol des Krieges, dort wo die letzte Schlacht geschlagen wird. „‚Friedenspropaganda und Tarnung der Aufrüstung' einerseits, ‚Erziehung zum Kampf' und Umwandlung der ‚Volksgemeinschaft zur Wehrgemeinschaft' andererseits waren die ... Fernziele nationalsozialistischer Innen- und Außenpolitik. Für beide Ziele eignete sich der Sport in hohem Maße" *(Teichler* 1991, 57), und beide Ziele finden sich in verdichteter Form bei den Olympischen Spielen von 1936.

7.3.3 Boykottversuche gegen die Nazi-Spiele

Die Propagandaziele der Nationalsozialisten lassen sich aus ihrem Engagement bei der Vorbereitung, Durchführung und politischen „Auswertung" der Spiele ablesen. Aber es ist auch unübersehbar, dass diesen Propagandazwecken erhebliche Hindernisse entgegenstanden. Das größte Hindernis war die Olympische Idee selbst bzw. die Olympische Charta; es war das vom IOC festgelegte Reglement, nach dem die Spiele stattzufinden haben, angefangen von den Wettkämpfen und der Nominierung der Teilnehmer bis hin zu dem Zeremoniell, das die Spiele begleitete.

Über all dies wacht das Internationale Olympische Komitee (IOC), das aus persönlichen Mitgliedern, nicht aus Vertretern einzelner Länder oder Sportverbände besteht. Das IOC repräsentiert und garantiert die Unabhängigkeit der olympischen Bewegung und der Olympischen Spiele. Das IOC vergibt die Spiele nicht an ein Land oder an einen Staat, sondern an eine Stadt, in diesem Fall an Berlin. Das Staatsoberhaupt des jeweiligen Landes darf nicht mehr tun als in einer Formel und mit einem einzigen Satz die Spiele für eröffnet zu erklären. Durch solche Maßnahmen wollte *Coubertin* ursprünglich gerade der Gefahr begegnen, dass die Spiele für die nationalistischen Interessen einzelner Staaten missbraucht werden können. Schließlich hatte das IOC auf der Grundlage der von *Coubertin* aufgestellten Prinzipien immer wieder betont, dass die Spiele keinen politischen Charakter haben dürften, dass niemand aus rassischen, nationalen oder religiös-konfessionellen Gründen ausgeschlossen und diskriminiert werden dürfe; nur die Leistung habe zu entscheiden, ob jemand – sofern er ein Amateur ist – an Olympischen Spielen teilnehmen dürfe oder nicht.

Diese olympischen Regeln und Grundsätze auch im Fall von Berlin 1936 zu garantieren, war die erklärte Absicht des belgischen IOC-Präsidenten Graf *Baillet-Latour,* der *Coubertin* in diesem Amt seit 1925 gefolgt war. Er drohte damit, Berlin die Spiele wieder zu entziehen, falls die Einhaltung der olympischen Regeln durch die Deutschen nicht sichergestellt sei. Die Reichsregierung müsste eine schriftliche Garantieerklärung abgeben, „dass sich nichts den sorgfältigen Beobachtungen der olympischen Regeln entgegenstellen wird", schrieb der Graf an seine deutschen Kollegen einen Monat vor der entscheidenden Sitzung des IOC im Juni 1933 in Wien, wo noch einmal über die Situation in Deutschland beraten wurde *(Teichler* 1991, 382).

Welche Lösung gab es aus deutscher Sicht, aus der Sicht des Organisationskomitees? Die Lösung bestand zum einen darin, dass mehrfach die Versicherung gegeben wurde, die olympischen Regeln treu einzuhalten, dass aber zum anderen bei der Planung und Durchführung der Spiele, und damit auch bei der konkreten Interpretation der olympischen Regeln, genau die politischen Rahmenbedingungen, die politisch-propagandistischen Vorgaben und Ziele der nationalsozialistischen Machthaber in die Tat umgesetzt wurden.

Wie sah diese Lösung konkret aus? Sie erfolgte auf verschiedenen Ebenen, auf einer eher oberflächlichen Ebene, auf der es um eine klare und bewusste Täuschung des IOC und der Weltöffentlichkeit über die tatsächlichen Verhältnisse in Deutschland ging; und auf einer Ebene, die eher die Tiefenstruktur der Olympischen Spiele betraf und auf die gezielte Veränderung der Deutung der olympischen Symbole abzielte.

Auf der besagten Sitzung in Wien konnte IOC-Mitglied *Lewald* die von *Baillet-Latour* verlangte schriftliche Garantieerklärung des deutschen Innenministers *Frick* vorlegen. Trotzdem blieb das Misstrauen des IOC und insbesondere der amerikanischen IOC-Mitglieder bestehen, bis sich der IOC-Präsident zu einer spektakulären Aktion entschied. Er bat um einen Empfang bei *Hitler* (am 5. November 1935) und konnte anschließend seinen Kollegen beruhigt erklären: „Ich habe die Ehre, Ihnen zur Kenntnis zu bringen, dass die Unterredung mit dem deutschen Reichskanzler und die Nachforschungen, die ich vorgenommen habe, mich überzeugt haben, dass der Durchführung der XI. Olympischen Spiele in Berlin und Garmisch-Partenkirchen nichts entgegensteht. Die durch die olympische Charta geforderten Bedingungen sind vom Deutschen Olympischen Komitee respektiert worden" *(Bernett* 1971, 48). Aber *Baillet-Latour* täuschte sich, er ließ sich täuschen.

Der Punkt, an dem das Ausland am meisten Anstoß nahm und der die Grundlage der Boykottbewegung vor allem in den USA bildete, war die Frage der Beteiligung von jüdischen Sportlerinnen und Sportlern an den Spielen. In Amerika wurde von weiten Kreisen der Öffentlichkeit eine Teilnahme amerikanischer Sportler in Berlin abgelehnt, weil die Rassenhetze der Deutschen eine schwere Diskriminierung jüdischer und farbiger Sportler bedeutete und nicht mit der Olympischen Charta vereinbar war. Amerika wollte sich mit einer Teilnahme seiner Sportler im nationalsozialistischen Deutschland nicht kompromittieren lassen. Die Amerikaner forderten die Einhaltung der Grundsätze der olympischen Bewegung, Chancengleichheit, Rassengleichheit, Menschenwürde. Sie forderten konkret, dass auch in Deutschland jüdische Sportlerinnen und Sportler die gleichen Chancen haben müssten, an den Spielen teilzunehmen wie andere.

Aber *Hitler* dachte nicht daran, Juden in der deutschen Olympiamannschaft starten zu lassen. Als das amerikanische IOC-Mitglied *Sherill* im Sommer 1935 von Hitler eine Zusage bekommen wollte, dass wenigstens ein Jude in der deutschen Mannschaft starten würde, lehnte *Hitler* ab. Zwar könnten Juden aus anderen Ländern teilnehmen, aber eine Nominierung von Juden in der deutschen Mannschaft sei ausgeschlossen, weil die Juden schon vollständig von der deutschen Bevölkerung abgesondert seien. Trotzdem glaubte das IOC den anschließenden Beteuerungen der Deutschen, dass sie sich an die in Wien abgegebene Erklärung halten würden. Auch als *Baillet-Latour* im Herbst 1935 bei *Hitler* in Berlin vorsprach, ließ er sich von den zweifelhaften Versicherungen überzeugen, dass Deutschland die olympischen Bestimmungen einhalten werde.

Überzeugend fanden die Olympier auch die Durchführung der Winterspiele in Garmisch, die perfekt organisiert waren. Bevor die ausländischen Gäste eintrafen, hatte man alle „Juden raus!"-Plakate in Garmisch entfernt, und vorsorglich ließ man von der Geheimen Staatspolizei alle diejenigen einheimischen Journalisten festnehmen, die ohne Genehmigung mit ausländischen Kollegen zusammengearbeitet hatten (A. *Krüger* 1982, 1041).

Zu diesem Zeitpunkt war die nationalsozialistische Judenpolitik bereits im Gange. Jüdische Sportler waren längst aus den Vereinen ausgeschlossen worden; sie hatten keine Möglichkeiten mehr, sich auf die Spiele vorzubereiten, sie durften nicht mehr auf öffentlichen Sportplätzen trainieren und gegen „arische" Sportler in Wettkämpfen antreten. Sie hatten erst recht keine Chance, von einem Verband und vom NOK nominiert zu werden.

Ein Beispiel ist die deutsch-jüdische Hochspringerin Gretel *Bergmann* aus Stuttgart bzw. Laupheim bei Ulm, die trotz der Diskriminierungen die besten vorolympischen Leistungen aufzuweisen hatte.[119] Sie wurde mit Zustimmung des deutschen IOC-Mitglieds und „Führers" der Sparte Leichtathletik, Ritter von *Halt*,

---

[119] Margarete (Gretel) *Bergmann* schilderte ihr bewegtes Leben und die Ereignisse, die zunächst zu ihrer Nominierung, dann aber zum Ausschluss aus der deutschen Mannschaft führten, in ihrer 2003 erschienenen Autobiografie mit dem Titel „Ich war die große jüdische Hoffnung".

trotzdem nicht aufgestellt. Am Ende befand sich in der deutschen Mannschaft für die Sommerspiele nur eine einzige „Halbjüdin", die Fechterin Helene *Mayer*, die in Amerika lebte. Sie wurde jedoch erst eingeladen, als nach den Ausführungsbestimmungen der Nürnberger Gesetze „Halbjuden" die Teilnahme am Sport noch erlaubt wurde. Von den deutschen Olympiaorganisatoren und auch von der NS-Propaganda wurde Helene *Mayer*s Start in Berlin als Zeichen des guten Willens der Nationalsozialisten ausgeschlachtet *(Teichler* 1991, 88 f.).

Die amerikanische Boykottbewegung brach deshalb zusammen, weil erstens die deutschen Olympier *Diem, Lewald, von Halt* es immer wieder verstanden, ihre olympischen Freunde zu beruhigen. *Lewald* ging nach den Spielen sogar so weit, dass er sich gegenüber dem amerikanischen Konsul George *Messersmith* selbst bezichtigte, das IOC angelogen zu haben *(Guttmann* 1984, 78). Aber der Boykott scheiterte zweitens auch an dem Verhalten des IOC und einiger maßgebender Sportfunktionäre in den USA, die massiv gegen die Boykottbestrebungen im eigenen Land vorgingen.

Die wichtigste Rolle spielte dabei Avery *Brundage,* damals Präsident des amerikanischen Olympischen Komitees, seit 1946 Vizepräsident und von 1952 bis 1972 Präsident des IOC. Er setzte sich mit zum Teil zweifelhaften Mitteln gegen die Boykottbefürworter durch, an ihrer Spitze Jeremiah *Mahoney,* der Präsident des amerikanischen Sportbundes, und Ernest Lee *Jahncke,* das dritte amerikanische IOC-Mitglied. Brundage siegte mit knapper Mehrheit in der entscheidenden Abstimmung, die Amerikaner fuhren nach Berlin, und *Brundage,* dem damals ebenfalls antsemitische und rassistische Ressentiments nachgesagt wurden, wurde anstelle von *Jahncke* ins IOC berufen.

Abb. 27: Luftaufnahme des Reichssportfeldes während der Spiele.

Der Streit um den Olympiaboykott hat im amerikanischen Sport lange Zeit tiefe Wunden hinterlassen. *Brundage* hat noch in den 50er Jahren die amerikanische Entscheidung als „great victory of Olympic principles" bezeichnet, und er hielt bis zu seinem Tod an der Meinung fest, dass sich die Nationalsozialisten an die olympischen Regeln gehalten und die Spiele nicht zu Propagandazwecken ausgenutzt hätten. Für Brundage waren die Spiele ein Beitrag „to international peace and harmony", schrieb er in seinem offiziellen Bericht über die Olympischen Spiele 1936 in Berlin (nach *Guttmann* 1984, 68–80).

Die historische Wirklichkeit sah anders aus: Der Rassismus der Deutschen bedeutete einen klaren Verstoß gegen die olympische Charta und hätte in jedem Fall einen Boykott oder eine Zurücknahme der Spiele gerechtfertigt. Aber die Deutschen verstießen nicht nur gegen den Buchstaben, sondern auf subtile Weise auch gegen den Geist der Olympischen Regeln. Dies äußerte sich vor allem in der spezifischen Interpretation der olympischen Symbolik.

7.3.4 Olympische Symbolik in Berlin 1936

Seit *Coubertin* und den Athener Spielen bildeten der festliche Rahmen und das olympische Zeremoniell einen festen Bestandteil aller Olympischen Spiele. Sie hatten den Zweck, deutlich zu machen, dass es sich bei den Olympischen Spielen um mehr als die Summe sportlicher Wettkämpfe handelt, nämlich um die Verwirklichung einer großen Idee. Zum Zeremoniell und zu den olympischen Symbolen gehörten die Eröffnungs-und Schlussfeiern und die Siegerehrungen, der olympische Eid und der olympische Gruß, die olympische Fahne, die olympische Flamme sowie die olympische Hymne und Fanfare. Nach und nach wurde dieses – offizielle – Zeremoniell ergänzt.

Besonders die deutschen Organisatoren, an erster Stelle *Diem,* taten sich durch einige bezeichnende Neuerungen und Erweiterungen hervor, die genau ins Konzept der NS-Spiele passten.[120] Dazu einige Beispiele: Eine beinahe unfreiwillige Umdeutung erfuhr der olympische Gruß. Er war beim Einmarsch der Sportler ins Stadion seit den Spielen 1924 in Paris üblich geworden und bestand darin, dass die Sportler ihren Arm nach rechts zur Seite ausstreckten. In Berlin marschierten selbstverständlich die deutschen Sportler mit dem „deutschen Gruß", also mit dem nach vorne gestreckten Arm, an der Führerloge vorbei ins Stadion ein; ebenso die Österreicher. Als die französische Mannschaft mit dem olympischen Gruß einmarschierte, jubelte die Menge der 100 000 Zuschauer, weil sie meinte, die Franzosen würden dem Führer den deutschen Gruß entbieten. In diesem Sinn wurde die in Leni *Riefenstahl*s Film festgehaltene Szene von den Medien als ein außenpolitischer Erfolg der Nationalsozialisten gedeutet.[121]

---

[120] Das Folgende bezieht sich überwiegend auf *Bernett* 1986a und *Alkemeyer* 1986, 1996.
[121] Bis heute ist allerdings umstritten, wie die Geste der französischen Mannschaft tatsächlich gedeutet werden soll. Joachim C. *Fest* (1999) sah darin eine Ehrerbietung gegenüber *Hitler* und dem nationalsozialistischen „Dritten Reich" durch die Franzosen und behauptet, dass auch das Publikum im Berliner Olympiastadion dies so verstanden habe. Die Franzosen selbst sahen dies, vor allem nach dem Krieg, natürlich anders.

Die Olympia-Fanfare, die traditionell beim Hissen der Olympiafahne bei der Eröffnungsfeier geblasen wird, ertönte in Berlin beim Einzug des Führers ins Stadion. Der olympische Eid war seit 1920 ein fester Bestandteil des olympischen Zeremoniells. Nach antikem Vorbild und Brauch verpflichtete sich ein Sportler stellvertretend für alle Athleten, die Regeln zu achten und für sein „Vaterland" zu kämpfen. Der Sprecher der Eidesformel hat dabei seine Nationalfahne zu ergreifen. In Berlin wurde dieser „Schwur" vorschriftsmäßig abgelegt, der deutsche Gewichtheber Rudolf *Ismayr*, der den Eid sprach, ergriff wie vorgeschriebene die neue deutsche Nationalfahne, die Hakenkreuzfahne, die nicht nur für Deutschland, sondern für das nationalsozialistische Deutschland stand.

Überhaupt bestimmte bei Olympia in Berlin nicht die olympische Flagge mit ihren fünf olympischen Ringe als Symbol des Internationalismus und Kosmopolitismus – das bis heute ureigenste Markenzeichen Olympias – das Bild des Festes, sondern das Hakenkreuz. Die Hakenkreuzfahne war im Gegensatz zu den olympischen Ringen allgegenwärtig, so dass Jeremiah *Mahoney* zu Recht von den „Spielen unter dem Hakenkreuz" sprechen konnte; an ihnen teilzunehmen bedeutete auch „die stillschweigende Anerkennung all dessen ..., wofür das Hakenkreuz als Symbol steht" *(Bernett* 1986a, 368).

Aus dem olympischen Feuer oder der olympischen Flamme, die nach dem IOC-Protokoll „durch alle Geschlechter ... zum Wohle einer immer höher strebenden, mutigeren und reineren Menschheit (leuchten)" sollte, machten *Diem* und die Nationalsozialisten eine Art Sonnwendfeier. „Heilige Flamme glüh, glüh und verlösche nie!" rief *Goebbels* aus, als die im heiligen Hain von Olympia entzündete Flamme im Berliner Lustgarten angekommen war. Der Fackellauf von Olympia nach Berlin war das Werk *Diems*, das auf eine Anregung aus dem Propagandaministerium zustande gekommen sein soll. Seit Berlin ist dieser Fackellauf zu einem festen Bestandteil des olympischen Zeremoniells geworden.

Der Taubenflug wurde seit den Athener Spielen als Symbol der göttlichen Inspiration, des Geistes und des Friedens verstanden. In Berlin machte die der Wehrmacht unterstehende „Heeresbrieftaubenanstalt" daraus einen „Wettflug" von Brief- oder Sporttauben.

Ein ebenso altes olympisches Symbol ist die Siegerehrung, bei der den Siegern eine Medaille, ein Diplom oder auch ein Ölbaum- oder Lorbeerzweig überreicht wird. In Berlin wurde auf germanische Mythen zurückgegriffen, und die Sieger erhielten zusätzlich zu ihrer Medaille Eichenlaub und ein Eichenbäumchen, das sie als „Sinnbild deutschen Wesens, deutscher Kraft, deutscher Stärke und deutscher Gastfreundschaft" in ihrer Heimat einpflanzen sollten, wie es im amtlichen Bericht des Organisationskomitees der Spiele von 1936 hieß (nach *Bernett* 1986a, 376).

Über dieses olympische Zeremoniell hinaus, das in Berlin mehr als eine Germanisierung, eher eine Nazifizierung im Sinne des NS-Staats erfuhr, sind es besonders die Architektur und die Künste, in denen sich die nationalsozialistische Symbolik manifestierte. Seit sich *Hitler* zum Bau- und Schirmherren der Spiele aufgeschwungen hatte, wurden alle Olympiabauten monumental geplant, entsprechend der nationalsozialistischen Kunstauffassung. Aus dem Olympiastadion wurde das „Reichssportfeld", das mehr als eine olympische Sportstätte sein sollte; es wurde zu einer „monumentalen Kultstätte" des deutschen Volkes:

vorgelagert das „Maifeld", ein riesiges Massenaufmarschgelände, und dahinter die „Langemarckhalle" mit dem „Führerturm" und der Glocke, die zum „völkischen Daseinskampf" rief, zum Gedenken an die toten „Helden" von Langemarck.[122] Um die Verbindung von nationalsozialistischer Weltanschauung mit klassischer deutscher Kultur und Bildung an diesem Ort zu betonen, wurden an den Giebelmauern zwei Sprüche in Stein gehauen, einer von Walter *Flex,* einem damals bekannten NS-Dichter, und im Süden ein Zitat von Friedrich *Hölderlin* aus der letzten Strophe des Gedichts „Der Tod fürs Vaterland". *Hölderlin* gilt als der deutsche Nationaldichter, der in seinen Werken eine Verbindung von klassischem Griechentum mit den Deutschen bzw. mit einem Ideal, das er von den Deutschen hatte, herstellte: „Lebe droben – o Vaterland – und zähle nicht die Toten – Dir ist – Liebes – nicht einer zu viel gefallen." In diesem Kontext wurde *Hölderlin* auch für den Totenkult der Nationalsozialisten instrumentalisiert.

Dass die Halle Langemarckhalle genannt wurde, ist kein Zufall. Mit diesem Namen verbindet sich ein grausiger Mythos des Ersten Weltkriegs. Im November 1914 waren auf dem Schlachtfeld von Langemarck in Flandern 80 000 Soldaten gefallen, meistens junge deutsche Kriegsfreiwillige, die begeistert in den Krieg gezogen waren. Hitler und die Nationalsozialisten knüpften bewusst an diesen Opfermythos der Jugend von Langemarck an. Nun wurde die Halle beim Olympiastadion Langemarckhalle genannt, um die Jugend auf den neuen und noch bevorstehenden Opfergang – diesmal für Führer, Volk und Vaterland – einzustimmen (von *Krockow* 1990, 97–99).

Die Verbindung des Sports mit dem nationalsozialistischen Totenkult wurde augenscheinlich in dem Festspiel „Olympische Jugend" hergestellt, das *Diem* für die Eröffnungsfeier geschrieben hatte. Das „heitere Spiel" der Jugend findet im vierten Bild mit dem Thema „Heldenkampf und Totenklage" seinen Höhepunkt. Im „Schwertertanz der Jünglinge" endet ein heldischer Kampf junger Krieger im Opfertod und wird von klagenden Frauen beweint – getanzt von Mary *Wigman* und der Avantgarde des deutschen Tanzes. Mit dem Opfertod der Helden wölbte sich ein mächtiger Lichtdom über das Stadion, erzeugt von Flakscheinwerfern, und 1500 Sänger stimmten *Schillers* und *Beethovens* „Ode an die Freude" an *(Bernett* 1986a, 388 ff.).

Diese Umdeutung der Symbolik Olympischer Spiele in einen nationalsozialistischen Toten- und Opferkult hatte mit der Idee von Olympia als einem Fest des Friedens, der Freundschaft und der Völkerverständigung nichts mehr zu tun. Es dauerte nur noch wenige Jahre, bis aus den Symbolen von 1936 schreckliche Wirklichkeit wurde. Auf demselben Schauplatz, auf dem 1936 *Diem* sein Weihespiel mit dem heldischen Opfertod inszeniert hatte, wurde noch im März 1945 eine Division der Hitlerjugend für den Volkssturm gegen russische Panzer versammelt. *Diem* hielt vor diesen Jungen eine Rede, in der viel von Sparta und Opfertod vorgekommen sein soll, und er sie zum siegreichen Endkampf gegen die deutschen Feinde aufgerufen habe. Aus dem Schauspiel war tödlicher Ernst geworden.[123]

---

[122] Zur Geschichte und Architektur des Olympiastadions und „Reichssportfeldes" vgl. *Kluge* 1999; *Bernett* 1986a, hier 384.

[123] Einer dieser Hitlerjungen war der spätere Chefredakteur des ZDF, Reinhard *Appel,* der über diese Szene berichtete. *Appel* 1995, 20.

Auf diese Weise konnte aus den Olympischen Spielen von 1936 beides werden: Ein Höhepunkt in der Geschichte Olympias und gleichzeitig der Beginn der größten Krise des Olympismus – eine Krise, die nicht nur oder weniger die Tatsache betraf, dass nach den Berliner Spielen die Welt zwölf Jahre lang warten musste, bis wieder Olympische Spiele stattfinden konnten, sondern im Grunde handelte es sich um eine tiefe Krise des Vertrauens und der Glaubwürdigkeit in die Ideale des olympischen Sports. Die olympische Bewegung hatte sich in Berlin täuschen, blenden, korrumpieren, missbrauchen lassen, und die verantwortlichen Männer im IOC hatten nicht die Kraft gefunden, dieser Gefahr zu begegnen.

Wirkliche Einsicht in die begangenen Fehler und Versäumnisse haben die Olympier nie gezeigt, weder der „Männerorden" IOC, der nach dem Krieg *Brundage* zu ihrem Präsidenten wählte und dessen Freund Ritter *von Halt,* den letzten – kommissarischen – Reichssportführer (ab September 1944), der nach Kriegsende von den Sowjets im ehemaligen Konzentrationslager Buchenwald interniert wurde, wieder ins IOC aufnahm, noch die verantwortlichen deutschen Olympier. Seine Kritiker und die Kritiker der Olympischen Spiele von 1936, die „das Fest als eine unerlaubte politische Propaganda gebrandmarkt haben", glaubte *Diem* später dadurch widerlegen zu können, dass „nach den Spielen der offizielle Dank und die Anerkennung des Internationalen Olympischen Komitees ausgesprochen" worden sei *(Diem* 1971b, 1017 f.).

Vielleicht stellte Berlin 1936 jedoch nur den sozusagen real existierenden, offiziellen Olympismus dar, der vor Missbrauch und menschlicher Schwäche nicht gefeit ist. Die Hoffnung und gelebte Erfahrung, dass durch Spiel und Sport menschliches Verstehen, Freundschaft und friedliches Miteinander möglich werden können, sind damit nicht gestorben. Diese Idee ist im Kleinen auch in Berlin Wirklichkeit geworden. Zum Beispiel erzählte der mehrfache Goldmedaillengewinner und erfolgreichste Athlet der Berliner Spiele, der farbige Sprinter und Weitspringer Jesse *Owens* folgende Geschichte: Bei der Weitsprungqualifikation hatte er zweimal den Balken übertreten. „Ich war niedergeschlagen und betrübt. Da kam der deutsche Meister, Luz *Long,* zu mir herüber und

Abb. 28: Luz Long wurde mit 7,87 Meter Zweiter hinter Jesse Owens.

Die Olympischen Spiele von 1936 in Berlin

bot mir seinen überlegten Rat an: ‚Zieh eine Linie vor dem Absprungbalken und springe dann von der Stelle ab. Du wirst dich leicht qualifizieren.' Ohne diesen Rat hätte ich es nie geschafft, das Finale zu erreichen. Im Endkampf hatte ich das Glück, gleich früh die Führung zu übernehmen, jedoch zog Luz *Long* mit seinem vorletzten Sprung gleich. Als ich aber dann bei meinem letzten Versuch den Absprungbalken voll traf, sprang ich einen neuen olympischen Rekord. Noch bevor ich die Sprunggrube verlassen hatte, kam *Long* zu mir und gratulierte. Luz *Long* ist in einem Gefecht in Sizilien während des Zweiten Weltkrieges gefallen. Seit dem Kriege habe ich seine Frau und seinen Sohn mehrere Male besucht. Wie mutig war es von *Long,* mir seine Freundschaft vor *Hitler* zu erweisen. Ich habe es immer als ein Privileg betrachtet, seine Familie in späteren Jahren besuchen zu können."[124]

Nach Ansicht des britischen Friedensnobelpreisträgers, Ministers, IOC-Mitglieds und Olympiateilnehmers Philip *Noel-Baker* (1889–1982) widerlegten die Siege von Jesse *Owens* und anderer farbiger Athleten die Nazi-Ideologie und –Politik. Vor aller Welt sei in Berlin deutlich geworden, dass Hitlers Rassismus und Militarismus falsch, dumm und obszön („false, stupid, and obscene") sei. „The message was that the greatest athletes in the world were black men (…) The message was that the chosen competitors of all the nations were one great happy family, inspired by the same ideal of sportsmanship, bound together by ties of common interest and friendship" *(Noel-Baker* 1991, 149).

Abb. 29: Das war der Sprung von 8,06 Meter, mit dem Jesse Owens den olympischen Rekord überbot. Die beiden Fähnchen rechts im Bild zeigen die beiden Marken für den olympischen und den Weltrekord, den Owens im Jahr 1935 mit 8,13 m aufgestellt hatte.

---

[124] Zit. aus „Ewiges Olympia", zusammengestellt von Carl *Diem* 1971b, 221 f.

7.4 Nationalsozialistische Leibeserziehung

Die Nationalsozialisten verfügten bei ihrer „Machtergreifung" keineswegs über ein klares, ausgearbeitetes Konzept von Sport und körperlicher Erziehung, weder in organisatorischer noch in ideeller bzw. ideologischer Hinsicht; denn die schlichten Formeln vom Kampf- und Wehrsport können nicht ernsthaft als eine geistig-ideelle Grundlegung von Leibesübungen und Sport angesehen werden. Hitler hatte in seiner Programm- und Kampfschrift „Mein Kampf" eine neue Erziehung gefordert, die hart, kampfbetont und soldatisch sein sollte, die sich gegen die alte intellektualistische Erziehung wandte und am Ende ein gesundes und rassenreines Volk der Deutschen schaffen sollte.

7.4.1 Ein neuer „Menschentyp"

Wer „Mein Kampf" aufmerksam gelesen und wer *Hitlers* Reden kritisch zugehört hatte, der konnte ahnen, was auf Turnen, Sport und Leibeserziehung zukommen würde. Neben zahlreichen Quellen, die von *Bernett* zur „nationalsozialistischen Leibeserziehung" dokumentiert wurden, werden in der folgenden Äußerung *Hitlers* die Erziehungsvorstellungen des „Führers" besonders deutlich. Sie wurden von Hermann *Rauschning,* einem schon 1926 der *Hitler*partei NSDAP in Danzig beigetretenen Politiker, der aber 1936 in die Schweiz emigrierte und kritische Bücher über den Nationalsozialismus verfasste. Seine „Gespräche mit *Hitler",* aus denen das folgende, ausführlich wiedergegebene Zitat stammt, erschien im Jahr 1940: „Mit der Jugend beginne ich mein Erziehungswerk", sagte *Hitler,* „Wir Alten sind verbraucht. Ja, wir sind schon alt. Wir sind bis ins Mark verdorben. Wir haben keine ungebrochenen Instinkte mehr. Wir sind feige. Wir sind sentimental. Wir tragen die Last einer erniedrigenden Geschichte und das dumpfe Erinnern an Hörigkeit und Kriechertum im Blut. Aber meine herrliche Jugend! Gibt es eine schönere in der ganzen Welt? Sehen Sie sich diese jungen Männer und Knaben an! Welch Material. Daraus kann ich eine neue Welt formen. Meine Pädagogik ist hart. Das Schwache muss weggehämmert werden. In meinen Ordensburgen wird eine Jugend heranwachsen, vor der sich die Welt erschrecken wird. Eine gewalttätige, herrische, unerschrockene, grausame Jugend will ich. Jugend muss das alles sein. Schmerzen muss sie ertragen. Es darf nichts Schwaches und Zärtliches an ihr sein. Das freie, herrliche Raubtier muss erst wieder aus ihren Augen blitzen. Stark und schön will ich meine Jugend. Ich werde sie in allen Leibesübungen ausbilden lassen. Ich will eine athletische Jugend. Das ist das erste und wichtigste. So merze ich die Tausende von Jahren der menschlichen Domestikation aus. So habe ich das reine, edle Metall der Natur vor mir. So kann ich das Neue schaffen. Ich will keine intellektuelle Erziehung. Mit Wissen verderbe ich mir die Jugend. Am liebsten ließe ich sie nur das lernen, was sie ihrem Spieltriebe folgend sich freiwillig aneignen. Aber Beherrschung müssen sie lernen. Sie sollen mir in den schwierigsten Proben die Todesfurcht besiegen lernen. Das ist die Stufe der heroischen Jugend. Aus ihr wächst die Stufe des Freien, des Menschen, der Maß und Mitte der Welt ist, des schaffenden Menschen, des Gottmenschen. In meinen Ordensburgen wird der schöne, sich selbst gebietende Gottmensch als kultisches Bild stehen und die Jugend auf die kommende Stufe der männlichen Reife vorbereiten. Ich werde sie in allen Leibesübungen ausbilden lassen. Ich will eine athletische Jugend" (nach *Bernett* 1966, 25 f.).

Einige der von *Hitler* genannten Motive mögen den Turn- und Sportlehrern, die sich damals auch alle als Leibeserzieher verstanden, bekannt vorgekommen sein: die Betonung von Kraft und Stärke,[125] Abhärtung und Widerstandsfähigkeit, auch Gesundheit, Mut, Kampfgeist, Spiellust und Spieltrieb, die Betonung des Natürlichen, Vitalen, Triebhaften und demgegenüber die Kritik und sogar Verachtung der Zivilisation bzw. „Domestikation" des Menschen, wie sich Hitler ausgedrückt hatte, die Ablehnung des Rationalismus und besonders des Intellektualismus; schließlich die Verherrlichung der Jugend, die unmittelbar auf das Erbe der Jugendbewegung in Deutschland zurückgeführt werden konnte.

Deutlicher als die Parallelen bzw. Kontinuitäten fallen in *Hitlers* Äußerung zur körperlichen Erziehung jedoch die Diskontinuitäten auf. Dieses Verständnis von Erziehung und Leibeserziehung hat nichts mehr mit den humanistischen und philanthropischen Leitbildern aus der Geschichte der erzieherischen Leibesübungen und des Turnens zu tun. Junge Menschen werden als geist- und willenloses Körpermaterial angesehen, aus dem eine neue Welt geformt werden soll, in der ein neuer Typ des Herrenmenschen andere Völker und Rassen unterwerfen und über sie herrschen soll, ein „Gottmensch", der alles Zarte und Schwache abgestoßen hat, der nicht von der Zivilisation angekränkelt ist, sondern sich nur von seinen vitalen, ursprünglichen Trieben, seinem „Blut", seiner „Rasse" leiten lässt. Diese Vorstellung von „Erziehung" und „Körpererziehung" erinnert aus heutiger Sicht mehr an Pferdezucht. Mit Turnen und Sport, mit Leibeserziehung und Körperbildung, wie sie in Deutschland seit den Philanthropen gepflegt und formuliert worden waren, hatte dies nichts mehr zu tun. Allerdings war den Turn- und Sportlehrkräften und den Meinungsführern von Leibeserziehung, Turnen und Sport der sozialdarwinistische Grundzug des *Hitler*schen Erziehungsdenkens vertraut: Die Starken werden siegen, und die Schwachen werden untergehen.

Der Philosoph Alfred *Baeumler*, der 1933 zum Professor für „Politische Pädagogik" nach Berlin berufen wurde, formulierte dieses nationalsozialistische Erziehungsprogramm aus. *Baeumler* war gleichzeitig Hauptstellenleiter beim „Beauftragten des Führers für die gesamte geistige und weltanschauliche Erziehung der NSDAP", Alfred *Rosenberg*. Beide waren berufen, das nationalsozialistische Gedankengut zu einer geschlossenen Weltanschauung zu entwickeln *(Lingelbach* 1985).

Baeumler berief sich ebenso auf die deutsche Geistesgeschichte, insbesondere auf die deutsche Romantik wie auf sozialdarwinistische und antisemitische

---

[125] *Bernett* 1988, 167–192 ist diesem zentralen Motiv von Sport und Leibeserziehung im Dritten Reich im Einzelnen in seinem Aufsatz „Das Kraftpotential der Nation" nachgegangen. Es hat eine lange Tradition in der Geschichte der Leibesübungen in Deutschland, angefangen im deutschen Mittelalter bis zu *GutsMuths* und *Jahn* und schließlich im Turnen des Kaiserreichs und in der Spiel- und Sportbewegung. Vgl. auch *Teichler* 1991, 21–52.

Autoren und auf *Nietzsche*. Seine *Nietzsche*-Interpretation gibt den Hintergrund seines Konzepts der „Politischen Pädagogik" und auch der „Politischen Leibeserziehung" als wichtigem Teil der „politischen Pädagogik" ab. Ziel war der Entwurf eines staatlich-pädagogischen Systems, das den „Typ" des „deutschen Menschen" hervorbringen, „heranzüchten" sollte. Dieser „Menschentyp" wurde unter Berufung auf *Nietzsches* „Übermenschen" als ein bis in „seine Instinkte hinein kriegerischer Mensch" beschrieben, als ein Mensch, der alle zivilisatorischen Hemmungen durch Christentum, Humanismus und Rationalität abgestreift habe, der nicht mehr von „Schuld" und „schlechtem Gewissen" geplagt werde und nur von seiner ursprünglichen, irrationalen Tatbereitschaft und seinem „Rasseinstinkt" getrieben werde – wie der „heroisch-aktive" Grieche, der dem „germanischen Menschen" „urverwandt" sei.

Die *Nietzsche*-Interpretation *Baeumler*s blieb jedoch fragwürdig, weil *Nietzsches* „Übermensch" prinzipiell individualistisch und staatsverneinend angelegt war, *Baeumler* jedoch gerade auf ihm den Zukunftsstaat bauen wollte *(Lingelbach* 1985). Der Begriff der „Politischen Pädagogik" macht deutlich, wo das Schwergewicht dieser „Pädagogik" liegen sollte: auf der Politik, auf der Allmacht des Staates. Alles habe sich den Vorgaben der „politischen Macht" unterzuordnen. Es ging nicht etwa nur um eine Gewichtsverlagerung von einer mehr individualistisch ausgerichteten Bildung hin zu einer Gemeinschaftserziehung in den einzelnen Formationen der Partei und des Staates, sondern „Politische Erziehung" bedeutete, dass der Nationalsozialismus endgültig „mit dem Vorrang der Politik vor der Pädagogik" Ernst gemacht habe.[126]

Die Richtung der politischen Pädagogik werde durch die „rassische Physiognomie" des „Deutschen" vorgegeben, durch die „Tat" und den „Kampf" und durch seine „heroische Kraftentfaltung", die zur „Weltbeherrschung" und zum Aufbau einer „aristokratischen Wertordnung" mit „arteigener Gesittung" strebe. Der politische Sinn der Gesamterziehung im Dritten Reich bestehe letztlich in der Formung des „Politischen Soldaten". Die Erziehungsinstitutionen, insbesondere die außerschulischen gesellschaftlichen „Formationen", hätten diese „Formationserziehung" zu gewährleisten. Neben den Parteiorganisationen wurden auch die Organisationen von Turnen und Sport dazu gerechnet. *Baeumler* hatte im *Jahn*schen Turnen sogar das Modell für den Wiederaufbau des „deutschen Männerbundes" unter einem Führer entdeckt.[127] Leibesübungen insgesamt bestanden für *Baeumler* aus zwei großen Gebieten, dem „politischen" Kämpfen und Turnen der Jünglinge und Männer und dem „volkstümlichen" Tanzen und Spielen der Mädchen und Frauen.

Was *Baeumler* für die „politische Pädagogik" insgesamt ausführte, versuchte Heinz *Wetzel*, Referent des Reichssportführers, Dozent für Geschichte und Pädagogische Leibesübungen und Direktor des politisch-pädagogischen Instituts der Reichsakademie für Leibesübungen in Berlin, für den spezifischen Bereich der Leibeserziehung zu formulieren. „Turnen – Sport – Gymnastik, diese drei

---

[126] So der „Pädagoge" *Holfelder* 1935, nach *Lingelbach* 1985, 144.
[127] Nach *Bernett* 1988, 179. In der Tat trugen das *Jahn*sche Turnen und auch die Deutsche Turnerschaft Züge von „Männerbünden" des 19. Jahrhunderts. Vgl. dazu auch *Klein* 1990.

Erziehungsweisen in den Leibesübungen sind ihrer Macht enthoben worden durch den Einbruch der nationalsozialistischen Weltanschauung in das Erziehungsgebiet der Leibesübungen", schrieb *Wetzel* 1937. „Sie haben ihre Waffen einem kampfgewandteren, einem mit weiterem Blick und klaren Befehlen fechtenden politischen Nachfolger übergeben: der nationalsozialistischen Leibeserziehung." *(Bernett* 1966, 61)

„*Baeumlers* ‚Politische Pädagogik'" diente dem Versuch, und dasselbe gilt für *Wetzels* „nationalsozialistische Leibeserziehung", „einer hochindustrialisierten Gesellschaft des 20. Jahrhunderts die Gesinnung und den Lebensstil jenes mythischen ‚Heroismus' aufzuprägen, den er im ‚agonalen' Lebensprinzip der ‚vorsokratischen' Griechen ebenso vorgebildet fand wie im kämpferischen Trotz und Ehrgefühl der Germanen", urteilte der Pädagoge Herman *Nohl*. Oder, wie Ernst *Bloch* meinte, *Baeumlers* „Politische Pädagogik" bedeutete eine „Verschwörung gegen die Zivilisation".[128]

7.4.2 Totale Leibeserziehung

Turnen und Sport waren für *Hitler* und die Nationalsozialisten willkommene Mittel, mit denen der totale Zugriff auf das Leben der Menschen in Deutschland ermöglicht werden sollte. Das war die Voraussetzung für die Umsetzung ihrer größenwahnsinnigen Kriegs- und Eroberungspläne. Überall und in jedem Alter sollten die Menschen unter der Kontrolle der Partei stehen. NS-Parolen, Gemeinschaften, Symbole sollten ständig gegenwärtig sein. Nirgends durfte eine Art Freiraum entstehen; bürgerliche Nischen wie Familie oder Vereine mussten zerstört oder unter den Einfluss der NSDAP gebracht werden.[129]

„Da kommt eine neue deutsche Jugend", sagte *Hitler* im Jahr 1938, vom Jubel der Massen begleitet, mit entlarvender Offenheit, „und die dressieren wir schon von ganz klein an für diesen Staat ... Und wenn nun dieser Knabe und dieses Mädchen mit ihren zehn Jahren in unsere Organisationen hineinkommen ..., dann kommen sie vier Jahre später vom Jungvolk in die Hitlerjugend, und dort behalten wir sie wieder vier Jahre. Und dann geben wir sie erst recht nicht zurück in die Hände unserer alten Klassen- und Standeserzeuger, sondern dann nehmen wir sie sofort in die Partei oder in die Arbeitsfront, in die SA oder in die SS, in das NSKK und so weiter. Und wenn sie dort zwei Jahre oder anderthalb Jahre sind und noch nicht ganz Nationalsozialisten geworden sind, dann kommen sie in den Arbeitsdienst und werden dort wieder sechs oder sieben Monate geschliffen. ... Und was dann nach sechs oder sieben Monaten noch an Klassenbewusstsein oder Standesdünkel da oder dort vorhanden sein sollte, das übernimmt dann die Wehrmacht zur weiteren Behandlung auf zwei Jahre. Und wenn

---

[128] Das Urteil *Nohls* und *Blochs* nach *Lingelbach* 1985, 153.
[129] Diese totalitäre Erziehung wird eindrucksvoll in dem von Erika *Mann*, der Tochter Thomas *Manns*, im Exil in den USA 1938 erschienenen Buch „Zehn Millionen Kinder" belegt und geschildert. Die Schrift sollte über die wahren Verhältnisse im „Dritten Reich" aufklären. Für Erika *Mann* und viele andere, die ins Exil gehen mussten, war schon bald nach 1933 klar, dass sich Deutschland unter den Nationalsozialisten zu einem großen Gefängnis wandeln würde *(Mann* 1998).

sie dann nach zwei Jahren zurückkehren, dann nehmen wir sie, damit sie auf keinen Fall rückfällig werden, sofort wieder in die SA, SS und so weiter – und sie werden nicht mehr frei ihr ganzes Leben."[130]

Unter „Erziehung" wird hier die totale Erfassung und Manipulation jedes Einzelnen in einem totalen Staat verstanden, nicht das verantwortliche erzieherische Handeln in der Tradition der humanistischen deutschen Bildungsgeschichte. Bezeichnenderweise führte *Hitler* nur die Parteigliederungen und die Wehrmacht als solche ideologischen Präge- und Zuchtanstalten auf. Aber selbstverständlich wurden auch die Schule, die Erziehung in der Schule und die Leibeserziehung diesem Parteidiktat unterworfen, allerdings um den Preis ständiger Konflikte zwischen der Lehrerschaft und den Führern der Staatsjugend, der „Hitlerjugend". Die Leibeserziehung wurde zur „politischen Leibeserziehung" aufgewertet, und die Leibeserzieher, die Turn- und Sportlehrer wurden als „Typ des nationalsozialistischen Erziehers schlechthin" betrachtet.[131]

Leibeserziehung an Schulen und Hochschulen bekam ab 1935 eine zentrale Lenkung durch die Einrichtung des Amtes K (Körperliche Erziehung) im Reichsministerium für Erziehung, Wissenschaft und Volksbildung; Carl *Krümmel,* SA-Oberführer und Direktor der Berliner Hochschulinstitute für Leibesübungen, stand diesem Amt K vor. In den „Richtlinien für die Leibeserziehung in Jungenschulen" aus dem Jahr 1937 kommt die Auffassung von nationalsozialistischer, „politischer Leibeserziehung" zum Ausdruck, wie sie in Anlehnung an *Baeumlers* und *Wetzels* Konzept der „Politischen Erziehung" von *Krümmel* in der Schule umgesetzt werden sollte:[132] Volksgemeinschaft, Wehrhaftigkeit, Rassebewusstsein und Führertum sind die Grundlagen der nationalsozialistischen Weltanschauung und damit auch die Grundlagen der nationalsozialistischen Erziehung und speziell der Leibeserziehung. Bewegung, Turnen, Spiel und Sport werden als der Bereich angesehen, in dem Jugendliche am leichtesten zu erziehen seien; deshalb komme der Leibeserziehung im Rahmen der nationalsozialistischen Gesamterziehung eine besondere und „entscheidende Bedeutung" zu. Leibeserziehung sei Gemeinschaftserziehung in dem Sinne, dass jeder Einzelne lernen müsse, sich in die „Volksgemeinschaft" einzufügen. Der „angeborene Bewegungs-, Spiel und Kampftrieb" sei zu fördern, um damit die „Grundlagen für die Wehrfähigkeit" des Mannes zu schaffen. Da der Leib als „Träger des Rassenerbes" zu betrachten sei, stehe die Leibeserziehung im „Dienst der Rassenpflege" und habe „das Bewusstsein von dem Wert der eigenen Rasse" zu vermitteln. Leibeserziehung sei schließlich auch „Willens- und Charakterschulung" mit

---

[130] Zit. nach *Herrmann* 1985, 9. Siehe auch von *Krockow* 1990, 209. Nach *Herrmann* ist es ein Widerspruch in sich, von „nationalsozialistischer Pädagogik" zu sprechen, da das Ziel nationalsozialistischer Manipulation die bewusste Umkehr des Prozesses der Zivilisation, die gewollte Rückkehr zur Barbarei gewesen sei. (S.10).

[131] H. *Siems* in seiner 1938 verfassten Dissertation „Das Problem der Turn- und Sportlehrerausbildung". Zit. nach *Bernett* 1966, 100. *Baeumlers* „Theorie der politischen Leibeserziehung" wurde zum Schlagwort des nationalsozialistischen Erziehungskonzepts, in dessen Mittelpunkt Leibeserziehung und Körperertüchtigung standen. Der Begriff „Leibeserziehung" ist dadurch später, nach 1945, in Misskredit geraten.

[132] Die Richtlinien finden sich in Auszügen bei *Bernett* 1966, 110 f.

dem Ziel, geeignete Führerpersönlichkeiten rechtzeitig zu erkennen und „im Wege der Auslese zu fördern".

„Kraft" war ein Leitmotiv nationalsozialistischer Leibeserziehung. Dreizehnmal hatte *Hitler* in seiner Rede bei der Schlussfeier des Deutschen Turnfestes am 30. Juli 1933 in Stuttgart das Wort „Kraft" benutzt, um seine Vorstellungen von der Bedeutung und Rolle der Leibeserziehung und des Sports im Dritten Reich vor einem massenhaften Publikum darzulegen: „Im Dritten Reich gilt nicht nur das Wissen, sondern auch die Kraft, und höchstes Ideal ist uns der Menschentyp der Zukunft, in dem strahlender Geist sich findet im herrlichen Körper" *(Bernett 1988, 181)*.

Die Prinzipien der Leibeserziehung der Mädchen sind im Grunde dieselben: Volk, Wehr, Rasse und Führertum. Aber es gelten auch einige Besonderheiten. Das junge Mädchen müsse durch eine planvolle und geordnete Leibeserziehung „auf seine künftige Bestimmung als Mutter und Erzieherin der Kinder vorbereitet" werden, hieß es. Leibeserziehung für Mädchen sei deshalb in besonderer Weise „Rassenpflege". Die Leibeserziehung der Mädchen sollte auch ein „Gegengewicht bilden gegen einseitige Entfaltung solcher seelischer Anlagen, die zum Einzelgängertum und zur Entfremdung von der Volksgemeinschaft führen", wie in den Richtlinien für die Leibeserziehung der Mädchen in Schulen aus dem Jahr 1941 formuliert wurde.[133]

Das Ziel dieser nationalsozialistischen Leibeserziehung bestand nicht in der Rehabilitierung der körperlichen gegenüber der geistigen Erziehung; vielmehr sollten sportlich gestählte Körper als widerstandsfähiges „Material" für den Krieg geformt werden.

In der Schule wurde – ohne Widerspruch – die Erhöhung der Stundenzahl für den Turnunterricht verordnet: ab 1935 gab es drei und ab 1937 fünf Stunden Turnen in allen Schulgattungen. Die Kommandosprache der SA sollte auch im Turnunterricht angewendet werden, Boxen wurde in den Turnunterricht aufgenommen, die kämpferischen Mannschaftsspiele, besonders Fußball, standen bei den Inhalten des Turnunterrichts oben auf der Liste. Rein wehrsportliche Übungen wie Robben, Schleichen, Hinlegen, Hindernisklettern, Kriechen usw. wurden schon bald im Turnunterricht eingeführt. Dazu kamen geländesportliche Spiele und Übungen sowie eine wehrsportliche Lagerausbildung außerhalb des Unterrichts.[134] Diese wehrsportliche Ausbildung und das „Lagerleben" bildeten einen Schwerpunkt in der HJ *(Peiffer 1987, 128)*.

Zentralismus war die Formel, die nun in der Turn- und Sportlehrerausbildung zum Tragen kommen sollte. An den Hochschulen und Universitäten wurde generell die Sportpflicht eingeführt. Nur wer zunächst zwei, dann (ab 1935) drei Semester sportliche Grundausbildung an dem jeweiligen Hochschulinstitut für Leibesübungen vorweisen konnte, durfte sein Studium fortsetzen *(Buss/Peiffer 1986)*.

---

[133] Aus den „Richtlinien für die Leibeserziehung der Mädchen in Schulen" von 1941, in *Bernett* 1966, 112 f.
[134] Über die konkrete Praxis des Schul-Turnunterrichts im Dritten Reich vgl. *Peiffer* 1987. Ebenso *Bernett* 1985.

Die Turnlehrerausbildung an den Turnlehrerbildungsanstalten der Länder blieb zwar prinzipiell erhalten, aber alle Turnlehrer und Leibeserzieher mussten sich einem Prüfungslehrgang in der „Führerschule" in Neustrelitz unterziehen. Dort lag das Schwergewicht auf der Vermittlung der Prinzipien der „politischen Leibeserziehung". Die Lehrgänge waren als Lager organisiert und beinhalteten neben der wehrsportlich-militärischen praktischen Schulung auch ideologische Vorträge. Die Turnlehrerinnen mussten dasselbe in Marburg über sich ergehen lassen.

Die Deutsche Hochschule für Leibesübungen wurde 1935 aufgelöst und kurze Zeit später unter dem Namen „Reichsakademie für Leibesübungen" neu eröffnet. *Diem* war bereits 1933 als Prorektor entlassen worden.[135]

Mit der Verabschiedung der neuen Hochschulsportordnung im Jahr 1935, die zentral im ganzen Reich gelten sollte, mussten die Institute für Leibesübungen an den Universitäten zusätzlich Ausbildungskurse für Leibesübungen und körperliche Erziehung durchführen. Trotzdem blieb ein erheblicher Lehrermangel im Fach Turnen bestehen; denn der Bedarf an Turnlehrern und Turnlehrerinnen war durch die plötzliche Ausweitung des Turnunterrichts auf drei und schließlich fünf Stunden so stark gestiegen, dass die Lehrerausbildung nicht mithalten konnte.

Mit dem Beginn und weiteren Verlauf des Zweiten Weltkrieges kamen der Sport und auch der Turnunterricht an den Schulen nach und nach zum Erliegen. Viele Turnhallen und Plätze wurden für militärische Zwecke genutzt; in der Endphase des Krieges dienten viele Sportplätze auch als Kartoffel- und Gemüseäcker. Aktive Turner und Sportler wurden eingezogen, ebenso die Turnlehrer. Der Turnunterricht fiel deshalb aus, wurde gekürzt oder von fachfremden Lehrern unterrichtet. Die vorgeschriebenen fünf Unterrichtsstunden Turnen standen in den meisten Fällen nur auf dem Papier. Turnlehrerinnen sprangen ein und mussten nun auch an Jungenschulen Leibesübungen unterrichten – solange ein regulärer Unterricht überhaupt noch möglich war *(Peiffer* 1987, 182 ff.).

7.5 Erzwungene Einheit und bitteres Ende

Turner, Sportler und Leibeserzieher in Deutschland ließen sich lange von der auf den ersten Blick sportfreundlichen Ideologie der Nationalsozialisten blenden. Sie erkannten nicht oder zu spät, dass alles auf Krieg und Barbarei hinauslief, dass Turnen und Sport nur als zusätzliches Mittel herhalten mussten, um das menschenverachtende politische Programm *Hitlers* und der Nationalsozialisten umzusetzen. Als viele von ihnen merkten, wohin die Fahrt gehen sollte, war es zu spät, fehlten die Kraft und der Mut zu Umkehr und Widerstand.

Die Turner und die Turnerschaft, die sich so viel von den „völkischen" Nationalsozialisten erhofft und geglaubt hatten, mit der Fürsprache der Nationalsozialisten die Führungsrolle im deutschen Sport spielen zu können, wurden bitter ent-

---

[135] Siehe *Diem* o. J., 142. Zur Rolle *Diems* siehe insbesondere das Themaheft 1 (1987) der Zeitschrift Sozial- und Zeitgeschichte des Sports, bes. den Beitrag von *Teichler*, 42–91.

täuscht. Beim deutschen Turnfest 1933 in Stuttgart hatte *Neuendorff* dem neuen Reichssportführer *von Tschammer und Osten,* einem sportfremden SA-Mann, die Führung der Deutschen Turnerschaft angeboten. *Tschammer* nahm das Angebot an, um die Turnerschaft kurz nach ihrem 75-jährigen Jubiläum in Coburg 1935 zur Selbstauflösung zu zwingen. Die anderen Verbände folgten dem Beispiel der DT. Der Weg war frei für die endgültige ideologische Gleichschaltung und Zentralisierung des Sports unter dem neu geschaffenen Deutschen Reichsbund für Leibesübungen (DRL). Turnen und Sommerspiele bildeten das erste von insgesamt 21 nach Sportarten gegliederten „Fachämtern" – eine Beleidigung für die Turner. Mit dieser Rolle haben sie sich nie abgefunden. Unter der Oberfläche eines straffen Zentralismus, verkörpert im DRL, der auf dem Reichssportfeld in Berlin residierte und den deutschen Sport zu „führen" vorgab, suchten sich die alten Verbände ihre Nischen, um Reste der alten Strukturen zu erhalten. International traten sie, solange es ging, noch als Verbände auf, und in Deutschland versuchten einige Verbände, z. B. die Fußballer und Leichtathleten, in Form von „Kameradschaftsgruppen" untereinander Kontakt zu halten *(Bernett 1987, 151).*

Die Einheit im Sport, die viele gewünscht hatten, weil sie die Zersplitterung der Turn- und Sportbewegung in der Weimarer Zeit als unbefriedigend empfanden, war zwar hergestellt. Aber um welchen Preis! Viele Arbeiterturner und -sportler und jüdische Sportlerinnen und Sportler landeten in den Gefängnissen. Den alten „bürgerlichen" Verbänden war ihre Selbständigkeit genommen. Keine fachlich ausgewiesenen Turner und Sportler wurden an die Spitze der DRL-Gaue berufen, sondern meistens „bewährte" SA- und SS-Führer, darunter Gruppen- und Obergruppenführer, Brigade- und Standartenführer. Den „Vereinsführern" an der Basis wurden jede Woche Befehle zur Ausführung übermittelt. Die freiwillige, ehrenamtliche Arbeit in den Vereinen machte keine Freude mehr.

Unter der Decke dieser autoritär geführten Einheit des Sports tobte ein Machtkampf um die Betätigungsfelder des ehemals freien Vereinssports. Die verschiedenen Gliederungen der Partei, der NSDAP, bemächtigten sich des Sports. Die *Hitler*jugend, die ab 1936 den Status der Staatsjugend innehatte, und der BDM (Bund Deutscher Mädchen) zogen die Kinder und Jugendlichen von den Turn- und Sportvereinen ab.[136] SA und SS organisierten Sport und Wehrsport, *Hitler* stiftete ein SA-Sport- und Wehrabzeichen, und schließlich beanspruchte auch die NS-Urlaubs- und Freizeitorganisation „Kraft durch Freude" unter dem „Führer" der „Deutschen Arbeitsfront", Robert *Ley,* den Massensport für sich allein, ein Gebiet, das früher von der Turnerschaft erfolgreich bearbeitet worden war. *Ley* wollte den einst freiwilligen Volkssport zu einem von der Partei erzwungenen Betriebssport umwandeln. Die Stimmung am Arbeitsplatz sollte mit sportlichem Frohsinn, mit „Kraft durch Freude" verbessert werden. Zwischen den verschiedenen NS-Organisationen, die sich den Sport aufteilen wollten, kam es zu heftigen Machtkämpfen um die Beute.

Unter dem oberflächlich blühenden und einheitlichen Sportbetrieb im Nationalsozialismus verbarg sich eine ruinierte und zerklüftete Sportlandschaft. Der

---

[136] Zur „Hitlerjugend" und ihrem Monopolanspruch auf die Jugenderziehung im Dritten Reich vgl. *Giesecke* 1985; auch *Mann* 1998 sowie *Knopp* 2000.

DRL und die dort organisierten Reste der alten bürgerlichen Turn- und Sportbewegung verloren an Einfluss. Das Sportleben in den Vereinen erlahmte und kam in vielen Fällen zum Erliegen. Schon 1937 waren von ehemals rund 6 Millionen Vereinsmitgliedern nur noch 3,5 Millionen übrig geblieben, nach *Diem* sogar nur zwei Millionen. „Was ist aus diesen blühenden Gemeinschaften (...) geworden?" klagte der Oldenburger Vereinsführer Nikolaus *Bernett* im März 1941. „Viele sind ganz eingegangen, viele fristen mit ein paar Leistungsturnern oder einer Spielmannschaft ein kümmerliches Dasein (...)."[137]

Der vorläufig letzte Schritt zur Beseitigung des alten bürgerlichen Sports und zum Aufbau des NS-Sports bestand in der Umwandlung des DRL zum Nationalsozialistischen Reichsbund für Leibesübungen (NSRL), zu einer von der Partei „betreuten" Organisation. Jetzt hatte der Sport den Makel des „Unpolitischen", der ihm von den NS-Ideologen immer vorgehalten worden war, vollständig abgestreift. Die NSDAP kontrollierte den Sport; er sollte den Strukturen der Partei angeglichen werden. Parteigenossen hatten die Führung des Sports in Deutschland übernommen. Damit hatten sich der Sport und seine Repräsentanten vollständig dem NS-Regime ausgeliefert, und sie hatten sich eine schwere Hypothek für den Wiederaufbau des Sports nach 1945 auferlegt. Kein Wort des Einspruchs oder gar des Widerspruchs war von den einst mächtigen bürgerlichen Sportführern gefallen, weder von *Diem* noch von Ritter *von Halt;* nur *Neuendorff,* der von *Tschammer* kaltgestellt worden war, protestierte.[138] Gemeinsam wollte man ins Dritte Reich marschieren, und nun ging es „Schulter an Schulter" in den Untergang *(Bernett* 1990d, 81–83).

Während des Krieges wurden in wilder Entschlossenheit Kriegsmeisterschaften organisiert, rief von *Mengden* im „NS-Sport" (5, 1940) zum bedingungslosen Einsatz im Krieg auf: „Aber aufgegeben wird nicht. Nun gerade nicht! Wir sind nicht umsonst allesamt Rekruten gewesen bei dem großen Gefreiten Adolf *Hitler,* der uns Stehen und Gehen, Haltung und die ‚Gewehrlage' beigebracht hat. Das sitzt, das geht ruck-zuck. Nein, nein, nun gerade nicht ... In der Geschichte des Sportes wird einmal ein Griffel einschreiben, dass keine Mühe, kein Schwindel und keine Schwierigkeit, ja nicht einmal ein sibirischer Winter einem tapferen und harten Geschlecht den Leibeserziehungsauftrag des Führers zu entwinden vermochten ..." *(Bernett* 1966, 222).

Was war am Ende des Dritten Reichs vom Sport, von der „Sportfreundlichkeit" des NS-Regimes und von der nationalsozialistischen „politischen Leibeserziehung" übrig geblieben?

Die alten, gewachsenen Strukturen von Turnen und Sport waren zerstört worden; das Vereinswesen lag darnieder; die behauptete „Einheit" des Sports im Nationalsozialismus hat es nie gegeben, sondern Neid und Liebedienerei gegenüber den Mächtigen; die Turn- und Sportverbände hatten jede Selbständigkeit aufgegeben und sich ohne Widerstand dem Regime ausgeliefert; sportliche Großveranstaltungen waren inszeniert worden, bei denen jeder sehen konnte,

---

[137] Zit. nach *Bernett* 1990d, 79. Hier auch die Angaben im Einzelnen zum organisierten Chaos des NS-Sports. Siehe auch *Eisenberg* 1999, 387 ff.

[138] *Neuendorff* studierte noch während des Kriegs Theologie und wurde nach 1945 Pfarrer in Bramsche. Der Turnerjugend blieb er auch im neuen Deutschen Turner-Bund ab 1950 treu.

wie fest das Regime den Sport im Griff hatte; und schließlich untergrub die „Aufwertung" des Sports zur „politischen Leibeserziehung" die Glaubwürdigkeit von Bildung und Erziehung im und durch Turnen und Sport.

Das „Dritte Reich" hat Millionen von Menschen das Leben gekostet, und es ist im Zweiten Weltkrieg um den Preis weiterer Millionen von Opfern besiegt worden. Der Sport war ein Teil dieses Regimes, das die Schuld an dieser deutschen Katastrophe trägt, und er war zugleich sein Opfer.

Welches Erbe der Nationalsozialismus für den Sport nach 1945 hinterließ, geht aus einer Äußerung Willi *Daumes*, des späteren Präsidenten des Deutschen Sportbundes (1950) aus dem Jahr 1970 hervor. Daume bezog sich auf die Situation des Sports in den Jahren nach dem Ende des „Dritten Reichs": „Am allerschlimmsten aber war ... die völlige Zerstörung der moralischen Substanz des Sportes. Der Nationalsozialismus hatte sie so schrecklich pervertiert, dass die geistige Führungsschicht, die in Deutschland das Ruder übernahm, vom Sport nichts mehr wissen wollte. Weite Kreise gingen sogar noch einen Schritt weiter. In einer fatalen Verwechslung von Ursache und Wirkung gaben sie der Überbetonung von Leibesübungen und Leibeserziehung einen wesentlichen Teil der Schuld an der moralischen Verrohung der Nation. Und so zeigten sich uns die Eliten, die Hochschulen, Schulen, ja teilweise auch die Kirchen verschlossen. Die deutsche Sportbewegung war fast auf ihren tiefsten Stand zurückgefallen."[139]

Nachdem die Nationalsozialisten im Januar 1933 in Deutschland an die Macht gekommen waren, wurden die Arbeiterturn- und Sportorganisationen verboten und die jüdischen Mitglieder aus den Turn- und Sportvereinen ausgeschlossen. Die bürgerlichen Turn- und Sportverbände passten sich den Nationalsozialisten an. Die Deutsche Turnerschaft mit ihrem „Führer" Edmund *Neuendorff* tat sich bei diesem Akt der Unterwerfung bzw. Selbstgleichschaltung besonders hervor: Das „Führerprinzip" wurde in der Turnerschaft eingeführt, jüdische Mitglieder wurden ausgeschlossen, ebenso Marxisten, Wehrturnen wurde eingeführt. Die bürgerlichen Turn- und Sportorganisationen erhofften sich von den Nationalsozialisten eine Aufwertung von Turnen und Sport. Stattdessen wurde der DRA als Dachverband schon im Mai 1933 aufgelöst, und die bürgerlichen Vereine und Verbände wurden in den Deutschen Reichsbund für Leibesübungen (DRL) überführt, eine zentralistische Behörde mit 21 Fachämtern. Die Deutsche Turnerschaft, die sich 1935 bei ihrem 75-jährigen Jubiläum selbst aufgelöst hatte, verlor ebenfalls ihre Eigenständigkeit und wurde zum Fachamt 1 (Turnen). Der DRL wurde 1938 in den Nationalsozialistischen Reichsbund für Leibesübungen (NSRL) umbenannt; damit war er eine „von der NSDAP betreute Organisation". Unter der Decke einer einheitlichen und zentralistischen Organisation wurden Turnen und Sport zum Opfer interner Kämpfe einzelner Parteigliederungen, der Hitlerjugend (HJ) und des Bundes Deut-

---

[139] Willi *Daume:* Moderne Lebensformen für den Sport. Ansprache des Präsidenten des Deutschen Sportbundes beim 10. Bundestag des DSB am 25. April 1970 in Mainz. In: *Daume* o. J., 280.

scher Mädchen (BDM), aber auch der SA, der Deutschen Arbeitsfront und der Urlaubsorganisation „Kraft durch Freude" (KdF). Das Ergebnis war, dass das Sport- und Vereinsleben in Deutschland immer mehr zum Erliegen kam. Gegen Ende des Zweiten Weltkriegs (1939–1945) wurde der Sportbetrieb weitgehend eingestellt.

Die Olympischen Spiele von 1936 sind ein Beispiel für den Missbrauch des Sports durch die Nationalsozialisten. Die Spiele trugen dazu bei, nach außen Frieden zu demonstrieren und gleichzeitig die Aufrüstung des Dritten Reichs zu tarnen. Das Volk sollte auf den Kampf und den Krieg vorbereitet werden. Die deutschen Organisatoren der Spiele, Carl *Diem* und Theodor *Lewald*, erkannten die wirklichen Absichten der NS-Führer nicht. Sie taten alles, um die Bedenken des IOC und besonders der amerikanischen Sportfunktionäre auszuräumen. In den USA entstand eine Boykottbewegung gegen die Spiele, weil befürchtet wurde, dass wegen der nationalsozialistischen Rassepolitik die olympischen Regeln nicht eingehalten würden. Diese Befürchtungen bestätigten sich. Jüdische Sportlerinnen und Sportler aus Deutschland konnten nicht an den Spielen teilnehmen. Trotzdem scheiterten die Boykottbemühungen, auch wegen des Vorgehens des Präsidenten des amerikanischen Olympischen Komitees, Avery *Brundage*.

Alfred *Baeumler* und Heinz *Wetzel* formulierten das Programm der „politischen Erziehung" bzw. der „politischen Leibeserziehung". Gemeint war eine streng an den Prinzipien des Nationalsozialismus ausgerichtete Leibeserziehung: Erziehung zur Volksgemeinschaft, Rassereinheit und Rassebewusstsein, Wehrhaftigkeit, Kraft, Mut, Stärke und Führertum. Es handelte sich nicht um Erziehung im traditionellen Sinn, sondern um die totale Erfassung und Manipulation jedes einzelnen Menschen durch den totalen Staat.

Als Deutschland am 8. Mai 1945 bedingungslos kapitulieren musste, hatten Krieg und Diktatur Millionen von Opfern gefordert. Der Sport war ein Teil des totalitären NS-Regimes, das diese Katastrophe verursacht hatte. Der Sport, seine Organisationen und Verantwortlichen hatten sich mitschuldig gemacht. Zugleich zählten der Sport und die Sportlerinnen und Sportler auch zu den Opfern. Der Sport war materiell und moralisch zerstört.

Hinweise zur Literatur- und Quellenlage:
Die Geschichte des Sports im Nationalsozialismus zählt inzwischen zu den mit am gründlichsten erforschten Epochen und Themen der deutschen Sportgeschichte. Peiffer/ Spitzer (1990) haben dazu eine ausführliche und kommentierte Bibliographie verfasst. Umfang und Qualität der Arbeiten zum Sport im Nationalsozialismus sind zum großen Teil das Verdienst von Hajo Bernett, der 1966 durch die Herausgabe seiner Dokumentation zur nationalsozialistischen Leibeserziehung den Anfang gemacht hatte und zahlreiche weitere Veröffentlichungen zu diesem Themenkomplex folgen ließ (bes. Bernett 1966, 1971, 1983a/b, 1990d). Bernett ist es damit gelungen, sowohl die komplexen historisch-systematischen Probleme nationalsozialistischer Leibeserziehung und Sportpolitik aufzugreifen

als auch kritische Fragen nach Schuld und Verantwortung einzelner Turn- und Sportführer und der Organisationen des Sports insgesamt zu stellen. In der unmittelbaren Nachkriegszeit war es offenbar noch nicht möglich, sich in dieser Form kritisch mit der jüngsten Vergangenheit auseinander zu setzen. Mit dem Buch von Eisenberg (1999) sind die Ergebnisse der Forschungen von Bernett, aber auch Teichler (1991), ergänzt, z. T. auch kritisch relativiert worden.

Die wesentlichen Aspekte von Turnen und Sport im Nationalsozialismus wurden inzwischen bearbeitet. Dies gilt sowohl für die Bereiche von Schule und Hochschule, Schulsport und Sportunterricht als auch für den Vereins- und Verbandssport, der ab 1935 unter der Kontrolle des DRL und ab 1938 der Partei stattfinden musste.[140] Die nationalsozialistische Sportpolitik ist grundlegend ebenfalls von Bernett (1971) und im Hinblick auf die internationale Politik von Teichler (1991) analysiert und dargestellt worden. Die Rolle einzelner herausragender „Sportführer" des Dritten Reichs wurde in Arbeiten von Bernett (1976), Steinhöfer (1973) und Ueberhorst (1970) zu erfassen versucht. Hinzugekommen ist neuerdings eine Biografie über Ritter von Halt von Heimerzheim (1999). Biografien von Opfern des NS-Sports sind dagegen selten. Eine Ausnahme bilden die Biografien von Kluge (2000, 2004) über den Weltrekordler Otto Peltzer und über den Boxweltmeister Max Schmeling; eine andere die Autobiografie von Gretel Bergmann (2003). Zu erwähnen ist auch die Biografie von Guttmann (1984) über Avery Brundage.

Weitere Themen sind die großen Turn- und Sportfeste, die Olympischen Spiele, die Zerschlagung des Arbeitersports und des jüdischen Sports, der Wehrsport und die Sportberichterstattung.[141]

Die Olympischen Spiele von 1936 wurden von Alkemeyer (1996) in den Kontext der olympischen Bewegung und des Olympismus zu stellen versucht. 1996 fand unter der Leitung von Reinhard Rürup und gefördert durch die Stiftung „Topografie des Terrors" eine Ausstellung zu den Spielen von 1936 statt, die in einem eindrucksvollen Band dokumentiert wurde (Rürup 1996). Hinzuweisen ist außerdem auf die Zeitschrift „SportZeiten", die seit 2001 (damals unter „SportZeit") erscheint, und in der regelmäßig zeitgeschichtliche Themen, auch und vor allem zum Sport im Nationalsozialismus behandelt werden.

Obwohl viele Aspekte zum Thema Nationalsozialismus bearbeitet und die Quellen, besonders des Bundesarchivs, zum großen Teil auch bekannt sind, heißt das nicht, dass alle Fragen beantwortet wären. Offen und umstritten bleiben Fragen nach der Kontinuität oder dem Bruch mit der Tradition von Turnen und Sport im Nationalsozialismus, nach den Ideen und Konzepten, die weitergeführt, unterbrochen oder fallengelassen wurden, nach Opportunismus, Schuld und Verantwortung, nach Anpassung und Widerstand, nach dem zentralisierten Chaos der NS-Sportverwaltung, und vor allem nach dem Erbe des nationalsozialistischen Sports, das die Sportentwicklung nach 1945 in beiden Teilen Deutschlands beeinflusste und belastete.

---

140 Siehe die Bibliographie von *Peiffer/Spitzer* 1990b. Zur Auswahl einige Titel: *Peiffer* 1976, 1987; *Bernett* 1985, 1990d; *Nyssen* 1987.

141 Siehe im Einzelnen die Bibliographie von *Peiffer/Spitzer* 1990b, 67–74.

8 Ein „neuer Weg" im deutschen Sport

Nach dem Zusammenbruch des „Dritten Reiches" mussten auch im Turnen und Sport neue Wege beschritten werden: zunächst unterschiedlich in den Besatzungszonen, dann gegensätzlich in Ost und West; neue Wege in Organisation und Verwaltung des Sports, aber auch bei den Überlegungen und Diskussionen zu den geistigen Grundlagen des Sports und der Leibeserziehung.

Im Westen Deutschlands, in der Bundesrepublik, erfolgte nach dem mühsamen Wiederaufbau und der Gründung des Deutschen Sportbundes 1950 als Dachverband des gesamten Sports eine stetige und seit den 1970er Jahren sprunghafte Sportentwicklung. Neben dem organisatorischen Aufbau setzte sich ein spezifisches Sportverständnis in der Bundesrepublik durch, das auch die Begründung der Leibeserziehung in den Schulen mit bestimmte.

Da es sich bei der Darstellung der Geschichte des Sports nach 1945 um einen Teil der jüngsten, noch gegenwärtigen Geschichte handelt, liegt das Schwergewicht dieses Kapitels auf dem Versuch, die eher „sportpädagogischen" Seiten dieser Sportentwicklung zu erfassen.

Abb. 30: Szene aus dem Großstaffellauf Berlin – Potsdam 1949 im zerstörten Berlin.

8.1 „Wege aus der Not zur Einheit"[142]

Dass die Menschen auch nach dem Zweiten Weltkrieg und nach der Katastrophe des Dritten Reichs wieder Sport treiben wollten, dass sie trotz der Not in den

---

[142] „Wege aus der Not zur Einheit" lautet der Untertitel der vom DSB (1990) herausgegebenen Bände zur Gründungsgeschichte des Deutschen Sportbundes.

Trümmern der zerstörten Städte und trotz der leeren Mägen immer noch Lust am Spielen, Freude an der Gymnastik und am Turnen hatten, das zeigte sich schon bald.[143] Auf Hinterhöfen und Wiesen spielte man wieder Fußball oder Handball, in Sälen von Gastwirtschaften oder stehen gebliebenen Hallen fing man an zu turnen, in alten Schwimmbädern oder in Flüssen und Kanälen begann man zu schwimmen. Spielmannschaften und Wettkampfgruppen bildeten sich, bevor die Gründung von Vereinen wieder erlaubt wurde. Sobald der Schulbetrieb aufgenommen werden konnte, wurde auch wieder Unterricht in Leibesübungen erteilt.

8.1.1 Sport in den Besatzungszonen

Die vier Besatzungsmächte USA, die Sowjetunion, England und Frankreich, die nach der bedingungslosen Kapitulation der Deutschen im Mai 1945 die Macht in Deutschland übernommen hatten, waren mit dem Ziel angetreten, Nationalsozialismus und Militarismus für immer in Deutschland zu besiegen, die Schuldigen des nationalsozialistischen Regimes zu bestrafen und die deutsche Bevölkerung zur Demokratie und in die Gemeinschaft der zivilisierten Völker zurückzuführen. Nicht alle diese Ziele ließen sich verwirklichen, und nicht jede Besatzungsmacht verfolgte sie in gleicher Weise, ganz abgesehen davon, dass sie auch unterschiedlich interpretiert wurden. Die USA, England und Frankreich verstanden darunter ihr Modell von westlicher Demokratie und Marktwirtschaft, die Sowjetunion war daran interessiert, in ihrem Machtbereich ein sozialistisches System sowjetischen Typs einzuführen.

Sehr schnell entwickelten sich deshalb die drei Westzonen, die amerikanische und französische Besatzungszone im Süden bzw. Südwesten Deutschlands und die Engländer im Westen und Nordwesten, sowie die Ostzone, das Gebiet der späteren DDR, auseinander. Als der „Kalte Krieg" zwischen den Supermächten USA und der Sowjetunion ausbrach, verlief die „Front" mitten durch Deutschland: 1949 kam es zur Gründung zweier deutscher Staaten, der Bundesrepublik Deutschland und der Deutschen Demokratischen Republik (DDR). Erst nach dem Ende dieses 40-jährigen Kalten Kriegs ist im Herbst 1989 die innerdeutsche Grenze gefallen.

Von diesen politischen Vorgaben waren ganz entscheidend auch die Entwicklung und der Wieder- und Neuaufbau von Turnen und Sport in Deutschland betroffen. Ab 1949 gingen sie in Ost und West getrennte Wege.

Engländer, Amerikaner und Franzosen waren und sind sportbegeisterte Menschen; dies traf besonders auf die Besatzungsoffiziere in Westdeutschland zu. Es stand für sie außer Frage, dass in Deutschland der Sport wieder einen angemessenen Platz im Leben der Menschen bekommen müsste. Aber welchen? Denn ihnen war nicht entgangen, dass die Organisationen von Turnen und Sport und besonders die Leibeserziehung im nationalsozialistischen Deutschland eine

---

[143] Zum Wiederaufbau des Sports in Deutschland nach 1945 vgl. DSB 1990, Band 1, insbesondere die Beiträge von *Grupe:* „Der neue Weg im deutschen Sport" (16–24) und *Peiffer:* „Neuanfangen oder weitermachen? Zur Situation des Schulsports nach dem Kriege" (281–291) sowie Band 2, 1991.

unrühmliche Rolle gespielt hatten. Leibesübungen waren seit 1938 formal im NSRL, also in einer von der Partei betreuten Organisation gewesen. Und da die NSDAP mit allen ihren Unterorganisationen verboten wurde, galt zunächst auch ein striktes Verbot aller alten Turn- und Sportvereine. Turnen und Sport hatten sich von den nationalsozialistischen Machthabern benutzen, missbrauchen lassen; sie waren „ein mächtiges Werkzeug zur Verbreitung von Nazilehren und Einprägung von Militarismus" gewesen, wie es in einer Anweisung der englischen Militärregierung hieß *(Peiffer* 1989, 104). Damit waren nicht nur die alten Vereine und ihre Funktionäre gemeint, sondern auch die Leibeserzieher, die Turn- und Sportlehrer. Alles, was nach Militarismus und Wehrsport aussah, alles was an Nationalsozialismus erinnerte, durfte deshalb im neuen Sport in Deutschland keinen Platz finden. Konkret bedeutete dies, dass z. B. Kampf- und Motorsport, auch der Schieß- und Fechtsport verboten waren. In den Schulen durfte der Turnunterricht nichts mehr enthalten, was nur entfernt an „vormilitärische Ausbildung" erinnerte. Kennzeichnend ist die Anweisung Nr. 2 der britischen Militärregierung vom 18. Juli 1945, in der alle „militärischen Züge in einem Programm der Leibeserziehung und des Sports" in den Schulen verboten wurden *(Peiffer* in DSB 1990a, 282).

Das Turnen galt vor allem den französischen Besatzungsoffizieren als durch und durch militaristisch und nationalistisch, auch antifranzösisch, und deshalb waren in der französischen Besatzungszone Turnvereine bis 1949 verboten. Turnen durfte nur in einem Gemischtverein betrieben werden. Zentralistische und hierarchische Organisationsformen wurden nicht geduldet; alles sollte auch im Sport demokratisch und von unten neu aufgebaut werden. Überregionale oder überzonale Vereinigungen oder Verbände waren anfangs nicht erlaubt.[144]

Die Amerikaner nahmen es mit ihrer selbst gestellten Aufgabe der Entnazifizierung und „reeducation", der Erziehung der Bevölkerung zum neuen alten demokratischen Bewusstsein, das die Deutschen, sofern sie es als nationales Kollektiv je besaßen, 1933 abgelegt hatten, besonders ernst. Sie versuchten mit erheblichem Aufwand die ehemals großen und kleinen Nationalsozialisten ausfindig zu machen, die Schuldigen zu bestrafen und keine alten Nazis an führende Positionen gelangen zu lassen. Auch von den neu aufzubauenden Sportorganisationen, ebenso von der Verwaltung und vom Schulwesen sollten sie ferngehalten werden. Aber das Vorhaben misslang; denn am Ende wollte keiner schuldig gewesen sein, jeder fühlte sich als Opfer des Naziterrors, stufte sich in seinem „Fragebogen" höchstens als „Mitläufer" ein, dem keine andere Wahl geblieben sei als mitzumachen, wie alle anderen auch. Da man nicht ein ganzes schuldig gewordenes Volk ausschließen konnte, sondern im Gegenteil das Leben und die Gesellschaft neu aufgebaut werden mussten, verlief die „Entnazifizierung" sehr schnell im Sande. An vielen Positionen in Staat, Wirtschaft und Gesellschaft, in den Kirchen und Gewerkschaften und auch in Leibeserziehung und Sport, tauchten nach einer kurzen Schamfrist, genauer nach 1947, als sich der Ost-West-

---

[144] Die Sportpolitik der Franzosen nach 1945 in Deutschland wurde in einer Studie von Stefanie *Woite-Wehle* (2001) im Einzelnen untersucht. Sie zeigt, dass die französischen Besatzungsoffiziere dem Sport und der Sporterziehung große Bedeutung beimaßen.

"Wege aus der Not zur Einheit" 167

Gegensatz erkennbar verstärkte, viele der alten Funktionsträger wieder auf. Diem, von Halt, von Mengden, der frühere Stabsleiter im NSRL und unter Willi Daume wieder Generalsekretär des Deutschen Sportbundes, sind die bekanntesten Beispiele aus dem Sport.

Am organisatorischen Neubeginn des Sports in Westdeutschland standen die Vereine. Die alten Traditionsvereine, die es geschafft hatten, auch über die Zeit der Diktatur und des Krieges hinweg wenigstens informell einen Zusammenhalt zu pflegen, wurden schon bald, meistens schon im Sommer 1945, wieder gegründet. Daneben waren von den inzwischen eingesetzten deutschen Verwaltungen, die den jeweiligen Militärbehörden unterstanden, so genannte Sportreferenten eingesetzt worden, die die Aufgabe hatten, bei der Gründung von Vereinen zu helfen und zwischen den Vereinen, den deutschen Verwaltungen und den Militärs zu vermitteln. Die Erteilung von Lizenzen für Vereine hing wiederum von den unterschiedlichen Rechtsvorschriften in den Besatzungszonen ab; bei den Franzosen waren sie strenger und restriktiver als bei den Engländern und Amerikanern.[145]

Wie dieser organisatorische Neuaufbau konkret vonstatten ging, lässt sich am Beispiel dreier Städte aus unterschiedlichen Besatzungszonen verdeutlichen:

In Frankfurt lag das Hauptquartier der amerikanischen Besatzungstruppen in Deutschland. Die Stadt war im Krieg stark zerstört worden. Die Einwohnerzahl ging deshalb von über einer halben Million auf rund 200 000 zurück. Trotzdem erwachte schon im Sommer 1945 in Frankfurt auch das sportliche Leben: Ein erstes offiziell genehmigtes Fußballspiel am 8. Juli 1945 lockte über 4000 Zuschauer an. Ab Ende August wurde eine improvisierte Fußballliga gestartet, an der sich neben dem wiedergegründeten Frankfurter Traditionsverein, dem Frankfurter Fußballsportverein, auch die Offenbacher Kickers, die Sportfreunde Westend und ein ehemaliger Arbeitersportverein, die Freien Turner Bockenheim, beteiligten. Am 17. August 1945 wurde von der örtlichen Militärregierung die Gründung eines Komitees zur Vorbereitung eines Stadtsportverbandes genehmigt, in dem alle Frankfurter Sportvereine zusammengefasst werden sollten. Aber schon nach der ersten Vollversammlung des Stadtsportverbandes brachen die Gegensätze aus der Zeit vor 1933 wieder auf. Die beiden alten Frankfurter Sportvereine, die Frankfurter Eintracht und der Fußballsportverein, scherten aus und schlossen sich der Süddeutschen Fußball Oberliga an, die bereits im September 1945 in Stuttgart gegründet worden war (Gissel 1990).

Das zweite Beispiel Ravensburg, eine Stadt mittlerer Größe (heute 43 000 Einwohner) in der Nähe des Bodensees, zeigt die Verhältnisse in der französischen Besatzungszone. Im Unterschied zu den Amerikanern, die die Neu- und Wiedergründung von Turn- und Sportvereinen von Anfang an tolerierten und großzügig Lizenzen erteilten, mussten in der französischen Besatzungszone und in Ravensburg strenge Auflagen erfüllt werden.[146] Die Wiedergründung der alten Vereine war nicht erlaubt, schon gar nicht, wenn es sich um Turnvereine handelte. Neu

---

145 Siehe zu dem gesamten Komplex des organisatorischen Sportaufbaus nach 1945 Nitsch 1990.
146 Vgl dazu Woite-Wehle 2001, bes. 118 ff.

zu gründende Sportvereine mussten einen „allgemeinen Charakter" haben, hieß es in einer Direktive der Militärregierung; d. h., eine Lizenz erhielten nur mehrspartige Einheitssportvereine. Deshalb entstand in Ravensburg mit dem SV Ravensburg ein solcher Großsportverein, dem viele verschiedene Abteilungen angehörten. In diesem Verein waren alle Sportarten vertreten, die vor 1933 in selbständigen Turn- und Sportvereinen organisiert waren, der Turnverein von 1847, der Turnerbund von 1909, die Freie Turnerschaft, der Fußballverein von 1893 und der Tennisclub von 1892. Nach Abschluss eines komplizierten Genehmigungsverfahrens, in dem die Mitglieder, der Vorstand und die Satzung überprüft wurden, konnte am 25. Juli 1947 bei der Gründungsversammlung die Lizenz durch den Kreissportbeauftragten vorgelegt werden. Er hatte die Lizenz aber nicht direkt von der französischen Militärregierung erhalten, sondern vom „Landesbeauftragten für Sport und Körperkultur für die französisch besetzten Gebiete Württembergs und Hohenzollern", Willi *Klumpp* aus Tübingen. Als 1949 mit der Gründung der Bundesrepublik auch die strengen Verbote der Besatzungsmächte entfielen, löste sich kurz danach der Großsportverein SV Ravensburg in seine Abteilungen auf. Es entstanden wieder ein Fußballverein, ein Tennisclub, der Turnerbund und der alte Turnverein von 1847, der sich aber jetzt TSV nannte. Ein eigener Arbeitersportverein gründete sich nicht mehr *(M. Krüger* 1990d).

Das dritte Beispiel ist Hannover in der britischen Besatzungszone. Dort war nach dem Krieg der frühere Arbeitersportfunktionär Heinrich *Kabus* als „städtischer Sportrat" mit der Betreuung der neu zu gründenden Sportvereine beauftragt worden. Obwohl die britischen Militärbehörden zunächst, im Sommer 1945, alle Eingaben für Vereinsgründungen ablehnten, genehmigten sie großzügig die Durchführung von Sportveranstaltungen. Z. B. fand am 22. Juli 1945 vor über 8000 Zuschauern eine große Radsportveranstaltung auf der Radrennbahn Hannover statt. Ende August wurde sogar ein deutsch-britisches Sportfest in Hameln durchgeführt. Die alten Traditionsvereine Hannovers hatten sich bald wieder zusammengefunden: Hannover 96 und Arminia Hannover, und auch der älteste Verein, der Turn-Klubb (TK) Hannover von 1858, dessen ehemalige Mitglieder sich im Sommer 1945 trafen und den Verein offiziell am 22. November 1945 wiedergründen durften *(Wieser* 1990).

Um dieses unterschiedliche und uneinheitliche Vorgehen beim Neuaufbau des Sports in den einzelnen Besatzungszonen auf klarere Grundlagen zu stellen und besser aufeinander abzustimmen, erließ der für ganz Deutschland zuständige Alliierte Kontrollrat am 17. Dezember 1945 die Direktive 23. Sie war mit den Worten „Beschränkung und Entmilitarisierung des Sportwesens in Deutschland" überschrieben und verfügte offiziell die Auflösung aller NS-Sportorganisationen und das Verbot aller militärisch-athletischer Aktivitäten, vom Fallschirmspringen bis zum Schießen. Örtliche Sportorganisationen wurden erlaubt, aber nur mit ausdrücklicher Genehmigung der örtlichen Militärbehörden *(Peiffer* 1989, 113 f.).

Die Direktive 23 trug eher zur Verwirrung als zur Klärung der Lage bei, weil ja die Neuorganisation des Sports bereits in vollem Gange war. Sie beeinflusste die Praxis der Vereinsgründungen in den Städten und Gemeinden kaum, aber sie behinderte und verzögerte die Bemühungen um die Gründung überregionaler und überzonaler Sportorganisationen.

8.1.2 Die Gründung von Verbänden und des Deutschen Sportbundes

Der Kern des Sportaufbaus nach 1945 bestand in der Arbeit der Turn- und Sportvereine und ihrer ehrenamtlichen Vertreter vor Ort. Sie leisteten die Basisarbeit, die sowohl in der Wiederbelebung der sportfachlichen Arbeit der Vereine bestand als auch im Aufbau von Organisation und Verwaltung sowie in der Wiederherstellung der zerstörten Sportanlagen. Vor allem erfüllten die engagierten Turner und Sportler der ersten Stunde in den örtlichen Vereinen wichtige menschliche, zwischenmenschliche und soziale Aufgaben. Sie schufen wieder Gelegenheiten für Begegnungen und Gemeinsamkeiten, für Freude und soziale Nähe. Und sie trugen wesentlich dazu bei, dass die Masse der Flüchtlinge, die aus dem Osten nach Westdeutschland strömten, leichter in die westdeutsche Nachkriegsgesellschaft integriert werden konnten.

Trotz der Direktive 23 kam es in den Jahren von 1946 bis 1950 zunächst innerhalb der jeweiligen Besatzungszonen und dann auch über die Besatzungszonen hinweg sowohl zu Zusammenschlüssen von sportartspezifischen Fachverbänden als auch von Landesverbänden für Sport. In den Fachverbänden fanden sich die alten Sportverbände und die Turner zusammen. Sie waren auch deshalb am raschen Aufbau von Fachverbänden interessiert, weil sie so schnell wie möglich den Anschluss an die internationalen Sportverbände und an den olympischen Sport suchten.

In den Landesverbänden für Sport oder den Landessportbünden kam ein Organisationsprinzip zum Tragen, das eine Art Alternative zum Fachverbandsmodell darstellte. Es wurde vor allem von den ehemaligen Arbeitersportlern vertreten und sah vor, dass die Vereine, in denen vielfältige Sportarten und Sportaktivitäten betrieben und sonstige kulturelle und gesellige Formen gepflegt wurden, sich in einem Dachverband zusammenfinden sollten. Dieser überfachliche Sport-Bund sollte dann die Interessen des ganzen Sports einschließlich seiner sport-kulturellen Aspekte wahrnehmen und nicht die Summe der Interessen der einzelnen Sportarten oder Fachverbände. Diese beiden Organisationsprinzipien eines zukünftigen Sports in Westdeutschland waren zwar in der Theorie voneinander zu unterscheiden, aber sie stellten in der Praxis keine wirklichen Alternativen dar; denn die Turner hatten sich nie als Fachverband für Turnen gesehen, obwohl sie für das Fachverbandsprinzip eintraten. Trotzdem entstand ein scheinbar nicht zu überbrückender Gegensatz zwischen denen, die die Fachverbände und solchen, die die Sportbünde als Kern eines neuen Dachverbandes für Turnen und Sport auf freier und selbständiger Grundlage ansahen. Der Kompromiss lautete am Ende, dass im Deutschen Sportbund (DSB) sowohl die Fachverbände als auch die Landessportbünde Mitglieder sind *(Nitsch* 1990, 29-64).

Bevor es jedoch zur Gründung des Deutschen Sportbundes kam, mussten zahlreiche Konferenzen abgehalten, Kompromisse geschlossen, Verhandlungen geführt werden, um Missverständnisse auszuräumen und gegenseitiges Misstrauen abzubauen – sowohl zwischen den Deutschen und den alliierten Besatzungsoffizieren als auch zwischen den deutschen Turn- und Sportvertretern. Es galt, die alten Gräben zwischen Turnen und Sport, zwischen bürgerlichem Sport und Arbeitersport, zwischen den Fachverbänden zuzuschütten.

Auf der Konferenz in Bad Schwalbach am 16./17. Juli 1949 äußerten die alliierten Militärbehörden noch einmal ihre Vorbehalte gegen die Gründung nationaler Sportorganisationen vor der Gründung der Bundesrepublik. Die bereits geplante Gründung eines Nationalen Olympischen Komitees für Deutschland musste aus diesem Grund verschoben werden. Sie erfolgte erst am 24. September 1949 im Rahmen der Bundesfeier zur Konstituierung der Bundesrepublik Deutschland. Da der französische Hohe Kommissar, der höchste Repräsentant der französischen Militäradministration, noch 1950 Einwände gegen die Gründung des Deutschen Turner-Bundes hatte, musste auch diese Gründung verschoben werden. Sie konnte nicht wie geplant an Pfingsten 1950 in der Frankfurter Paulskirche stattfinden, sondern erst im September in Tübingen.

Die Kontrollratsdirektive 23 des Alliierten Kontrollrats wurde im Herbst 1950 außer Kraft gesetzt. Damit wurde erst ein Jahr nach Bestehen der Bundesrepublik Deutschland von den Alliierten der Weg für die Gründung des Deutschen Sportbundes freigegeben.

Die Probleme der deutschen Turn- und Sportvertreter wurden in der Zeit zwischen 1948 und Dezember 1950 untereinander zu lösen versucht. Es galt vor allem, den entstandenen Dualismus von regionalen, überfachlichen Zusammenschlüssen (Sportkreise, Landessportbünde) auf der einen und fachlichen Arbeitsgemeinschaften bzw. Fachverbänden auf der anderen Seite zu überbrücken. Diese Frage stand im Mittelpunkt der Konferenz von Bad Homburg (23. Oktober 1948), wo die Arbeitsgemeinschaft Deutscher Sport (ADS) als Vorläufer des DSB geschaffen wurde.

Der Versuch, ehemalige Arbeitersportler und Arbeitersportfunktionäre stärker am Neu- und Wiederaufbau zu beteiligen, gelang nur zum Teil. Viele führende Arbeitersportler waren umgekommen oder ermordet worden; viele hatten keine Erfahrung mehr in Fragen der Organisation und Verwaltung, nachdem sie zwölf Jahre lang verboten und unterdrückt worden waren; vielen fehlte die Kraft und die Energie, sich gegen die Experten des bürgerlichen Sports zu behaupten. Aber auch den bürgerlichen Sportlern und Sportfunktionären, die sich in einigen Fällen durch ihre nationalsozialistische Vergangenheit belastet hatten, war klar geworden, dass nicht mehr in den alten Gleisen weitergefahren werden konnte, sondern dass ein „neuer Weg im deutschen Sport" gefunden werden musste, wie Heinrich *Sorg*, ein ehemaliger Arbeitersportler 1948 schrieb. Die Arbeitersportler glaubten, dass dieser „neue Weg im deutschen Sport" zwar gemeinsam gegangen werden müsse, dass nach den Erfahrungen der Vergangenheit die Führung in diesem Sport aber automatisch den ehemaligen Arbeitersportlern zufallen werde. Dies war nicht der Fall; trotzdem sind in den Deutschen Sportbund auch grundlegende Werte des alten Arbeitersports eingeflossen.

Der neue Weg bedeutete zum einen neue Formen der Organisation und Verwaltung des Sports, und er bedeutete zum anderen eine neue geistige und ideelle Grundlegung der Leibesübungen und Leibeserziehung insgesamt in Schule und Verein. Am Ende war nicht alles, vielleicht das wenigste wirklich neu, aber der Bruch mit dem nationalsozialistisch korrumpierten Sport musste deutlich ausfallen.

Im Dezember 1950 gelang in Hannover zum ersten Mal in der Geschichte von Turnen und Sport in Deutschland die Gründung eines gemeinsamen und funktionierenden Dachverbandes aller Turn- und Sportvereine und Verbände. Im Deutschen Sportbund war die Einheit des Sports, die von den Nationalsozialisten verordnet worden war, auf freiwilliger Grundlage und ohne politische Einmischung hergestellt worden. Einheit bedeutete die Einheit der Vereine und Verbände von Turnen und Sport. Sie hatten ihren alten Streit zwar immer noch nicht beendet, stimmten aber zumindest darin überein, in Zukunft vernünftig und kompromissbereit im Interesse des Ganzen über die Probleme von Turnen und Sport sprechen zu wollen. Einheit bedeutete auch die Einheit von bürgerlichem Sport und Arbeitersport einschließlich der vor 1933 konfessionellen Vereinen und Verbänden in einem gemeinsamen Verband. In dieser Frage waren mit der Gründung des DSB die alten Wunden und ideologischen Gegensätze nicht mit einem Schlag beseitigt. Aber von Ideologien, gerade in bezug auf das Sporttreiben, hatten die meisten mehr als genug; im Grunde waren sich alle einig, dass die politische und ideologische Verstrickung und Instrumentalisierung von Turnen und Sport mit zu ihrem tiefen Fall geführt hatten. Keine Politik und keine Ideologie mehr im Sport, das war der breite Konsens, der letztlich zur Überbrückung der sportinternen Unterschiede und damit zur Gründung des DSB führte.

Die Skepsis gegen „Politik" im Sport bedeutete Unabhängigkeit und Zurückhaltung gegenüber dem Staat. Das enge Bündnis zwischen Turnen und Sport auf der einen und dem Staat auf der anderen Seite, auf das viele Funktionäre vor 1933 hingearbeitet hatten, war dem Sport schlecht bekommen. Jetzt wollte man sich so weit es ging vom Staat fernhalten, und auch der Staat, die Politiker der neuen, demokratischen Bundesrepublik Deutschland, zeigten kein Interesse an einem staatlich kontrollierten Sport; ganz abgesehen davon, dass ein Staatssport, der auch nur annähernd den Umfang und die Qualität des freien, vereinsgebundenen Sports mit vielen ehrenamtlichen Übungsleitern und Helfern besessen hätte, nicht zu finanzieren gewesen wäre. Der Staat sollte gemäß dem Prinzip der Subsidiarität nur dann helfend eingreifen, wenn die Mittel und Möglichkeiten des freien Sports nicht mehr ausreichten, um seine sportlichen, leibeserzieherischen und gesundheitspolitischen Aufgaben wahrzunehmen.

Parallel zur Lösung der organisatorischen Probleme des Sports in der Bundesrepublik wurde nach einem neuen Selbstverständnis des Sports gesucht. Denn die organisatorische Einheit konnte letztlich nur gelingen, wenn eine breite Übereinstimmung über den Sinn, den Wert und die Prinzipien dieses Sports herbeigeführt werden konnte. Erst wenn es gelingen würde, dem vereinsgebundenen Sport ein neues geistiges und moralisches Fundament zu bauen, könnte dieser Sport als Vorbild und Grundlage einer neu zu entwerfenden Praxis und Theorie der Erziehung im und durch Sport, allgemein der Leibeserziehung dienen. Vereinssportler und Meinungsführer des Vereinssports waren in dieser Frage genauso herausgefordert wie Pädagogen, Lehrer und Leibeserzieher.

Einiges war, mehr oder weniger offen formuliert, durch die Verhältnisse schon vorentschieden worden: Turnen und Sport durften sich nicht mehr in den Dienst von Militarismus und Totalitarismus, von Nationalismus und Zentralismus stellen, sie wollten sich auch nicht mehr einer sportfremden Ideologie ausliefern oder unter der Knute von Politik und Staat stehen. Es gibt keinen „proletarisch-marxistischen Klimmzug" und keinen „bürgerlich-kapitalistischen Handstand", sagte der erste Bundespräsident Theodor *Heuss*, ein großer Förderer von Turnen und Sport in den Anfangsjahren. Demokratisch sollte der Sport in Zukunft sein, offen, tolerant und human.

Aber was bedeutete diese allgemeine Orientierung in Bezug auf die konkreten Ziele und das Selbstverständnis des Sports in der Bundesrepublik Deutschland? In den Satzungen der Vereine und Verbände, in den Reden der Meinungsführer und Repräsentanten von Turnen und Sport, in Büchern und Artikeln, in den Programmen und Initiativen des „freien" Sports und nicht zuletzt in der „Charta des Sports", dem „Grundgesetz" des deutschen Sports, das 1966 vom DSB verabschiedet wurde, lassen sich zusammengefasst vier Aspekte hervorheben: Erstens die Bedeutung des Sports und der Leibesübungen allgemein für die Gesundheit und das Wohlbefinden jedes Einzelnen; zweitens das Bemühen, das verlorengegangene Vertrauen in die erzieherische Qualität des Sports wiederherzustellen; drittens die Arbeit an einem Sport, der auf Fairness, Gemeinschaft und Solidarität setzt; und viertens das Bestreben, den Sport mit einem Menschenbild in Verbindung zu bringen, das den Einzelnen unabhängig von Rasse, Herkunft, sozialem Stand, Alter oder Ideologie in den Mittelpunkt stellt. Im Sport der Zukunft sollte sich jeder frei und selbstbestimmt bewegen können, spielerisch-zweckfrei, ohne Gängelung, Bevormundung oder Zwang durch Politik, Wirtschaft oder sportfremde Ideologie *(Grupe* 2000, bes. 71 ff.).

8.2 Die Eigenwelttheorie des Sports

Zweifellos handelte es sich hier um ein idealistisches Verständnis und Konzept des Sports und seiner Wirklichkeit; denn es musste doch von Anfang an jedem Kenner des Sports und seiner Geschichte klar sein, dass sich auch der Sport der Zukunft nicht in einem politik- und ideologiefreien Raum bewegen werde, dass der Sport sich dem Spiel der Mächtigen auch weiterhin nicht entziehen könne, dass er in den „Kalten Krieg" hineingezogen und auf das Wohlwollen und den Zuspruch staatlicher Stellen angewiesen sein werde, dass sich mit dem Sport auch Geschäfte machen ließen usw. Aber wem war es zu verdenken, dass die Welt des Sports nun als heile Welt, als idealisierte „Eigenwelt" gesehen wurde oder besser gesehen werden wollte, in der es fair und solidarisch zugehen sollte, in der die „böse" Politik, von der man so enttäuscht worden war, nichts mehr zu suchen hatte, in der Gesundheit, Ausgleich und Entspannung vom Ärger und den Mühen des Alltags gefunden werden konnte, in der Leistung auch gerecht belohnt würde, in der ein Wettbewerb fair und für jeden auf den ersten Blick erkennbar gerecht ausgetragen würde? „Es gehörte zum guten Ton der Sportfunktionäre, sich wie ihre geistigen Ziehväter zum Idealismus zu bekennen und, moderat auf Kulturpessimismus rekurrierend, die Entartung des Sports in unserer Zeit zu kritisieren" – so urteilte der Kulturhistoriker Hermann *Glaser* (1986, 151).

Nachdem sich die deutschen Turn- und Sportideologen in der Vergangenheit immer um eine feste Verankerung von Turnen und Sport in Volk und Nation bemüht hatten, bastelten sie nun an der Konstruktion einer idealen sportlichen „Eigenwelt". *Diem,* der große alte Sportführer der ersten Hälfte des 20. Jahrhunderts, hat durch sein Buch „Wesen und Lehre des Sports", das 1949 in der ersten

Auflage erschien, entscheidend zu diesem Sportverständnis beigetragen. Der Sport ist „zweckfreies, lusterfülltes, leistungsstrebendes Spiel", schrieb er im Vorwort seiner „kleinen Schrift", die als Anregung und Grundlage für ein großes, umfassendes „Lehrbuch" des Sports gedacht war, eines Sports, wie ihn *Diem* verstand und wie er in Westdeutschland verstanden werden wollte. Da ein solches Lehrbuch nicht zustande kam, legte *Diem* 1960 sein Buch ein zweites Mal, nun ergänzt und mit dem neuen Titel „Wesen und Lehre des Sports und der Leibeserziehung" auf. Die Grundaussage war dieselbe, aber, wie an der Änderung des Titels mit dem Zusatz „Leibeserziehung" zu erkennen ist, schien das von ihm erkannte „Wesen des Sports" inzwischen überall so weit bekannt geworden zu sein, dass dieses Wesen des Sports nun mit dem Wesen der Leibeserziehung zusammenfalle. „Dieser moderne Sport ist eine Erscheinung aus dem größeren Lebensbereich des Spiel" (S. 3), wiederholte *Diem,* und er bemühte zum Beleg dieser These Geistesgrößen aus allen Jahrhunderten, bei den alten Griechen angefangen über *Schiller* und *Kant* bis zu Karl *Jaspers,* Ortega y *Gasset,* Johan *Huizinga* oder Friedrich Georg *Jünger.* Der Sport ist zweckfrei, lautete die Botschaft, eine Welt für sich, außerhalb der ernsten Wirklichkeit, eine eigene Welt, die aber das „Modell", wie von *Krockow* sagte, eines besseren Lebens, einer besseren Welt abgibt: eine Welt, in der, wie *Diem* in den „zehn Geboten des Sports" formulierte, „Sport um des Sports willen ohne Eigennutz und Ehrsucht, treu den Regeln und treu deinen Freunden" betrieben werde. An den „Sportsmann" würden nicht nur hohe körperliche und sportliche Anforderungen gestellt, sondern auch moralische: Fairness und Ritterlichkeit („wichtiger als der Sieg ist die Haltung"), Sittlichkeit, Bescheidenheit und Mäßigung („Halte Dich rein an Körper, Geist und Gesinnung"), Einsatzfreude und Askese („Setze im Sport Deine ganze Kraft ein, aber lasse den Sport Begleitmelodie und nicht Inhalt des Lebens bleiben"), Ehrlichkeit, Würde und Aufrichtigkeit („Erstrebe statt des Beifalls der Zuschauer das Lob Deines Gewissens" – „möge immer der Beste Gewinnen") – ein Sport, wie man sich schöner und besser die Welt und das Leben nicht vorstellen könnte; ein Sport, der im Begriff war, zur „Religion" erhöht zu werden; ein Sport, der wie eine Religion ein hohes und unerreichbares Ideal verkörperte und für seine Anhänger 10 Gebote aufstellte, die niemand erfüllen konnte (und kann).

Aber es gab auch Feinde dieser neuen Sportreligion. *Diem* hatte den Sport- „Teufel" im Berufssport ausfindig gemacht. Wem der Sport Beruf sei, und wer Geld mit seinem Sport verdiene, der sei kein Sportsmann, sondern Schausteller, meinte er; und die schlimmsten seien die „Amateurbetrüger" (S. 25), diejenigen, die sich als Amateure gäben, in Wahrheit aber Profiteure des Sports seien. Das Wort Sport wollte *Diem* am liebsten nur für die reinen Amateure reserviert wissen; nur für sie sei der Sport „zwischen freigewählte Pflichtfüllung, Askese und religiöse Verantwortung gebettet" (S. 25).

*Diem*s alte Interpretation des Sports als Spiel, die er schon in den Zwanzigerjahren bemüht hatte, und bei der er sich immer wieder – fälschlicherweise – auf Friedrich *Schiller*s „Briefe über die ästhetische Erziehung des Menschen" berief, legte einen engen Zusammenhang mit den Olympischen Spielen und mit der Amateuridee des Sports nahe, wie sie im olympischen Sport vertreten wurde, angefangen von *Coubertin* bis hin zu seinen Nachfolgern als IOC-Präsident, besonders *Brundage.* Auch an Olympischen Spielen durften nur Amateure teilnehmen, solche, die den Sport als Spiel, aus purer Lust und Leidenschaft betreiben konnten, die nicht darauf angewiesen waren, damit Geld verdienen zu müssen oder sich als Sportlehrer und Trainer zu verdingen.

Es mag aufmerksamen Beobachtern zwar merkwürdig vorgekommen sein, dass sich ausgerechnet die Deutschen mit *Diem* und Ritter *von Halt* als besonders engagierte Sachwalter der olympischen Idee und speziell der olympischen Amateuridee hervortaten; denn waren es nicht dieselben Meinungsführer des Sports in Deutschland, die bei den letzten Olympischen Spielen vor dem Krieg 1936 in Berlin den „Geist" dieser Olympischen Spiele, die Olympische Idee, beschädigt, in sein Gegenteil verkehrt oder zumindest dazu beigetragen hatten, dass sie praktisch auf den Kopf gestellt wurde? Die Deutschen hatten 1936 auch gegen den „Geist" des Amateurismus verstoßen;[147] denn zum ersten Mal wurden damals die deutschen Spitzensportler im großen Stil von Staats wegen zusammengefasst und systematisch auf die Spiele vorbereitet. Die deutschen Sportstars von 1936 waren in dem strengen *Diem*schen Sinne, wie er nun nach dem Krieg das „Wesen des Sports" sah, die ersten echten „Amateurbetrüger" *(Diem)*, „Staatsamateure", wie man später von den Ostblock-Athleten sagte, weil sie zur Vorbereitung auf die Spiele von ihrer Berufsarbeit entlastet wurden und später als strahlende Olympiasieger sich auch keine Sorgen mehr um ihre berufliche Zukunft zu machen brauchten.

Aber Olympia 1936 war längst vorbei, und nun taten die deutschen Meinungsführer des Sports und die Vertreter der großen Sport-Fachverbände alles, um möglichst schnell wieder in die olympische Familie aufgenommen zu werden.[148] Was lag also näher, als die „Eigenwelt" des Sports hervorzuheben und die Idee des reinen Amateursports im Sumpf des um sich greifenden Materialismus hochzuhalten; ein Materialismus, der im Übrigen die Grundlage des westdeutschen Wirtschaftswunders und des wachsenden Wohlstands in der Bundesrepublik bildete.

Der Anschluss an den „Weltsport", an die internationale Sportentwicklung gelang jedoch erst wieder mit der Teilnahme einer deutschen Mannschaft (aus Ost und West) an den Olympischen Spielen des Jahres 1952 in Helsinki. Als die westdeutschen Fußballer um den ehemaligen „Reichstrainer" Sepp *Herberger* zwei Jahre später in Bern die Fußballweltmeisterschaft in einem packenden Endspiel gegen Ungarn gewannen, waren die Westdeutschen endgültig und mit neuem Selbstbewusstsein auf die Weltbühne des Sports zurückgekehrt. Die Ostdeutschen in der DDR schickten sich an, zu einer führenden Macht im internationalen olympischen Sport zu werden.

---

[147] *Halt* war von 1929 bis 1964 Mitglied des IOC. Als überzeugter Nationalsozialist wurde er 1944 der letzte (kommissarische) Reichssportführer. Von 1951 bis 1962 war er Präsident des NOK für Deutschland. Vgl. NOK für Deutschland 1989, 206 f.; außerdem NOK 1999.

[148] Sehr passend ist der Titel des Bandes „Rückkehr nach Olympia", der 1989 zum 40-jährigen Bestehen des Nationalen Olympischen Komitees für Deutschland herausgegeben wurde (München 1989). Das wesentlichste Interesse der neuen alten Sportfunktionäre und auch der übriggebliebenen aktiven Sportler nach 1945 galt dem Wiedereintritt in das internationale, olympische Sportgeschehen.

Aus der Eigenwelt- und Amateur-„Theorie" des Sports ließ sich ein weiterer Nutzen für die Legitimation des Sports im Nachkriegsdeutschland ziehen. Mit der Verklärung des Sports als Spiel wurde er auch für Pädagogen und humanistisch gebildete und gesinnte deutsche Intellektuelle genießbar, die vor 1933 das deutsche Volk noch als am Geistigen erkrankt diagnostiziert hatten, die sich aber nach 1945 schnell wieder zu klassischen geistigen Bildungsidealen bekannten. Wurde die Jugend im Nationalsozialismus nicht auch deshalb verführt, weil ihr kein Raum für freies, zweckfreies Spiel gelassen wurde und sie stattdessen von strengen Turnlehrern und ungebildeten HJ-Führern gedrillt und manipuliert wurde? Das zweckfreie Spiel war es, was man der Jugend zwölf Jahre lang vorenthalten hatte und das jetzt auch im Gewande des Sports einen neuen erzieherischen, leibeserzieherischen Wert entfalten sollte.

8.2.1 Das Spiel im Sport

Das Spielerische im Sport – und nach *Diem* ebenso wie nach Ansicht vieler Repräsentanten des Sports in der jungen Bundesrepublik war der gesamte Sport ein großes, heiteres, zweckfreies Spiel, dessen pädagogischer und sogar kultureller Wert außer Zweifel stand – war deshalb im Grunde das einzige, mit dem Leibeserzieher nach dem Krieg noch für ihre Sache werben konnten.

Dem Spiel als zentralem Element moderner Leibeserziehung konnte jeder zustimmen, die Politiker, die Pädagogen und die Turn- und Sportlehrer selbst. Carlo *Schmid* als einer der führenden Politiker der Nachkriegszeit meinte z. B. diese Art spielerischer, zweckfreier Leibesübungen, als er schon im Sommer 1945 vor Turn- und Sportvereinsvorsitzenden ausführte, dass „die Welt der Leibesübungen in das Konzept unserer Bildungsvorstellungen einbezogen werden" müsse. Bei diesen Leibesübungen – *Schmid* sprach nicht von Turnen und Sport – müssten „Moral" und „Menschlichkeit" ganz oben stehen, während eine „Abkehr von der schlechten Tradition, die Leibesübungen als eine Art Erziehung zu seelischer und körperlicher Militärtauglichkeit zu betrachten", erfolgen müsse *(Schmid* 1979, 235). In diesem Sinne, nur erweitert um die inzwischen drängenden Probleme des beginnenden deutschen „Wirtschaftswunders", äußerte er sich 1959 bei einem Vortrag über „die kulturelle Rolle des Sports in der technisierten Gesellschaft": Das Spiel und das Spielerische im Sport erscheinen ihm das wirklich Bildende am Sport. Sport als Spiel, als freie, selbstbewusste und selbstbestimmte Tätigkeit mache es möglich, die Entfremdung des Menschen in der arbeitsteiligen Industriegesellschaft aufzuheben und auch seine geistigen Kräfte zu wecken (in *Ueberhorst* 1989, 19 f.).

Herman *Nohl,* der neben Theodor *Litt* und Eduard *Spranger* nach dem Krieg die Tradition der geisteswissenschaftlichen Pädagogik in Deutschland fortsetzte, war als Hauptredner zum ersten Internationalen Sportkongress des Deutschen Sportbundes 1951 nach Stuttgart eingeladen worden. Er verstand seinen Vortrag als eine „Mahnung an die deutsche Pädagogik, der körperlichen Erziehung in unserer Bildung eine ganz andere Bedeutung zu geben, als sie zur Zeit immer noch bei uns hat". Gemeint war damit sowohl die Abwendung von einer Art der Leibeserziehung, die mit einem Höhepunkt im Nationalsozialismus rein instrumentelle Körpererziehung bedeutete; gemeint war aber auch eine Absage an die drohende erneute Geringschätzung und Abwertung körperlicher Erziehung im Spektrum der allgemeinen Pädagogik. Leibeserziehung müsse von einem „Ethos des Sports" – so der Vortragstitel Nohls – getragen sein, „dass der Leib etwas Heiliges ist als Träger des Lebens und als das kostbare Gefäß des Geistes". Das war eine Absage gegen jeden Missbrauch des Körpers und der Leibeserziehung. In der „Zweckfreiheit des Sports" sah Nohl – neben Leistung, Können und Wettkampf – den Kern eines neuen sportlichen „Ethos", auf dem die Leibeserziehung aufbauen könne (Nohl 1951, 11).

Es braucht nicht zu wundern, dass sich der erste Kongress, mit dem sich die im Ausschuss Deutscher Leibeserzieher (ADL) zusammengeschlossenen Turn- und Sportlehrer einschließlich der an den Universitäten und Lehrerseminarien arbeitenden Sportpädagogen im Jahre 1958 in Osnabrück befassten, das Spiel zum Thema hatte. Frederik J. J. Buytendijk hielt den Hauptvortrag, und sein anthropologisches und psychologisches Spielverständnis war so weit gefasst, dass jeder Sportlehrer und Leibeserzieher ohne Mühe den Sport in diesen großen Zusammenhang des Spiels als eines menschlichen Grundphänomens stellen konnte. Denn Buytendijk rechnete auch das Kampfspiel, den Wettstreit und sogar die Jagd zum großen Bereich des Spiels – warum nicht auch den Sport? Dass Buytendijk – unter Bezugnahme auf Schiller – mit Spiel auch das Glücksspiel und die Spielsucht – Dostojewskis „Spieler" vor Augen – gemeint und als „menschlich" beschrieben hatte, das wollten die Amateur-Sportideologen und Leibeserzieher zu diesem Zeitpunkt gerne überhört haben.[149]

Nicht allen ging die Gleichsetzung von Spiel und Sport so leicht über die Lippen, wie sie von Diem vorgedacht wurde. Den Sport- und Leibeserziehern wurde vorgeworfen, das Spiel nur für Zwecke des Lernens von sportlichen Fähigkeiten und Fertigkeiten auszunutzen und damit den zweckfreien, eigenständigen Wert des Spiels zu verkennen. Andere, wie der Psychologe und Pädagoge Otto Neumann, gaben auf diesem Kongress Beispiele für den Sinneswandel vieler Leibeserzieher zwischen der Vor- und der Nachkriegszeit. 1937 hatte sich Neumann noch über den „Wehrgedanken in der Geschichte der deutschen Leibesübungen" ausgelassen und dabei den deutschen Menschen als zum Kämpfen und Siegen besonders geeignet charakterisiert, während er 1958 von der „Analogie zwischen sittlicher Freiheit und Freiheit im Spiel" sprechen zu müssen glaubte.[150]

---

[149] Vgl. z.B. Otto Neumanns Bemerkung, dass „wir vom leibeserzieherischen Aspekt her den ‚echten' Spieler anders sehen, als ihn Buytendijk ... zeichnete". In: ADL 1970, 73/74.

[150] Die Angaben beziehen sich auf ADL 1970, bes. 9–25, 73–77, 89–96. Otto Neumanns Dissertation von 1937 trug den Titel: „Der Wehrgedanke in der Geschichte der deutschen Leibesübungen." Sie war ein Ausdruck nationalsozialistischen Ungeistes. Ein weiteres Beispiel für die Kehrtwendung vieler Turn- und Sportführer und „Leibeserzieher" vor und nach 1945 ist der Leiter des Instituts für Leibesübungen an der Universität Münster, Hugo Wagner. Er war seit 1936 zum „obersten nationalsozialistischen Leibeserzieher Westfalens" aufgestiegen, leitete auch nach dem Krieg ab 1946 wieder „sein" Institut, wurde hoch geehrt und dekoriert und verfasste 1959 sein – viel beachtetes – Alterswerk mit dem Titel „Humanismus, Militarismus, Leibeserziehung", das als zweiter Band der vom Deutschen Sportbund herausgegebenen „Wissenschaftlichen Schriftenreihe" erschien (Langenfeld/Prange 2002, 315–318).

Diem hatte zwar den Sport als Spiel bezeichnet, aber er bezog ganz selbstverständlich auch den Wettkampf und die Leistung in dieses Sportverständnis mit ein, also die Elemente, die traditionell als Kernbereiche des Sports betrachtet wurden. Von seiner alten Vorkriegsformel „Sport ist Kampf", die er zur Weimarer Zeit und im „Dritten Reich" gern verwendete, wollte *Diem* allerdings nach 1945 nicht mehr viel wissen. „Nun ist der auffälligste Wesenszug des Sports zu erörtern: das Streben nach Leistung, nach höchster Leistung, nach ‚Rekord' …", schrieb *Diem* (1960, 10–22), und am erstaunlichsten an diesen „ungeheuren" Leistungen sei, dass sie im Gegensatz zu den Arbeitsleistungen „freiwillig vollbracht werden". Nicht oberflächliche Ehr- und Gewinnsucht führe zu diesen Leistungen, sondern der menschliche „Selbstvollendungsdrang", das „Streben nach Leistung um ihrer selbst willen" und nicht um des „Erfolges willen". Leistung, Wettkampf und Spiel gingen also im modernen Sport nach Diems Ansicht gewissermaßen in idealer gegenseitiger Ergänzung auf.

Auch in dieser Hinsicht folgten die Leibeserzieher in Deutschland nach dem Krieg dem Sportverständnis *Diem*s: Spiel, Leistung und Wettkampf waren keine Gegensätze, sondern unterschiedliche Formen und Betriebsweisen desselben zweckfreien Sports. Die weiteren Kongresse des Ausschusses Deutscher Leibeserzieher widmeten sich deshalb neben dem Spiel diesen anderen „Grundformen der Leibeserziehung", wie *Bernett* sein bis heute grundlegendes Buch zur Leibeserziehung und Sportpädagogik aus dem Jahr 1965 nannte, dem „Wetteifer" (1961), der „Leistung" (1964) und schließlich der „Gestaltung" (1967), nachdem auch die Leibeserziehung der Mädchen wiederentdeckt worden war.

8.2.2 Der Bildungswert der Leibesübungen

Die „Eigenwelttheorie" des Sports, nach der Sport als zweckfreies Spiel und als eigenständigen gesellschaftlichen Frei-Raum neben dem „wirklichen" Leben betrachtet und idealisiert wurde, war die beherrschende Auffassung über Sport und Leibeserziehung in der Bundesrepublik bis in die 1970er Jahre. Sie wurde zusätzlich durch die in den 50er und 60er Jahren betriebene leibeserzieherische und fachdidaktische Suche nach den Strukturmerkmalen der Leibeserziehung gefördert. Sport-Repräsentanten und Funktionäre, Turn- und Sportlehrer, Sportpädagogen vertraten sie, und sie wurde auch von namhaften Wissenschaftlern aus anderen Bereichen gestützt, von Pädagogen wie Herman *Nohl*, von Soziologen wie Helmuth *Plessner,* von Philosophen wie Ortega y *Gasset* und seit den 1970er Jahren Hans *Lenk,* von Literaten wie Frank *Thieß*.[151] In besonderer Weise geschah dies durch intellektuelle Autoritäten aus Kultur und Wissenschaft, die zu den Kongressen des ADL eingeladen wurden. *Buytendijk* hatte zum „Spiel" gesprochen, der Soziologe und Politologe Christian Graf von *Krockow* zum „Wetteifer", und der Bildungstheoretiker Wolfgang *Klafki* (1975) über die „Leistung". *Plessner*s Aufsatz „Die Funktion des Sports in der industriellen Gesellschaft", der 1961 erstmals erschien, aber bereits 1956 unter dem Titel „Die

---

[151] Vgl. *Nohl* 1951; Ortega y *Gasset* 1966; *Thieß* 1953; später *Lenk* 1972, 1983; *Adam* 1975.

Funktion des Sportlers in der industriellen Gesellschaft" veröffentlicht worden war und 1967 in dem Sammelband von *Grupe/Plessner/Bock* neu aufgelegt wurde, hatte für das soziologische Sportverständnis im Wirtschaftswunder-Deutschland eine zentrale Bedeutung. *Plessner* stützte die Eigenwelt-Theorie des Sports, indem er die Ausgleichs- und Entlastungsfunktion des Freizeitbereichs Sport hervorhob. Gleichzeitig kritisierte er die arbeitsähnlichen Strukturen des modernen Leistungssports.

Wettbewerb, Wetteifer, Wettstreit, Wettkampf, Konkurrenz – das ist nach von *Krockow* die „Quersumme" der Grundprinzipien der modernen industriellen Gesellschaft, die lauten: Leistung, Gleichheit, Individualismus. Den modernen Leistungssport versteht er als „die symbolische, konzentrierteste Darstellung ihrer (der industriellen Gesellschaft, M. K.) Grundprinzipien". Deshalb übe er eine so unvergleichliche Faszination auf die Massen aus. Der moderne Sport sei das Ideal dieser Leistungs- und Konkurrenzgesellschaft, meinte von *Krockow,* der sich an die Argumentation Plessners anlehnte; gleichzeitig stelle der Sport aber eine andere Welt dar als die Arbeitswelt, eine Freizeit-Welt, in der sich die Menschen sogar einen Ausgleich vom Ernst, von den wirklichen Belastungen der Arbeitswelt versprechen. Von *Krockow* warnte 1961 in Göttingen aber schon davor, die „Fiktion aufrechtzuerhalten ..., der moderne Leistungssport sei, getragen von ‚Amateuren', noch eine Sache neben der ‚eigentlichen' Welt – welche wir dann in wiederum zunehmend irrtümlicher Weise mit der Welt des Berufs gleichsetzen" *(Krockow* 1970, 226).

Aber diese Warnung wurde überhört. Der Sport und die Sportlehrer und Leibeserzieher hielten an der „Fiktion" der sportlichen „Eigenwelt" fest. Sie fühlten sich bestätigt, als *Klafki* den „pädagogischen Sinn" des Sports dahingehend charakterisierte, dass im Sport – im Unterschied zur „Leistungsgesellschaft" allgemein – die Erfahrung möglich sei, „leisten zu können, ohne leisten zu müssen" *(Klafki* 1967, 1975, bes. 52).

Die „Eigenwelttheorie" des freien, vereinsgebundenen Sports war die geistige, ideelle Grundlage der Sportentwicklung in der Bundesrepublik Deutschland. Ein buntes, vielfältiges sportliches Leben in Breite und Leistung entfaltete sich in den Vereinen. Eine Frucht dieses geschlossenen und einheitlichen Sportkonzepts war die „Pyramidentheorie" des Sports, die für lange Zeit als selbstverständliche Wahrheit im Sport galt. Sie besagte, dass auf einer breiten Grundlage sportlichen Lebens mehr oder weniger von selbst eine Spitze sportlicher Leistungsfähigkeit und sportlichen Könnens aufbauen könne. Die Sportverbände setzten nach und nach ein komplexes und differenziertes System der Übungsleiter- und Trainerausbildung in die Wirklichkeit des Vereins- und Verbandslebens um. Die Qualität des Turn- und Sportangebots in den Vereinen verbesserte sich auf allen Ebenen, in allen Sportarten, für alle Altersgruppen und für beide Geschlechter. Frauen und Mädchen fanden verstärkt den Weg in die Turn- und Sportvereine; in den Turnvereinen zählen sie inzwischen weit mehr als die Männer, über 70% *(Digel* u. a. 1992; Jahrbuch des DTB 2003, 22 f.). Sport blieb zwar eine Angelegenheit der Mittelschichten, wie *Schlagenhauff* (1977) in seiner Sportvereinsuntersuchung feststellte; aber das Programm „Sport für alle" des DSB setzte sich seit den 1970er Jahren immer mehr durch. Heute hat der Sport fast alle Schichten und Gruppen der Bevölkerung erfasst.

Diese angewandte und außerschulische Erziehungspraxis im Sport in den Vereinen durch ehren- und nebenamtliche Übungsleiter/innen und Trainer/innen, die letztlich auf das alte *Jahn*sche Vorturnersystem zurückgeht, fand jedoch ohne wesentliche Beteiligung der professionellen Sportpädagogik statt. Sie hatte ihren Platz an den Instituten für Leibesübungen an den Universitäten und beschäftigte sich in erster Linie mit der Leibeserziehung und dem Schulsport. Dort kam es in den 1950er Jahren zur Herausbildung einer spezifischen Disziplin, die sich mit Fragen der Bildung und Erziehung im und durch Leibesübungen, Turnen, Spiel und Sport beschäftigen sollte, die „Theorie der Leibeserziehung", die ab 1969/1970 auch Sportpädagogik genannt wurde. Sportpädagogik und daraus hervorgehend Sportwissenschaft haben nicht zuletzt durch ihre Verankerung in den Universitäten wissenschaftlich-akademische Anerkennung gefunden. Die 1947 gegründete Deutsche Sporthochschule in Köln unter ihrem Rektor *Diem,* die 1971 den Status einer wissenschaftlichen Hochschule zugesprochen bekam, hat ebenso dazu beigetragen wie das 1971 gegründete Bundesinstitut für Sportwissenschaft *(Buss/Nitsch* 1986).

Die „Theorie der Leibeserziehung" teilte den neuen moralischen Idealismus des freien Amateursports. Man sprach aber nicht von Sport in der Schule und im Unterricht, sondern von „Leibeserziehung". Mit diesem Begriff konnte man sowohl an die eigenen als auch an alte humanistische und idealistische Traditionen der geisteswissenschaftlichen Pädagogik in Deutschland anknüpfen; und es war möglich, eine Trennungslinie zwischen der Leibeserziehung in den Schulen auf der einen Seite und dem freien Sport auf der anderen Seite zu ziehen, der mit seinem Leistungs- und Rekordstreben und seinen vermeintlichen Exzessen den hohen moralischen Ansprüchen der Leibeserzieher nicht immer entsprach und der häufig auch nicht dem „Ethos" des Amateursports entsprechen wollte.

Die ersten Arbeiten zu einer „Theorie der Leibeserziehung" nach dem Zweiten Weltkrieg waren ein Spiegel des idealistischen Sportverständnisses, das von den Meinungsführern des Sports verbreitet wurde. Immer ging es darum, den eigenen Beitrag von Leibesübungen, Spiel und Sport für die Erziehung herauszuarbeiten. Über die Grenzen einzelner Sportarten hinaus sollten die bildenden Gehalte dieser Leibesübungen untersucht und benannt werden, die sich durch andere Inhalte nicht im selben Maß entfalten ließen. Im Spielen, Leisten, im Wettkampf und in der Gestaltung wurden solche grundlegenden Prinzipien der Leibeserziehung, der „Bildungswert" der Leibesübungen, gefunden.

Exemplarisch und abschließend begründete Ommo *Grupe* in seinen „Grundlagen der Sportpädagogik" den Bildungswert von Leibesübungen, Turnen, Spiel und Sport anthropologisch und didaktisch.[152] *Grupe* entwarf eine Phänomenologie des sich bewegenden und speziell sporttreibenden Menschen, der „gezwungen" sei, sein Leben aktiv zu gestalten. Die komplexe Beziehung zwischen dem personalen Ich, seiner Körperlichkeit und den wandelbaren Welt- bzw. Umweltbedingungen sei vieldeutig, offen, unbestimmt und auf Vollzug und Gestaltung hin angelegt. Der Mensch sei auf Bewegung angewiesen, um sich als handelnd und die Welt als formbar erfahren zu können. Beim einzelnen Menschen liege

---

[152] Ommo *Grupe*s Buch „Grundlagen der Sportpädagogik" erschien 1969; es handelte sich um die Buchfassung seiner Habilitationsschrift von 1967 mit dem Titel: „Die Leiblichkeit des Menschen und die Aufgaben der Leibeserziehung".

letztlich auch die Verantwortung für sein Handeln. Er könne dieser Verantwortung nicht mehr gerecht werden, wenn sie ihm von anderen genommen, wenn er fremdbestimmt und manipuliert werde. Freiheit und Selbstbestimmung der Bewegung und der leiblichen Integrität des Einzelnen seien auch Teil der menschlichen Freiheit. Die Aufgabe der Leibeserziehung und des Sports bestehe deshalb nicht mehr darin, geschlossene Formationen von Bewegung und Erziehung zu bilden, sondern aktives und selbstbestimmtes Handeln im Sporttreiben und im Bewegen an sich zu ermöglichen. Nur in einem „freien", d. h. auch zweckfreien, spielerischen, offenen und wandelbaren Sport sei dem Einzelnen freies Bewegen und freies sportliches Handeln möglich. Dieser Sport entspreche der existentiellen Situation des modernen, auf sich selbst zurückgeworfenen Menschen.

Grupes Ansatz war deshalb so weitreichend, weil er verschiedene zentrale Elemente des pädagogischen und sportlich-leiberzieherischen Denkens bis weit in die 1970er Jahre in einem Gesamtkonzept vereinigte: eine eigenständige, anthropologische Begründung leiblicher Erziehung in der modernen Schule, ein idealistisches und humanistisches Bildungsverständnis, das die Würde und Ganzheitlichkeit des Einzelnen in den Mittelpunkt stellte, und ein Sportkonzept, das vom eigenweltlichen Charakter des Sports ausging; dazu kam die Einbeziehung moderner sozialwissenschaftlicher Ansätze in die Theorie der Leibeserziehung und eine didaktische Bewertung der Struktur der modernen Leibeserziehung bzw. Sportpädagogik.[153]

Abb. 31: Willi Daume präsentiert die ersten fünf Olympia-Plakate für die Olympischen Spiele 1972 in München. Deutschland gehörte wieder zur olympischen Familie.

---

[153] *Grupes* sportpädagogische Grundlegung fügt sich in die damals breit geführte Debatte um eine „pädagogische Anthropologie" ein, an der sich maßgebende Philosophen, Sozialwissenschaftler und Pädagogen wie Otto Friedrich *Bollnow*, Helmuth *Plessner* und Andreas *Flitner* beteiligten. Zur Einordnung *Grupes* vgl. auch M. *Krüger* 1990a.

8.3 Stationen der Sportentwicklung und Leibeserziehung

In den „Empfehlungen zur Förderung der Leibeserziehung in den Schulen", die 1956 gemeinsam vom Deutschen Sportbund, den Kultusministern der Länder und den Kommunen verabschiedet wurden *(Wolf* 1974, bes. 46–59; *Grupe* 2000, 113 ff.) wurde deutlich, welches Verständnis von Leibesübungen, Spiel und Sport die Didaktik der Leibeserziehung und des Sports an den Schulen nach dem Zweiten Weltkrieg prägte. Diese Empfehlungen sollten konkret auch Eingang in die Lehrpläne der einzelnen Bundesländer finden. Sie waren getragen von der Besinnung auf klassische, humanistische Bildungsideale. Das Recht des Kindes und des jungen Menschen auf leibliche Erziehung, ihr Anspruch auf eine ganzheitliche Entwicklung und spielerische Entfaltung standen im Vordergrund. Nicht die Interessen des Staates oder der Sport als gesellschaftliches und öffentliches Ereignis sollten Leibesübung und Leibeserziehung an den Schulen bestimmen, sondern die Erziehung des Leibes und darauf aufbauend die Erziehung des ganzen Menschen waren das Ziel dieser bildungstheoretisch verstandenen Leibeserziehung. Leibeserziehung in diesem Sinn war auch nicht auf ein Unterrichtsfach zu reduzieren, sondern galt als ein „Prinzip" der Erziehung, als Weg und Anlass zur Erziehung im Ganzen, so wie auch das idealistische und olympische Sportverständnis nicht eigentlich den Sport im Auge hatte, sondern die „Selbstvollendung" des Menschen durch Sport. Die „Empfehlungen" korrespondierten also mit dem bis in die 70er Jahre aufrechterhaltenen idealistischen, eigenweltlichen Turn- und Sportverständnis in der Bundesrepublik Deutschland.

Ab den 1970er Jahren wurde deutlich, dass sich der „reale" Sport und die im Sinne der „Empfehlungen" verstandene Leibeserziehung in den Schulen auseinander entwickelten. Eine breite Welle der Popularisierung – „Sport für alle" –, aber auch der Kommerzialisierung und Professionalisierung erfasste den Sport; nicht nur den Spitzensport, auch den Freizeit- und Massensport, der jetzt „Breitensport" genannt wurde. Er hat nie geahnte Ausmaße und Formen angenommen. Die Schere zwischen diesem „Sport für alle" und dem Spitzensport bzw. Hoch- und Höchstleistungssport öffnete sich. Heute wird nicht mehr von **dem** Sport gesprochen, sondern in der Sportwissenschaft werden verschiedene Sportmodelle gehandelt, die den komplexen und ausufernden modernen Sport in eigenständige und weitgehend unabhängig funktionierende Bereiche einteilen *(Heinemann* 1990, 188–198; 1998 (4. Aufl.), 35–38).

Die wachsende Vielfalt und Differenzierung des modernen Sports und in der Folge auch der Sportwissenschaft ließen es nicht mehr zu, noch einmal ein ganzheitlich-geschlossenes Sport- und Sport-Erziehungskonzept zu formulieren, sondern höchstens Programme und Konzepte für einzelne, überschaubare Sport-Erziehungsbereiche oder Sport-Sozialisationsinstanzen, insbesondere für die Schule und den Schulsport. Es schien nun nicht mehr möglich zu sein, wie noch 1956 „Empfehlungen" für die Leibeserziehung an den Schulen zu geben, sondern es galt, die Kluft zwischen schulischer Leibeserziehung und realem Sport zu schließen. Dies wurde mit den „Aktionsprogrammen für den Schulsport", die 1972 und 1985 noch einmal von denselben Trägern wie die „Empfehlungen" von 1956 beschlossen wurden, versucht. Sie sind einerseits ein Ausdruck des auseinandergebrochenen idealistischen Bildungskonzepts von Leibeserziehung und Sport, andererseits zeigen sie aber auch das Bemühen und die Notwendigkeit, für den überschaubaren und staatlich verantworteten schulischen Pflichtsport für alle gemeinsame pädagogisch-didaktische Leitideen zu formulieren (Wolf 1974, 46–59, 182–191; Deutscher Sportbund 1985).

Im Fall des „Aktionsprogramms für den Schulsport" aus dem Jahr 1972 sind die genannten heterogenen Entwicklungen von Sport und Leibeserziehung deutlich erkennbar. Das Aktionsprogramm ist Ausdruck der curriculumtheoretischen Diskussion um den Schulsport, die ab der zweiten Hälfte der 1960er Jahre geführt wurde. Sie stand im Zusammenhang mit den Bemühungen um eine grundlegende Bildungsreform in Deutschland, die in den Schulen mehr Lebensnähe und damit Chancengleichheit verwirklichen wollte.[154] Auch im Schulsport ging es nun weniger um abstrakte „Bildung", sondern mehr um konkretes Lernen für das Leben. Das bedeutete, dass nicht mehr nur die von Leibeserziehern und Turnlehrern für ideal und wünschenswert gehaltenen, „wertvollen" Leibesübungen in den Schulen vorkommen durften, sondern der Sport in seinen vielfältigen Erscheinungsformen, auch in seinen Widersprüchen, Eingang in die Schulturnhallen finden sollte. Die Schüler sollten im Schulsport das lernen, was sie später im Sport in der Freizeit benötigten: die Technik und Taktik einzelner Sportarten, Fitness, sportliche Grundfertigkeiten sowie spezifische soziale Verhaltensweisen und Umgangsformen, Kritik- und Urteilsfähigkeit in Fragen des Sports.

Der „freie" Sport hatte sich erheblich verändert. Die konstruierte „Eigenwelt" des Sports war im Begriff zu zerbrechen. Am zähen Festhalten Brundages am Amateurstatut des IOC ist dieser Bruch zu erkennen. Der olympische Sport wurde dadurch in eine schwere Krise geführt. Hinzu kamen die zahlreichen politischen Turbulenzen, in die der Sport im Zuge des Ost-West-Gegensatzes geriet. Nicht zuletzt durch die Olympischen Spiele 1972 in München stieg das öffentliche Interesse am Leistungssport – in positiver und negativer Hinsicht. Der Schulsport wurde mit dafür verantwortlich gemacht, dass die Athleten der Bundesrepublik bei den Olympischen Spielen im eigenen Land schlechter abgeschnitten hatten als die aus der DDR. Die Schulen öffneten sich deshalb den Sport-Fachverbänden: So genannte Sportgymnasien, Sportzweige, Sportzüge, Neigungsgruppen usw. wurden eingerichtet. Daneben spielte die wachsende Freizeitrelevanz des Sports eine immer größere Rolle im Schulsport.

Die Olympischen Spiele 1972 in München waren ein entscheidendes Ereignis, das die Sportentwicklung in Ost- und Westdeutschland maßgeblich prägte. Dies gilt nicht nur für den „freien" Sport in den Vereinen und Verbänden Westdeutschlands, der sich nun endgültig von seinen nationalen Traditionen gelöst hatte, sondern auch vom Sport in der DDR. Dort wurde der olympische Sport als Bühne benutzt, um die DDR politisch zu legitimieren. Im Westen setzte man alles auf den Begriff „Sport" und brachte damit zum Ausdruck, dass die „deutschen Leibesübungen" endgültig im angelsächsisch geprägten Westen angekommen sind. Auch in den Reihen der ehemaligen Turnlehrer und Leibeserzieher wurde

---

[154] Eine kritische Bilanz dieser Reformbestrebungen zog z. B. Hartmut von Hentig 1990, aber auch Giesecke 1998.

diese Abwendung von den nationalen Traditionen des Turnen und der Leibeserziehung radikal vollzogen. Der Begriff „Leibeserziehung" verschwand von den Titelseiten der Fachzeitschriften.
Gleichzeitig wuchs die Kritik am Leistungssport, und das traditionelle Sportkonzept bekam neue Risse. Leistung und Spiel wurden von vielen nicht mehr als Einheit, sondern als Gegensatz empfunden. Keineswegs zufällig kam es deshalb in den späten 60er und in den frühen 70er Jahren über die Frage der Leistung zu einem ersten großen Bruch zwischen Sport und Leibeserziehung und damit zu einer Abkehr von der bis dahin unwidersprochenen „Eigenwelttheorie" des Sports.[155]

Das „Zweite Aktionsprogramm für den Schulsport" aus dem Jahr 1985 änderte seinen alten Namen nicht. Allein daran ist zu erkennen, dass sich die Situation des Sports und der Leibeserziehung seitdem nicht grundsätzlich verändert hat. Allerdings setzte es – im Unterschied zum ersten – wieder verstärkt erzieherische Akzente. Sport sei nicht allein lernbar, sondern stelle in erster Linie einen „besonderen Erziehungs- und Erfahrungsraum" dar, heißt es dort. Ziel des Sportunterrichts sei die sportliche Handlungsfähigkeit des Schülers, und dies bedeute sowohl die Förderung seiner individuellen Anlagen und Möglichkeiten als auch die Hinführung auf das außerschulische sportliche Leben.

Das stärkere Bemühen um erzieherische Maßstäbe im Schulsport beruhte jedoch keineswegs auf einer neuen, geschlossenen Idee des Sports; diesen einheitlichen Sport gibt es nicht mehr. Das Erziehungsziel der sportlichen Handlungsfähigkeit bezog sich deshalb eher darauf zu lernen, sich in dem unübersichtlich gewordenen Handlungsfeld „Sport" zurechtzufinden. Weil die Schule und der Schulsport alle erreicht, soll eine seiner Aufgaben lauten, Erfahrung und Wissen im Lebensraum „Sport" zu gewinnen.

Von den allgemeinen pädagogischen und didaktischen Überlegungen zum Sport und Schulsport blieben die konkreten Fragen der Methodik, des Lehrens und der Vermittlung weitgehend unbeeinflusst.

Neben der pädagogischen und didaktischen ist eine umfangreiche und eigenständige Methodikliteratur entstanden, die sich an Sportlehrer und -lehrerinnen in den Schulen ebenso wendet wie an Trainer und Übungsleiter in den Vereinen und Verbänden. Sie reicht von praktischen Handreichungen und Lehrbüchern über methodische Übungsreihen und Lehrhilfen bis zu umfangreichen Standardwerken zur Methodik einzelner Sportarten, dem Gerätturnen, der Leichtathletik oder den Sportspielen.[156]

---

[155] Die Frage der „Leistung" im Sport stand im Mittelpunkt der Sportkritik in den 1960er und 1970er Jahren, wie sie insbesondere von einigen Sportpädagogen und Sportwissenschaftlern geäußert wurde, die sich an die „Kritische Theorie" der Frankfurter Soziologenschule um Theodor W. *Adorno,* Max *Horkheimer* und Herbert *Marcuse* anlehnten. Vgl. M. *Krüger* 1990b.

[156] Siehe dazu die von den Verbänden erstellten, oft sehr umfangreichen und differenzierten Materialien zur Didaktik und Methodik ihrer jeweiligen Sportarten und -bereiche, die für die Übungsleiter- und Trainerausbildung erarbeitet und verwendet werden. Einen Überblick geben *Grupe/Krüger* 2002, 296 ff.

Drei Schwerpunkte der im weiteren Sinn didaktischen und methodischen Diskussion der letzten Jahre sind hervorzuheben *(Größing* 2000, 18 ff.): erstens die vielfältigen Modelle offener Unterrichtsgestaltung, zweitens die Konzepte zu einem „Sportunterricht als Körpererfahrung", und drittens Unterrichtsmodelle, die auf eine Überwindung des traditionellen, sportartenorientierten Unterrichts zielen und alternative Spiel- und Bewegungsformen thematisieren.[157] Mit „offenem Sportunterricht" ist einerseits ein betont schülerorientierter Unterricht gemeint, in dem sich die Schüler selbständig und selbstverantwortlich, meistens projektorientiert betätigen. Der Lehrer versteht sich lediglich als Anreger, Animateur und Arrangeur, als Ratgeber und „Krisenmanager". Andererseits wird mit dieser Art von Sportunterricht im Sinne eines kritisch-emanzipatorischen Unterrichts auf eine Überwindung des traditionellen Schulsports abgezielt. Offener Sportunterricht wird damit zum alternativen Sportunterricht, der sich für andere, meistens spielerische, kooperative statt kompetetive Formen der Bewegung öffnet. „Sportunterricht als Körpererfahrung" versteht sich als die unterrichtspraktische Umsetzung des klassischen Konzepts der anthropologischen Leibeserziehung. Nicht der Erwerb und das „Können" sportmotorischer Fähigkeiten und Fertigkeiten, sondern die Qualität der subjektiven Erfahrungen sind ausschlaggebend für die Gestaltung des Sportunterrichts. Das Körpererfahrungskonzept erstreckt sich aber grundsätzlich sowohl auf alternative Spiel- und Bewegungsformen als auch auf traditionelle Sportarten.

Der immer noch vergleichsweise übersichtliche Schulsport ist ein Bereich, in dem versucht wurde, Ordnung und Sinn in die Vielfalt des modernen Sports zu bringen, wenn auch mit geringem Erfolg. Eine neue, konsensfähige Sportidee für alle und für jeden Sport ist nicht in Sicht, wie auch der Kongress des Deutschen Sportbundes 1987 in Berlin gezeigt hat (DSB 1986, 1988). Eine „neue Charta des Sports", die dort gefordert wurde, kann noch nicht geschrieben werden, auch wenn bereits Umrisse einer neuen Sport-Pädagogik bzw. Sport-Ethik oder Sport-Moral erkennbar sind, die alle um den Begriff des Fair Play kreisen.[158] Nach 15-jähriger Unterbrechung führte der Deutsche Sportbund 2002 in Bonn einen weiteren Zukunftskongress durch, auf dem ein neues „Leitbild des deutschen Sports" zur Diskussion gestellt wurde. Wie der Generalsekretär des DSB in seiner Zusammenfassung der Ergebnisse dieser Tagung hervorhob, gehe es in Zukunft vor allem darum, die „Wertediskussion" im Sport voranzutreiben; der Begriff der „Leistung" müsse wieder in den Vordergrund gestellt werden (DSB 2003, 22).

Im Rahmen dieser Wertediskussion ist seit der Mitte der 1990er Jahre zu beobachten, dass der Begriff der „olympischen Erziehung" und „olympische Pädagogik" mehr Gewicht bekommen hat; auch als Versuch, die gewachsene Bedeutung der Olympischen Spiele und des olympischen Sports allgemein pädagogisch neu zu legitimieren *(Grupe* 1997; *Müller* 1998). Wenn es gelänge, mit diesem Begriff, der die Fairness besonders herausstellt, stärker als bisher die Tradition des englischen Sports und seiner Werte für die Leibeserziehung und

---

[157] Vgl. exemplarisch *Funke* 1983; *Treutlein* 1986. Frankfurter Arbeitsgruppe 1982; *Trebels* 1983. Kritisch dazu *M. Krüger* 2001c.
[158] Zur Ethik im Sport vgl. *Grupe/Mieth* 1998.

Sportpädagogik in Deutschland zu erschließen, wäre ein großer Schritt auf dem Weg zu einer europäischen, um nicht zu sagen universalen Sportpädagogik getan.

Deutschland wurde nach der bedingungslosen Kapitulation am 8. Mai 1945 von den alliierten Siegermächten in vier Besatzungszonen aufgeteilt, die sowjetische Besatzungszone im Osten Deutschlands, die amerikanische im Süden, die französische im Südwesten und die britische im Norden und Westen. Die politische Macht in Deutschland ging vollständig auf die Militärbehörden bzw. den Alliierten Kontrollrat über, in dem alle vier Siegermächte vertreten waren. Das Ziel der Siegermächte bestand in der Entmilitarisierung, Entnazifizierung und Demokratisierung Deutschlands – auch im Bereich des Sports. Die Westzonen und die Ostzone entwickelten sich immer weiter auseinander. Im Zuge des „Kalten Krieges" zwischen den USA und der UdSSR kam es 1949 zur Gründung zweier Staaten in Deutschland, der Bundesrepublik und der Deutschen Demokratischen Republik (DDR).

Trotz aller Zerstörungen erwachte sehr bald auch wieder das sportliche Leben in Deutschland. Schon im Sommer 1945 kam es zu ersten Sportveranstaltungen und zur Neu- bzw. Wiedergründung von Turn- und Sportvereinen; allerdings auf unterschiedliche Weise in den jeweiligen Besatzungszonen. Die Direktive 23 des Alliierten Kontrollrates vom 17. Dezember 1945 löste formell alle NS-Sportorganisationen auf. Überregionale oder überzonale Sportorganisationen waren nicht erlaubt. Alles musste von den Militärbehörden genehmigt werden. Zwischen 1947 und 1950 wurden nach und nach Fachverbände und Landessportbünde gegründet. Schließlich kam es am 10. Dezember 1950 in Hannover zur Gründung des Deutschen Sportbundes (DSB), eine „freie Gemeinschaft der deutschen Sportverbände und Sportinstitutionen", wie es in der ersten Satzung hieß. Mitglieder im DSB sind die Sport-Fachverbände und die Landessportbünde. Der DSB ist historisch gesehen der erste Dachverband für Turnen und Sport in Deutschland, der alle Sportorganisationen auf freiwilliger Grundlage erfasst. Das Nationale Olympische Komitee (NOK) für Deutschland wurde am 24. September 1949 gegründet.

Das beherrschende Sportverständnis der Nachkriegszeit kann als „Eigenwelttheorie" des Sports bezeichnet werden. Sie wurde besonders von Carl *Diem* vertreten und besagte, dass Spiel und Sport im Grunde dasselbe sind und eine Welt für sich darstellen, eine „bessere" als die reale Welt, ohne Einflüsse und Abhängigkeiten von Politik und Wirtschaft. Diese idealistische Sportauffassung stand in enger Verbindung mit der Idee des Amateursports, wie sie im Olympismus wirksam war.

Neben dem freien und selbstverwalteten Vereins- und Verbandssport musste auch in der Leibeserziehung und im Schulsport ein neuer Anfang gemacht werden. Leibesübungen und Sport in der Schule hatten an Bedeutung eingebüßt. Sie mussten als wichtiger Bestandteil der Gesamterziehung neu begründet werden. Dies geschah durch eine Besinnung auf die „Bildungswerte" der Leibesübungen. In den „Empfehlungen zur Förderung der Leibeserziehung an den Schulen" aus dem Jahr 1956 kommt dieses

Bemühen zum Ausdruck. In den 50er und 60er Jahren entstand eine spezifische „Theorie der Leibeserziehung", die sich mit Fragen der Bildung und Erziehung im und durch Sport beschäftigte. Ab 1969/70, nachdem Ommo Grupes Buch „Grundlagen der Sportpädagogik" erschienen war, hieß dieses Fach „Sportpädagogik". In den 70er Jahren veränderten sich der Sport und die Sporterziehung. Der „freie" Sport in den Vereinen und Verbänden erlebte einen großen Aufschwung in Qualität und Quantität. Gleichzeitig entfernte er sich von der Praxis der Leibeserziehung an den Schulen. Die Bildungsreform und die Reform der Leibeserziehung sahen deshalb eine stärkere Öffnung der Schule für den Sport außerhalb der Schule vor.

Hinweise zur Literatur- und Quellenlage:
Einen sorgfältigen Überblick zum Stand der Literatur und zur Quellensituation zur Nachkriegssportgeschichte in Westdeutschland hat Nitsch (1989) vorgelegt. Er kommt zu einem sehr positiven Ergebnis und meint, dass die „Nachkriegssportentwicklung im Vergleich zu anderen Epochen verhältnismäßig gut aufgearbeitet ist" (Nitsch 1989, 53). Dies gilt sowohl für die Entwicklung des vereins- und verbandsgebundenen Sports und die Geschichte der Landessportbünde und Fachverbände als auch für den Universitätssport, den Schulsport und die Sportwissenschaft.

Eine Bündelung der Arbeiten zur Geschichte von Turnen und Sport in Deutschland nach 1945 ist in den beiden Bänden „Die Gründerjahre des Deutschen Sportbundes" in anschaulicher und qualitativ anspruchsvoller Weise gelungen (Deutscher Sportbund 1990/ 1991). In diesen Bänden, besonders in Band 1, die aus Anlass des 40-jährigen Bestehens des Deutschen Sportbundes geschrieben wurden, entfaltet sich ein buntes Bild des Sportlebens nach 1945. Sowohl die politischen und gesellschaftlichen Voraussetzungen im von den Alliierten besetzten Deutschland als auch die wirtschaftliche Not und die geistige Situation der Zeit werden thematisiert. Herausragende Persönlichkeiten und die Besonderheiten der regionalen Entwicklungen werden ebenso behandelt wie der organisatorische Aufbau des Sports bis zur Gründung des DSB oder die Bemühungen um einen neuen Sinn von Turnen, Sport und Leibeserziehung. Die Sportentwicklung in der sowjetischen Besatzungszone und in der DDR ist in den DSB-Bänden nicht oder nur am Rande berücksichtigt worden.

Ergänzt werden diese Bücher durch die vom NOK für Deutschland herausgegebenen Bände zur Gründungsgeschichte des NOK (1989) und zur Rolle Deutschlands in der olympischen Bewegung (NOK 1999). Aus Anlass des 50-jährigen Bestehens des DSB gab der Dachverband des deutschen Sports 2000 einen Sammelband (DSB 2000) heraus, in dem unter dem Titel „Der Sport – ein Kulturgut unserer Zeit" auch die kulturelle und gesellschaftliche Rolle des Sports in Deutschland in der zweiten Hälfte des 20. Jahrhunderts und seine Perspektiven beleuchtet werden. Vergleichbare Jubiläumsbände wurden auch von einigen Landessportbünden herausgegeben (LSB NRW 1997; Nitsch/Lutz 1996).

Die jüngste Geschichte des Sports in der Bundesrepublik Deutschland seit 1950 ist nicht mehr zusammenhängend geschrieben worden; einen feuilletonistischen Überblick bietet Bausinger (1991); die Entwicklung in Ostdeutschland wird dabei noch nicht berücksichtigt. Die historische Distanz ist zu gering, um eine

Unterscheidung zwischen historischer und aktueller Darstellung sinnvoll ziehen zu können. Die Bahnen der weiteren Entwicklung waren jedenfalls seit 1950 mit der DSB-Gründung vorgezeichnet.

Die Geschichte der Sportpädagogik und Sportwissenschaft als Wissenschaftsgeschichte und als Geschichte der Sportlehrerausbildung steht ebenfalls aus. Einen Überblick geben Grupe/Krüger (2002), in dem von Bäumler/Court/Hollmann (2002) herausgegebenen Band zur Geschichte der Sportmedizin und Sportwissenschaft allgemein.

Abb. 32: Der Olympiapark München 1972. Schauplatz der Spiele der XX. Olympiade.

9 Körperkultur und Sport in der DDR

Zur Geschichte des Sports im 40 Jahre lang anderen, zweiten Teil Deutschlands, ist noch nicht das letzte Wort gesprochen. Diese Geschichte wird seit der Wiedervereinigung in zahlreichen Projekten bearbeitet. Langsam werden aber die Grundlagen des Sports in der DDR, sein Aufbau in Organisation und Verwaltung, die herrschende Sportauffassung, die Erfolge im Spitzensport und die Funktion des Sports in der DDR-Gesellschaft besser verstanden.

9.1 Der Aufbau einer „sozialistischen Körperkultur" in der sowjetisch besetzten Zone (SBZ) und der Deutschen Demokratischen Republik (DDR)

Abb. 33: Walter Ulbricht, Erster Sekretär des ZK der SED beim III. Deutschen Turn- und Sportfest 1959 in Leipzig.

Die DDR, der andere Staat in Deutschland nach dem Zweiten Weltkrieg, hat vierzig Jahre lang existiert. Kurz nach dem 40. Jahrestag im Oktober 1989 fiel die Mauer, die Deutschland und Europa getrennt hatte. Das Ende der DDR folgte dem Schicksal aller sozialistischer Staaten im Herrschaftsbereich der ehemaligen Sowjetunion. Der Sport und die Rolle des Sports in der Gesellschaft und im Staat DDR sind jedoch historisch ohne Beispiel. Noch nie wurde der Sport von einem Staat so stark gefördert, und noch nie diente er so ausgeprägt als Stütze eines Regimes, wie dies in der DDR der Fall war.

Die Geschichte des Sports und auch des Schulsports in der DDR ist noch nicht geschrieben worden; aber seit 1990 gab es intensive Bemühungen, diese Geschichte aufzuarbeiten. Auf Initiative des Deutschen Bundestages und der Enquête-Kommission „zur Aufarbeitung von Geschichte und Folgen der SED-

Der Aufbau einer „sozialistischen Körperkultur" in der sowjetisch besetzten Zone   189

Diktatur in Deutschland" wurde auch der Sport in der DDR gründlich untersucht. Das Bundesinstitut für Sportwissenschaft (BISp) vergab Forschungsprojekte, deren Ergebnisse in mehreren Sammelbänden und Monografien inzwischen vorliegen.[159] Ein endgültiges und ausreichend differenziertes Bild liegt zwar noch nicht vor; doch die Archive sind geöffnet, und die Aufarbeitung dieses Kapitels der deutschen Geschichte hat begonnen. Vor der Öffnung der Grenzen und dem Ende der DDR beschränkte sich das Wissen über den Sport im anderen Teil Deutschlands auf die „offizielle" Selbstdarstellung des DDR-Sports durch die entsprechenden DDR-Organe oder durch Erklärungen und Stellungnahmen befugter Funktionäre. Dieses Bild der DDR und des DDR-Sports entsprach nicht der Wirklichkeit. Erst allmählich wird es möglich sein, die Wahrheit über die DDR und über ihren Sport zu erfahren.[160]

Sozialistische Körperkultur

Die Grundzüge der Geschichte von Körperkultur und Sport in der DDR lassen sich schon heute erkennen. In der offiziellen Sprachregelung der DDR war nicht von Sport, sondern immer von „sozialistischer Körperkultur" oder von „Körperkultur und Sport in der entwickelten sozialistischen Gesellschaft der DDR" die Rede, wie schon auf den ersten Seiten der „Kleinen Enzyklopädie Körperkultur und Sport" (1979) nachzulesen ist. Damit sollte zum Ausdruck gebracht werden, dass es erst im Sozialismus bzw. in der DDR gelungen sei, aus dem kulturlosen Sport eine echte, hochwertige, überlegene „Körperkultur" zu formen; eine Körperkultur, in der für die Klassengegensätze des Sports im Kapitalismus aufgehoben seien, die den Massen zugute komme, die wissenschaftlich begründet und erforscht sei, und in der sich die Überlegenheit und Leistungsfähigkeit der Menschen im Sozialismus widerspiegelten. „Sie ist eine Körperkultur neuer Qualität, in Ziel, Inhalt, Verbreitung und Wirksamkeit nicht vergleichbar mit der Körperkultur anderer bzw. früherer Gesellschaftsordnungen; sie ist die wahre, vom sozialistischen Humanismus geprägte Körperkultur des Volkes." (Kleine Enzyklopädie ... 1979, 18). In Wirklichkeit handelte es sich bei dieser offiziellen „Körperkultur" aber lediglich um die von Partei und Staat vorgegebenen und organisierten Formen des Sporttreibens im Rahmen ihrer eingegrenzten Aufgaben und Ziele.

---

[159] *Spitzer* 1998; *Teichler/Reinartz* 1999; *Buss/Becker* 2001; *Teichler* 2002; *Pfister* 2002; die ersten Anstöße zu einer wissenschaftlichen, historisch-kritischen Auseinandersetzung mit dem DDR-Sport gingen jedoch von *Bernett* 1990b und 1994 aus. Erste Ansätze zur Aufarbeitung des DDR-Schulsports in Bezug auf die Lehrpläne zum Sportunterricht wurden von *Helmke/Naul/Rode* 1991 vorgelegt.

[160] Aufschlussreich sind DDR-Standardwerke wie die „Kleine Enzyklopädie Körperkultur und Sport", hrsg. von einem Herausgeberkollegium unter Vorsitz von Günter *Erbach*. Leipzig 1979 (5. Auflage). Der Deutsche Sportbund hat in den 80er Jahren mehrfach Akademiegespräche zur Situation des Sports im geteilten Deutschland durchgeführt und entsprechende Akademieschriften herausgegeben, auch um mehr Licht in das (damalige) Dunkel des DDR-Sports zu bringen. Vgl. zu der Problematik das Referat von Kurt *Mocker*: Was wissen wir über den Sport in der DDR? In: Akademiegespräch Sport im geteilten Deutschland IV im März 1986. Frankfurt 1986, 7–23.

„Körperkultur" im Sinne der DDR-Staats- und Sportführung ist nicht zu verwechseln mit einem Begriff von „Körperkultur" bzw. „Bewegungskultur", mit dem in einer offenen Gesellschaft die unterschiedlichen Formen von Bewegung, Turnen, Gymnastik, Spiel und Sport bezeichnet werden, um den spezifischen Umgang mit dem Körper je nach Kultur, Geschlecht, Alter und sozialer Schicht sowie den darüber geführten öffentlichen Diskurs im Prozess gesellschaftlicher und kultureller Veränderungen erfassen und charakterisieren zu können. Der Begriff „Körperkultur" ist von der DDR-Führung in sozialistisch-normativer Absicht besetzt worden. Er stellte letztlich eine Verkürzung und Eingrenzung der Vielfalt des Sports und der „Körperkultur" auf die Ideologie einer herrschenden Elite von Staats- und Parteifunktionären dar.

Wie alles in der DDR waren auch Sport und Schulsport den Weisungen und Richtlinien der kommunistischen Staats- und Parteiführung unterworfen. Im Gegensatz zum Aufbau des Sports und seiner Organisationen in der Bundesrepublik, wo der eigenweltliche Charakter des Sports und seine Unabhängigkeit von Politik und Ideologie betont wurden, hatten der Sport und die Leibeserziehung in der DDR von Anfang an im Dienst des ersten sozialistischen „Arbeiter- und Bauernstaates" auf deutschem Boden zu stehen.

Dieser Staat, der sich sozialistisch nannte und dessen Repräsentanten behaupteten, im Sinne des Volkes und besonders der Arbeiter und Bauern zu handeln, ging im Aufbau des Sports und der Sportorganisationen andere Wege als der Westen. Die Staats- und Parteiführer der Sozialistischen Einheitspartei Deutschlands (SED), einer Partei, die 1946 aus der Zwangsvereinigung der Sozialdemokraten mit den Kommunisten hervorging, versuchten sich vollständig an das Vorbild der Sowjetunion und deren Sportorganisationen anzulehnen. Dies bedeutete, dass nicht nur die Wiedergründung der „bürgerlichen" Turn- und Sportvereine verboten wurde, sondern – zur großen Enttäuschung der ehemaligen Arbeiterturner und Arbeitersportler – hatten in diesem Arbeiter- und Bauernstaat auch die alten Arbeiterturn- und Sportvereine keinen Platz. Ehemalige Arbeitersportvereine wurden nicht wieder zugelassen. Die Parteiführung machte sich vielmehr daran, das sowjetische Konzept des Kommunalsports auch in der Sowjetisch Besetzten Zone (SBZ) bzw. in der DDR einzuführen; d. h. einen Sport, der von den Städten, Gemeinden, Kreisen, also in staatlicher Verantwortung organisiert und gelenkt wurde.

Demokratischer Zentralismus

Das Konzept des Kommunalsports wurde anfangs von den kommunistischen Parteifunktionären durchgesetzt; es widersprach der Tradition und Idee des sozialdemokratischen Arbeitersports, und es bedeutete eine rigorose Zerschlagung der bürgerlichen Vereinssportbewegung. Es wurde nicht einmal geduldet, wenn sich die Sportler aus den alten Vereinen eher informell und freundschaftlich in kommunalen Sportgemeinschaften zusammenfanden. Ein Beispiel ist das Schicksal des Dresdener Sportclubs (DSC). Aus diesem Verein gingen so berühmte Sportler und Sportpersönlichkeiten wie der Mittelstreckenläufer Rudolf *Harbig* oder der spätere langjährige Fußball-Bundestrainer Helmut *Schön* hervor. Der Verein durfte nach 1945 nicht mehr gegründet werden. Als sich viele ehemalige Mitglieder 1947 in der kommunalen Sportgemeinschaft Friedrichstadt – einem Vorort Dresdens – wieder trafen, um verdeckt unter neuem Namen und einer offiziellen Organisationsform die alte Vereinstradition weiter zu pflegen, wurde die SG Friedrichstadt zwangsaufgelöst. Trotzdem ließen die alten Sportkameraden den Kontakt untereinander und auch zu befreundeten Sportlern im Westen nicht abbrechen. Dem Staatssicherheitsdienst war dies ein Dorn im Auge. Kurz vor dem 60. Stiftungsfest des DSC im Jahr 1958 wurden der 73-jährige Arno *Neumann,* ein ehemaliger Fußball-Nationalspieler, und sein gleichaltriger Freund Alexander *Schreiber* verhaftet. In einem Geheimprozess wurden beide wegen „Wühl- und Zersetzungstätigkeit sowie Aufbau einer illegalen Organisation" zu je fünf Jahren und sechs Monaten Zuchthaus verurteilt *(Knecht* 1992).

Der Kommunalsport war nur der erste Schritt auf dem Weg des Sports in den „demokratischen Zentralismus" der DDR. Im Jahr 1948, also noch vor der offiziellen Gründung der DDR als Staat im Oktober 1949, wurde der Deutsche Sportausschuss (DSA) gegründet, in dem die kommunalen Sportorganisationen eng an die Massenorganisationen der Partei, an die Freie Deutsche Jugend (FDJ) und den Freien Deutschen Gewerkschaftsbund (FDGB) der DDR gekoppelt wurden *(Holzweißig* 1988, bes. 29–65; *Buss/Becker* 2001, 194ff.). Damit wurde der Sport fest an die Kette der Partei gelegt.

In dem von *Buss/Becker* (2001) bearbeiteten Band, in dem einer der Meinungsführer des DDR- und SED-Sports, Günther *Wonneberger,* in einem Artikel diese erste Phase des Aufbaus der DDR-Sportorganisationen untersuchte und beschrieb, liest sich das allerdings ganz anders: „Zunehmend wurden Stimmen laut", so *Wonneberger* (in *Buss/Becker* 2001, 197 f.), „die von der SED als der nach den Wahlen in allen Ländern (außer Berlin) stärksten politischen Kraft, endlich Schritte zu klaren Verhältnissen forderten, insbesondere zu sportgerechten, überschaubaren Strukturen und anerkannten kompetenten Leitungen." Die SED war die stärkste politische Kraft in Ostdeutschland, aber nicht deshalb, weil sie von den Bürgern in freien Wahlen dazu gemacht worden wäre – dies war nicht der Fall –, sondern weil sie ihren Machtanspruch mit allen Mitteln, einschließlich Terror, Gewalt, Unterdrückung und Einschüchterung von Gegnern und Andersdenkenden, durchsetzte.[161] Auch im Bereich des Sports durfte die Vorherrschaft der SED nicht in Frage gestellt werden. Das ist gemeint, wenn *Wonneberger* von der Forderung nach „überschaubaren Strukturen und anerkannten kompetenten Leitungen" schreibt.

Statt der alten Vereine wurden nun „Betriebssportgemeinschaften" (BSG) gegründet, in denen in Zukunft der Sport der „Massen" stattfinden sollte, getrennt nach Betrieben und Belegschaften bzw. Kollektiven – „Rotation" für Betriebe der Papier- und Druckindustrie, „Traktor" für die Land- und Forstwirtschaft, „Lokomotive" für die Bahnarbeiter und „Motor" für metallverarbeitende Betriebe und für den Maschinenbau. Auch die Polizei, die Nationale Volksarmee und das Ministerium für Staatssicherheitsdienst (MfS) hatten ihre Sportclubs, bezeichnenderweise

---

[161] Dies wird in den Untersuchungen der Enquête-Kommission „Aufarbeitung von Geschichte und Folgen der SED-Diktatur in Deutschland" des Deutschen Bundestages mehr als deutlich.

"Vorwärts" und "Dynamo" genannt. Wer in der DDR Sport treiben wollte, musste dies in einer BSG tun, außer er entschied sich für individuelles und informelles Sporttreiben, was jedoch nur sehr eingeschränkt möglich war. Die BSGs waren fast alle an einem traditionellen, wettkampforientierten Sportartenkonzept ausgerichtet, und sie sprachen gezielt die Arbeiter und Beschäftigten des jeweiligen Betriebs an. Die aktive Sportteilnahme der Menschen hielt sich trotzdem in Grenzen, nicht zuletzt auch deshalb, weil in den BSGs wieder dieselben Leute zusammenkommen mussten, die sich schon tagsüber in den Betrieben bei der Arbeit gesehen hatten.

Massensport

Die Massensportbewegung, die von Walter *Ulbricht,* dem ersten Generalsekretär der SED, ausgerufen worden war, ist aus diesen Gründen in der DDR zum großen Teil gescheitert. Freizeit- und Breitensport aus eigenem Engagement der Bürger heraus, wie er seit den 60er und 70er Jahren in der Bundesrepublik aufkam, wurde in der DDR kaum gefördert, natürlich auch wegen fehlender und mangelhafter Sportstätten, aber auch wegen der Befürchtung der herrschenden Funktionäre aus Staat und Partei, dass sie die Kontrolle über die Bürgerinnen und Bürger verlieren könnten. Die wenigen guten Sportstätten, die es gab, wurden bevorzugt von den Spitzensportlern genutzt und waren für die allgemeine Bevölkerung nicht oder nur eingeschränkt zugänglich. Trotzdem wurden immer wieder „Volkssportveranstaltungen" durchgeführt, z. B. die Meilenlauf-Bewegung in den 1970er Jahren, das „TTT-Tischtennisturnier der Tausende" oder Turnfeste; außerdem gab es staatliche Initiativen zur Förderung des Massensports, z. B. die Wettbewerbe „Stärkster Lehrling", „Stärkster Mann der Nationalen Volksarmee" oder „Sportlichstes Mädchen der DDR" (*Deja-Lölhöffel* 1992, 24; *Hinsching* 1998).

Solche Aktionen zielten auf sportliche Betätigung ab, die nichts oder nicht viel kosteten und bei denen keine aufwändige Infrastruktur an Hallen, Plätzen oder gar Bädern benötigt wurde. Fast alle staatlichen Finanz- und Fördermittel flossen in den Leistungssport, während der Massensport immer mehr zur Formel sozialistischer Propaganda verkam. Dies war insbesondere nach den so genannten Leistungssportbeschlüssen des Jahres 1969 der Fall, als die staatlichen Mittel für den Sport konsequent auf ausgewählte olympische Sportarten konzentriert wurden. Das Ziel war, bei den Olympischen Spielen des Jahres 1972 in München möglichst gut abzuschneiden und auf jeden Fall den Klassenfeind im Westen, besonders den deutschen Nachbarn, zu besiegen. Für den „Massensport" und den „Sport II", wie die nicht-olympischen Sportarten nun genannt wurden, war kein Geld mehr da.[162]

Es gab in der DDR durchaus breitensportliche Veranstaltungen und Initiativen von Bürgern, in denen sich etwas artikulierte, was in der DDR-Forschung als „Eigen-Sinn" bezeichnet wird; d. h. als Handlungen, die weder als konform und angepasst noch als widerständig bezeichnet werden können, in denen sich aber der Versuch von DDR-Bürgerinnen und Bürgern äußerte, Bereiche oder „Ni-

---

[162] Siehe dazu ausführlich *Teichler/Reinartz* 1999, bes. 55 ff.

schen" in der DDR-Gesellschaft zu schaffen, in denen sie ihre individuellen Interessen und Ansprüche leben konnten.[163] Ein Beispiel für diesen „Eigen-Sinn" im Sport ist der Thüringer Rennsteiglauf, der in den frühen 1970er Jahren von Studenten der Universität Jena ins Leben gerufen wurde. Dieser Ultralangstreckenlauf (ursprünglich 160 km, dann 50 km) mit einer Streckenführung in unmittelbarer Grenznähe zur Bundesrepublik entwickelte sich zum populärsten Volkslauf in der DDR mit Teilnehmerzahlen von über 8000 Menschen. Er wurde zum Symbol der Volkslaufbewegung in der DDR, und zwar gerade deshalb, weil er von den Behörden, von Staat und Partei nicht offiziell gefördert und unterstützt wurde, wie etwa der propagandistisch ausgeschlachtete Berliner Friedenslauf (mit amtlich für 1982 angegebenen 20 000 Teilnehmern), sondern eine Art Bürgerlauf war. Die DDR-Sportführung im DTSB lehnte diesen Lauf ab, obwohl die Organisatoren des Laufs um den Jenaer Sporthistoriker Prof. Willi *Schröder* und Hans Georg *Kremer* um Unterstützung gebeten und vorgeschlagen hatten, den Lauf zum Gedenken an den Schnepfenthaler Pädagogen Johann Christoph Friedrich *GutsMuths* in *GutsMuths*-Gedenklauf umzubenennen. Die Antwort lautet, „dass eine zentrale Gedenklaufveranstaltung nicht akzeptiert wird" (nach *Kremer* 1998, 234). Die Gründe für die Ablehnung des Laufs durch die DDR-Sportführung wurden nie offen gelegt, aber es kann vermutet werden, dass verschiedene Aspekte zusammenkamen. Zum einen spielten Sicherheitsaspekte eine Rolle, wenn so viele Menschen bei einem solchen Ereignis unorganisiert und nicht offiziell von den staatlichen Organen kontrolliert, zusammenkamen, zumal in der Nähe der deutsch-deutschen Grenze. Deshalb wurde die Teilnehmerzahl auf maximal 9000 Läufer begrenzt. Zweitens durfte der Rennsteiglauf auch nicht mehr Teilnehmer haben als die von Staat und Partei durchgeführten Massenveranstaltungen. Zum Dritten drohte eine Massenveranstaltung wie der Rennsteiglauf die Infrastruktur der Dörfer und kleinen Städte entlang der Strecke zu überfordern und insgesamt außer Kontrolle zu geraten – eine Vorstellung, die die Funktionäre, Beamten und Politiker des SED-Staates abschrecken musste.

Staat, Partei und DTSB

Mit dem Deutschen Turn- und Sportbund (DTSB) wurde in der DDR im Jahr 1957 ebenfalls wie bereits 1950 in der Bundesrepublik ein Einheitssportverband gegründet, mit dem sogar im Namen an die endlich zustande gekommene Einheit von Turnen und Sport im Sozialismus erinnert werden sollte. Aber diese Einheit des DTSB, die eng mit den Staats- und Parteiorganisationen zusammenarbeitete, kam nicht freiwillig zustande. Der DTSB war eine von Staat und Partei gelenkte Massenorganisation, wie die FDJ und der FDGB auch. „Der DTSB nimmt aktiv am Aufbau des Sozialismus teil", hieß es im Gründungsstatut dieser Massenorganisation; „er unterstützt die demokratischen und patriotischen Kräfte im westdeutschen Sport, die einen mutigen Kampf gegen den Missbrauch des Sports in Westdeutschland führen. Der DTSB erzieht seine Mitglieder zu sozialis-

---

[163] Vgl. zu dieser theoretischen Diskussion um „Herrschaft und Eigensinn", „Durchherrschung" und „Nischenkultur" in der DDR u. a. *Lindenberger* 1999 und *Wolle* 1999; im Hinblick auf den Sport mit weiteren Beispielen *Teichler* 2001.

tischem Denken und Handeln und bekämpft entschieden alle Formen des Nur-Sportlertums und der politischen Neutralität des Sports" (nach *Bernett* 1994, 145).

Aus diesem Auszug aus der Satzung des DTSB, die später wieder geändert wurde, wird deutlich, dass mit der Gründung des DTSB verschiedene Ziele verfolgt wurden:

Erstens die feste Einbindung des Sports in die Arbeit am Aufbau des Sozialismus, wie formelhaft gesagt wurde; gemeint war die straffe Führung und Kontrolle des Sports und aller seiner Organisationen durch die Partei.

Zweitens die Erziehung und Disziplinierung aller Sporttreibenden in der DDR im Sinne der Partei; und dies bedeutete auch, dass Sporttreiben und Sporterziehung ausdrücklich als politische Erziehung verstanden wurden. Die Gründung des DTSB als sozialistische Massenorganisation sollte endgültig die bürgerliche Sportideologie zerstören, nach der der Sport eine Art Freiraum, eine politikfreie „Eigenwelt" darstellen könnte.

Drittens der Kampf gegen den Sport in Westdeutschland. Der DTSB war auch dazu da, auf dem Gebiet des Sports alle Kräfte zu bündeln, um gegen den Sport in Westdeutschland siegen zu können. Damit war nicht nur ein Sieg in „sportlicher" Hinsicht gemeint, sondern mit Hilfe des Sports sollte das politische System in Westdeutschland bekämpft werden, das den angeblichen Missbrauch des Sports zu verantworten habe.

Konkret bedeutete die Gründung des DTSB das Ende der bis dahin noch bestehenden Rivalitäten in Fragen des Sports zwischen dem Deutschen Sportausschuss, der FDJ, dem FDGB und dem bereits 1952 unter Manfred *Ewald* gegründeten Staatlichen Komitee für Körperkultur und Sport der DDR. *Ewald,* im Dritten Reich ab 1944 Mitglied der NSDAP, war seit 1961 auch Präsident des DTSB und als Mitglied des Zentralkomitees der SED der mächtigste Sportfunktionär in der DDR. Durch den DTSB wurde die Voraussetzung geschaffen, den Sport im Sinne des „demokratischen Zentralismus" in der DDR zu organisieren. Dieser „demokratische Zentralismus" war das Schlagwort, nach dem alle gesellschaftlichen Institutionen in der DDR aufgebaut waren. „Darunter ist zu verstehen", zitiert *Holzweißig* (1988, 35) aus den „Sächsischen Neuesten Nachrichten" vom 17. Februar 1957, „dass erstens alle Leitungen der Sportbewegungen von unten nach oben gewählt werden und zweitens die Beschlüsse der übergeordneten Leitung für die nachgeordneten Organe bindend sind. Dieses Prinzip gibt der breiten demokratischen Mitwirkung aller Mitglieder den erforderlichen Raum und sichert gleichzeitig eine feste Ordnung in der Arbeit und die Einheitlichkeit in der Entwicklung der Körperkultur in der DDR". „Richtig daran ist jedoch nur", kommentiert *Holzweißig,* „dass die oben gefassten Beschlüsse an der Basis strikt befolgt werden müssen. Das Undemokratische am ‚demokratischen Zentralismus' besteht generell jedoch darin, dass es keine freien Wahlen gibt, sondern lediglich die Wahlvorschläge der jeweils übergeordneten Gremien zur Bestätigung in den Versammlungen vorgelegt werden."

Alles, was im Sport geschah, wurde zentralistisch und von oben verordnet, geplant und kontrolliert, von der langfristigen und präzisen Organisation von Massen-Sportfesten bis zur flächendeckenden und gezielten Doping-Vergabe an Athletinnen und Athleten *(Berendonk* 1991; *Spitzer* 1998). Der gesamte Sport der DDR ging im Herrschaftsapparat der Staatspartei, der SED, auf; ein Prozess, der auch durch die engen personellen Verflechtungen von Partei, Staat und Sport gefördert wurde. Ideologische und wissenschaftliche Unterstützung wurde von der schon 1950 gegründeten Deutschen Hochschule für Körperkultur (DHfK) in Leipzig und dem Forschungsinstitut für Körperkultur und Sport (FKS), das auf dem Gelände der DHfK angesiedelt war, gewährt. An beiden Instituten wurden systematisch die großen Sporterfolge der DDR-Spitzenathleten wissenschaftlich vorbereitet; an der DHfK durch die Ausbildung von qualifizierten Trainern und am FKS durch „geheime" wissenschaftliche Forschungen. DHfK und FKS waren auch Einrichtungen zur ideologischen Grundlegung und Schulung des Sports in der DDR.

Als 1968 eine neue „sozialistische Verfassung" der DDR beschlossen wurde, kam auch der Sport in dieser Verfassung (Art. 18, Abs. 3) vor: „Körperkultur. Sport und Touristik als Element der sozialistischen Kultur dienen der allseitigen körperlichen und geistigen Entwicklung der Bürger" (in *Bernett* 1994, 44). Der Sport genoss in der DDR einen so hohen Stellenwert, dass grundsätzlich alle wichtigen Entscheidungen im Zentralkomitee und im Politbüro der SED getroffen wurden *(Teichler* 2002). Die Abteilung Sport im ZK der SED unter Rudi *Hellmann* und das zuständige Politbüromitglied Egon *Krenz* kontrollierten in den letzten Jahren faktisch den gesamten Sport. *Ewald* als Präsident des DTSB war ebenfalls Mitglied im ZK der Partei. Parteitags- und ZK-Beschlüsse galten als richtungweisend für die weitere Entwicklung des Sports.

Abb. 34: VI. Turn- und Sportfest der DDR 1977.

9.2 Schulsport und Körpererziehung

Bildung, Erziehung und das gesamte Schulwesen der DDR hatten auf das Ziel hin zu arbeiten, „allseitig entwickelte sozialistische Persönlichkeiten" zu erziehen. Auch der Sport und der Schulsport mussten einen wichtigen Beitrag dazu leisten. Zeitweise geriet der Sportunterricht zu einem der „wichtigsten Gesinnungsfächer für den Aufbau des Kommunismus und die Verteidigung der sozialistischen Errungenschaften der DDR" *(Helmke/Naul/Rode* 1991, 386; *Hinsching/ Hummel* 1997, 43). Neben der Vermittlung physischer Fähigkeiten und sportlichmotorischer Fertigkeiten galten die Erziehung zu diszipliniertem Verhalten, zu sozialistischer Moral, zu kollektivem Handeln und zur Verteidigung des Vaterlandes als die wichtigsten Ziele der körperlichen Erziehung in den Schulen. Wehrerziehung gehörte zu den Inhalten des Schulsports und auch der Sportlehrerausbildung. Der Sportunterricht an den Schulen orientierte sich am Leistungssport und gliederte sich klar nach Leistungs- und Altersklassen. Fragen der Leistungsbewertung und Notengebung spielten eine große Rolle. Da die Erziehungsziele von der Staats- und Parteiführung vorgegeben wurden und eine öffentliche oder auch fachinterne Debatte darüber nicht geführt wurde, konzentrierte sich das Interesse der Sporterzieher auf Fragen der Methodik und der motorischen Entwicklung. Im Sportverlag der DDR erschien eine Fülle methodischer Literatur, die auch in der Bundesrepublik viel gelesen wurde, meistens zu den klassischen Sportarten, aber auch zu allgemeinen Prinzipien des Lehrens und Lernens, der Vermittlung und Organisation des Unterrichts.

Ziele und Aufgaben des Schulsports

Im normalen Schulsport stand die sportliche Leistung ebenfalls im Mittelpunkt. Der Unterricht hatte leistungsorientiert und effektiv zu erfolgen, diszipliniert und auch in militärisch strengen Formen. Die Lehrpläne enthielten für fast alle Klassenstufen konkrete Anweisungen für Ordnungsübungen. Die Klasse hatte in korrekter Form vor dem Sportlehrer anzutreten, ein Schüler musste Meldung erstatten, es wurde durchgezählt und im Gleichschritt marschiert.

Wehrsport und Wehrunterricht waren Bestandteile des Sports an der Schule. Der Wehrsportunterricht hatte in erster Linie für die physische Fitness der potentiellen Landesverteidiger zu sorgen und die Jugend an militärische Formen zu gewöhnen. Er begann bereits in der ersten Klasse mit Geländespielen und mit der Gewöhnung an die in der NVA üblichen Ordnungsformen: Antreten – Grüßen – Meldung – „Sport frei!", wie in dem Standardlehrbuch zur Sportmethodik *(Stiehler* 1973, 361 f.) stand. Zusätzlich gab es wehrsportliche Lehrgänge und vormilitärische Ausbildungskurse auch in der Lehrlingsausbildung und an den Hochschulen für Studenten. Die vormilitärische Ausbildung wurde getragen und organisiert von der „Gesellschaft für Sport und Technik" (GST) – einer Massenorganisation, die 1952 mit Unterstützung durch die FDJ gegründet wurde und überwiegend die Jugend zu erfassen versuchte. Die GST veranstaltete vormilitärische Ausbildungskurse im Fallschirmspringen, im Flugsport, im wehrsportlichen Mehrkampf mit Schießen, Ausdauerlauf, Handgranatenweitzielwurf, Tauklettern, im Motorsport, Schießsport, Tauchen usw. Es wurden auch zahlreiche wehrsportliche Wettkämpfe veranstaltet. Viele Jugendliche gingen auch deshalb in die GST, weil hier die Möglichkeit bestand, frühzeitig und billig den Führerschein zu erwerben, und weil sie, wie die meisten, vor allem männlichen Jugendlichen, von Technik und Abenteuersport fasziniert waren. Eng mit der wehrsportlich-praktischen Tätigkeit der GST war auch ihre politisch-ideologische Arbeit verbunden. Die GST organisierte die „Vorbereitung der Jugend auf die Verteidigungsaufgaben als Einheit von ideologischer Überzeugung im Sinne der Weltanschauung der Arbeiterklasse und praktischer Bewährung im Prozess der vormilitärischen Ausbildung des Wehrsports" *(Brux/Welter* 1992, 48).

Das Sportabzeichen der DDR, das mit der Verabschiedung des Jugendgesetzes von 1950 eingeführt wurde, lautete offiziell „Bereit zur Arbeit und zur Verteidigung des Friedens"; 1956 wurde es geändert in „Bereit zur Arbeit und zur Verteidigung der Heimat" (Kleine Enzyklopädie ... 1979, 676 f.).

Seit 1965 fanden regelmäßig auf Schul-, Kreis- und Bezirksebene, „Spartakiaden" statt, sportliche Wettkämpfe, in denen sich die jeweils Besten qualifizieren konnten und schließlich bei den Endkämpfen der Kinder- und Jugendspartakiaden starten durften. Organisatoren waren der DTSB und die FDJ in Verbindung mit den Kinder- und Jugendsportschulen (KJS). Die Spartakiaden haben sich als ein effektives System der Talentfindung erwiesen. Sie waren die Grundlage des „Sportwunders" DDR. Die meisten der zahlreichen Olympiateilnehmer und Olympiasieger der DDR gingen aus den Kinder- und Jugendsportschulen hervor und waren bereits Sieger bei den Kinder- und Jugendspartakiaden.

Schule und Leistungssport

Den Einstieg in den Leistungssport bzw. das Leistungssportsystem der DDR bildete die „Einheitliche Sichtung und Auswahl" (ESA), der sich alle Kinder unterziehen mussten. Die gesichteten „Talente", die vielversprechende Anlagen für ganz spezielle Sportarten zeigten, kamen dann in die Trainingszentren (TZ) der ersten Förderstufe (in den 80er Jahren waren dies rund 26 000 Kinder jährlich), von denen die Talentiertesten (ca. 2500 pro Jahr) für die KJS ausgewählt wurden (zweite Förderstufe). Die Besten gingen dann in die Sportclubs (SC) über und bildeten die sportliche Leistungselite der DDR.[164]

Die KJS wurden schon seit Mitte der 50er Jahre systematisch ausgebaut. Im Westen gehörten sie bis zum Fall der Grenze zu den „Geheimnissen" des DDR-Sports und seines Talentsystems. Westliche Besucher und Journalisten hatten keinen Zutritt zu diesen Kaderschmieden des DDR-Sports *(Holzweißig* 1988, 54–58). Sie hatten den Zweck, frühzeitig sportliche Talente zu fördern und an die Leistungsspitze heranzuführen. Für die Aufnahme in eine KJS waren nicht nur sportliche Eignung und sportliches Talent wichtig, sondern auch gute schulische Leistungen und vor allem die Mitarbeit in den sozialistischen Jugendorganisationen sowie ein reiner „sozialistischer Stammbaum", d. h. keine Verwandtschaft ersten oder zweiten Grades in der Bundesrepublik oder in anderen westlichen Staaten. Die Kinder- und Jugendsportschulen waren aber nicht nur Kaderschmieden für den Spitzensport, sondern auch für zukünftige Trainer, Sportfunktionäre und Funktionäre in so genannten sicherheitsempfindlichen Positionen.

Die Belastung für die Kinder und Jugendlichen war erheblich, zum Teil bis zu 60 Stunden in der Woche Unterricht, Training und Tätigkeit in den Pionierorganisationen bzw. politischer Unterricht, wobei das sportliche Training einen immer größeren Anteil ausmachte. Schwerpunkt der KJS war das sportliche Training, dem sich die Schule weitest möglich anpasste. Wer den Anforderungen nicht ge-

---

[164] Vgl. im Einzelnen *Teichler/Reinartz* 1999, 116 ff., bes. 167; außerdem *Hartmann* 1997.

wachsen war oder die sportlichen Ziele nicht erreichte, wurde in seinen Heimatort zurückgeschickt. Die Kinder und Jugendlichen waren, ähnlich wie die Grenztruppen der DDR, kaserniert; sie unterlagen rund um die Uhr der Aufsicht der Trainer und Erzieher *(Teichler/Reinartz* 1999, 251).

Die 1977 in die Bundesrepublik geflüchtete Juniorensprinterin Renate *Neufeld*, die 1976 in die KJS „Ernst Grube" aufgenommen worden war, lieferte bereits 1981 in einem Akademiegespräch des DSB einen authentischen Erfahrungsbericht. Sie sagte unter anderem: „Wer über mehrere Jahre die KJS besucht hat, ist daran gewöhnt, alle wichtigen Entscheidungen vom Trainer abgenommen zu bekommen und nur noch das zu tun, was ihm aufgegeben wird. Den Anweisungen des Trainers folgt man gewöhnlich ohne Widerspruch, wenn es auch gelegentlich vorkommt, dass in Abwesenheit des Trainers das Programm nicht voll abgewickelt wird. Der Trainer bestimmt über Sonn- und Feiertage, wann die Eltern besucht werden dürfen oder die Heimfahrt aufgrund eines zusätzlichen Sonntagstrainings ausfällt. Die Drohung des Trainers *Klann,* einen Tag vor Weihnachten: ‚Falls die Sprintzeiten nicht meinen Vorstellungen entsprechen sollten, wird die Trainingseinheit am Weihnachtsabend wiederholt', ist so ernst gemeint, wie sie gesagt wurde. Beim Sprinttraining des TSC Berlin war es sogar so, dass er selber festlegte, wer, wann und wie viel Hormontabletten in der Wettkampfvorbereitung einzunehmen hatte. Er verschwieg mir dabei den Namen, die Zusammensetzung und die Nebenwirkungen des Präparats, von dem er nur die leistungssteigernde Wirkung anpries und völlige Unschädlichkeit versicherte. Er sagte mir, dass die Mädchen seiner Gruppe nur gute Erfahrungen damit gemacht hätten und dadurch auch bereits in den Genuss einer Leistungsprämie gekommen seien. Namen nannte er nicht und riet außerdem, ein vertrauensvolles Gespräch über dieses Gespräch mit der Sportärztin der Leichtathleten zu führen, die dann ebenfalls zuriet. Einen Zyklus lang tat ich es auch; dass es sich dabei um ein verbotenes Dopingmittel handelte, wusste ich mit Sicherheit erst nach meiner Flucht in den Westen, als Prof. Dr. Manfred *Donike* das aus dem Osten mitgebrachte Präparat analysierte, das mir übrigens mit der Aufschrift ‚Vitamintabletten' gegeben worden war. ... Nach meiner Flucht in den Westen wurde mein Vater (er war Englischlehrer an einer anderen KJS) von der Schule geworfen. Meine Schwester musste die KJS verlassen, wobei es ganz und gar nicht an mangelnden schulischen und sportlichen Leistungen gelegen haben kann. Auf der Elternversammlung, die kurz vorher stattgefunden hatte, äußerte sich ihre Trainerin nämlich mit Zufriedenheit über die Körpergröße meiner Schwester, über ihre Fähigkeiten ... und über das, was sie im letzten Jahr gelernt hatte. ... Man bezweifelte also bei ihr ganz einfach, dass sie nach meiner Flucht den politischen Auftrag des Spitzensports noch erfüllen kann. Hohe sportliche Leistungen reichen in der DDR eben nicht aus, um im Spitzensport voranzukommen, wenn das geforderte politische Bewusstsein und der Wille, den Klassengegner zu hassen, fehlen" (nach *Holzweißig* 1988, 55 f.).[165]

---

[165] *Delow* 2000 untersuchte systematisch die Lebensläufe einzelner Athletinnen und Athleten, die die KJS und allgemein das System des DDR-Leistungssports durchlaufen hatten. Wie *Spitzer* 1998 inzwischen zeigen konnte, blieb auch die Verabreichung gesundheitsschädlicher Dopingmittel an minderjährige Kinder und Jugendliche keine Ausnahme, sondern wurde zur Regel. Vgl. auch *Geipel* 2001 und *Seppelt/Schück* 1999 zu diesem besonders traurigen Kapitel des DDR-Sports.

9.3 Mit Höchstleistungen gegen den Klassenfeind

Es ist auf den ersten Blick erstaunlich, dass der Leistungs- und Spitzensport innerhalb der auf dem Prinzip der Egalität beruhenden „sozialistischen" DDR-Gesellschaft und für die DDR als Staat eine wesentlich wichtigere Funktion erfüllte als für die kapitalistische, konkurrenzorientierte Leistungsgesellschaft in der Bundesrepublik Deutschland. Die DDR förderte mit größtem Aufwand den Spitzensport. Dies konnten *Teichler/Reinartz* (1999) eindrucksvoll mit Zahlen belegen. Nachdem das NOK der DDR 1955 als zweites deutsches NOK vom IOC anerkannt worden war, setzte die Staats- und Parteiführung den Spitzensport als gezieltes Mittel ein, das internationale Ansehen der DDR zu verbessern und letztlich als zweiter deutscher Staat auch international anerkannt zu werden. 1968 war bei den Olympischen Spielen in Mexiko erstmals eine eigene Mannschaft an den Start gegangen. 1972 bei den Olympischen Spielen in München hatte die DDR die Bundesrepublik in der „Nationenwertung" weit überflügelt, und in der Folgezeit stieg sie hinter oder neben den USA und der UdSSR zur spitzensportlichen „Weltmacht" auf. Im Spitzensport der Frauen war die DDR führend. Der Spitzensport wurde zum wertvollsten und auch international vorzeigbaren Produkt des DDR-Sozialismus. Die Top-Athleten der DDR wurden als „Diplomaten im Trainingsanzug" eingesetzt, um das Ansehen ihres Staates zu mehren. Die Erfolge ihrer Top-Sportler trugen darüber hinaus wie nichts anderes zum Aufbau einer besonderen Identität der DDR-Bürger bei. Die Goldmedaillen brachten Glanz in den tristen Alltag. Sie vermittelten das Gefühl von Stolz und Leistungsfähigkeit, und sie erhöhten das Selbstbewusstsein und Selbstwertgefühl der Menschen und der Gesellschaft insgesamt, an deren Mangel die DDR bis an ihr Ende litt.[166]

Goldmedaillen

Der Leistungs- und Top-Sport in der DDR beinhaltete, obwohl er erst durch den totalitären Staatssozialismus ermöglicht wurde, auch ein Stück „Systemwidrigkeit" (von *Krockow),* das ein wenig zur „Systementlastung" und damit möglicherweise zur besonderen Popularität des Spitzensports mit beigetragen hat. Denn dieser Sport war der einzige Bereich der Gesellschaft, in dem offen und anerkannt individuelles Leistungs- und Konkurrenzverhalten gezeigt und am Ergebnis und Erfolg sichtbar gemacht werden konnte. In diesem Sport waren nicht wie sonst alle vermeintlich gleich, sondern im Sport siegte der Bessere, während im nichtsportlichen Alltag der DDR andere Kriterien als die „reine" Leistung für den Erfolg im Leben wichtig waren: sozialistische Gesinnung, Mitgliedschaft in der Partei, staatstreue Haltung. Aber letztlich täuschte dieser auf den ersten Blick geltende Eindruck, dass im Hochleistungssport der DDR nur die reine Leistung gegolten hätte; denn wer die falsche Gesinnung zeigte, wurde trotz bester sportlicher Voraussetzungen und Leistungen entweder gar nicht gefördert, oder es wurde ihm nicht erlaubt, seine Leistungsfähigkeit zu zeigen.

---

[166] Zur Rolle des Sports in der Gesellschaft der DDR vgl. von *Krockow* 1990, bes. 287 f.

Es sieht aus wie eine kleine Ironie der Sportgeschichte, dass sich ausgerechnet in der DDR der Spitzensport zu einem Bereich der Gesellschaft mit ausgesprochen eigenweltlichem Charakter entwickelte; dass sich, anders ausgedrückt, der Spitzensport zu einem von der normalen DDR-Wirklichkeit weitgehend abgekoppelten Sonderbereich der Gesellschaft entwickelte. Ganz anders dagegen in der Bundesrepublik. Hier wurde von den Meinungsführern des Sports offiziell ein Sportverständnis vertreten, das den eigenweltlichen Charakter des Sports hervorhob und seine Autonomie und Unabhängigkeit vom Staat betonte. Die Wirklichkeit hat den Sport in Ost und West eingeholt. Obwohl die offizielle Sportideolgie der DDR genau das Gegenteil verkündet hat, nämlich die Einbindung des Sports in Politik und Gesellschaft, hat sich am Ende der DDR-Spitzensport vollständig von der übrigen DDR-Gesellschaft entfernt – nicht nur erkennbar an den Privilegien und den zahlreichen Spezial-Sporteinrichtungen, die nicht für die allgemeine Bevölkerung, sondern nur für einige Spitzensportler geschaffen wurden, sondern auch aufgrund der Prinzipien, nach denen der Spitzensport im Unterschied zur sonstigen Gesellschaft funktionierte: individuelle Leistung und Konkurrenz, gemessen an internationalen Maßstäben im Sport, gegenüber egalitärem Gruppenverhalten innerhalb einer vom Ausland abgeschirmten kleinen Welt. Der Spitzensport war eine privilegierte Welt für sich in der DDR, bewundert, begehrt, beneidet und zum Schluss von einigen auch gehasst.

Für Erfolge im internationalen Hochleistungssport wurden so gut wie keine Kosten gescheut; und wie inzwischen deutlich geworden ist, schreckten die Verantwortlichen vor verbrecherischem Betrug und menschenverachtendem Zwangsdoping nicht zurück. Auch im Sport zählte der einzelne Mensch nicht mehr viel, wenn es galt, den Ruhm des „sozialistischen Vaterlandes" zu mehren, wenn nötig mit allen Mitteln, auch wenn sie nach den sportlichen Regeln nicht erlaubt waren und wenn sie gegen elementare Grundsätze der Humanität und der Menschenwürde verstießen.[167]

Kampf der Systeme

Die „Diplomaten im Trainingsanzug" kamen jedoch ihren Aufgaben nicht immer wie gewünscht nach. Viele setzten sich bei internationalen Wettkämpfen im Ausland ab, weil die Erfahrungen, die sie dort machten, kaum noch mit den Parolen, die zuhause verbreitet wurden, in Übereinstimmung zu bringen waren. Die Propagandaabteilungen des Sports – u. a. an der DHfK – mussten deshalb auch ungewöhnliche Maßnahmen treffen, um die Athleten bei Wettkämpfen im Ausland ideologisch auf Kurs zu halten. Ein eindrucksvolles Beispiel liefert eine auch in der westlichen Presse veröffentlichte „Instruktion" der DDR-Spitzensportler für die Olympischen Winterspiele 1988 in Calgary.[168] In der Anweisung heißt es,

---

[167] Das erschreckende Ausmaß des staatlich verordneten und menschenverachtenden Betrugs und Dopingmissbrauchs im Sport der DDR wurde schon in dem Buch von *Berendonk* 1991 deutlich. *Spitzer* 1998 ist es zu verdanken, dass diese kriminelle Seite des DDR-Sports gründlich wissenschaftlich untersucht und belegt wurde. Einige Verantwortliche wurden inzwischen auch verurteilt. Vgl. *Geipel* 2001.

[168] Diese Instruktion wurde im Spiegel (Heft 4, 1988) veröffentlicht und ist abgedruckt bei *Holzweißig* 1988, 142-144.

dass sich die Sportler der DDR nicht nur in den sportlichen Wettkämpfen, sondern auch in der Begegnung mit dem Klassenfeind zu bewähren hätten. „Sie müssen in einer außergewöhnlich weitgefächerten und raffiniert geschürten antikommunistischen Atmosphäre kämpfen, die sich gegen den sozialistischen Leistungssport richtet und damit gute Leistungssportler der sozialistischen Staatengemeinschaft persönlich trifft. (...) DDR-Sportler müssen gegen Athleten imperialistischer Länder kämpfen, die so motiviert und eingestellt sind, die Vertreter des Sozialismus unter allen Umständen und mit allen Mitteln zu schlagen. Daher wird das Regelement gebeugt, Wettkampfregeln werden verletzt beziehungsweise Verstöße und provokative Aktionen absichtsvoll geplant."

Weiter werden die heimtückischen Versuche geschildert, mit denen die DDR-Athleten angeblich verunsichert und geschlagen werden sollen. Dazu gehörten oberflächliche Freundlichkeiten der Gegner, von denen sich die DDR-Athleten nicht irre machen lassen dürften. „Sie (die Gegner) gehorchen den Zwängen ihrer profihaften Vorbereitung. Ihre Persönlichkeit ist von Sinn und Geist des Imperialismus geprägt, und bei aller Spielbreite ihrer politisch-moralischen Auffassungen ist für sie typisch, dass sie nicht nur manipuliertes Objekt dieser Prozesse sind, sondern sich auch dazu subjektiv bekennen." Die westlichen Sportler würden keine Skrupel kennen, sie würden auch vor keinem Betrug und keiner Manipulation zurückschrecken. Darauf müssten die DDR-Sportler vorbereitet sein. Das Feindbild müsse klar erkannt werden. Aber um diesen Gefahren begegnen zu können, sei „ein hohes Maß an politisch-ideologischer Geschlossenheit, eine feste politische Kampfgemeinschaft" nötig. Die beste Garantie sei die Mitgliedschaft der Olympiasportler in der SED: „Viele noch nicht zur Partei der Arbeiterklasse gehörenden Athleten haben den Antrag gestellt, in den Kampfbund der Kommunisten aufgenommen zu werden. Starke Parteikollektive beeinflussen maßgeblich die Kampfkraft, Geschlossenheit und Stabilität der Mannschaften."

Aus diesem Dokument spricht nicht nur der Realitätsverlust der SED-Parteifunktionäre und Ideologen gegen Ende ihrer Herrschaftszeit, sondern hier offenbart sich bereits eine Art Bunkermentalität, die nicht zuletzt auch auf ein kollektives Minderwertigkeitsgefühl, ein zur Gewissheit werdendes Gefühl, dass der Sozialismus in der DDR gescheitert ist, zurückgeführt werden kann.

Eine der wichtigsten offiziellen Funktionen des Spitzen- und Hochleistungssports bestand darin, das Prestige der DDR als Staat zu heben, die Leistungsfähigkeit des Sozialismus im Ausland zu demonstrieren, internationale Anerkennung zu finden und insbesondere die Bundesrepublik als direkten staatlichen und gesellschaftlichen Antagonisten zu überflügeln. Die Geschichte der sportlichen, und das hieß immer nur sportpolitischen Beziehungen zwischen der Bundesrepublik und der DDR liefert ein trauriges Beispiel für den Missbrauch des Sports durch die DDR-Staats- und Parteiführung im Kampf gegen den Klassenfeind Bundesrepublik Deutschland. Grob sind vier Phasen der innerdeutschen Sportbeziehungen zu unterscheiden *(Holzweißig* 1982; *Buss/Becker* 2001; *Teichler/Reinartz* 1999).

Bis zum Mauerbau 1961 wurden auch von DDR-Seite Sportkontakte mit Westdeutschland gesucht und dazu benutzt, die von *Stalin* und *Ulbricht* verfolgte Politik der Wiedervereinigung unter kommunistischen Vorzeichen zu unterstützen. Sporttreffen und Sportwettkämpfe wurden direkt als Forum politischer Propaganda genutzt. Mit dem Mauerbau und der Änderung der politischen Rahmenbedingungen war diese erste Phase des – nach DDR-Jargon – „gesamtdeutschen Sportverkehrs" abgeschlossen. Jetzt folgte eine konsequente Politik der „Abgrenzung" vom Westen bzw. von der Bundesrepublik. Das Ziel der Staats- und Parteiführung bestand in der völker- und staatsrechtlichen Anerkennung der DDR. Die verschiedenen Bundesregierungen haben dies abgelehnt und ihrerseits eine Politik der Isolierung der DDR betrieben; sie folgten der so genannten *Hallstein*-Doktrin, nach der die Bundesrepublik die diplomatischen Beziehungen zu den Staaten abbrach, die die DDR anerkannten. Diese Verhärtung der Positionen änderte sich erst mit dem Beginn der „Entspannungspolitik" und dem Abschluss des Viermächteabkommens über Berlin 1971 sowie mit der „Ostpolitik" der Regierung unter Bundeskanzler *Brandt* und Außenminister *Scheel*, durch die es zu einer Art Normalisierung der Beziehungen zwischen der DDR und der Bundesrepublik kam. Die DDR wurde als Staat zur Kenntnis genommen, aber nicht völkerrechtlich anerkannt. Von DDR-Seite wurden die Sportbeziehungen zur Bundesrepublik wie internationale Sportbeziehungen behandelt. Der Grundlagenvertrag im Olympiajahr 1972 ermöglichte schließlich 1974 die Unterzeichnung des „Protokolls über die Regelung der Sportbeziehungen zwischen dem DSB und dem DTSB ... entsprechend den Bestimmungen und den Gepflogenheiten des Internationalen Olympischen Komitees und der internationalen Sportorganisationen". Schon bei den Olympischen Spielen 1972 in München, aus DDR-Sicht im Land des Klassenfeinds, traten erstmals zwei deutsche Mannschaften mit je eigener Fahne, eigener Hymne und eigenen Emblemen auf. Bis dahin hatte es noch gemeinsame Olympiamannschaften gegeben.

Die Spiele von München 1972

Die Olympischen Spiele 1972 in München stellten nicht nur für München und den Sport in der Bundesrepublik ein ganz besonderes Ereignis dar, sondern auch für die DDR. Die Planungen der Funktionäre waren langfristig auf das Jahr 1972 ausgerichtet, in dem man den Klassenfeind im Westen im eigenen Land besiegen wollte. Schon im Jahr 1965 fasste das Politbüro einen Beschluss „über die weitere Entwicklung des Leistungssports bis zum Jahr 1972." (in *Teichler* 2002, 495–522, Dokument 47). Angesichts der „zunehmend härteren sportpolitischen und sportlichen Auseinandersetzung zwischen den führenden sozialistischen und kapitalistischen Sportländern", hieß es in diesem als „streng vertraulich" gekennzeichnetem Papier, sei es erforderlich, „alle Vorzüge der sozialistischen Gesellschaft (…) auszuschöpfen". Sie bestand konkret darin, dass dem olympischen Leistungs- und Spitzensport absoluter Vorrang eingeräumt wurde und dass alle Kräfte der DDR in Wissenschaft, Politik und Erziehung auf das Ziel hin gebündelt und gestärkt wurden, so viele Medaillen wie möglich bei den Olympischen Spielen zu erringen. In der Vorbereitungsphase auf die Olympischen Spiele von 1972 wurde die typische Apparatstruktur samt ihres Leistungs- und Sicherheitsregimes herausgebildet, die den DDR-Sport bis zum Schluss beherrschte *(Staadt* 1994). Als zentrale Stelle wurde die „Leistungssportkommission der DDR", die eine direkte Einflussnahme von Staats- und Parteiführung auf den Sport ermöglichte, eingerichtet *(Spitzer* 1995).

In politisch-ideologischer Hinsicht entfaltete die entsprechende Abteilung des ZK der SED und die Stasi ebenfalls rege Aktivitäten. Dazu zählte zunächst und bis zur offiziellen Anerkennung des NOK der DDR durch das IOC 1968 in Mexiko die Agitation gegen die Vergabe der Spiele nach München, danach gegen die Bundesrepublik und ihren Sport allgemein. Die Bundesrepublik und ihre verantwortlichen Sportorganisationen, DSB und NOK für Deutschland, wurden des Revanchismus, Militarismus und Nationalismus bezichtigt. Es wurde eine „Gesellschaft zur Förderung des olympischen Gedankens in der Deutschen Demokratischen Republik" gegründet, die als Herausgeber einer Reihe von Hetz- und Agitationsschriften gegen die Bundesrepublik und den „Missbrauch" der Olympischen Spiele in München auftrat. In der Bundesrepublik selbst mobilisierte die SED die DKP, die gewissermaßen im Auftrag der Westabteilung des ZK daran arbeitete, die Bundesrepublik und ihr „System" eines inhumanen Sports zu entlarven. Die DKP gründete zu diesem Zweck 1972 ein „Kuratorium zur Wahrung der Olympischen Idee bei den Spielen der XX. Olympiade 1972".

Die Sportlerinnen und Sportler der DDR wurden optimal auf die Spiele von München vorbereitet und erhielten jede staatliche Unterstützung. Dabei erstreckte sich die Vorbereitung nicht nur auf den sportlichen und sportmedizinischen Bereich. Die Olympiakader wurden auch politisch-ideologisch zu impfen versucht. „Die Klassenauseinandersetzung auf sportlichem Gebiet hat ein solches Ausmaß erreicht, dass prinzipiell kein Unterschied zur militärischen Ebene besteht", hieß es in einem Papier der Westkommission beim Politbüro des ZK der SED. „So wie der Soldat der DDR, der an der Staatsgrenze seinem imperialistischen Feind in der NATO-Bundeswehr gegenübersteht, so muss der DDR-Sportler in dem Sportler der BRD seinen politischen Gegner sehen. Unser Kampf ist so hart, dass er in voller Konsequenz in der Abgrenzung, mit Hass gegen den Imperialismus und seine Abgesandten, auch gegen die Sportler der BRD, geführt werden muss" (nach *Staadt* 1994, 222). DDR-Olympioniken wurde in München der Kontakt zu Sportlern aus der Bundesrepublik verboten.

Im MfS wurde eine eigene „Abteilung Arbeits- und Sportmedizin" gegründet, die sich gezielt um die Erfor-

Abb. 35: Der Spitzensport der Frauen wurde in der DDR besonders gefördert. Kornelia Ender, hier bei der Siegerehrung für ihre 4. Goldmedaille bei den Olympischen Spielen 1976 in Montreal war eine der erfolgreichsten Schwimmerinnen in der DDR.

schung und den Einsatz von Dopingmitteln kümmerte. Daneben galt es, die eher traditionellen Aufgaben des Geheimdienstes zu bewältigen. Alle Reise- und Olympiakader mussten sorgfältig überprüft und auf die „heiteren Spiele" in München umfassend vorbereitet werden. Dies traf auch für die Touristendelegation zu. Bei der Auswahl der Personen, die nach München reisen durften, wurde nichts dem Zufall überlassen.[169] Die Anzahl von geplanten zweimal fünftausend wurde auf zweimal tausend olympiataugliche Personen reduziert. Auf zehn Touristen kam schätzungsweise ein informeller Mitarbeiter. Bei Halbzeit der Spiele wurde die gesamte Reisedelegation ausgetauscht. Sie wurde über jedes Detail des Verhaltens in und außerhalb des Stadions instruiert. Als Zuschauer hätten sie stets Solidarität mit den DDR-Sportlern und den Sportlern aus sozialistischen Bruderländern zu üben.

Auflösung und Ende

Die dritte Phase der „deutsch-deutschen Sportbeziehungen" dauerte von 1974 bis zum Fall der Mauer 1989. Während dieser Zeit wurden auf der Grundlage des Protokolls von 1974 Sportkontakte offiziell zwischen dem DSB und dem DTSB ausgehandelt – der so genannte Sportkalender. Nur diese wenigen offiziellen Sportkontakte waren möglich. Immer wieder kam es zu Streitigkeiten und zähen Verhandlungen zwischen den „Sportführern" aus Ost und West. Diese unbefriedigende Situation änderte sich erst mit dem Fall der Mauer. Bis dahin baute die DDR durch die massive Unterstützung des Spitzensports und die gezielte Förderung so genannter medaillenträchtiger Sportarten ihre weltweit dominierende Rolle im Sport aus. Auch durch den Sport und durch die „Diplomaten im Trainingsanzug" erlangte die DDR allmählich weltweite Anerkennung.

Am Ende wurden 1990 im „Einigungsvertrag" die Strukturen des DDR-Sports im Zuge der Eingliederung in die Bundesrepublik prinzipiell aufgelöst. In § 39 des Vertrags wurden aber Bestandsgarantien für einige erfolgreiche Einrichtungen des Spitzensports gegeben, für das ehemalige Forschungsinstitut für Körperkultur und Sport (FKS) in Leipzig, das Dopingkontrollabor in Kreischa (bei Dresden) und die Forschungs- und Entwicklungsstelle für Sportgeräte in Berlin (Ost).

Die großen Unterschiede der politischen Systeme zwischen der Bundesrepublik und der ehemaligen DDR führten im vereinten Deutschland erwartungsgemäß in allen Bereichen, auch im Sport und im Erziehungs- und Schulwesen allgemein und im Schulsport besonders, zu erheblichen Anpassungsproblemen. Der Spitzensport der DDR musste auf die Verhältnisse der Bundesrepublik zurechtgerückt werden, und der allgemeine, bürgerschaftlich organisierte Sport für alle fasste allmählich auch in Ostdeutschland Fuß – wenn auch nicht in dem erhofften und erwarteten Ausmaß (vgl. *Hinsching* 2000; *Baur* 2000). Lehrer und Schüler der neuen Bundesländer mussten sich in ein pluralistisches, föderalistisches und nicht selten verwirrendes und widersprüchliches System der Erziehung und des Sports in der Bundesrepublik einfügen *(Hinsching/Hummel* 1997). Die Bildungs- und Erziehungsziele, die Lehrpläne, die Unterrichtsinhalte, die

---

[169] Siehe dazu den ZK-Beschluss vom 17. 11. 1971, in *Teichler* 2002, 604–608, Dokument 59.

Formen und Methoden des Sports in Schule und Verein mussten geändert werden, und die Sportlehrer hatten ihren Unterrichtsstil umzustellen. Schüler sollten nun nicht mehr zu „sozialistischen Persönlichkeiten" erzogen, sondern sie sollen zu einem mündigen und kritischen Umgang mit dem Sport, zur Handlungsfähigkeit im Sport befähigt werden. Nicht zuletzt ging (und geht) es auch um eine schwierige und langwierige Vergangenheitsbewältigung von 40 Jahren SED-Diktatur, zu der auch der Sport und der Schulsport und die dafür Verantwortlichen ihren Teil beitrugen.

Die DDR war vierzig Jahre lang, von 1949 bis 1989, der andere, zweite Staat in Deutschland. Er wurde auf dem Gebiet der ehemaligen sowjetisch besetzten Zone gegründet und nach dem Willen und Muster der Sowjetunion organisiert und verwaltet. Sie bezeichnete sich als sozialistischer Arbeiter- und Bauernstaat. Letztlich handelte es sich aber um die Vorherrschaft der SED, der Sozialistischen Einheitspartei Deutschlands und einiger mächtiger Staats- und Parteiführer.

Die DDR schlug beim Aufbau der „sozialistischen Körperkultur in der DDR" einen völlig anderen Weg ein als die Bundesrepublik. Traditionelle Turn- und Sportvereine wurden verboten. An ihrer Stelle wurden „Betriebssportgemeinschaften" gegründet. In Anlehnung an das Vorbild Sowjetunion sollte zunächst das sowjetische Konzept des „Kommunalsports" verwirklicht werden. Im Sinne des „demokratischen Zentralismus" erfolgte ab 1948 mit der Gründung des Deutschen Sportausschusses (DSA) der Aufbau eines unter fester Kontrolle von Partei und Staat stehenden Sportsystems. Der Deutsche Turn- und Sportbund (DTSB) wurde 1957 gegründet und stand wie die Jugendorganisation (FDJ) oder die Gewerkschaft (FDGB) unter Kontrolle der Staatspartei SED. Sport und Sporterziehung in der DDR hatten ihren Beitrag zum „Aufbau des Sozialismus" zu leisten. Außerdem sollte der Sport mithelfen, das sportliche und politische System in der Bundesrepublik Deutschland zu bekämpfen und zu besiegen. Seit 1968 kam der Sport auch in der „sozialistischen Verfassung" der DDR vor. Zur Sporterziehung gehörte auch der Wehrsport. Neben dem Wehrunterricht und dem Wehrsport in der Schule war die „Gesellschaft für Sport und Technik" (GST) für die vormilitärische Ausbildung der Kinder und Jugendlichen zuständig.

Der Leistungs- und Spitzensport hat eine besondere Förderung erfahren. Die kleine DDR war eine spitzensportliche Weltmacht. Der Spitzensport sollte mithelfen, die Anerkennung als eigenständiger Staat in aller Welt zu erreichen. Die Top-Athleten können deshalb als „Diplomaten im Trainingsanzug" bezeichnet werden. Trotz intensivster Betreuung, ideologischer Schulung und Privilegien setzten sich aber immer wieder Spitzenathletinnen und -athleten auf Auslandsreisen ab und flohen in den Westen. Der Leistungs- und Spitzensport wurde wissenschaftlich intensiv und mit allen Mitteln gefördert. Die Deutsche Hochschule für Körperkultur (DHfK) in Leipzig und das der Hochschule angeschlossene Forschungsinstitut für Körperkultur und Sport (FKS) waren die wissenschaftlichen Zentren des DDR-Sports. Neben seriösen wissenschaftlichen Forschungen auf

dem Gebiet des Sports gehörte die Erforschung und verordnete Abgabe von unerlaubten Dopingmitteln an Sportlerinnen und Sportler, z. T. bereits im Kindes- und Jugendalter, zu den Tätigkeitsfeldern von Sportwissenschaftlern.

Die Sportbeziehungen zwischen der Bundesrepublik und der DDR waren von Anfang an gespannt. Der „Kalte Krieg" auf dem Gebiet des Sports erlebte bei den Olympischen Spielen 1972 in München einen Höhepunkt. 1974 wurde im Zuge der Entspannungspolitik ein „Protokoll" über die Regelung der gegenseitigen Sportbeziehungen unterschrieben. Jährlich wurde ein so genannter Sportkalender vereinbart, in dem die genaue Anzahl und Art der Sportkontakte festgeschrieben waren. Mit dem Zusammenbruch der DDR und der Unterzeichnung des „Einigungsvertrages" 1990 wurden die Strukturen des DDR-Sports aufgelöst. Auch der Sport musste sich den Verhältnissen in der Bundesrepublik anpassen.

Hinweise zur Literatur- und Quellenlage:

40 Jahre DDR und DDR-Sport sind seit dem 3. Oktober 1990 ein Stück jüngster deutscher Geschichte und Sportgeschichte geworden. „Eine neue Seite im Buch der Geschichte wird aufgeschlagen", beginnt Bernett (1990b) seine „Prolegomena zur historischen Aufarbeitung des Systems von Körperkultur und Sport in der DDR". Die Aufgabe der Historiker besteht darin, diese Geschichte zu erforschen und darzustellen.

Einen ersten Anstoß, wie diese historische Aufarbeitung der Geschichte des DDR-Sports aussehen kann, welche Fragen zu stellen, welche Themen zu behandeln, welche Quellen und Archive zu nutzen sind, hat Bernett (1990b und 1994) selbst gegeben. Diese Aufarbeitung muss sowohl von den selbst betroffenen DDR-Historikern, Sporthistorikern und Sportwissenschaftlern geleistet werden als auch von ihren westdeutschen Kolleginnen und Kollegen. Durch die erwähnten, vom Bundestag und Bundesinstitut für Sportwissenschaft (BISp) initiierten Projekte sind viele neue Fakten und Einsichten gewonnen worden (Teichler/ Reinartz 1999; Teichler 2001; Buss/Becker 2001; Pfister 2002). Erschwert wird der Prozess der historischen Aufarbeitung des DDR-Sports nicht nur durch die persönliche Verstrickung vieler Wissenschaftler und Historiker in 40 Jahren Diktatur und parteilicher Wissenschaft, sondern auch durch die noch nicht geklärte Situation der Archive und Quellen.

Die Darstellungen zur DDR-Sportgeschichte, die von DDR-Seite geleistet wurden, sind fragwürdig und revisionsbedürftig, da sie von einem parteilichen, der SED-Ideologie verpflichteten Geschichtsbild geprägt sind.[170] *Alle Gebiete von Körperkultur und Sport in der DDR müssen deshalb von Grund auf neu bearbeitet werden, sowohl die Fragen der Sportpolitik und der Sportorganisationen als auch des Leistungs- und Spitzensports oder des Schulsports und der Sportwissenschaft.*

---

[170] Vgl. *Eichel* 1983 oder *Wonneberger* 1982. *Bernett* fällte dieses Urteil auch für einen Band, der bereits nach der Revolution 1991 von ehemaligen DDR-Sporthistorikern herausgegeben wurde. *Frost* u. a. 1991 sowie *Bernetts* Besprechung dieses Bandes in: dvs-Informationen 1 (1992), 22–24. Und es gilt auch für jüngste Publikationen *(Wonneberger* u. a. 2002).

10 Resümee und Ausblick: Die Zukunft des Sports

Wenn das 20. Jahrhundert das Jahrhundert des Sports war, in dem der Sport zu einer neuen „Weltreligion" wurde, was wird dann das neue, das 21. Jahrhundert für den Sport bringen?

Aus der Geschichte des Sports lässt sich diese Frage nicht beantworten. Aber am Ende kann versucht werden, einen Überblick über den gegenwärtigen Sport in Deutschland zu geben und auf die Probleme hinzuweisen, die heute das Sport- und Bewegungsleben der Menschen kennzeichnen und die den Sport und alle, die mit ihm zu tun haben, in nächster Zeit aller Wahrscheinlichkeit nach beschäftigen werden.

Der Sport bildet heute weniger denn je ein geschlossenes Ganzes, weder in Bezug auf seine vielfältigen Formen und Inhalte noch auf die Interessen und Bedürfnisse der Menschen, die sie in den Sport einbringen, oder auf den „Sinn", der

Abb. 36: Berlin-Marathon durchs Brandenburger Tor.

dem Sport heute für den Einzelnen und für die Gesellschaft beigemessen wird. Viele Wissenschaftler und Experten des Sports gehen deshalb gar nicht mehr von dem einen Sport aus, sondern von unterschiedlichen Sportmodellen mit jeweils verschiedenen Inhalten, Formen und Bedeutungen.

Heinemann (1998, 33–39) bezeichnet den Sport als ein „soziales Konstrukt" und unterscheidet fünf „Modelle des Sports", ein „traditionelles", ein „professionelles", ein „expressives" und ein „funktionalistisches" sowie „traditionelle Spielkulturen". Sie ergeben sich aus der Verbindung spezifischer Variablen des Sports; aus dem Regelwerk, dem Grad der Organisiertheit, der Wettkampforientierung, der Professionalisierung und Kommerzialisierung dieses Sports; aus dem Ausmaß des öffentlichen Interesses, der politischen Einflussnahme, der Repräsentanz in den Medien; und auch aus begleitenden Variablen wie der Struktur einer Sportgruppe oder eines Vereins, dem Führungsstil verantwortlicher Personen im Sport oder auch den persönlichen Interessen und Voraussetzungen der Sporttreibenden.

Dieter *Jütting* (1987, 102) sieht in seinem Konzept drei Sportmodelle vor, ein „professionelles", ein „alltagskulturelles" und ein „mediales". Zum Ersten wird der kommerzialisierte und professionalisierte Hochleistungs- und Spitzensport gezählt, zum Zweiten im Wesentlichen der traditionelle Vereinssport, der auf Breite und Freizeit abzielt, und zum Dritten der Sport als „Dienstleistung", sei es im Gesundheits-, Erziehungs- oder gesellschaftspolitischen Bereich.

Solche Sportmodelle, wie sie von *Heinemann* und *Jütting* vorgeschlagen wurden, sind theoretische Hilfskonstruktionen, um die Sportwirklichkeit besser beschreiben und analysieren zu können. Aber sie sind nicht „der" Sport. Die Trennung in verschiedene, unabhängig voneinander existierende „Sportmodelle" kann theoretisch und analytisch hilfreich sein, aber tatsächlich ist es so, dass viele Verbindungen zwischen diesen unterschiedlichen „sports" bestehen, sei es in Bezug auf die Organisationsformen, auf die Regeln, auf die Personen, die Sportarten oder auch auf die Aufgaben und Ziele der jeweiligen Sportbereiche. Anhand dieser Sportmodelle kann jedoch besser verdeutlicht werden, was Sport heute ist und wie sich Sport heute darstellt. Am Modell von *Jütting* wird dies im Folgenden versucht. Wie steht es um den – nach *Jütting* – „professionellen" Sport?

Es handelt sich gewissermaßen um das Nachfolgemodell des alten Amateur-Leistungs- und Wettkampfsports. Seit die Amateurparagraphen im IOC und bei den Olympischen Spielen gefallen sind, beherrscht dieses professionelle Sportmodell den „Top-Sport", den Sport der Spitzenstars, der von den Medien in alle Welt verbreitet wird, mit dem Geld verdient und geworben werden kann, der Spannung und Idole produziert und demontiert. Nur dieser Sport ist wirklich international und bis zu einem gewissen Grad universell. Millionen von Menschen in aller Welt sehen und kennen diesen Sport, und sie verstehen seine Sprache.

In der DDR hat diese Art von Sport, staatsmonopolistisch gelenkt, alles andere dominiert. Für die Zukunft des Spitzen- und Hochleistungssports im vereinten Deutschland stellt dieses sportliche Erbe der DDR sowohl eine Chance als auch eine Belastung dar. Das hoch professionalisierte, leistungsfähige und erfolgreiche Leistungssportsystem der DDR einschließlich der Sportwissenschaft, der Trainerausbildung, der Talentauswahl und Nachwuchsarbeit schien vielen eine Art Erfolgsgarantie für die Zukunft des Hochleistungssports im vereinten Deutschland zu sein. Tatsächlich sind viele internationale Erfolge des deutschen Sports in den letzten Jahren noch auf die Förderung in der DDR zurückzuführen. Zugleich hat sich herausgestellt, dass dieses Sportsystem mit den Strukturen der Bundesrepublik und ihres Sports unvereinbar ist. Nicht nur, weil dieser Sport aus öffentlichen Mitteln nicht zu finanzieren ist, sondern vor allem, weil sich diese Art des Sports durch seine enge Verbindung mit den SED-Diktatoren selbst in eine schwere Glaubwürdigkeitskrise gestürzt hat. Auf erschreckende Weise ist diese Krise des Top-Sports in immer neuen Doping-Enthüllungen deutlich geworden. Ohne wirksame öffentliche Kontrolle, ohne freiheitliche und demokratische Strukturen, ohne Offenheit, Ehrlichkeit und Fairness sieht es um die Zukunft dieses „professionellen" Sports düster aus. Dies gilt auch für einen vom Markt und den Medien abhängigen und beherrschten Hochleistungssport.

Pierre *de Coubertin* hat sich zwar stets zu Höchstleistungen, zu den Extremen, sogar zum Exzess im olympischen Sport bekannt – ob er allerdings damit auch das Ausmaß an „Exzess" gemeint hat, das heute in einigen Disziplinen zu beobachten ist, vor allem, wenn man an die Dopingproblematik denkt, muss bezweifelt werden; denn in diesem vom Markt und von den Medien gemachten Sport wird der eigentliche pädagogische Kern des olympischen Sports, der für *Coubertin* immer das Wichtigste am Sport überhaupt war, an den Rand gedrängt. Das Ende des Amateursportmodells war überfällig; es war diskriminierend und bedeutete letztlich einen großen Betrug an den Athleten und auch am Publikum. Aber das Amateursportmodell hat in Verbindung mit der bis in die 80er Jahre geltenden „Eigenwelttheorie" des Sports dafür gesorgt, dass im Sport Grenzen gezogen wurden. Lange Zeit schien es so, dass das „Böse" der wirklichen Welt, vom Materialismus bis zum Betrug, vor den Türen des olympischen Sports gehalten wurde. Das „professionelle" Sportmodell hat dagegen alle Schleusen geöffnet. Jetzt gibt es kaum noch Grenzen des Sports; alles scheint möglich zu sein, und alles wird auch gemacht. Die einzige Grenze, die bleibt, ist der Mensch. Aber auch diese Grenze ist unklar geworden. *Coubertin*, mit dem alles angefangen hat, hätte sich in jedem Fall entsetzt von dem derzeit größten Übel dieses Sports abgewandt, vom Doping, der betrügerischen Manipulation sportlicher Leistungen und Ergebnisse durch gesundheitsgefährdende Drogen; denn der pädagogische Wert des Sports geht durch Leistungsmanipulation und Betrug unweigerlich verloren. Die Erfolge, die errungen werden, sind nicht mehr auf die selbst erbrachten Leistungen der Athletinnen und Athleten zurückzuführen. Seitdem das Ausmaß des Dopingmissbrauchs nach und nach bekannt geworden ist, müssen die Sieger- und Rekordlisten der letzten 25 Jahre neu geschrieben werden. Große Sportidole der Vergangenheit haben sich als kleine Doping-Betrüger entpuppt, und vollmundig-idealistische Beteuerungen ehrwürdiger Funktionäre sind als Heuchelei entlarvt worden. Die DDR hat sich auf diesem Feld besonders hervorgetan; aber das Dopingproblem hat seit langem internationale Dimensionen angenommen und kann letztlich auch nur durch internationale Solidarität im Sport gelöst werden.[171] Erste Schritte wurden durch die Gründung der WADA (World Anti Doping Agency) eingeleitet.

---

[171] Zu Ausmaß, Inhalten und Erscheinungsformen des Dopingproblems vgl. *Berendonk* 1991 und *Spitzer* 1998; außerdem *Hoberman* 1994.

Seit der „Kalte Krieg" beendet ist, scheint ein weiteres Übel des internationalen Hochleistungssports der Vergangenheit besiegt worden zu sein: die Instrumentalisierung und der Missbrauch dieses Top-Sports für staatliche Zwecke und Interessen, Sport als Mittel der kalten Kriegsführung. Von diesem Joch scheint der Sport befreit zu sein. Aber es drohen neue Gefahren der Instrumentalisierung des Sports. Nur wenn es gelingt, die „Dopingseuche" einzudämmen und den Sport vor Missbrauch durch den „freien" Markt und die Medien zu schützen, kann er zum Symbol eines neuen, universellen Humanismus werden – in der Tradition *Coubertin*s, des Gründers der modernen Olympischen Spiele und der Idee des internationalen, olympischen Sports. Erst dann kann dieser Sport auch seine humanen pädagogischen Funktionen wahrnehmen und, so wie es sich *Coubertin* vorgestellt hatte, zum Vorbild für das Sporttreiben aller Menschen werden. Wer die Ziele eines pädagogischen und humanen Spitzensports erreichen will, muss sich auch fragen, ob die alten Strukturen und Organisationen des nationalen und des internationalen Sports, an erster Stelle das IOC und die internationalen Fachverbände, noch in der Lage sind, diese neuen Herausforderungen durch Markt und Medien zu bewältigen.

Welche Perspektiven hat der – nach *Jütting* – „alltagskulturelle" Sport?

Diese Art von Sport stellt nach wie vor die Basis des Sports dar und steht, besonders in Deutschland, in der ungebrochenen Tradition des in Vereinen und Verbänden organisierten Sports, genauer gesagt der Turnvereinsbewegung des 19. Jahrhunderts. Dieser Sport ist frei und freiwillig. In Deutschland wird er von sporttreibenden und sportinteressierten Menschen selbst organisiert und verwaltet. Dieser Sport ist unabhängig, wird aber vom Staat unterstützt. Er lebt vom ehrenamtlichen bürgerschaftlichen Engagement und sporttreibenden und sportinteressierten Menschen, ist „für alle" da, zumindest hat er es sich vorgenommen, und er will pädagogisch, sozial, vielfältig und „wertvoll" sein, d. h. diejenigen „Werte" auch weiter vertreten, die seinen kulturellen Anspruch in der Vergangenheit begründet haben und auch in Zukunft begründen sollen. Dazu gehört neben der Pflege sportlicher Vielfalt auch eine anspruchsvolle Kultur der sportlichen Leistung und des Wettkampfs.[172] Der Sport in den Vereinen und Verbänden geht über das reine Sporttreiben hinaus; er bietet auch attraktive und individuelle Formen von Gemeinschaft und Geselligkeit über Bewegung, Turnen, Gymnastik, Spiel und Sport.

Allerdings hat dieser traditionelle vereinsgebundene Sport, der heute im Deutschen Sportbund über 27 Millionen Mitglieder in mehr als 85 000 Vereinen aufweist, Konkurrenz bekommen. Gewerbliche Sportanbieter haben sich fest auf dem „Sportmarkt" etabliert. Fitnessstudios, Tanzschulen, Tennishallen, Sportparks usw. sind zusätzlich zu den Sportvereinen entstanden, um den gewachsenen und individuelleren Sportbedürfnissen der Bevölkerung nachzukommen. Daneben gibt es weitere zahlreiche gemeinnützige Sportanbieter wie das Rote Kreuz, die Volkshochschulen, Bildungswerke und sonstige soziale Einrichtungen, sogar Kirchen und Seniorenheime treten als Sportkurs-Anbieter auf. Zum „alltagskulturellen" Sport zählt darüber hinaus die Masse der nicht organisierten

---

[172] Vgl. *Grupe* 2000.

Sporttreibenden, die Jogger, Skifahrer und Bergsteiger, die Radfahrer, Schwimmer, Tischtennis- und Federballspielerinnen und -spieler. Urlaub ohne Sport und Sportanimation ist heute kaum mehr vorstellbar.

Der „alltagskulturelle" Sport hat in Deutschland mehrere Standbeine, das stärkste ist nach wie vor der vereinsgebundene, „freie" Sport geblieben. Sport ist, allerdings in anderer Form, als sich dies Turnvater *Jahn* und wahrscheinlich auch *Diem* vorgestellt hatten, inzwischen zu einer echten Volksbewegung geworden; nicht nur, was das eigene, aktive Sporttreiben angeht, sondern auch in Bezug auf den Konsum von Sport, sei es in den Medien oder als Zuschauer und Fan bei den zahlreichen Meisterschaften, Spielen, Turnieren und sonstigen Sportveranstaltungen, die Woche für Woche die Republik bewegen. Für viele ist Sport wirklich zu einer Religion geworden, so wie es *Seiffert* schon 1932 karikierend beschrieben hatte. Sportpädagogen, Sportsoziologen und andere aufmerksame Beobachter der „Sportszene" haben sogar angemerkt, dass „Sportlichkeit" oder „Sportivität" gar nicht mehr unbedingt etwas mit Sport zu tun haben muss, sondern zu einem modischen Etikett, zum Symbol für einen modernen, intensiven, dynamischen, schlanken, jugendlichen, gesundheits- und leistungsbewussten Lebensstil geworden ist *(Kaschuba* 1989; *Liebau* 1989). Der „Homo Sportivus" scheint den Menschentyp des 21. Jahrhunderts abzugeben *(Meinberg* 2003).

Die pädagogische Reichweite und Bedeutung dieses breit gefächerten „alltagskulturellen" Sportmodells sind schwer zu ermessen. Nur der vereins- und verbandsgebundene Sport kann eine Art pädagogisches Programm, eine gewachsene, pädagogisch gemeinte Bewegungskultur anbieten, auch wenn diese pädagogische Orientierung nicht mehr in allen Vereinen und Verbänden gleich deutlich vertreten wird.

Der allgemeine Aufschwung des Sports im weitesten Sinn hat es mit sich gebracht, dass das von *Jütting* etwas missverständlich als „medial" bezeichnete Sportmodell immer größere Verbreitung findet. Gemeint ist ein Sporttreiben, das gezielt „als Medium für Gesundheit und Rehabilitation (z. B. im Kurwesen), für Erziehung (z. B. im Schulwesen und in der Weiterbildung), für soziale Betreuung (z. B. in Strafanstalten), für kommerziellen Gewinn (z. B. Sportstudios) und für vieles andere mehr" eingesetzt wird. Das Sporttreiben verliere dadurch seine „eigenständige Bedeutung", meinte *Jütting* (1987, 101).

Dieses „mediale" oder instrumentelle Sportverständnis war in der Geschichte von Turnen und Sport immer vorhanden, besonders im staatlich verantworteten Schulsport, in dem es bis heute um die Vermittlung von Kenntnissen, Erfahrungen und Werten geht, die über das „zweckfreie" Sporttreiben und Spielen hinausgehen. Trotz zahlreicher Enttäuschungen und Irrtümer in der Geschichte von Turnen und Sport über die tatsächlichen Erziehungswirkungen und Erziehungsleistungen des Sporttreibens hat sich dieses mediale Sportmodell keineswegs überlebt, im Gegenteil: seine Bedeutung ist gewachsen.

Ganz besonders gilt dies für den gesundheitsbezogenen Sport. Die Motivationsforscher sind sich darin einig, dass Fitness, Gesundheit und Wohlbefinden zu den zentralen Motiven des Sporttreibens gehören *(Rittner* 1985). Die Gesundheitsversprechen des Sports werden ernst genommen. Gesundheit ist zu einem zentralen Sportmotiv geworden, das stärker wirksam zu sein scheint als früher und häufig ganz individuell besetzt wird: Sport als „natürliches" Bedürfnis, um einen

Ausgleich zur Bewegungsarmut in Arbeit und Freizeit zu schaffen; Sport als Trainingsangebot, um fit, leistungs- und widerstandsfähig zu werden und zu bleiben; Sport als eine ideale Möglichkeit, ein „natürliches" Verhältnis zum eigenen Körper und zur Körperlichkeit überhaupt (wieder)zu finden; Sport als Weg zu „sozialem Wohlbefinden", da im Sport wie nirgends sonst „natürlicher" menschlicher Umgang gepflegt werden kann; Sport als eine Form der Entspannung und inneren Ruhe; Sport als spezifische Form aktiven Wohlbefindens und der „Wellness"; Sport als direkte Maßnahme zur Vorbeugung und Heilung von Beschwerden aller Art usw. Die Bedeutung des Sports – soviel scheint festzustehen – als ein wichtiger Faktor der öffentlichen und privaten Gesundheitspflege wird ein wichtiges Thema des Sports der Zukunft sein.

Wo liegen insgesamt die Chancen und Möglichkeiten des Sports der Zukunft? Der Sport ist, das hat der Blick in die Geschichte von Turnen und Sport gezeigt, eng mit der jeweiligen Kultur und Gesellschaft verknüpft, in die er eingebunden ist. Innerhalb dieser Kulturen und Gesellschaften und für den Einzelnen erfüllt der Sport spezifische Funktionen, seien sie kompensatorischer oder affirmativer Natur.

Was ist das wesentliche Kennzeichen unserer modernen, postindustriellen Gesellschaft? Diese Gesellschaft ist dadurch charakterisiert, meinte der Kultur- und Sozialphilosoph Hermann *Lübbe* (1988), dass ihre einzelnen Mitglieder durch objektive Umstände „gezwungen" seien, in höherem Maße „selbstbestimmt" zu leben als frühere Generationen unter anderen gesellschaftlichen Verhältnissen, z. B. auch in Diktaturen. Die Menschen haben mehr „freie" Zeit, als es je der Fall war, und sie haben mehr Geld, Mittel und Möglichkeiten, mit dieser freien Zeit umzugehen. Es sei keine Mode und kein kultureller Luxus, wenn die Menschen „Selbstverwirklichung" als ihren höchsten Lebenssinn, als ein Ideal ihres Lebens bezeichneten; denn sie seien aufgrund der objektiv gewachsenen Wahlmöglichkeiten dazu gezwungen. Die Gesellschaft ihrerseits hatte ihre Mitglieder aus guten Gründen in die Freiheit entlassen; denn sie sei angesichts der Komplexität der gesellschaftlichen Verhältnisse auf die Flexibilität und Qualität der Lebensführung ihrer Individuen angewiesen.

Eine geschlossene Gesellschaft – auch das hat der Zusammenbruch des sozialistischen Zentralismus der kommunistischen Welt gezeigt – ist den Anforderungen der Moderne an Flexibilität, Kreativität, Effektivität und Innovation sowie an Selbstbestimmungsfähigkeit des Einzelnen nicht gewachsen. Diese Fähigkeit zur Selbstbestimmung ist aber nicht angeboren und selbstverständlich. Pessimisten glaubten, so *Lübbe,* dass diese für moderne Gesellschaften überlebenswichtige Fähigkeit insgesamt gesehen sogar eher ab- als zunehme, was sich an der wachsenden Zahl gescheiterter Existenzen festmachen ließe. Die Fähigkeit zur Selbstbestimmung müsse also geübt und trainiert werden, um sein Leben auch „im Ernstfall" selbstbestimmt gestalten zu können; dies „verlangt" die Gesellschaft von jedem Einzelnen.

Lübbe sieht hier die große Chance des Sports in der Zukunft. Denn dieser Sport biete (erstens) „objektive Sinnfülle"; sportliche Tätigkeiten seien (zweitens) sozial und kulturell anerkannt; sportliche Ausübungen erlaubt (drittens) die Erfahrung unserer eigenen, selbstverantworteten Fähigkeiten; Sport biete (viertens) alle Arten von Belohnungen und ermögliche (fünftens) selbstbestimmtes Handeln im gemeinschaftlichen Tun. „Sport ist gewiss nicht das einzige Medium, das den skizzierten fünf Kriterien genügt. Indessen gibt es kein kulturelles Medium in modernen Gesellschaften, das für so viele Menschen unabhängig von Geschlecht und Lebensalter, von Schichtzugehörigkeit und Bildungsstand als Medium des Selbstbestimmungstrainings und der Selbsterfahrung zugänglich wäre. Genau das spiegelt sich in den bekannten Daten der Sportstatistik – in der Fülle der Vereine, in der Menge ihrer Mitglieder und in der Vielzahl der Aktivitäten, zu denen hier Menschen verbunden oder auch individuell freigesetzt werden. Kurz: Eine ... auf Selbstbestimmung angewiesene Gesellschaft, eine Gesellschaft also, die wie nie zuvor eine Gesellschaft ihre Individuen zur Selbstverwirklichung freisetzt, wird zwangsläufig auch eine Gesellschaft expandierender sportlicher Betätigungen sein, die es eben deswegen reflexiv zu einer Sportkultur zu entwickeln gilt" *(Lübbe* 1988, 39). Die Aufgabe der Sportwissenschaft und Sportpädagogik wird deshalb in Zukunft u. a. darin bestehen, diese gesellschaftliche Diskussion um eine moderne, zukunftsfähige Sportkultur und ein sportliches Menschenbild voranzubringen (vgl. *M. Krüger* 2003).

Vieles spricht dafür, dass der Sport weiterhin und möglicherweise mehr denn je eine wichtige Rolle in der Gesellschaft spielen wird; und zwar weltweit, als ein historisch gewordenes, universelles Phänomen (vgl. *Guttmann* 2004). Welcher Sport, welche neuen und alten Formen und Inhalte es sein werden, darüber entscheiden aber nicht zuletzt die Sporttreibenden selbst. Die Sportlehrer und Sportpädagogen, die Theoretiker und Meinungsführer des Sports sind jedoch mit dafür verantwortlich, welchen Weg der – organisierte – Sport in Zukunft einschlagen wird: ob die Menschen Freude und Befriedigung beim Sporttreiben finden werden oder Langeweile und Überdruss; ob der Sport die Menschen zueinander führen hilft oder sie entzweit; ob er ihre Gesundheit und ihr Wohlbefinden fördert oder beeinträchtigt; ob sich ihr Sporttreiben positiv auf ihr Verhalten und auf die Entwicklung ihrer Persönlichkeit auswirken kann; ob sie schließlich über ihren Sport selbst bestimmen und entscheiden kön-

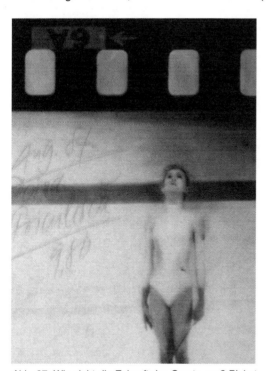

Abb. 37: Wie sieht die Zukunft des Sports aus? Plakat von Renate Riek.

nen oder sich dem Einfluss von Politik, Wirtschaft und Bürokratie beugen müssen.

Wenn der Blick in die Geschichte von Turnen und Sport in Deutschland im 19. und 20. Jahrhundert etwas gezeigt hat, dann vor allem dies: dass im Sport alles möglich ist, dass er, wie *Coubertin* meinte (s. S. 77), die „edelsten wie die niedrigsten Leidenschaften ins Spiel bringen (kann); (...) Uneigennützigkeit und Ehrgefühl genauso entwickeln (kann) wie Geldgier; (...) ritterlich oder verderbt, männlich oder roh sein (kann)". Man kann den Sport genauso gut verwenden, meinte er, „den Frieden zu festigen wie Krieg vorzubereiten".

Abb. 38: Olympia ruft: Mach mit!

Literatur- und Quellenverzeichnis

Adam, K.: Leistungssport – Sinn und Unsinn. München 1975.
Adorno, T. W.: Veblens Angriff auf die Kultur. In: Kulturkritik und Gesellschaft I. Prismen. Ohne Leitbild. Frankfurt (Suhrkamp) 1963/ 2003, 72–96.
Alkemeyer, T.: Gewalt und Opfer im Ritual der Olympischen Spiele 1936. In: *Dressen,* W. (Hrsg.): Selbstbeherrschte Körper. Berliner Topographien 6. Berlin 1986, 60–77.
Alkemeyer, T.: Körper, Kult und Politik. Frankfurt/New York 1996.
Altrock, H.: Geschichte des Rudersports. In: *Bogeng* 1926, Band 2, 444–470.
Angerstein, W.: Die Bedeutung der Leibesübungen – Turnen, Sport und Berufsgymnastik – für die Kulturentwicklung. In: Monatsschrift für das Turnwesen VII (1888), 289–297 und 332–339.
Appel, R. (Hrsg.): Es wird nicht mehr zurückgeschossen … Erinnerungen an das Kriegsende 1945. Bergisch-Gladbach 1995.
Arbeiter-Turn-Zeitung (ATZ). 1893–1933.
Ausschuß Deutscher Leibeserzieher (ADL) (Hrsg.): Spiel und Wetteifer. Beiträge von den Kongressen für Leibeserziehung 1958 in Osnabrück und 1961 in Göttingen. Schorndorf 1970.
Bailey, P.: Leisure and Class in Victorian England. London/Toronto/Buffalo 1978.
Bäumler, G./Court, J./Hollmann, W.: Sportmedizin und Sportwissenschaft. Historisch-systematische Facetten. St. Augustin 2002.
Barisch, H.: Sportgeschichte aus erster Hand. Würzburg 1971.
Baur, J.: Ostdeutsche Sportvereine im Übergang. Zum Institutionentransfer im Sport. In: *Hinsching* 2000, 55–66.
Bausinger, H.: Etappen des Sports nach den Gründerjahren. In: DSB 1991 (Band 2), 211–216.
Becker, F.: Amerikanismus in Weimar. Sportsymbole und politische Kultur 1918–1933. Wiesbaden 1993.
Berendonk, B.: Doping-Dokumente. Von der Forschung zum Betrug. Berlin 1991.
Bergmann, G.: „Ich war die große jüdische Hoffnung". Erinnerungen einer außergewöhnlichen Sportlerin. Hrsg. vom Haus der Geschichte Baden-Württemberg. Karlsruhe 2003.
Bernett, H.: Grundformen der Leibeserziehung. Schorndorf 1965.
Bernett, H. (Hrsg.): Nationalsozialistische Leibeserziehung. Eine Dokumentation ihrer Theorie und Organisation. Schorndorf 1966.
Bernett, H.: Sportpolitik im Dritten Reich. Schorndorf 1971.
Bernett, H.: Stuttgart 1933 – Und kein Ende? In: Deutsches Turnen 21 (1973), 453.
Bernett, H.: Guido von Mengden – „Generalstabschef" des deutschen Sports. Berlin 1976.
Bernett, H.: Die Ideologie der Deutschen Gymnastik. In: Sportwissenschaft 18 (1978), 7–23.
Bernett, H.: Der deutsche Sport im Jahre 1933. In: Stadion VII,2 (1981), 225–283.
Bernett, H. (Hrsg.): Der Sport im Kreuzfeuer der Kritik. Schorndorf 1982.

Bernett, H.: Freiwilliger Vormarsch ins Dritte Reich. In: Stuttgart im Dritten Reich. Hrsg. vom Kulturamt der Stadt Stuttgart. Stuttgart 1983a, 433–445.

Bernett, H.: Der Weg des Sports in die nationalsozialistische Diktatur. Schorndorf 1983b.

Bernett, H.: Die „Versportlichung" des Spiels, dargestellt am Exempel der Entwicklung des Faustballspiels. In: Sportwissenschaft 14 (1984), 141–165.

Bernett, H.: Sportunterricht an der nationalsozialistischen Schule. Sankt Augustin 1985.

Bernett, H.: Symbolik und Zeremoniell der XI. Olympischen Spiele in Berlin 1936. In: Sportwissenschaft 16 (1986a), 357–397.

Bernett, H.: Olympia 1936 in der Retrospektive der Massenmedien. In: sportunterricht 35 (1986b), 414–420.

Bernett, H.: Leichtathletik im geschichtlichen Wandel. Schorndorf 1987.

Bernett, H.: Alfred Flatow. Vom Olympiasieger zum Reichsfeind. In: Sozial- und Zeitgeschichte des Sports 1 (1987) 2, 94–102.

Bernett, H.: Das Kraftpotential der Nation. Leibeserziehung im Dienst der politischen Macht. In: *Herrmann, U./ Oelkers, J.* (Hrsg.): Pädagogik und Nationalsozialismus. Weinheim/ Basel 1988, 167–192.

Bernett, H.: Guido von Mengden – warum wird er gewürdigt? In: Stuttgarter Zeitung Nr. 21 vom 26. Januar 1989.

Bernett, H.: Die Vermittlung von Sportgeschichte in der DDR als Geschichtspropaganda. In: Sozial- und Zeitgeschichte des Sports 4 (1990a) 3, 7–19.

Bernett, H.: Prolegomena zur historischen Aufarbeitung des Systems von Sport und Körperkultur in der DDR. In: Stadion XVI (1990b), 1–36.

Bernett, H.: Sport zwischen Kampf, Spiel und Arbeit – Zum Perspektivenwechsel in der Theorie des Sports. In: *Gabler/Göhner* 1990c, 163–185.

Bernett, H.: „Schulter an Schulter mit SA und Stahlhelm". Das politische Bündnis der Turn- und Sportbewegung mit den nationalsozialistischen Machthabern. In: Grupe 1990d, 62–84.

Bernett, H. (Hrsg.): Körperkultur und Sport in der DDR. Dokumentation eines geschlossenen Systems. Schorndorf 1994.

Beyer, B.-M.: Der Mann, der den Fußball nach Deutschland brachte. Das Leben des Walther Bensemann. Ein biographischer Roman. Göttingen 2003 (Die Werkstatt).

Beyer, E.: Sport in der Weimarer Republik. In: *Ueberhorst* 1982, Band 3/2, 657–700.

Bier, A.: Die Pflege der Leibesübungen – Ein Mittel des deutschen Volkes aus seiner Erniedrigung. Sonderdruck der Münchener medizinischen Wochenschrift 41(1919), 1159–1162.

Bogeng, G. A. E. (Hrsg.): Geschichte des Sports aller Völker und Zeiten. Leipzig 1926.

Brailsford, D.: Sport and Society: Elizabeth to Ann. London/ Toronto 1969.

Brailsford, D.: Sport, Time and Society. The British at Play. London/New York 1991.

Brundage, A. u. a.: Die Olympischen Spiele. Stuttgart 1971.

Brux, A./Welter, M.: Höher, schneller, weiter. Leistungsprinzip und Schulsport. In: Gries 1992, 30-52.

Burleigh, M.: Die Zeit des Nationalsozialismus. Eine Gesamtdarstellung. Frankfurt 2000.

Buss, W.: Die Entwicklung des deutschen Hochschulsports vom Beginn der Weimarer Republik bis zum Ende des NS-Staates. Göttingen 1975.

Buss, W./Nitsch, F.: Am Anfang war nicht Carl Diem – die Gründungsphase der Sporthochschule Köln 1945–1947. Duderstadt 1986.

Buss, W./Peiffer, L.: 50 Jahre Hochschulsportordnung. In: Sportwissenschaft 16 (1986), 36–60.

Buss, W./Becker, Chr. (Hrsg.): Der Sport in der SBZ und frühen DDR. Genese – Strukturen – Bedingungen. Schorndorf 2001.

Carl-Diem-Institut (Hrsg.): *Coubertin, P. de:* Olympische Erinnerungen. Frankfurt 1959 (2. Aufl.).

Carl-Diem-Institut (Hrsg.): *Coubertin, P. de:* Der Olympische Gedanke. Reden und Aufsätze. Schorndorf 1966.

Carl-Diem-Institut (Hrsg.): Dokumente zur Gründung und zum Aufbau einer wissenschaftlichen Hochschule auf dem Gebiete des Sports. Köln 1967.

Carl-Diem-Institut (Hrsg.): Dokumente zur Frühgeschichte der Olympischen Spiele. Köln 1970.

Carl-Diem-Institut (Hrsg.): Die Olympischen Spiele 1896. Offizieller Bericht. Köln 1971.

Carl-Diem-Institut (Hrsg.): Dokumente zum Aufbau des deutschen Sports. Das Wirken von Carl Diem (1882–1962). Sankt Augustin 1984.

Coubertin, P. de: Die philosophischen Grundlagen des modernen Olympismus (1935). In: *Brundage* 1971a, 47–65.

Coubertin, P. de: Die Olympischen Spiele von 1896. In: *Diem* 1971b, 118–124.

Coubertin, P. de: Textes Choisis. Hrsg. vom IOC. Koordination der Gesamtedition Norbert *Müller.* 3 Bände. Zürich/Hildesheim/New York 1986.

Coubertin, P. de: Olympische Erinnerungen. Berlin (Ost) 1987.

Coubertin, P. de: Die gegenseitige Achtung. Le Respect Mutuel. Hrsg. vom Carl-Diem-Institut. St. Augustin 1988.

Coubertin, P. de: Olympism. Selected Writings. Hrsg. von Norbert *Müller* im Auftrag des IOC. Lausanne 2000.

Court, J.: Kleine Ideengeschichte der Sportwissenschaft. Augustin 1998.

Curtius, E.: Olympia (1852). In: *Brundage* 1971, 7–39.

Daume, W.: Moderne Lebensformen für den Sport. Ansprache des Präsidenten des Deutschen Sportbundes beim 10. Bundestag des DSB am 25. April 1970 in Mainz. In: W. Daume: Deutscher Sport 1952–1972. München o. J, 279–298.

Daume, W.: Olympische Perspektiven. In: *Grupe* 1990, 273–288.

Deja-Lölhöffel, B.: Sport. In: *Gries* 1992, 23–30.

Delow, A.: Leistungssport und Biografie. DDR-Leistungssportler der letzten Generation und ihr schwieriger Weg in die Moderne. Münster 2000.

Deutsche-Turn-Zeitung. Organ der Deutschen Turnerschaft. Jg. 1856–1935.

Der Deutsche Ruder-Verband 1883–1908, hrsg. vom Verbands-Ausschuss. Berlin 1908.

Deutscher Bundestag (Hrsg.): Die Rolle des Sports in der DDR. In: Materialien der Enquete-Kommission „Aufarbeitung von Geschichte und Folgen der SED-Diktatur in Deutschland. Band 3/1. Frankfurt 1995, 637–676.

Deutscher Sportbund (Hrsg.): Zweites Aktionsprogramm für den Schulsport. o. O. 1985.

Deutscher Sportbund (Hrsg.): Die Zukunft des Sports. Schorndorf 1986.

Deutscher Sportbund (Hrsg.): Menschen im Sport 2000. Schorndorf 1988.

Deutscher Sportbund (Hrsg.): Die Gründerjahre des Deutschen Sportbundes. Wege aus der Not zur Einheit. 2 Bände. Schorndorf 1990/ 1991.

Deutscher Sportbund (Hrsg.): Der Sport – ein Kulturgut unserer Zeit. 50 Jahre Deutscher Sportbund. Frankfurt 2000.

Deutscher Sportbund (Hrsg.): Sport gestaltet Zukunft. Dokumentation des Zukunftskongresses des Deutschen Sportbundes 2002. Frankfurt 2003.

Dieckert, J.: Die Turnerjugendbewegung. Schorndorf 1968.

Diem, C.: Ein Leben für den Sport. Erinnerungen aus dem Nachlaß. Düsseldorf o. J.

Diem, C.: Friede zwischen Turnen und Sport. Leipzig/Berlin 1914.

Diem, C.: Der olympische Gedanke. Berlin 1920.

Diem, C.: Vereine und Verbände für Leibesübungen. Verwaltungswesen. Berlin 1923a.

Diem, C.: Sport ist Kampf. Berlin 1923b.

Diem, C.: Persönlichkeit und Körpererziehung. Berlin 1924.

Diem, C.: Erziehungswerte des Wettkampfs. In: *Neuendorff* 1927, 177–188.

Diem, C.: Olympische Flamme. 3 Bände, Berlin 1942.

Diem, C.: Lord Byron als Sportsmann. Köln 1950.

Diem, C.: Wesen und Lehre des Sports und der Leibeserziehung. 2. Aufl., Berlin 1960.

Diem, C.: Ewiges Olympia. Ratingen 1971a.

Diem, C.: Weltgeschichte des Sports. Band II. Der moderne Sport. Stuttgart 1971b (3. Aufl.).

Diem, C.: Ausgewählte Schriften. 3 Bände. Hrsg. vom Carl-Diem-Institut. St. Augustin 1982.

Diem, C.: Themaheft 1 (1987) der Zeitschrift Sozial- und Zeitgeschichte des Sports zu Carl Diem.

Diem, C./Mallwitz, A./Neuendorff, E. (Hrsg.): Handbuch der Leibesübungen. Band 1 (Carl Diem). Vereine und Verbände für Leibesübungen. Verwaltungswesen. Berlin 1923.

Diem, L.: Die Gymnastikbewegung. St. Augustin 1991.

Dierker, H.: Arbeitersport im Spannnungsfeld der Zwanziger Jahre. Essen 1990.

Digel, H. u. a.: Turn- und Sportvereine. Strukturen – Probleme – Trends. Aachen 1992.

Digel, H. (Hrsg.): Nachdenken über Olympia. Tübingen 2004.

Dokumente zum Aufbau des deutschen Sports. Das Wirken von Carl Diem (1882–1962). Hrsg. vom Carl-Diem-Institut. St. Augustin 1984.

Dunning, E.: Industrialization and the Incipient Modernization of Football. In: Stadion I (1975), 103–139.

Dunning, E./Sheard, K.: Barbarians, Gentlemen and Players. A Sociological Study of the Development of Rugby Football. Oxford 1979.

Earl of Suffolk and Berkshire: The encyclopaedia of sport and games. London 1911 (Neuauflage 1991).

Ehrhardt, P. (Hrsg.): Treu deutsche Worte und Gedanken von Dr. Ferdinand Goetz. Leipzig 1906.

Eichberg, H.: Der Weg des Sports in die industrielle Zivilisation. Baden-Baden 1973.

Eichberg, H.: Leistung, Spannung, Geschwindigkeit: Sport und Tanz im gesellschaftlichen Wandel. Stuttgart 1978.

Eichberg, H.: Sport im 19. Jahrhundert – Genese einer industriellen Verhaltensform. In: *Ueberhorst* 1980, Band 3/1, 350–412.

Eichberg, H.: Die Veränderung des Sports ist gesellschaftlich. Die historische Verhaltensforschung in der Diskussion. Münster 1986.

Eichel, W.: Illustrierte Geschichte der Körperkultur. 2 Bände. Berlin (Ost) 1983. Band 2: Die Gestaltung der sozialistischen Körperkultur in der DDR bis 1981.
Eisenberg, C. (Hrsg.): Fußball, soccer, calcio. Ein englischer Sport auf seinem Weg um die Welt. München 1997.
Eisenberg, C.: „English Sports" und deutsche Bürger. Eine Gesellschaftsgeschichte 1800–1939. Paderborn u. a. 1999.
Elias, N.: Die Genese des Sports als soziologisches Problem. In: *Elias, N./Dunning, E.:* Sport im Zivilisationsprozeß. Hrsg. von Wilhelm *Hopf.* Münster o. J., 9–45.
Elias, N./Dunning, E.: Quest for Excitement. Sport and Leisure in the Civilizing Process. Oxford 1986b.
Elias, N.: Studien über die Deutschen. Machtkämpfe und Habitusentwicklung im 19. und 20. Jahrhundert. Frankfurt 1990.
Elias, N./Dunning, E.: Sport und Spannung im Prozess der Zivilisation. Band 7 der Gesammelten Schriften von Norbert *Elias.* Bearbeitet von Reinhard *Blomert.* Frankfurt (Suhrkamp) 2003.
Eyquem, M. T.: Pierre de Coubertin. Ein Leben für die Jugend der Welt. Dortmund 1972.
Fest, J. C.: Das Gesicht des Dritten Reiches. Profile einer totalitären Herrschaft. München 1963.
Fest, J. C.: Das Böse an der Macht. In: Der SPIEGEL 43 (1999).
Fischer, F.: Griff nach der Weltmacht. Düsseldorf 1961.
Frankfurter Arbeitsgruppe: Offener Sportunterricht – analysieren und planen. Reinbek 1982.
Fricke, R.: Spaltung, Zerschlagung, Widerstand. Die Arbeitersportbewegung in Württemberg in den 20er und 30er Jahren. Schorndorf 1995.
Frost, W. u. a. (Hrsg.): Studienmaterial zur Sportwissenschaft. Quellenauszüge zur Sportgeschichte. Teil II: 1945–1970 (DDR-Sport). Braunschweig/Magdeburg 1991.
Funke, J. (Hrsg.): Sportunterricht als Körpererfahrung. Reinbek 1983.
Gabler, H./Göhner, U. (Hrsg.): Für einen besseren Sport ... Themen, Entwicklungen und Perspektiven aus Sport und Sportwissenschaft. Festschrift für Ommo *Grupe* zum 60. Geburtstag. Schorndorf 1990.
Gasch, R.: Handbuch des gesamten Turnwesens. Leipzig 1920.
Gebhardt, W.: Soll Deutschland sich an den Olympischen Spielen beteiligen? Berlin 1896.
Gehrmann, S.: Fußball – Vereine – Politik. Zur Sportgeschichte des Reviers 1900–1940. Essen 1988.
Geipel, I.: Verlorene Spiele. Journal eines Doping-Prozesses. Berlin 2001.
Geisow, H.: Deutscher Sportsgeist. Ein Buch für jeden Deutschen. Stuttgart 1925.
Geisow, H.: Die Gesinnung im Sport. In: *Neuendorff* 1927, 140–148.
Giesecke, H.: Die Hitlerjugend. In: *Herrmann* 1985, 173–188.
Giesecke, H.: Pädagogische Illusionen. Lehren aus 30 Jahren Bildungspolitik. Stuttgart 1998.
Gillmeister, H.: Kulturgeschichte des Tennis. München 1990.
Gissel, N.: Frankfurt. In: DSB 1990, 141–146.
Glaser, H.: Kulturgeschichte der Bundesrepublik Deutschland. Band 2. München 1986.

Goetz, F.: Die Deutsche Turnerschaft sagt ‚Nein' zu den Olympischen Spielen in Athen. In: *Barisch* 1971, 203–206.
Göhler, J.: Wie war das mit den Turnern 1933? In: Deutsches Turnen 16 (1973), 335.
Gounot, A.: Die Rote Sportinternationale 1921–1937. Kommunistische Massenpolitik im europäischen Arbeitersport. Münster 2002.
Grebing, H.: Geschichte der deutschen Arbeiterbewegung. München 1974/75.
Gries, S. (Hrsg.): Texte: Sportsoziologie. Frankfurt 1992.
Größing, S.: Einführung in die Sportdidaktik. Wiebelsheim 2000 (8. Aufl.).
Grupe, O.: Grundlagen der Sportpädagogik. Schorndorf 1969 (3. Aufl. 1984).
Grupe, O.: Menschen im Sport 2000. Von der Verantwortung der Person und der Verpflichtung der Organisation. In: DSB 1988, 44–66.
Grupe, O. (Hrsg.): Kulturgut oder Körperkult? Sport und Sportwissenschaft im Wandel. Tübingen 1990.
Grupe, O.: Der neue Weg im deutschen Sport. In: DSB 1990, 16–24.
Grupe, O.: Olympischer Sport. Rückblick und Perspektiven. Schorndorf 1997.
Grupe, O.: Vom Sinn des Sports. Schorndorf 2000.
Grupe, O.: Über den Pädagogischen und kulturellen Sinn der Olympischen Spiele. In: *Digel* 2004, 91–116.
Grupe, O./Krüger, M.: Einführung in die Sportpädagogik. Schorndorf 2002 (2. Aufl.) (1. Auflage 1997).
Grupe, O./Krüger, M.: Sportpädagogik. In: *Bäumler/Court/Hollmann* 2002, 373–412.
Grupe, O./Mieth, D. (Hrsg.): Lexikon der Ethik im Sport. Schorndorf 1998.
Grupe, O./Plessner, H./Bock, H. E. (Hrsg.): Sport und Leibeserziehung. München 1967.
Gumbrecht, H. U.: 1926. Ein Jahr am Rand der Zeit. Frankfurt 2001.
GutsMuths, J. Chr. F.: Gymnastik für die Jugend (1793), bearb. Von W. *Beier,* eingel. Von P. Marschner. Berlin (Ost) o. J.
Guttmann, A.: Vom Ritual zum Rekord. Schorndorf 1979.
Guttmann, A.: The Games must go on. Avery Brundage and the Olympic Movement. New York 1984.
Guttmann, A.: A Whole New Ball Game. An Interpretation of American Sports. The University of North Carolina Press. Chapel Hill & London 1988.
Guttmann, A.: Women's Sports. A History. New York 1991.
Guttmann, A.: Sports. The First Five Millennia. Amherst and Boston 2004.
Hacks, P.: Ascher gegen *Jahn.* 3 Bände. Berlin 1992.
Hamer, E.: Willibald *Gebhardt* 1861–1921. Köln 1971.
Harris, H. A.: Sport in Britain. In: *Ueberhorst, H.* (Hrsg.): Geschichte der Leibesübungen. Band 4. Berlin 1972, 134–181.
Hartmann, G.: Goldkinder. Die DDR im Spiegel ihres Spitzensports. Leipzig 1997
Heimerzheim, P.: Karl Ritter von Halt. Sankt Augustin 1999.
Heinemann, K.: Einführung in die Soziologie des Sports. Schorndorf 1990 (3. Aufl.).
Heinemann, K.: Einführung in die Soziologie des Sports. Schorndorf 1998 (4., völlig neu bearbeitete Auflage).
Helmke, C./Naul, R./Rode, J.: Zur Lehrplanentwicklung und Lehrplanreform des Sportunterrichts in der ehemaligen DDR und in den neuen Bundesländern. In: sportunterricht 40 (1991)10, 382–395.
Hentig, H. von: Bilanz der Bildungsreform in der Bundesrepublik Deutschland. In: Neue Sammlung 30 (1990) 3, 366–384.

Herms, E.: Sport und Religion. In: *Grupe/Mieth* 1998, 486–498.
Herrmann, U. (Hrsg.): Die „Formung des Volksgenossen". Der „Erziehungsstaat" des Dritten Reiches. Weinheim/Basel 1985.
Hildebrand, K.: Das Dritte Reich. München 1991 (4. Aufl.).
Hinsching, J./Hummel, A. (Hrsg.): Schulsport und Schulsportforschung in Ostdeutschland (1945–1990). Aachen 1997.
Hinsching, J. (Hrsg.): Alltagssport in der DDR. Aachen 1998.
Hinsching, J. (Hrsg.): Breitensport in Ostdeutschland. Reflexion und Transformation. Wissenschaftliche Tagung der Universität Greifswald vom 14.–15. Oktober 1999 in Lubmin. Hamburg 2000.
Hirn, A.: Ursprung und Wesen des Sports. Berlin 1936.
Hoberman, J.: Sterbliche Maschinen. Doping und die Unmenschlichkeit des Hochleistungssports. (engl.: Mortal Engines 1992). Aachen 1994.
Hobsbawm, E./Ranger, T. (Eds): The Invention of Tradition. Cambridge 1983.
Höfer, A.: Der olympische Friede. Sankt Augustin 1994.
Hoffmann, H.: Mythos Olympia. Berlin und Weimar 1993.
Holt, R.: Sport and the British. A Modern History. Oxford 1989.
Holzweißig, G.: Sport als Instrument der DDR in den innerdeutschen und internationalen Beziehungen. In: Ueberhorst 1982, Band 3/2, 917–943.
Holzweißig, G.: Sport und Politik in der DDR. Berlin 1988.
Hörrmann, M.: Religion der Athleten. Stuttgart 1968.
Huber, W.: Die Würde des Menschen ist antastbar. Der Sport als Beispiel. In: *Grupe, O./ Huber, W.* (Hrsg.): Zwischen Kirchturm und Arena. Stuttgart 2000, 133-150.
Hughes, T.: Tom Browns's Schooldays. London 1971 (urspr. 1857).
Jahrbuch des Deutschen Turner-Bundes 2003. Frankfurt o.J. (2003).
Joch, W.: Sport und Leibeserziehung im Dritten Reich. In: *Ueberhorst* 1982, Band 3/2, 701–742.
Job, B.: Boxen. Berlin 2003.
Jürgs, M.: Der kleine Frieden im Großen Krieg. München 2003.
Jütting, D.: Die Zukunftsperspektiven des Sports. In: Freizeit, Sport, Bewegung. Stand und Tendenzen in der Bundesrepublik Deutschland. Hrsg. von der Deutschen Gesellschaft für Freizeit. Erkrath 1987, 100–104.
Kaschuba, W.: Sportivität: Die Karriere eines neuen Leitwertes. In: Sportwissenschaft 19 (1989), 154–171.
Kindt, W. (Hrsg.): Grundschriften der Jugendbewegung. Düsseldorf/ Köln 1963.
Klafki, W.: Das pädagogische Problem der Leistung und die Leibeserziehung. In: *Grupe/ Plessner/Bock* 1967, 123–136.
Klafki, W.: Leisten können, ohne leisten zu müssen. In: Deutscher Sportbund (Hrsg.): Sport – Leistung – Gesellschaft. München 1975. 49–53.
Klein, M.: Sportbünde – Männerbünde? In: *Völger, G./Werck, K.* von (Hrsg.): Männerbünde – Männerbande. Zur Rolle des Mannes im Kulturvergleich. Band 2. Köln 1990.
Kleine Enzyklopädie Körperkultur und Sport. Hrsg. von einem Herausgeberkollegium unter Vorsitz von Günter *Erbach*. Leipzig 1979 (5. Auflage).
Kloeren, M.: Sport und Rekord. Kultursoziologische Untersuchungen zum England des sechzehnten bis achtzehnten Jahrhunderts. Leipzig 1935.
Kluge, V.: Olympiastadion Berlin. Steine beginnen zu reden. Berlin 1999.

Kluge, V.: Otto, der Seltsame. Die Einsamkeit eines Mittelstreckenläufers. Otto *Peltzer* 1900–1970. Berlin 2000.

Kluge, V.: Olympische Sommerspiele. Die Chronik. Berlin 1997–2002. Berlin.

Kluge, V.: Otto, der Seltsame. Berlin 2000.

Kluge, V.: Max *Schmeling.* Berlin 2004.

Knecht, W.: Neuaufbau als Umbau: Sport in der Nachkriegszeit. In: *Gries* 1992, 2–5.

Knopp, G.: Hitlers Kinder. München 2000 (Bertelsmann).

Koppehel, C.: Geschichte des Deutschen Fußballsports. Frankfurt 1955 (Band III der Schriftenreihe des DFB).

Körner, F.: Männerturnverein Stuttgart. Die Geschichte eines Turnvereins. Stuttgart 1953.

Korr, C. P.: Der Fußballclub West Ham United und die Anfänge des Profifußballs im Londoner East End. In: *Ritter, G.A.* (Hrsg.): Arbeiterkultur. Königstein 1979, 74–92.

Kremer, H.-G.: Der Rennsteiglauf: Symbol der Laufbewegung in der DDR. In: *Hinsching, J.:* (Hrsg.): Alltagssport in der DDR. Aachen 1998, 227–258.

Krockow, C. Graf von: Der Wetteifer in der industriellen Gesellschaft und im Sport. In: ADL 1970, 212–226.

Krockow, C. Graf von: Die Deutschen in ihrem Jahrhundert 1890–1990. Reinbek 1990.

Krockow, C. Graf von: Hitler und seine Deutschen. München 2001.

Krüger, A.: Neo-Olympismus zwischen Nationalismus und Internationalismus. In: *Ueberhorst* 1980, Band 3/1, 522–568.

Krüger, A.: Deutschland und die olympische Bewegung (1918–1945). In: *Ueberhorst* 1982, Band 3/2, 1026–1047.

Krüger, M. u. a. (Red.): 150 Jahre Gymnastik, Turnen und Sport an der Universität Tübingen 1839–1989. Tübingen 1989a.

Krüger, M.: 150 Jahre Gymnastik, Turnen und Sport an der Universität Tübingen. In: Stadion XIV/2, 1989b, 233–246.

Krüger, M.: Das Deutsche Turnfest 1933 in Stuttgart. In: dvs-Protokoll 38, Clausthal-Zellerfeld 1989c, 101–117.

Krüger, M.: Immer auf Ballhöhe – eine kommentierte Bibliographie der wichtigsten Arbeiten Ommo Grupes. In: *Gabler/Göhner* 1990a, 479–493.

Krüger, M.: Ruhmsucht und Rekordfimmel – zur Geschichte der Leistung im Sport. In: *Gabler/Göhner* 1990b, 343–362.

Krüger, M.: Wehrturnen und griechische Gymnastik. Zur Griechen-Rezeption deutscher Turnlehrer im 19. Jahrhundert. In: Sportwissenschaft 20 (1990c), 125–145.

Krüger, M.: Ravensburg. In: DSB 1990d, 133–136.

Krüger, M.: Von Klimmzügen, Aufschwüngen und Riesenwellen. 150 Jahre Gymnastik, Turnen, Spiel und Sport in Württemberg. Tübingen 1998.

Krüger, M.: Eine Idee wird Wirklichkeit. In: NOK 1999, 11–24.

Krüger, M.: Fußball im Zivilisationsprozess. In: *Schlicht, W./Lang, W.* (Hrsg.): Über Fussball. Schorndorf 2000, 85–105.

Krüger, M. (Hrsg.): Olympische Spiele. Bilanz und Perspektiven im 21. Jahrhundert. Münster 2001a.

Krüger, M. (Hrsg.): Transformationen des deutschen Sports seit 1939. Jahrestagung der dvs-Sektion Sportgeschichte vom 16.–18.6.2000 in Göttingen. Hamburg 2001b.

Krüger, M.: Sport- und/oder Bewegungspädagogik? Historisch-kritische Anmerkungen zu einem Systemwechsel in der Sportpädagogik. In: *Zimmer, R.* (Hrsg.): Erziehen als Aufgabe. Sportpädagogische Reflexionen. Schorndorf 2001c, 176–197.
Krüger, M. (Hrsg.): Menschenbilder im Sport. Schorndorf 2003.
Krüger, M.: Die Olympischen Spiele der Neuzeit. Eine Betrachtung aus baden-württembergischer Sicht. In: *Digel* 2004a, 41–64.
Krüger, M.: Olympische Spiele und olympische Erziehung. In: NOK 2004b, 53–82.
Kurz, D.: Elemente des Schulsports. Grundlagen einer pragmatischen Fachdidaktik. Schorndorf 1990 (3. Aufl.).
Landessportbund NRW (Hrsg.): Sport in Nordrhein-Westfalen. Duisburg 1997.
Langenfeld, H.: Die ersten beiden Jahrzehnte. In: NOK 1999, 41–84.
Langenfeld, H.: Aristokratischer Sport im Wilhelminischen Deutschland. In: *Buss, W./Krüger, A.* (Hrsg.): Sportgeschichte: Traditionspflege und Wertewandel. Duderstadt 1985, 63–84.
Langenfeld, H./Prange, K.: Münster – die Stadt und ihr Sport. Münster 2002.
Lenk, H.: Werte, Ziele, Wirklichkeit der modernen Olympischen Spiele. Schorndorf 1964.
Lenk, H.: Leistungssport: Ideologie oder Mythos? Stuttgart 1972.
Lenk, H.: Die olympische Idee und die Krise des Olympismus. In: *Ueberhorst* 1982, Band 3/2, 1082–1102.
Lenk, H.: Eigenleistung. Plädoyer für eine positive Leistungskultur. Zürich/Osnabrück 1983.
Lennartz, K.: Die Olympischen Spiele 1896 in Athen. Erläuterungen zum Neudruck des offiziellen Berichts. Kassel (AGON) 1996.
Lennartz, K./Höfer, A.: Im Zeichen des Sieges. Olympische Medaillen, Diplome, Ehrungen. Katalog einer Ausstellung. Köln 2000.
Lennartz, K./Teutenberg, W.: Die deutsche Olympia-Mannschaft von 1896. Kassel 1992.
Liebau, E.: In-Form-Sein als Erziehungsziel? Pädagogische Überlegungen zur Sportkultur. In: Sportwissenschaft 19 (1989), 139–153.
Lindenberger, T. (Hrsg.).: Herrschaft und Eigen-Sinn in der Diktatur. Köln, Weimar, Wien (Böhlau) 1999.
Lingelbach, K. C.: Alfred Baeumler – „deutscher Mensch" und „politische Pädagogik". In: *Herrmann* 1985, 138–153.
Loose, H.: Die geschichtliche Entwicklung der Leibesübungen in Deutschland. Der Kampf zwischen Turnen und Sport. Leipzig 1924.
Lübbe, H.: Menschen im Jahr 2000. Rahmenbedingungen für die künftige Entwicklung des Sports. In: DSB 1988, 32–43.
Mallwitz, A.: Geschichtlicher Rückblick auf die Entwicklung des Sports 1918–1928. Zehn Jahre deutsche Geschichte. Berlin 1928.
Malter, R.: Der „Olympismus" Pierre de Coubertins. Köln 1969.
Mandell, R. D.: Die ersten Olympischen Spiele der Neuzeit. Kastellann 1976.
Mandell, R. D.: Sport – a Cultural History. New York 1984.
Mandell, R. D.: Sport. Eine illustrierte Kulturgeschichte. München 1986.
Mangan, J. A.: Athleticism in the Victorian and Edwardian Public Schools. The Emergence and Consolidation of an Educational Ideology. Cambridge University Press 1981.

Mann, E.: Zehn Millionen Kinder. Die Erziehung der Jugend im Dritten Reich (1938). Reinbek 1998.
Mann, G.: Deutsche Geschichte im 19. und 20. Jahrhundert. München 1987 (19. Aufl.).
Materialien der Enquête-Kommission „Aufarbeitung von Geschichte und Folgen der SED-Diktatur in Deutschland". (12. Wahlperiode des Deutschen Bundestages) Hrsg. vom Deutschen Bundestag. Bd. III.1–3: Rolle und Bedeutung der Ideologie, integrativer Faktoren und disziplinierender Praktiken in Staat und Gesellschaft der DDR.
Mayer, O.: A travers les anneaux olympiques. Genf 1960.
McIntosh, P.: Physical Education in England since 1800. London 1968 (1st ed. 1952).
McIntosh, P.: Fair Play, Ethics in Sport and Education. London 1979.
Meinberg, E.: Homo Sportivus – Die Geburt eines neuen menschen. In: *Krüger* 2003, 95–116.
Meisl, W. (Hrsg.): Der Sport am Scheidewege. Heidelberg 1928.
Melsbach, J.: Rudern als Volkserziehungsmittel. In: *Neuendorff* 1927, 478–486.
Mezö, F.: Geschichte der Olympischen Spiele. München 1930.
Mezö, F.: Die modernen Olympischen Spiele. Budapest 1959.
Mocker, K.: Was wissen wir über den Sport in der DDR? In: Deutscher Sportbund (Hrsg.): Akademiegespräch Sport im geteilten Deutschland IV im März 1986. Frankfurt 1986, 7–23.
Mogge, W.: Wandervogel, freideutsche Jugend und Bünde. In: *Herrmann, U.* (Hrsg.): Neue Erziehung – neue Menschen. Weinheim 1987, 245–259.
Morgan, K. O. (Ed.): The Oxford History of Britain. Oxford University Press 1984.
Müller, N.: Von Paris bis Baden-Baden. Die Olympischen Kongresse 1894–1981. Niedernhausen 1983.
Müller, N. (Hrsg.): Internationale Olympische Akademie. IOA. 25 Jahre im Spiegel der Vorträge 1961–1986. Niedernhausen 1987.
Müller, N.: Olympische Erziehung. In: Grupe/Mieth 1998, 385–395.
Müller, R.: Zwischen Eigenständigkeit und Fremdbestimmung. Die Geschichte des Sports im CVJM in Deutschland von den Wurzeln bis zum Ende des 20. Jahrhunderts. Kasel 2002.
Müller-Windisch, M.: Aufgeschnürt und außer Atem. Die Geschichte des Frauensports. München 2000.
Nationales Olympisches Komitee für Deutschland (NOK) (Hrsg.): Deutschland in der Olympischen Bewegung. Eine Zwischenbilanz. Frankfurt 1999.
Nationales Olympisches Komitee für Deutschland (Hrsg.): Rückkehr nach Olympia. München 1989.
Nationales Olympisches Komitee für Deutschland (Hrsg.): Olympische Erziehung. Eine Herausforderung an Sportpädagogik und Schulsport. Sankt Augustin 2004.
Naul, R./Lämmer, M. (Hrsg.): Willibald Gebhardt – Pionier der Olympischen Bewegung. Aachen 1999.
Neue Jahrbücher der deutschen Turnkunst. Hrsg. Von Moritz Kloss. Dresden 1855 bis 1881.
Neuendorff, E.: Geschichte der neueren deutschen Leibesübung. 4 Bände. Dresden o. J.
Neuendorff, E.: Jugendturnerspiegel. Berlin 1927a.

Neuendorff, E. (Hrsg.): Die deutschen Leibesübungen. Leipzig 1927b.
Neuendorff, E.: Die Deutsche Turnerschaft 1860-1936. Berlin 1936.
Neumann, O.: Der Wehrgedanke in der Geschichte der deutschen Leibesübungen. Diss. 1937.
Nitsch, F.: Forschungsstand und Quellenlage zur Nachkriegssportgeschichte. In: *Peiffer* 1989, 27–53.
Nitsch, F.: Traditionslinien und Brüche. Stationen der Sportentwicklung nach dem Zweiten Weltkrieg. In: DSB 1990, 29–64.
Nitsch, F./Lutz, R. (Hrsg.): Sport, Bildung und Demokratie. Fünfzig Jahre „Sport für alle" im Landessportbund Hessen. Marburg 1996.
Noel-Baker, P.: Man of Sport, Man of Peace. Collected Speeches and Essays of Philip Noel-Baker, Olympic Statesman 1889-1982. Compiled by Don Anthony. London 1991.
Nohl, H.: Vom Ethos des Sports. In: Internationaler Sportkongreß Stuttgart 1951. Frankfurt o. J., 9–14.
Nyssen, E.: „… und weil ich Sport eben auch immer gern gemacht habe!" Mädchenerziehung und Sportunterricht im Nationalsozialismus. In: Sozial- und Zeitgeschichte des Sports 1 (1987) 3, 57–74.
Olympische Charta. Hrsg. vom NOK für Deutschland. Übersetzt und eingeleitet von Christoph Vedder und Manfred Lämmer. Frankfurt 1996.
Ortega y Gasset: Über des Lebens sportlich-festlichen Sinn. In: *Klöhn, G.* (Red.): Leibeserziehung und Sport in der modernen Gesellschaft. Weinheim 1966, 33–50.
Pahncke, W. (Bearb.): 30 Jahre sporthistorische Forschung in der DDR. Leipzig 1979a.
Pahncke, W. (Gesamtred.): Schwimmen in Vergangenheit und Gegenwart. 2 Bände. Berlin (Ost) 1979b.
Pahncke, W. (Gesamtred.): Gerätturnen einst und jetzt. Berlin (Ost) 1983.
Peiffer, L.: Die Deutsche Turnerschaft. Ihre politische Stellung in der Zeit der Weimarer Republik und des Nationalsozialismus. Ahrensburg 1976.
Peiffer, L.: Turnunterricht im Dritten Reich. Köln 1987.
Peiffer, L. (Hrsg.): Die erstrittene Einheit – von der ADS zum DSB (1948–1950). Duderstadt 1989.
Peiffer, L.: Neuanfangen oder weitermachen? Zur Situation des Schulsports nach dem Kriege. In: DSB 1990a, 281–291.
Peiffer, L./Spitzer, G.: Sport im Nationalsozialismus – im Spiegel der sporthistorischen Forschung. In: Sozial- und Zeitgeschichte des Sports 4 (1990b) 1, 35–74.
Pfister, G.: Frauen und Sport in der DDR. Köln 2002
Planck, K.: Fußlümmelei. Über Stauchballspiel und englische Krankheit. Stuttgart 1898 (Nachdruck Münster 1982).
Plessner, H.: Die Funktion des Sports in der industriellen Gesellschaft. In: *Grupe/Plessner/Bock* 1967, 17–27.
Pückler-Muskau, Herm. Ludw.: Briefe eines Verstorbenen. Ein fragmentarisches Tagebuch 1828 und 1829. Stuttgart 1836 (3. Aufl., 2. Teil, 36. Brief).
Rabenstein, R.: Radsport und Gesellschaft. Ihre sozialgeschichtlichen Zusammenhänge in der Zeit von 1867 bis 1914. Hildesheim, München, Zürich 1996 (2. Aufl.).
Rawls, J.: Eine Theorie der Gerechtigkeit. Frankfurt 1975.
Rawls, J.: Politischer Liberalismus. Frankfurt 1998.

Renson, R.: Sport Historiography in Europe: A Comparative Perspective and Heuristic Model. In: Sport History Review 1998/29, 30–43.

Riess, S. (Ed.): Major Problems in American Sport History. Documents an Essays. Boston/New York 1997.

Rittner, V.: Sport und Gesundheit. In: Sportwissenschaft 15 (1985), 136–154.

Rühl, J. K.: Die „Olympischen Spiele" Robert *Dovers.* Heidelberg 1975.

Rürup, R.: 1936. Die Olympischen Spiele und der Nationalsozialismus. Eine Dokumentation. Berlin 1996.

Saehrendt, Ch.: Die Bodybuilding-Denkmäler. In: Neue Züricher vom 17.01.2004.

Saurbier, B.: Geschichte der Leibesübungen. Frankfurt 1972 (8. Aufl.).

Scherer, K. A.: 75 Olympische Jahre. München o. J. (1971).

Schlagenhauff, K.: Sportvereine in der Bundesrepublik Deutschland. Teil 1. Schorndorf 1977.

Schmid, C.: Erinnerungen. Bern 1979.

Schmidt, F. A.: Sport und Leibesübung I-IV. In: Deutsche Turn-Zeitung (1886), 17f./45–48/85–89/121–123.

Schneider, G.: Puritanismus und Leibesübungen. Schorndorf 1968.

Schöffler, H.: England das Land des Sports. Leipzig 1935.

Schönberger, K.: „Arbeiter heraus aus dem Bürgerlichen!" Entstehung, Äußerungsformen und Bedeutung von Arbeitersportvereinen in württembergischen Landgemeinden. In: Sportwissenschaft 16 (1986), 76–90.

Schönberger, K.: Die Arbeitersportbewegung in Dorf und Kleinstadt. Tübingen 1995.

Seiffert, H.: Weltreligion des 20. Jahrhunderts. Aus einem Werk des 120. Jahrhunderts. In: Der Querschnitt 12 (1932) 6, 385–387.

Seppelt, H.-J./Schück, H. (Hrsg.): Anklage. Kinderdoping: Das Erbe des DDR-Sports. Berlin 1999.

Shearman, Montague: Athletics. London 1901.

Skorning, L. (Gesamtleitung): Kurzer Abriß der Geschichte der Körperkultur in Deutschland seit 1800. Berlin (Ost) 1952.

Skorning, L. (Gesamtleitung): Beiträge zur Geschichte der Sportarten: Leichtathletik in Vergangenheit und Gegenwart. Berlin (Ost) 1976 (2. Aufl.).

Skorning, L. (Gesamtleitung): Fußball in Vergangenheit und Gegenwart. Berlin (Ost) 1976.

Spitzer, G.: Der deutsche Naturismus. Ahrensburg 1983.

Spitzer, G.: Der innerste Zirkel: Von der Leistungssportkommission des deutschen Turn- und Sportbundes zur LSK der DDR. IN. Sportwissenschaft 25 (1995) 4, 360–375.

Spitzer, G.: Doping in der DDR. Ein historischer Überblick zu einer konspirativen Praxis. Köln 1998

Sport in Berlin. Hrsg. vom Sportmuseum Berlin. Berlin 1991.

Sportwissenschaftliches Lexikon. Hrsg. von Peter Röthig, Robert Prohl u. a.. 7., völlig neu bearbeitete Auflage. Schorndorf 2003.

SportZeiten. Sport in Geschichte, Kultur und Gesellschaft. Hervorgegangen aus „Sozial- und Zeitgeschichte des Sports" ab Januar 2001.

Spranger, E.: Die Persönlichkeit des Turnlehrers. In: *Klöhn, G.* (Bearb.): Leibeserziehung und Sport in der modernen Gesellschaft. Weinheim 1966 (3. Aufl.), 96–102.

Statistisches Jahrbuch der Turnvereine Deutschlands. Leipzig 1863.

Staadt, J.: Die SED und die Olympischen Spiele 1972. In: *Schröder, K.* (Hrsg.): Geschichte und Transformation des SED-Staates. Beiträge und Analysen. Berlin 1994, 211–232.
Statistik der Turnvereine Deutschlands 1863, 104–127.
Steinhöfer, D.: Hans von Tschammer und Osten. Reichssportführer im Dritten Reich. Berlin 1973.
Steinitzer, H.: Sport und Kultur. München 1910.
Steins, G.: Gustav Felix Flatow. Ein vergessener Olympiasieger. In: Sozial- und Zeitgeschichte des Sports 1 (1987) 2, 103–112.
Stiehler, G.: Methodik des Sportunterrichts. Berlin 1973.
Strutt, J.: The Sports and Pasttimes of the People of England. London 1903.
Teichler, H. J.: Arbeitersport als soziales und politisches Phänomen im wilhelminischen Klassenstaat. In: *Ueberhorst* 1980, Band 3/1, 443–484.
Teichler, H. J.: Arbeitersport – Körperkultur – Arbeiterkultur. In: Sportwissenschaft 14 (1984), 325–347 und 15 (1985), 83–94.
Teichler, H.-J.: Der Weg Carl Diems vom DRA Generalsekretär zum Kommissarischen Führer des Gaues Ausland im NSRL. In: Sozial- und Zeitgeschichte des Sports. Themaheft 1 (1987), 42–91.
Teichler, H. J.: Internationale Sportpolitik im Dritten Reich. Schorndorf 1991.
Teichler, H. J.: Herrschaft und Eigensinn im DDR-Sport. In: *Krüger* 2001, 233–249.
Teichler, H.-J.: Die Sportbeschlüsse des Politbüros. Köln 2002.
Teichler, H.-J./Hauk, G. (Hrsg.): Illustrierte Geschichte des Arbeitersports. Bonn 1987.
Teichler, H.-J./Reinartz, K.: Das Leistungssportsystem der DDR in den 80er Jahren und im Prozeß der Wende. Schorndorf 1999.
Thieß, F.: Olympia als moralische Idee. In: Neue literarische Welt, Jg. 1953.
Timmermann, H.: Geschichte und Struktur der Arbeitersportbewegung 1893–1933. Ahrensburg 1973.
Trebels, A. H. (Hrsg.): Spielen und Bewegen an Geräten. Reinbek 1983.
Treutlein, G. u. a. (Hrsg.): Körpererfahrung in traditionellen Sportarten. Wuppertal 1986.
Ueberhorst, H.: Edmund Neuendorff – Turnführer ins Dritte Reich. Berlin 1970.
Ueberhorst, H.: Von Athen bis München – Die modernen Olympischen Spiele, der olympische Gedanke, der deutsche Beitrag. München/Berlin/Frankfurt 1971 (2. Aufl.).
Ueberhorst, H.: Frisch, frei, stark und treu – die Arbeitersportbewegung in Deutschland 1893–1933. Düsseldorf 1973.
Ueberhorst, H. (Hrsg.): Geschichte der Leibesübungen. Band 3/1 und 3/2. Berlin 1980/1982.
Ueberhorst, H.: 100 Jahre Deutscher Ruderverband 1883–1983. Eine historisch-kritische Würdigung. O. O. 1983.
Ueberhorst, H.: Festschrift für Fritz Heine zum 85. Geburtstag. Bonn 1989.
Umminger, W.: Die Olympischen Spiele der Neuzeit. Dortmund 1969.
Veblen, T.: Theorie der feinen Leute. München 1981 (Original New York 1899).
Wedemeyer-Kolwe, B.: Der neue Mensch. Körperkultur im Kaiserreich und in der Weimarer Republik. Würzburg 2004.
Wehler, H.-U.: Deutsche Gesellschaftsgeschichte. Bände 3 und 4. München 1995 und 2003.
Wesp, G.: Frisch, fromm, fröhlich, Frau. Frauen und Sport zur Zeit der Weimarer Republik. Königstein 1998.

Wheeler, R. F.: Organisierter Sport und organisierte Arbeit: Die Arbeitersportbewegung. In: *Ritter, G. A.* (Hrsg.): Arbeiterkultur. Königstein 1979, 58–74.
Wiedemann, F. P.: Schicksalswende. In: *Bernett* 1982, 31–42.
Wiedung, F.: Arbeitersport. Berlin 1929. In: *Bernett* 1982, 50–54.
Wieser, L.: Hannover. In: DSB 1990, 147–150.
Wildung, F.: Arbeitersport. Berlin 1929.
Wirkus, B.: Markt oder Tempel? Philosophie und Ideologie der olympischen Bewegung. In: *Ueberhorst* 1989, Band 6, 1166–1181.
Woite-Wehle, S.: Zwischen Kontrolle und Demokratisierung: Die Sportpolitik der französischen Besatzungsmacht in Südwestdeutschland 1945–1950. Schorndorf 2001.
Wolf, N. (Red.): Dokumente zum Schulsport. Schorndorf 1974.
Wolle, S.: Die heile Welt der Diktatur. Alltag und Herrschaft in der DDR 1971–1989. Berlin 1999.
Wonneberger, G.: Deutsche Arbeitersportler gegen Faschisten und Militaristen 1929–1933. Zur historischen Bedeutung des revolutionären deutschen Arbeitersports. Berlin (Ost) o. J.
Wonneberger, G. (Vorsitz des Herausgeberkollegiums): Körperkultur und Sport in der DDR. Gesellschaftswissenschaftliches Lehrmaterial. Berlin (Ost) 1982.
Wonneberger, G. u. a.: Geschichte des DDR Sports. Berlin 2002.
Wundt, M.: Vom Geist unserer Zeit. München 1922.
Young, P. M.: A History of British Football. London 1968.
Zeitschrift für Sozial- und Zeitgeschichte des Sports. Jg. 1 (1987) – 14 (2000).

Bildnachweise

Abb. 1, S. 8:	Deutscher Sport, Bd. 2, S. 7.
Abb. 2, S. 10:	Olympia 1936, S. 319.
Abb. 3, S. 11:	Titelbild der Zeitschrift „Der Querschnitt" aus dem Jahre 1932.
Abb. 4, S. 17:	privat.
Abb. 5, S. 18:	Eisenberg: „English Sports" und deutsche Bürger. Paderborn 1999, Abb. 4.
Abb. 6, S. 21:	Elias/Dunning: Sport im Zivilisationsprozeß. O. J., S. 143.
Abb. 7, S. 24:	Gillmeister: Kulturgeschichte des Tennis. München 1990, S. 241.
Abb. 8, S. 30:	Bernett: Leichtathletik im geschichtlichen Wandel. Schorndorf 1987, S. 22.
Abb. 9, S. 37:	Bernett: Leichtathletik im geschichtlichen Wandel. Schorndorf 1987, S. 24.
Abb. 10, S. 38:	Holt: Sport and the British. Oxford 1989, Abb. 1, S. 178.
Abb. 11, S. 40:	Gillmeister: Kulturgeschichte des Tennis. München 1990, S. 278.
Abb. 12, S. 49:	Sport in Berlin. Hrsg. vom Sportmuseum Berlin. 1991, S. 79.
Abb. 13, S. 57:	Teichler/Hauk: Illustrierte Geschichte des Arbeitersports. Bonn 1987, S. 157.
Abb. 14, S. 65:	Ueberhorst: Geschichte der Leibesübungen. Berlin 1980, Band 3/1, Abb. 52.
Abb. 15, S. 71:	Sport in Berlin Hrsg. vom Sportmuseum Berlin. Berlin 1991, S. 31.
Abb. 16, S. 75:	Chronik des Sports (1992), S. 164.
Abb. 17, S. 87:	175 Jahre Hasenheide, Hrsg. vom Sportmuseum Berlin, Blatt 14.
Abb. 18, S. 94:	Carl-Diem-Institut: Dokumente zum Aufbau des deutschen Sports. St. Augustin 1984, S. 72.
Abb. 19, S. 96:	Carl-Diem-Institut: Dokumente zum Aufbau des deutschen Sports. St. Augustin 1984, S. 85.
Abb. 20, S. 99:	Carl-Diem-Institut: Dokumente zum Aufbau des deutschen Sports. St. Augustin 1984, S. 73.
Abb. 21, S. 101:	Teichler/Hauk: Illustrierte Geschichte des Arbeitersports. Bonn 1987, S. 132.
Abb. 22, S. 115:	Teichler/Hauk: Illustrierte Geschichte des Arbeitersports. Bonn 1987, S. 62.
Abb. 23, S. 118:	privat.
Abb. 24, S. 126:	Peiffer, L. (Hrsg.): Illustrierte Geschichte der Deutschen Turnerjugend. Essen 1992, S. 99.
Abb. 25, S. 130:	Katalog zur Ausstellung „Körperkunst – Kunstkörper". Hrsg. vom Kulturamt der Stadt Stuttgart. Stuttgart 1989, S. 96.
Abb. 26, S. 139:	Carl-Diem-Institutut: Dokumente zum Aufbau des deutschen Sports. St. Augustin 1984, S. 178.
Abb. 27, S. 146:	Carl-Diem-Institutut: Dokumente zum Aufbau des deutschen Sports. St. Augustin 1984, S. 177.
Abb. 28, S. 150:	Die Olympischen Spiele 1936. Unveränderter Nachdruck des Offiziellen Olympia Albums von 1936. Frankfurt 1972, S. 46.
Abb. 29, S. 151:	Die Olympischen Spiele 1936. Unveränderter Nachdruck des Offiziellen Olympia Albums von 1936. Frankfurt 1972, S. 46.
Abb. 30, S. 164:	Deutscher Sportbund: Die Gründerjahre des Deutschen Sportbundes. Band 1. Schorndorf 1990, Titel.
Abb. 31, S. 180:	Deutscher Sportbund: Die Gründerjahre des Deutschen Sportbundes. Band 1. Schorndorf 1990, S. 79.
Abb. 32, S. 187:	NOK 1999, S. 275.
Abb. 33, S. 188:	Ueberhorst: Geschichte der Leibesübungen. Berlin 1982, Abb. 39.
Abb. 34, S. 195:	Kleine Enzyklopädie Körperkultur und Sport. Berlin (Ost) 1979.
Abb. 35, S. 203:	Guttmann: Women's Sports. A History. New York 1991, Abb. 30.
Abb. 36, S. 207:	Berlin 2000. Werbeschrift der Olympiabewerbung Berlin (1991), S. 8.
Abb. 37, S. 213:	Graphik von Renate Riek. In: Sport ist mehr. Katalog zur Ausstellung des Landessportverbandes Baden-Württemberg, S. 22.
Abb. 38, S. 214:	Olympia ruft: Mach mit! Schul-Broschüre des NOK für Deutschland. Frankfurt o. J. Titel.

Daten zur Sportgeschichte im 20. Jahrhundert[1]

1916 Die VI. Olympischen Spiele 1916 von Berlin fallen wegen des Ersten Weltkrieges aus
Entwurf des Deutschen Reichsspielplatz- und Sportpflichtgesetzes
1917 Gründung des Deutschen Reichsausschusses für Leibesübungen (DRA) mit Generalsekretär Carl *Diem*
DRA fordert die tägliche Turnstunde
1918 Kriegsende und Revolution in Deutschland
1919 Nationalversammlung tritt in Weimar zusammen; die „Weimarer Koalition" aus SPD, DDP und Zentrum stellt die neue Regierung unter dem Sozialdemokraten Philip *Scheidemann;* der Sozialdemokrat Friedrich *Ebert* wird Reichspräsident; Verabschiedung der Weimarer Verfassung, die eine parlamentarische Demokratie für das Deutsche Reich vorschreibt; Unterzeichnung des Versailler Friedensvertrages
Erweiterung des Arbeiter Turnerbundes (ATB) in Arbeiter Turn- und Sportbund (ATSB)
Theodor *Lewald* wird Vorsitzender des DRA
Karl *Gaulhofer* und Margarete *Streicher* erarbeiten in Wien gemeinsam das Konzept des „natürlichen Turnens"
Erste Reichsjugendwettkämpfe
1920 Gründung der Deutschen Hochschule für Leibesübungen in Berlin (Prorektor Carl *Diem)*
VII. Olympische Spiele in Antwerpen ohne deutsche Beteiligung
Gründung der Luzerner Sport Internationalen, später Sozialistische Arbeitersport Internationale (SASI)
Eröffnung der Bundesschule des ATSB in Leipzig
Beschluss der Deutschen Studentenschaft zur Einführung der Sportpflicht
Reichsschulkonferenz in Berlin fordert die tägliche Turnstunde
1921 Gründung des Internationalen Frauensport Verbandes
Frauenolympiade in Monte Carlo
IOC-Kongress in Lausanne
Erste deutsche Kunstturn-Meisterschaft in Leipzig
Gründung der kommunistisch orientierten Roten Sportinternationalen (RSI) in Moskau
1922 Ermordung des deutschen Außenministers Walter *Rathenau* durch rechtsradikale Terroristen
Gründung der Sowjetunion

---

[1] Die Daten wurden in Anlehnung an die Synopse in *Ueberhorst* 1982 erstellt. Sie knüpfen an die Daten aus Band 2 an und beginnen deshalb mit dem Jahr 1916.

Daten zur Sportgeschichte im 20. Jahrhundert 231

	Erste Deutsche Kampfspiele und deutsche Sportausstellung in Berlin Erstes Deutsches Arbeiter Turn- und Sportfest in Leipzig Rudolf *Bode:* „Ausdrucksgymnastik"
1923	*Hitler*-Putsch in München 13. Deutsches Turnfest in München Deutsche Turnerschaft (DT) verkündet die „reinliche Scheidung" von Turnen und Sport
1924	VIII. Olympische Spiel in Paris ohne deutsche Beteiligung I. Olympische Winterspiele in Chamonix Theodor *Lewald* und Oskar *Ruperti* werden in das IOC berufen Gründung des Deutschen Sportärzte Bundes
1925	Ex-General Paul *von Hindenburg* wird Reichspräsident IOC-Kongress in Prag: Rücktritt Pierre *de Coubertins* als IOC-Präsident. Nachfolger wird Comte Henri *de Baillet-Latour* Erste Internationale Arbeiterolympiade der SASI in Frankfurt Gründung des Deutschen Gymnastikbundes Austritt der DT aus dem DRA Erstes Akademisches Olympia in Marburg
1926	Aufnahme des Deutschen Reichs in den Völkerbund Deutsche Sportler nehmen erstmals wieder an den Internationalen Britischen Leichtathletik-Meisterschaften teil Bildung des Reichstagsausschusses zur Förderung der Leibesübungen DT tritt wieder in den DRA ein
1927	Gründung des Verbandes Deutscher Sportpresse Radsport Weltmeisterschaften in Köln und Elberfeld
1928	Spaltung der Arbeitersportbewegung in Sozialdemokraten und Kommunisten IX. Olympische Spiele in Amsterdam mit deutscher Beteiligung; erstmals finden olympische Kunstwettbewerbe statt 14. Deutsches Turnfest in Köln
1929	Beginn der Weltwirtschaftskrise 2. ATSB-Bundesfest in Nürnberg Frauen Turn- und Sporttagung in Berlin
1930	IOC-Kongress in Berlin Max *Schmeling* wird Box-Weltmeister im Schwergewicht der Professionals Internationaler Ski-Kongress in Oslo
1931	Rechtsparteien in Deutschland bilden die „Harzburger Front", die Linksparteien einschließlich der Arbeitersportverbände die „Eiserne Front" IOC-Sitzung in Barcelona: Vergabe der Olympischen Spiele 1936 nach Berlin Karl *Jaspers*: „Die geistige Situation der Zeit"
1932	NSDAP unter Adolf *Hitler* geht als stärkste Partei aus den Reichstagswahlen (31. Juli) hervor Bildung des wehrsportlich orientierten Reichskuratoriums für Jugendertüchtigung X. Olympische Spiele in Los Angeles

1933	*Hitler* wird Reichskanzler; „Machtergreifung" der Nationalsozialisten; Gleichschaltung von Staat und Gesellschaft in Deutschland
	Austritt Deutschlands aus dem Völkerbund
	Verbot der Arbeitersportorganisationen
	„Selbstgleichschaltung" der bürgerlichen Turn- und Sportverbände
	Auflösung des DRA
	Edmund *Neuendorff* wird 1. Vorsitzender der Deutschen Turnerschaft
	15. Deutsches Turnfest in Stuttgart mit einer Rede *Hitlers*
	Hans *von Tschammer und Osten* wird Reichssportführer
1934	*Hitler* wird als Nachfolger *Hindenburgs* „Führer und Reichskanzler"
	Gründung des Deutschen Reichsbundes für Leibesübungen (DRL) unter Kontrolle von Staat und Partei (NSDAP)
	Einführung des HJ-Dienstes
	Schalke 04 wird Deutscher Fußballmeister
1935	Erlass der antisemitischen „Nürnberger Gesetze"
	Wiedereinführung der allgemeinen Wehrpflicht in Deutschland
	Einrichtung des „Amtes K" (körperliche Erziehung) im Reichserziehungsministerium unter Carl *Krümmel*
	Reichswettkämpfe der SA und des NSKK
	Auflösung der Deutschen Turnerschaft
	Boykottbestrebungen in den USA gegen die Olympischen Spiele in Berlin
1936	Beginn des spanischen Bürgerkriegs: *Hitler* unterstützt die spanischen Faschisten unter General *Franco*
	Beginn der „großen Säuberungen" in der Sowjetunion unter Diktator *Stalin*
	IV. Olympische Winterspiele in Garmisch-Partenkirchen
	XI. Olympische Spiele in Berlin
1937	Baron Pierre *de Coubertin* stirbt in Genf
	„Richtlinien für die Leibeserziehung in Jungenschulen"
	Christel *Cranz* wird dreifache Weltmeisterin im Skilaufen
1938	„Anschluss" Österreichs; Einmarsch in das Sudetenland; Münchener Konferenz
	Deutsches Turn- und Sportfest in Breslau
	Umwandlung des DRL in NSRL
	Max *Schmeling* geht in der ersten Runde gegen Joe *Louis* k.o.
1939	Beginn des Zweiten Weltkriegs
	Lingiade in Stockholm unter starker deutscher Beteiligung
	Weltrekord von Rudolf *Harbig* in Rom über 800 m (1:46,6)
1940	Ausweitung des Krieges (Westfeldzug)
	Winston *Churchill* wird britischer Premierminister
	Bildung von „Kriegsspielgemeinschaften"
1941	Deutscher Angriff auf die Sowjetunion; japanischer Angriff auf Pearl Harbour
	„Richtlinien für die Leibeserziehung der Mädchen in Schulen"
1942	Untergang der 6. deutschen Armee bei Stalingrad
	„Wannseekonferenz" über die „Endlösung der Judenfrage"
	starker Rückgang der Sportwettkämpfe

Daten zur Sportgeschichte im 20. Jahrhundert 233

1943	Propagierung des „Totalen Krieges" Verbot deutscher Beteiligung an internationalen Wettkämpfen
1944	Attentat einer Widerstandsgruppe um Graf von *Stauffenberg* auf *Hitler* gescheitert Landung der Alliierten in der Normandie Karl *Ritter von Halt* wird letzter (kommissarischer) Reichssportführer
1945	Bedingungslose Kapitulation des Deutschen Reiches (8. Mai); Aufteilung Deutschlands in vier Besatzungszonen unter der Verantwortung des Alliierten Kontrollrats; Potsdamer Konferenz der Siegermächte USA, UdSSR und England Bildung von Turn- und Sportvereinen auf lokaler Ebene Kontrollratsdirektive 23: Verbot aller ehemaligen Turn- und Sportvereine und -verbände
1946	Zwangsvereinigung von KPD und SPD zur SED in der Ostzone Kriegsverbrecherprozesse in Berlin und Nürnberg Bildung von Vereinen und Verbänden auf Kreis- und Landesebene Mehrere Zonensporttagungen
1947	Errichtung der Bizone aus der amerikanischen und britischen Zone Bildung eines „Deutschen Olympischen Ausschusses" (DOA) mit dem Ziel der Teilnahme an Olympischen Spielen Gründung der Deutschen Sporthochschule Köln unter Rektor Carl *Diem*
1948	Beginn des „Kalten Krieges" zwischen den Westmächten und der Sowjetunion Berlin-Blockade Währungsreform Mehrere Sportkonferenzen im Vorfeld der Gründung des Deutschen Sportbundes XIV. Olympische Spiele in London ohne Beteiligung Deutschlands, Japans und der UdSSR Erstes Deutsches Turnfest nach dem Zweiten Weltkrieg in Frankfurt
1949	Gründung der Bundesrepublik Deutschland und der Deutschen Demokratischen Republik (DDR) Gründung des Nationalen Olympischen Komitees (NOK) für Deutschland Gründung des Deutschen Fußballbundes Gründung von Betriebssportgemeinschaften in der DDR
1950	Gründung des Deutschen Sportbundes (DSB): Erster Vorsitzender Willi *Daume* Gründung des Deutschen Turner-Bundes (DTB) Gründung der Deutschen Hochschule für Körperkultur in Leipzig
1951	IOC-Kongress in Wien: Anerkennung des NOK für Deutschland Gründung des NOK der DDR
1952	Aufhebung des Besatzungsstatuts; Abschluss des Deutschlandvertrags; Vereinigung von Baden und Württemberg zum Bundesland Baden-Württemberg XV. Olympische Spiele in Helsinki: Erste Teilnahme einer deutschen Mannschaft nach dem Zweiten Weltkrieg; einzige Teilnahme einer selbständigen Mannschaft des Saargebiets an Olympischen Spielen Bildung des Staatlichen Komitees für Körperkultur und Sport beim Ministerrat der DDR

	Gründung der Gesellschaft für Sport und Technik in der DDR (Wehrsport)
	Jahn-Feiern zum 100. Todestag F. L. *Jahns* in Freyburg an der Unstrut (DDR)
1953	Tod *Stalins*
	Volksaufstand gegen das SED-Regime in Ostberlin
	Gründung des Ausschusses Deutscher Leibeserzieher (ADL)
	Deutsches Turnfest in Hamburg
1954	Beginn des „Wirtschaftswunders" in der Bundesrepublik
	Beitritt der Bundesrepublik zur EWG
	Bundesrepublik wird Fußballweltmeister
	Emil *Zatopek* hält sämtliche Weltrekorde zwischen 5000 und 30000 m
1955	Gründung des Warschauer Pakts
	IOC-Sitzung in Paris: Anerkennung des NOK der DDR und Bildung einer gesamtdeutschen Olympiamannschaft in Melbourne
1956	Einführung der allgemeinen Wehrpflicht in der Bundesrepublik
	„Empfehlungen zur Förderung der Leibeserziehung in den Schulen"
	XVI. Olympische Spiele in Melbourne
1957	Saarland wird 10. Bundesland
	Gründung des Deutschen Turn- und Sportbundes (DTSB) der DDR
1958	Konstituierung des Europäischen Parlaments in Straßburg
	Deutsches Turnfest in München
1959	„Goldener Plan" der DOG zum Sportstättenbau
	Resolution „Zweiter Weg" des Deutschen Sportbundes
1960	XVII. Olympische Spiele in Rom mit einer gesamtdeutschen Mannschaft
	Programm des Deutschen Turner-Bundes: „Turnen für Jedermann"
1961	Bau der Berliner Mauer
	Abbruch des innerdeutschen Sportverkehrs
	Gründung der Internationalen Olympischen Akademie (IOA) in Olympia
1962	Gründung des Bundesverbandes Deutscher Leibeserzieher (seit 1973 Deutscher Sportlehrer Verband)
	Carl *Diem* stirbt
1963	Deutsches Turnfest in Essen
1964	XVIII. Olympische Spiele in Tokio mit einer gesamtdeutschen Mannschaft
	Errichtung des ersten Bundesleistungszentrums in der Bundesrepublik
1965	NOK der DDR wird Vollmitglied im IOC und darf eine eigene Mannschaft zu Olympischen Spielen schicken
1966	Große Koalition zwischen CDU/CSU und SPD bildet die Regierung
	Deutscher Sportbund verabschiedet die „Charta des deutschen Sports"
	IOC beschließt München als Austragungsort der Olympischen Spiele 1972
	Erste Kinder- und Jugendspartakiade in Ostberlin
1967	Gründung der Deutschen Sporthilfe
1968	Einmarsch von Warschauer Pakt Truppen in die Tschechoslowakei
	Aufnahme des Sports in die neue Verfassung der DDR
	XIX. Olympische Spiele in Mexiko
	Deutsches Turnfest in Berlin

Daten zur Sportgeschichte im 20. Jahrhundert

1969	SPD/FDP-Regierung in Bonn: Beginn der Entspannungspolitik
	Einführung von „Jugend trainiert für Olympia"
1970	Wiederaufnahme des innerdeutschen Sportverkehrs
	Gründung des Bundesinstituts für Sportwissenschaft
	DSB-Aktion „Trimm Dich durch Sport"
	Erster Sportbericht der Bundesregierung
1971	Diskussion um die „Ostverträge"
	Erich *Honecker* wird Generalsekretär der SED
	Korruptionsskandal in der Fußball-Bundesliga
	Neufassung des Amateurstatuts durch das IOC
	Gründung der Zeitschrift „Sportwissenschaft" in der Bundesrepublik
1972	SPD und Willi *Brandt* gewinnen die Bundestagswahlen
	XX. Olympische Spiele in München: Terrorüberfall auf das olympische Dorf; Rücktritt Avery *Brundages* als IOC-Präsident. Nachfolger: Lord *Killanin*
	„Aktionsprogramm für den Schulsport"
	Sport kann als „Leistungsfach" in der reformierten Oberstufe des Gymnasiums gewählt werden
1973	Erste Europäische Sportkonferenz in Wien
	Deutsches Turnfest in Stuttgart
	X. Weltfestspiele der Jugend und Studenten in Ostberlin
1974	Deutschland wird Fußball-Weltmeister
	Willi *Weyer* wird DSB-Präsident
1976	XXI. Olympische Spiele in Montreal
	Gründung der Deutschen Vereinigung für Sportwissenschaft
1978	Deutsches Turnfest in Hannover
1980	XXII. Olympische Spiele in Moskau: Boykott der Spiele durch die USA und die Bundesrepublik Deutschland wegen des Einmarsches der Sowjetunion in Afghanistan
	Rücktritt Lord *Killanins* als IOC-Präsident; Nachfolger wird Juan Antonio *Samaranch*
1981	XI. Olympischer Kongress in Baden-Baden
1982	Regierungswechsel in Bonn: Der CDU-Vorsitzende Helmut *Kohl* wird deutscher Bundeskanzler
	Michael *Groß* wird Schwimm-Weltmeister
1983	Deutsches Turnfest in Frankfurt
	DSB-Aktion „Sport und „Gesundheit"
1984	XXIII. Olympische Spiele in Los Angeles: Boykott der meisten Ostblockstaaten
	Beginn der Vermarktung der Olympischen Spiele und der Kommerzialisierung des Sports
	DSB verabschiedet seine „umweltpolitischen Grundsätze"
1985	Michail *Gorbatschow* wird Generalsekretär der KPDSU
	Boris *Becker* wird als erster deutscher Tennisspieler Sieger des Tennisturniers von Wimbledon
	„Zweites Aktionsprogramm für den Schulsport"

1986	Reaktorkatastrophe von Tschernobyl
	Greg *Lemond* gewinnt als erster US-Amerikaner die Tour de France
	Hans *Hansen* wird DSB-Präsident
1987	Kongress des DSB in Berlin: „Menschen im Sport 2000"
	Deutsches Turnfest in Berlin
	DSB zählt mehr als 20 Millionen Mitglieder
	Tennis-Profis werden auf Beschluss des IOC zu Olympischen Spielen zugelassen
1988	XXIV. Olympische Spiele in Seoul
	Doping-Skandal um den Sprinter Ben *Johnson*
1989	Politische Umwälzungen und Revolutionen in Osteuropa
	Fall der Berliner Mauer kurz nach der 40-Jahr-Feier der DDR
	Ausarbeitung eines Einigungsvertrages zwischen der Bundesrepublik und der DDR
1990	Beitritt der ostdeutschen Länder in der ehemaligen DDR zur Bundesrepublik Deutschland
	DSB und Sportverbände bemühen sich um eine Zusammenführung des Sports im vereinten Deutschland
	Katrin *Krabbe* wird Weltmeisterin im 100-m-Sprint
	Doping-Enthüllungen und Stasi-Verstrickungen erschüttern die Glaubwürdigkeit des Sports
1991	Auflösung der Sowjetunion
	Beendigung des Kalten Krieges zwischen Ost und West
	Schließung der Deutsche Hochschule für Körperkultur in Leipzig
	Auflösung des Ausschusses Deutscher Leibeserzieher (ADL)
1992	Bürgerkrieg in Jugoslawien
	XXV. Olympische Spiele in Barcelona; erstmals startet in Albertville (Frankreich) (Winterspiele) und Barcelona wieder eine Mannschaft aus ganz Deutschland; die Länder der ehemaligen Sowjetunion starten unter dem Namen „Gemeinschaft Unabhängiger Staaten" (GUS)
1993	Eröffnung des Deutschen Olympischen Instituts (DOI) in Berlin
	Berlin bewirbt sich beim IOC um die Vergabe der Spiele des Jahres 2000. Die Bewerbung scheitert.
1994	Olympische Winterspiele in Lillehammer
	Manfred von *Richthofen* wird zum neuen Präsidenten des Deutschen Sportbundes gewählt
1996	XXVI. Olympische Sommerspiele in Atlanta (USA)
	Tod Willi *Daumes*
1997	Jan *Ullrich* gewinnt als erster Deutscher die Tour de France
1998	Olympische Winterspiele in Nagano (Japan)
	Doping-Skandal um die Tour de France
1999	Korruptionsskandal im IOC: Sechs Mitglieder werden ausgeschlossen
2000	XXVII. Olympische Spiele in Sydney (Australien)
	Nach IOC-Präsident *Samaranch* „Best Games Ever"
	Ende der Ära *Samaranch*

Daten zur Sportgeschichte im 20. Jahrhundert

2001 Wahl des Belgiers Jacques *Rogges* zum neuen IOC-Präsident
2002 Olympische Winterspiele in Salt Lake City (USA)
In Deutschland wird ein Auswahlverfahren unter fünf Städten für die Nominierung einer Bewerberstadt für die Austragung der Olympischen Sommerspiele 2012 durchgeführt. Die Stadt Leipzig wird 2003 Kandidat.
Dr. Klaus *Steinbach* löst Walther *Tröger* als NOK-Präsident ab
2003 Umzug der Führungsakademie des Deutschen Sportbundes von Berlin nach Köln
2004 Verkleinerung und Umzug des Deutschen Olympischen Instituts von Berlin nach Frankfurt. Die Bewerbung Leipzigs für die Spiele 2012 scheitert. Das mäßige Abschneiden deutscher Athletinnen und Athleten bei den XXVIII. Olympischen Sommerspielen in Athen führt zu einer Struktur- und Reformdiskussion im deutschen Sport.

Namen zur Sportgeschichte[1]

Angerstein, Wilhelm Emil (1835–1893):
Bruder des städtischen Oberturnwarts von Berlin, Eduard *Angerstein* (s. Band 2), Turnlehrer, Turnschriftsteller, Turnpolitiker in der Zeit der „Reaktion" nach 1849; 1857 Vorsitzender und Vorturner des TV „Gut Heil" in Berlin; 1863 Turnlehrerausbilder in Saarbrücken und Köln; Gründer des Kölner Turnvereins „Gut Heil". 1864 Entlassung aus „politischen Gründen", Kritiker des Sports.

Arnold, Thomas (1795–1842):
englischer Geistlicher, Lehrer und von 1828–42 Headmaster der Public School von Rugby. Förderung der Erziehung zum „christian gentleman" durch Spiel und Sport.

Asseburg, Egbert Graf von der (1847–1909):
Der Generalleutnant a. D. stammte aus dem Beraterkreis um den Kaiser, wurde 1904 zunächst Vizepräsident und im Mai 1905 als Nachfolger des Prinzen Eduard Max Vollrath Friedrich zu *Salm-Horstmar* Präsident des Deutschen Reichsausschusses für Olympische Spiele. Er war Delegationsleiter bei den Spielen 1906 in Athen und 1908 in London. Unter ihm wandelte sich der Reichsausschuss in eine ständige Organisation um. Er bemühte sich um den Bau eines Stadions in Berlin und um die Austragung Olympischer Spiele. Wegen seines überraschenden Todes 1909 konnte er die Verwirklichung dieser Pläne nicht mehr erleben.

Baeumler, Alfred (1887–1968):
1933 Professor für politische Pädagogik in Berlin und kurzzeitig Leiter der DHfL in Berlin; war unter Reichsleiter *Rosenberg* verantwortlich für die weltanschauliche Begründung der körperlichen Erziehung im Nationalsozialismus; prägte das Schlagwort von der „politischen Leibeserziehung".

Baillet-Latour, Henri Comte *de* (1876–1942):
Diplomat und Sportführer; Reiter; Präsident des belgischen Jockey-Club; IOC-Mitglied 1903–1942, Mitglied des IOC Exekutivkomitees 1921; IOC-Präsident 1925–1942; Präsident des OK der OS 1920; Organisator des Olympischen Kongresses 1905; Präsident des belgischen NOK 1923–1942; spielte eine wichtige Rolle in der Frage des drohenden Olympiaboykotts der Spiele von 1936 und der Vergabe der Winterspiele für 1940 an Garmisch-Partenkirchen. Er starb am 6. Januar 1942 in seinem Haus in Brüssel. Bei seinem Begräbnis legte IOC-Mitglied *von Halt* im Namen *Hitlers* einen Kranz nieder.

---

[1] Es werden nur die im Text genannten Personen aufgeführt, die für die Sportgeschichte im 20. Jahrhundert von größerer Bedeutung waren. Lebende Personen werden nur in Ausnahmen genannt.

Bauwens, Peco (1886–1963):
Dr. jur., Fußballspieler und Sportler; Mitglied des Kölner SC 1899 und der Kölner Turnerschaft; 1910 Länderspiel gegen Belgien; Tätigkeit als internationaler Fußballschiedsrichter (82 Berufungen); von 1948–1949 Vorsitzender des Deutschen Fußball Ausschusses; 1949–1962 Präsident des Deutschen Fußball Bundes; 1949–1963 Mitglied des NOK.

Bergmann, Gretel (geb. 1914):
Stuttgarter Hochspringerin jüdischer Abstammung; deutsche Rekordhalterin mit 1,60 m im Hochsprung, im Exil britische und US-Meisterin im Hochsprung; wegen ihrer jüdischen Abstammung wurde ihr die Teilnahme an den Olympischen Spielen 1936 verweigert; lebt in den USA.

Bernett, Hajo (1921–1996)
geb. in Oldenburg als Sohn des Lehrers Nikolaus *Bernett* (1882–1969), der neben *Neuendorff* in der Weimarer Zeit zu den maßgeblichen Persönlichkeiten der Turnerjugend zählte. Nach dem Studium wurde Hajo *Bernett* Lehrer, dann Professor und von 1968 bis 1986 Direktor des Sportwissenschaftlichen Instituts in Bonn. Er gilt als einer der Begründer der modernen Sportpädagogik und Sportwissenschaft, u. a. durch sein Buch „Grundformen der Leibeserziehung" (1965). Besondere Verdienste erwarb er sich mit seinen Arbeiten zur Aufarbeitung von Turnen und Sport im Nationalsozialismus, namentlich seiner Dokumentation „Nationalsozialistische Leibeserziehung" (1966).

Bier, August (1861–1949)
Prof. Dr. med., Chirurg, Geh. Medizinalrat, Rektor der Deutschen Hochschule für Leibesübungen in Berlin von 1920 bis 1932.

Bier, Ernst Woldemar (1840–1906):
Direktor der Turnlehrerbildungsanstalt in Dresden; Herausgeber der „Jahrbücher der deutschen Turnkunst".

Bikelas, Demetrios (1835–1908): (Schreibweise auch Vikelas)
griechischer Sportführer und Schriftsteller. Seit 1852 in London als erfolgreicher Geschäftsmann und Schriftsteller tätig. 1894 Vertreter des Panhellenischen Gymnastik-Vereins beim Kongress an der Sorbonne. Dort wurde er zum ersten Präsidenten des auf dem Kongress gegründeten Internationalen Olympischen Komitees (IOC) gewählt, weil die ersten Olympischen Spiele in Athen ausgerichtet wurden. Sein Engagement als IOC-Präsident geht auf seinen ausgeprägten Patriotismus zurück. *Coubertin* löste ihn 1896 als IOC-Präsident ab.

Blüher, Hans (1888–1955):
Publizist, Kultur- und Religionsphilosoph; mit seinem einflussreichen Jugendwerk „Wandervogel, Geschichte einer Jugendbewegung" (1912) gilt er als geistiger Schöpfer der Jugendbewegung und des „Wandervogels"; um der geistigen Knebelung durch das NS-Regime zu entgehen, emigrierte Blüher Mitte der 1930er Jahre in die Schweiz. Er starb 1955 in Berlin.

Brundage, Avery (1887–1975):
Kaufmann, Bauunternehmer, Leichtathlet, Basketballspieler, IOC-Präsident; US-Meister im Zehnkampf 1914/16/18; 1912 Olympiateilnehmer im Zehnkampf und Fünfkampf; Leiter der amerikanischen Olympiamannschaft 1932 und 1936; 1928–38 Präsident des amerikanischen Sportverbandes (AAA); 1929–54 Präsident des NOK der USA; 1936–75 IOC-Mitglied; 1952–1972 IOC-Präsident; 1972–75 IOC-Ehrenpräsident.

Buytendijk, Frederik Jacobus (1887–1974):
niederländischer Psychologe und Physiologe; äußerte sich zu grundlegenden, philosophisch-anthropologischen Fragen von Bewegung, Spiel und Sport. Seine Arbeiten wurden besonders von den Vertretern der „Theorie der Leibeserziehung" rezipiert.

Byron, George Gordon Noel, Lord (1788–1824):
englischer Romantiker, Demokrat und Aristokrat; B. war ein begeisterter Sportsmann (Boxen, Schwimmen) und starb 1824 als Freiwilliger während des griechischen Freiheitskampfs.

Captain *Barclay* (1779–1854):
mit richtigem Namen Robert Barclay Alardice; schottischer Adliger und berühmter „Leichtathlet"; 1801 ging Barclay 110 Meilen in 19 Stunden; seine bekannteste Leistung war, in 1000 aufeinander folgenden Stunden jeweils eine Meile zu gehen.

Coubertin, Pierre *de* (1863–1937):
Historiker, Pädagoge, Begründer der modernen „Olympischen Spiele"; 1880 Reifeprüfung am Jesuitengymnasium in Paris, danach Besuch der Militärakademie und Studium an der Sorbonne (Philosophie, Geschichte, Nationalökonomie). In seiner Freizeit trieb C. viel Sport: Tennis, Reiten, Fechten, Rudern und Boxen. 1883 Reise nach England. Erfahrungen mit dem englischen Public-School-System; nach seiner Rückkehr nach Paris politischer Journalist bei der Zeitschrift „La Reforme Sociale". 1889 USA-Reise, Erfahrungen mit dem amerikanischen Sport und Bekanntschaft mit dem späteren Präsidenten *Roosevelt.* 1894 organisierte *Coubertin* den „Congres International Athletique" an der Sorbonne. Beschluss zur Wiedereinführung der Olympischen Spiele und Gründung des Internatonalen Olympischen Komitees, dessen Präsident C. von 1896 bis 1925 wird. C. stirbt 1937 in Lausanne.

Curtius, Ernst (1814–1896):
Historiker, Archäologe und Philologe; Erzieher des späteren Kaisers *Friedrich III.* (1888); *Curtius* regte die Ausgrabungen von Olympia an und übernahm deren Leitung.

Daume, Willi (1913–1996):
Bedeutendster Sportfunktionär in der Bundesrepublik Deutschland seit 1950. Fabrikant, Handball- und Basketballspieler, Olympiateilnehmer 1936 in der deutschen Basketballmannschaft. Von 1949–1955 Präsident des Deutschen Handballbundes; von 1950 bis 1970 erster Präsident des Deutschen Sportbundes; NOK Gründungsmitglied 1949; seit 1961 Präsident des NOK; seit 1956 IOC Mitglied; von 1972–76 Vizepräsident des IOC. Präsident des Organisationskomitees der Olympischen Spiele in München 1972; 1981

Präsident des Organisationskomitees des 11. Olympischen Kongresses in Baden-Baden; zahlreiche weitere Ämter und Funktionen im deutschen Sport; Dr. h.c. der DSHS Köln und Ehrenprofessor der Universität Freiburg; langjähriger Präsident der Erich Kästner-Gesellschaft; zahlreiche Ehrungen.

Diem, Carl (1882–1962):
Sportjournalist, erster hauptamtlicher Sportfunktionär in Deutschland. Wichtigster Organisator und Theoretiker des Sports in den 1920er Jahren. Von 1903–1913 war *Diem* im Vorstand der Deutschen Sportbehörde für Athletik; Generalsekretär der Organisationskomitees der Olympischen Spiele 1916 und 1936, von 1917–1933 Generalsekretär des Deutschen Reichsausschusses für Olympische Spiele bzw. Leibesübungen; von 1938–1944 Direktor des Internationalen Olympischen Instituts Berlin und Herausgeber der „Olympischen Rundschau"; 1920 Mitbegründer und Prorektor der Deutschen Hochschule für Leibesübungen in Berlin; 1947 Mitbegründer der Deutschen Sporthochschule Köln und erster Rektor; Präsidialmitglied des NOK für Deutschland von 1949–1962 und zahlreiche weitere Ämter im Sport, u. a. 1930 Mitbegründer des Internationalen Leichtathletikverbandes (IAAF). D. war aber nie Mitglied im IOC. Verfasser zahlreicher Bücher zum Sport (Sportgeschichte, Sportverwaltung, Olympischen Idee u. v. a. m.). 1921 wurde er Ehrendoktor der medizinischen Fakultät der Universität Berlin und nach dem Krieg Honorarprofessor an den Universitäten Berlin und Köln. Ein Jahr vor seinem Tod 1962 wurde die Internationale Olympische Akademie in Olympia eröffnet, deren Mitbegründer er war.

Diem, Lieselott, geb. Bail (1906–1992):
Pionierin des Frauensports in Deutschland. Frau von Carl *Diem* (ab 1930), Lehrerin an der Deutschen Hochschule für Leibesübungen in Berlin (1927–1933); Leiterin der Frauenausbildung und Professorin an der Deutschen Sporthochschule in Köln (1966–1974). Vier Kinder. Zahlreiche Veröffentlichungen, bes. zur Gymnastik, zum Verhältnis von Sport und Gesundheit, zum Frauensport und zum Kinderturnen; zahlreiche Ämter und Ehrungen.

Egk, Werner (1901–1983):
Komponist; 1936–41 Dirigent an der Berliner Staatsoper; 1950–53 Direktor der Hochschule für Musik in Berlin; Opern und Orchesterwerke; komponierte neben Carl *Orff* Teile des *Diem*schen „Weihespiels" bei den OS 1936 in Berlin.

Elias, Norbert (1897–1990):
Deutsch-jüdischer Soziologe und Sozialhistoriker; Schüler von Karl *Mannheim*; emigrierte 1933; 1954 Professor in Leicester; *Elias* entwickelte eine kulturhistorisch fundierte „Theorie der Zivilisation", die auch wichtige Einsichten zur Geschichte und Soziologie des Sports ermöglicht. Er gilt als einer der bedeutendsten europäischen Denker des 20. Jahrhunderts; starb 1990 in Amsterdam.

Ewald, Manfred (1926–2002):
mächtigster Sportführer der ehemaligen DDR; 1944 NSDAP-Mitglied; 1952–60 Staatssekretär für Körperkultur und Sport; 1961–1988 Präsident des Deutschen Turn- und Sportbundes der DDR; 1973–1990 Präsident des NOK der DDR; 1963–1990 Mitglied des ZK der SED.

Figg, James (1695–1734):
englischer Boxer und Begründer des modernen Boxsports; ursprünglich Fechtlehrer; stellte die ersten Boxregeln auf und gründete 1719 in London eine Boxschule; erster Weltmeister im Schwergewicht.

Flatow, Alfred (1869–1942):
Berliner Turner; 1896 Mannschafts-Olympiasieger am Barren und Reck; Einzelolympiasieger am Barren; große Verdienste um das Turnen in Berlin; *Flatow* wurde 1933 wegen seiner jüdischen Abstammung aus der Berliner Turnerschaft ausgeschlossen und 1942 von den Nazis nach Theresienstadt deportiert und ermordet; der Deutsche Turner-Bund verlieh 1987 erstmals zum Andenken an Alfred und seinen Vetter Gustav Felix *Flatow* eine Medaille.

Flatow, Gustav Felix (1875–1945):
Berliner Turner; 1896 Mannschafts-Olympiasieger am Barren und Reck, Vetter von Alfred *Flatow*; verhungerte im Januar 1945 im KZ Theresienstadt.

Gebhardt, Willibald (1861–1921):
Chemiker, Fechter, Mitbegründer des „Deutschen Bundes für Sport, Spiel und Turnen" (1895); setzte sich für die Beteiligung Deutschlands an den Olympischen Spielen ein; 1895 Gründung des „Komitees zur Beteiligung Deutschlands an den Olympischen Spielen"; 1905 Generalsekretär des „Deutschen Reichsausschuß für die Olympischen Spiele" (DRAFOS); 1896 provisorisches Mitglied im IOC; 1908 legte *Gebhardt* sein Amt im DRAFOS nieder, 1909 auch seine IOC-Mitgliedschaft.

Gellert, Cornelius (1881–1944):
Politiker und Sportfunktionär; Reichstagsabgeordneter; führte von 1919–1933 als Vorsitzender den Arbeiter-Turn- und Sport-Bund (ATSB); 1927–1933 Präsident der Sozialistischen Arbeiter-Sportinternationale (SASI); unter den Nazis im Konzentrationslager Oranienburg inhaftiert, starb nach seiner Freilassung 1944 bei einem Bombenangriff auf Kassel; *Gellert* spielte eine wichtige Rolle beim Ausschluss der Kommunisten aus dem sozialdemokratischen ATSB.

Goetz, Ferdinand (1826–1915):
Arzt aus Leipzig; Mitbegründer, Geschäftsführer und Vorsitzender der Deutschen Turnerschaft (von 1895 bis 1915); aktiv an der Revolution von 1848/49 beteiligt; ab 1887 Reichstagsabgeordneter der Nationalliberalen Partei. Er verhinderte am Ende seiner Amtszeit die Öffnung der DT für turnerische Neuerungen, für die Olympischen Spiele und gegenüber der sozialdemokratischen Arbeiterschaft.

Halt, Karl Ritter von (1891–1964):
Leichtathlet, Sportführer, Direktor der Deutschen Bank in München und Berlin; fünfmaliger Deutscher Zehnkampfmeister zwischen 1911 und 1921. 1931–45 Leichtathletik Präsident; 1929–64 Mitglied des IOC; Mitglied der NSDAP, SA-Brigadeführer und Mitglied im „Freundeskreis Reichsführer-SS"; 1936 Präsident des Organisationskomitees für die Olympischen Winterspiele in Garmisch-Partenkirchen; 1944/45 letzter kommis-

sarischer Reichssportführer; von 1945 bis 1950 Inhaftierung durch die Sowjets im ehemaligen KZ Buchenwald; 1951–61 Präsident des NOK für Deutschland, ab 1961 Ehrenpräsident, 1956 Großes Bundesverdienstkreuz mit Stern.

Harbig, Rudolf (1913–1944):
einer der erfolgreichsten Leichtathleten der 1930er und 1940er Jahre; stellte 1939 Weltrekorde über 400 m (46,0 s) und 800 m (1:46,6 min) auf; 1941 über 1000 m (2:21,5 min)

Herberger, Josef („Sepp") (1897–1977):
Fußball-Nationalspieler und -trainer; spielte 1921-1925 für die Nationalmannschaft, 1925 Süddeutscher Meister mit dem VFR Mannheim; studierte an der Deutschen Hochschule für Leibesübungen in Berlin unter *Diem*; beendete 1930 seine aktive Spielerlaufbahn und ging als Trainer nach Duisburg, 1936 löste er Otto *Nerz* als Reichstrainer ab; *Herberger* zeichnete sich durch psychologisches Einfühlungsvermögen, technisches Können und überragende taktische Fähigkeiten aus, er hielt nicht starre Disziplin und die körperliche Konstitution, sondern Spiellaune und -intelligenz ausschlaggebend für den Erfolg. Nach der Gründung des DFB 1949 wurde er Bundestrainer, 1952 erreichte er einen vierten Platz bei den Olympischen Spielen in Helsinki und 1954 führte er die Nationalmannschaft zur Weltmeisterschaft mit dem legendären Endspiel in Bern gegen Ungarn; bei der WM 1958 in Schweden schaffte er einen ehrenvollen vierten Platz, 1964 zog er sich aus Altersgründen vom Bundestraineramt zurück, blieb aber ein gefragter Kommentator.

Hermann, August (1835–1906):
Mitglied und Mitbegründer des Zentralausschusses für Volks- und Jugendspiele (1891–1911); Turninspektor in Braunschweig; besondere Verdienste um die Turnspiele und die Verbesserung der Turnlehrerinnenausbildung.

Hughes, Thomas (1822–1896):
Rechtsanwalt und Schriftsteller; 1857 anonyme Veröffentlichung von „Tom Brown's School Days", ein Roman über Leben und Erziehung an Public Schools. Das Buch wurde innerhalb von neun Monaten fünfmal aufgelegt.

Huizinga, Johan (1872–1945):
niederländischer Kulturhistoriker; eines der Hauptthemen *Huizingas* war der Kulturverfall der Gegenwart und die Bedeutung des Spielelements in der Kultur („Homo ludens", 1938).

Jaeger, Otto Heinrich (1828–1912):
Vorstand der Württembergischen Turnlehrerbildungsanstalt in Stuttgart (1862-1892); Mit-begründer des Schwäbischen Turnerbundes (1848) und Verfasser der „Turnschule für die Jugend" (1864).

Keßler, Fritz (1857-1912):
1892 in der Nachfolge Otto Heinrich Jaegers Leiter der Turnlehrerbildungsanstalt in Stuttgart. *Keßler* bemühte sich um ein Gleichgewicht zwischen *Jaegers* Prinzipien und

der Erziehungslehre von *Spieß*. Seit 1894 war *Keßler* der erste Kreisturnwart in Schwaben,seit 1895 Vorsitzender des Turnausschusses der Deutschen Turnerschaft; 1908 Leiter der deutschen Turnmannschaft bei den Olympischen Spielen in London.

Koch, Konrad (1846–1911):
Lehrer und Turner; Förderer der Jugendspiele und 1872 Mitbegründer der Schulspiele in Braunschweig. 1874 an der Einführung des Fußballspiels beteiligt; Mitbegründer und Mitglied des Zentralausschusses für Volks- und Jugendspiele (1891–1911).

Kolb, Walter (1902–1956):
Geb. 1902 in Bonn; seit 1920 Mitglied in der SPD; als Jurist in verschiedenen Ämtern zur Zeit der Weimarer Republik tätig, u. a. als Regierungs- und Landrat. Ab 1933 Entlassung, wiederholte Gestapo-Haft, ab 1941 Wehrdienst. 1946 Wahl zum Oberbürgermeister von Frankfurt; neben zahlreichen weiteren Ämtern 1950 Wahl zum Präsidenten des neu gegründeten Deutschen Turner-Bundes. Große Verdienste um den Neuaufbau des deutschen Turnens nach 1950, insbesondere um die Integration von Turnen und Sport, ehemaligen Arbeiterturnern und „bürgerlichen" Turnern und von Vertriebenen in die Turn- und Sportvereine.

Krause, Johann Heinrich (1800-1881):
Sprach- und Altertumforscher; Verfasser der ersten umfassenden wissenschaftlichen und auf solider Quellengrundlage beruhenden Darstellung zur „Gymnastik und Agonistik der Hellenen" (1841).

Krenz, Egon (geb. 1937):
letzter Generalsekretär der SED der DDR ab 1989; 1974–83 erster Sekretär des Zentralrates der FDJ; 1973–89 Mitglied des ZK der SED; 1983–89 Voll-Mitglied des Politbüros und zuständig für Sport.

Krockow, Christian Graf *von* (1927–2003):
Politologe und Publizist; stammte aus Ostpommern, von wo die alteingesessene Familie 1945 vertrieben wurde; Schüler von Helmuth *Plessner,* ab 1965 Ordinarius für Politologie an der Universität Saarbrücken, wechselte 1968 nach Frankfurt/Main, quittierte aber 1969 den Hochschuldienst; danach freier Wissenschafter und Publizist in Göttingen. In den 1970er Jahren war er Mitglied des Wissenschaftlichen Beirats des Deutschen Sportbundes. Er beschäftigte sich als einer der ersten Soziologen und Politikwissenschaftler mit der Rolle des Sports in der modernen Massengesellschaft. Als erfolgreicher freier Schriftsteller und Publizist schrieb er eine Fülle von Büchern und Artikeln zur preußischen und deutschen Geschichte und zu grundlegenden Themen der modernen Gesellschaft wie Gewalt, Konflikt, Schule, Sport, Leistungsprinzip und Ethik. *Krockow* erwarb sich große Verdienst um die Aussöhnung mit Polen.

Krümmel, Carl (1895–1942):
SA-Oberführer; Ministerialdirektor und Chef des Amtes K im Reichserziehungsministerium (1934-1942); Dozent der Universität Berlin; Direktor der Reichsakademie für Leibesübungen; Herausgeber von „Leibesübungen und körperliche Erziehung".

Kuzorra, Ernst (1905–1991):
Schalker Fußballspieler; 12 Länderspiele zwischen 1927–38; war mit Schalke 04 sechsmal Deutscher Meister und einmal Pokalsieger.

Lenk, Hans (geb. 1935):
Spitzen-Ruderer und Philosoph; lernte bereits als Schüler den „Ruderprofessors" Karl Adam kennen, der seine Begeisterung für den Leistungssport weckte; während des Studiums viermal Deutscher Meister und zweimal Europameister im Vierer und Achter, 1960 Olympiasieger im Achter, weitere internationale Erfolge als Trainer mit Karl *Adam;* ab 1969 Professor für Philosophie an der Universität (TH) Karlsruhe, bis 1992 Mitglied des NOK, als Philosoph beschäftigte er sich u. a. mit dem Leistungsbegriff in der Gesellschaft und im Sport sowie mit dem Olympismus.

Lewald, Theodor (1860–1947):
Jurist und Ministerialbeamter im Reichsamt des Innern 1891–1921, ab 1919 als Staatssekretär; als Student Ruderer, Mitbegründer und Vorsitzender des Potsdamer Regierungs-Ruderclubs; Vorkämpfer für die Olympischen Spiele und Verfechter des Sportgedankens; engagierte sich 1904 für die Finanzierung der deutschen Expedition zu den 3. Olympischen Spielen in St. Louis; 1919–1933 Präsident des Deutschen Reichsausschusses für Leibesübungen (DRA); 1926–33 Vorsitzender des Deutschen Olympischen Ausschusses; Präsident des Organisationskomitees der OS 1936 in Berlin; legte 1937 seine Mitgliedschaft im IOC, dem er seit 1924 angehörte, nieder. Nach den OS von Berlin 1936 spielte er keine Rolle mehr im deutschen Sport; für die nationalsozialistische Sportführung galt er als „Halbjude" und Repräsentant des alten Systems. Er starb 1947 in Berlin.

Mayer, Helene (1910–1953):
Florettfechterin; 1928 Olympiateilnehmerin; gewann 1929, 1931 und 1937 die Einzel WM; von 1925–30 sechsmalige Deutsche Meisterin; danach Emigration in die USA, wo sie 1940–48 sechs Meisterschaften errang; nahm als „Halbjüdin" in der deutschen Mannschaft an den OS 1936 in Berlin teil und errang die Silbermedaille.

Mecklenburg-Schwerin, Herzog Adolf Friedrich zu (1873–1969):
Offizier in der kaiserlichen Armee und Gouverneur in der ehemaligen deutschen Kolonie Togo (1912–1914). IOC-Mitglied von 1926–1956, Präsident des NOK für Deutschland 1949–1951, danach Ehrenpräsident.

Mengden, Guido *von* (1896–1982):
Sportjournalist und Sportfunktionär; Hockeyspieler; Hauptschriftleiter „NS-Sport" 1939–45; NSDAP Mitglied 1933–1945; NOK Präsidialmitglied ab 1961; Hauptgeschäftsführer des Deutschen Sportbundes (1954–1963); publizierte nach 1945 unter dem Pseudonym „Till van Rhyn".

Neuendorff, Edmund (1875–1961):
Philologe, Turnschriftsteller, Lehrer; „Turnführer ins Dritte Reich"; 1894 Mitglied des Akademischen Turnvereins in Berlin; 1897 Turnlehrerprüfung; 1911 Direktor der Ober-

realschule in Mühlheim; seit 1907 Mitherausgeber der Monatsschrift für das Turnwesen; zahlreiche Ämter in der Deutschen Turnerschaft und im „Wandervogel"; von 1921–1933 „Führer" der Deutschen Turnerjugend; 1925 Direktor der Preußischen Hochschule für Leibesübungen in Berlin-Spandau; ab 1932 NSDAP-Mitglied; April 1933 „Führer" der Deutschen Turnerschaft; spielte maßgebliche Rolle bei der „Selbstgleichschaltung" der DT; während des Krieges Theologiestudium, nach 1945 Flüchtlingspfarrer in Bramsche bei Osnabrück; Verfasser zahlreicher turnerischer Schriften und Aufsätze; hervorzuheben ist seine vierbändige „Geschichte der neueren deutschen Leibesübung".

Noel-Baker, Philip (1889–1982):
Politiker, Diplomat, Publizist, Leichtathlet; 1910–1912 Präsident des Cambridge Athletic Club, 1912 und 1920 Teilnahme an den OS, 1920 Silbermedaille im 1500-m-Lauf, später führte er die britische Olympia-Mannschaft und wurde führendes Mitglied im Nationalen Olympischen Komitee Großbritanniens (BOA); im 1. WK diente er freiwillig in der Britischen Krankenpflege, nach Ende des Krieges nahm er an den Friedensverhandlungen von Versailles teil; ab 1922 war er 1. Assistent im Sekretariat des Völkerbundes, gleichzeitig 1924–1929 Professor für internationale Beziehungen an der Universität London; 1929–1931 und 1936–1970 als Labour-Abgeordneter im britischen Unterhaus, 1946 Vorsitzender der Britischen Arbeiterpartei, 1946–1950 Staatssekretär mit unterschiedlichen Zuständigkeiten, 1960–1976 Präsident des UNESCO-Rates für Sport und Leibeserziehung; *Noel-Baker* reiste viel und verfasste Artikel und Bücher, die sich mit der Abrüstung beschäftigten, 1959 wurde er mit dem Friedensnobelpreis ausgezeichnet, u. a. für sein Engagement zur Gründung der UNO. *Noel-Baker* verstand Sport als ein ausgezeichnetes Mittel der internationalen Verständigung und des Friedens.

Nohl, Herman (1879–1960):
Professor für Pädagogik in Göttingen; ausgehend von *Dilthey* begründete er im Rahmen eines lebensphilosophischen Ansatzes eine geisteswissenschaftliche Pädagogik; hielt 1951 auf dem ersten Internationalen Sportkongress des Deutschen Sportbundes in Stuttgart den Hauptvortrag zum Thema: „Vom Ethos des Sports".

Orff, Carl (1895–1982):
Komponist; Kapellmeister in München, Mannheim und Darmstadt; 1924 Gründung der *Günther*-Schule für Gymnastik, Rhythmik und künstlerischen Tanz, zusammen mit Dorothee *Günther*; Entwicklung einer neuen Musikpädagogik.

Ortega y Gasset, José (1883–1955):
spanischer Kulturphilosoph, Soziologe und Essayist; seit 1911 Lehrstuhl für Metaphysik, Philosophie und Literatur an der Universität Madrid; wichtigster Interpret der deutschen Philosophie in der spanisch-sprechenden Welt, besonders bekannt wurde das Buch „Der Aufstand der Massen" (1933); engagierte sich in der Politik und flüchtete zu Beginn des spanischen Bürgerkriegs aus Spanien, kehrte aber 1946 an die Universität Madrid zurück; er entwickelte den so genannten Ratiovitalismus und prägte das Wort vom Sport als dem „Bruder der Arbeit".

Owens, Jesse (1913–1980):
farbiger amerikanischer Leichtathlet und erfolgreichster Olympiasieger von 1936 über 100 m und 200 m, im Weitsprung und mit der 4 x 100-m-Staffel; stellte 1935 an einem Tag sechs Weltrekorde in verschiedenen Disziplinen auf.

Peltzer, Otto (1900–1970):
Leichtathlet und Sportpädagoge; bis zum 8. Lebensjahr wegen Kinderlähmung an den Rollstuhl gefesselt; 1924 Deutscher Studentenmeister über 400 m; bis 1928 Welthöchstleistungen auf allen Mittelstrecken; 1926 Sieg über den finnischen Wunderläufer Nurmi in Berlin, 12 Deutsche Meistertitel. 1935–1936 wurde er von den Nazionalsozialisten inhaftiert, aber auf Druck der Engländer vor den Olympischen Spielen 1936 frei gelassen. 1938 Emigration nach Schweden, nach seiner Rückkehr 1942 Inhaftierung im Konzentrationslager Mauthausen bis zur Befreiung durch die Amerikaner 1945. Nach dem Krieg arbeitete *Peltzer* weiter als Sportlehrer und -journalist. Beim 100-jährigen Jubiläum des DLV 1998 würdigte ihn Walter *Jens* in seiner Festrede.

Planck, Karl (1857–1899):
Vertreter der Turnschule *Jaegers*; Lehrerstudium in Tübingen; 1885 Gymnasialprofessor in Stuttgart; Kritiker des englischen Sports, besonders des Fuballsports, den er als „Fußlümmmelei" bezeichnete.

Plessner, Helmuth (1892–1985):
Philosoph, Kulturwissenschaftler und Soziologe; studierte Zoologie und Philosophie, seit 1926 Professor in Köln; 1933 wurde er u. a. wegen seiner jüdischen Abstammung entlassen und in die Emigration getrieben, Flucht in die Türkei, dann in die Niederlande, wo er sich versteckt hielt und ab 1936 verschiedene Stellungen an der Universität Groningen einnahm, zuletzt einen Lehrstuhl für Philosophie und Soziologie; 1951–63 kehrte er als Professor auf einen neuen Lehrstuhl für Soziologie und Philosophie in Göttingen zurück; *Plessner* lehrte die Einheit von Geist und Leib und analysierte die modernen Gesellschaftsstrukturen. Er gilt neben Max *Scheler* und Arnold *Gehlen* als einer der Begründer der modernen „Philosophischen Anthropologie"; zahlreiche Beiträge zur Soziologie, Politik und Ästhetik und auch zur Funktion des Sports in der modernen Gesellschaft.

Podbielski, Viktor Adolf Theophil von (1844–1916):
Vorsitzender des Deutschen Reichsausschusses für Olympische Spiele von 1909 bis zu seinem Tod 1916. Als Präsident des Berliner Rennvereins ermöglichte er den Bau des Deutschen Stadions im Grunewald (Einweihung 1913) und war zusammen mit dem Generalsekretär des Organisationskomitees, Carl *Diem,* für die Vorbereitungen der Olympischen Spiele 1916 in Berlin verantwortlich.

Reichenau, Walter von (1884–1942):
Offizier der Reichswehr, zuletzt Generalfeldmarschall und Oberbefehlshaber des Heeres (1940–1942); vielseitiger Sportler, Freund und Vereinskamerad von Carl *Diem* im Berliner Sport-Club; von 1934–1942 Mitglied im Deutschen Olympischen Ausschuss (als Vertreter des Modernen Fünfkampfs) und von 1938 bis 1942 IOC-Mitglied. 1941 ruft

er im „Reichenau-Befehl" seine Soldaten zur Unterstützung von Hitlers „Weltanschauungskrieg" und zur „gerechten Sühne am jüdischen Untermenschentum" auf.

Riefenstahl, Leni (1902–2003):
Filmschauspielerin, Regisseurin und Photographin; 1932 führte R. erstmals Regie in dem Film „Das blaue Licht"; im Dritten Reich drehte sie Propagandafilme über die Reichsparteitage und den Film über die Olympischen Spiele 1936 in zwei Teilen: „Fest der Völker" und „Fest der Schönheit".

Rosenberg, Alfred (1893–1946):
nationalsozialistischer Ideologe, Reichsleiter und Propagandist des Nationalsozialismus; seit 1934 Beauftragter zur Überwachung der gesamten geistigen und weltanschaulichen Schulung und Erziehung der NSDAP.

Samaranch, Juan Antonio (geb. 1920):
Spanischer Diplomat und Sportfunktionär; von 1977–1980 spanischer Botschafter in Moskau; von 1974–1980 Vizepräsident, von 1980–2001 Präsident des Internationalen Olympischen Komitees (IOC).

Schelsky, Helmut (1912–1984):
Soziologe; Professor in Straßburg, Hamburg, Münster und Bielefeld; zahlreiche Beiträge zur Familien-, Jugend-, Bildungs-, Industrie- und Betriebssoziologie; prägte den Begriff „Friede auf Zeit" für die Olympischen Spiele.

Schenckendorff, Emil *von* (1837–1915):
Preußischer Leutnant, Mitglied des preußischen Abgeordnetenhauses, Gründer und Vorsitzender des „Zentralausschusses zur Förderung der Jugend- und Volksspiele in Deutschland" (1891–1915).

Schmeling, Max (1905–2005):
Profiboxer und Unternehmer; 1926 Deutscher Meister und 1927 Europameister im Halbschwergewicht, 1928 auch Deutscher Meister im Schwergewicht, womit ihm der Weg in die USA offen stand. 1930–1932 erster Deutscher Weltmeister im Schwergewicht, 1936 legendärer Sieg über den als unbesiegbar geltenden „braunen Bomber" Joe *Louis*; in der Weimarer Republik viele Kontakte in die Künstlerszene; im Dritten Reich half er Juden zur Flucht, wurde in den Krieg eingezogen und an der Front verletzt; nach dem Krieg wurde er mit einer Getränke-Abfüllfirma ein erfolgreicher Unternehmer; Schmeling engagierte sich für wohltätige Zwecke und gründete 1991 die Max *Schmeling*-Stiftung; als Idol verkörperte er den bescheidenen Mann, der seinen Gegner immer Respekt zollte und sich selbst treu blieb.

Schmid, Carlo (1896–1979):
Geb. in Perpignan (Südfrankreich), nach 1945 „Staatsrat" für Württemberg-Hohenzollern; Karriere und Verdienste in der SPD, als Professor und als Parlamentarier im Deutschen Bundestag für den Aufbau der Bundesrepublik Deutschland und die Aussöhnung mit Frankreich. Setzte sich nachdrücklich für eine Jugenderziehung ein, in der auch Spiel und Sport eine wichtige Rolle spielen sollten.

Namen zur Sportgeschichte **249**

Schmidt, Ferdinand August (1852–1929):
Arzt und Sanitätsrat in Bonn, erster Vorsitzender des Bonner Turnvereins, von 1887 bis 1897 Mitglied im Ausschuß der Deutschen Turnerschaft, stellvertretender Vorsitzender des Zentralausschusses für Volks- und Jugendspiele (1811–1922); besondere Verdienste um die Förderung des gesundheitlich und pädagogisch orientierten Turnens und des Sports; gilt als „Mittler" zwischen Turnen und Sport.

Schuhmann, Carl (1869–1946):
Berliner Turner, in Münster (Westf.) geboren; mit vier Goldmedaillen erfolgreichster Teilnehmer der Spiele in Athen 1896, u. a. im Ringen.

Seelenbinder, Werner (1902–1944):
Arbeitersportler, Ringer; Mitglied der KPD; 1936 Teilnahme an den Olympischen Spielen, im „Dritten Reich" nutzte er seine Reisen für die Ringer-Nationalmannschaft für den Widerstand, 1942 wurde er verhaftet und 1944 im Zuchthaus Brandenburg zum Tode verurteilt und ermordet.

Sloane, William Milligan (1850–1928):
Professor in Princeton und amerikanischer Sportsmann; nahm in Paris an der Wiederbegründung der Olympischen Spiele teil; Mitglied des IOC und entschiedener Verfechter des Amateurismus.

Spranger, Eduard (1882–1963):
Philosoph, Kulturwissenschaftler und Pädagoge; Schüler *Diltheys,* ab 1911 Lehrstuhl für Philosophie und Pädagogik in Leipzig, ab 1920 an der Humboldt-Universität in seiner Heimatstadt Berlin; widersetzte sich den Nationalsozialisten, blieb aber bis zu seiner Inhaftierung 1944 im Amt; 1946 folgte er einem Ruf an die Universität Tübingen; aus der Fülle seiner Schriften begründeten besonders die „Lebensformen" (1914) und „Die Psychologie der Jugendalters" (1924) seine Geltung; *Spranger* engagierte sich für die Reformbestrebungen des Bildungswesen. Bildung bedeutete für ihn immer auch körperliche Bildung und Erziehung.

Szepan, Fritz (1907–1974):
Schalker Fußballspieler, Trainer und Vereinsvorsitzender; 34 Länderspiele zwischen 1929–39; dreißigmal Spielführer; WM-Teilnehmer 1934 und 1938; mit Schalke 04 war er einmal Pokalsieger und sechsmal Deutscher Meister.

Thieß, Frank (1890–1977):
Schriftsteller, Essayist und Romancier mit zeit- und kulturgeschichtlichen Stoffen, auch zum Sport.

Tschammer und Osten, Hans von (1887–1943):
Offizier, Gutsbesitzer in Sachsen; Verwundung im Ersten Weltkrieg; 1929 Eintritt in die NSDAP, 1933 Sonderkommissar der SA-Hilfspolizei des Preußischen Innenministeriums; 1933 Reichssportkommissar und seit 14. Juli 1933 Reichssportführer; daraus ableitend: 1933 Führer der Deutschen Turnerschaft (DT), 1933 Leiter des Sportamtes

KdF, 1934 Führer des DRL bzw. 1938 des NSRL, 1934 Präsident des DOA, damit im Präsidium des Organisationskomitees der Winterspiele 1936 in Garmisch-Partenkirchen, der Spiele in Berlin und der vorgesehenen Winterspiele 1940 in Garmisch-Partenkirchen; 1934 Sportreferent der Obersten SA-Führung; 1936 Führer des Reichssportamtes; 1936 Beauftragter des Reichsjugendführers für den Sport in der HJ; 1938 als Staatssekretär Leiter der Abteilung Sport und Leibesübungen im Reichsministerium des Inneren und SA-Obergruppenführer; 1938 Präsident des Internationalen Olympischen Instituts. 1939 Leiter des SA-Hauptamtes „Kampfspiele" und der Sektion Sport der NS-Freizeitorganisation „Kraft durch Freude". Starb am 25. März 1943 in Berlin.

Veblen, Thorstein Bunde (1857–1928):
amerikanischer Nationalökonom und Soziologe; entwickelte eine kulturgeschichtliche Entwicklungstheorie, in der er heftige Kritik an der herrschenden Klasse übte; 1899 „Theory of the Leisure Class".

Wigmann, Mary (1886–1973):
geb. Maria *Wiegmann* in Hannover; berühmte Tänzerin, Choreographin und Tanzpädagogin; Schülerin von *Jacques-Dalcroze* und *Laban*; Vertreterin des absoluten Tanzes, der keine Handlung hat, sondern das Auf und Ab seelischer Zustände zeigte; 1920 Eröffnung der Tanzschule in Hellerau bei Dresden zusammen mit *Jacques-Dalcroze* (siehe auch Teilband 2).

Wildung, Fritz (1872–1954):
Tischler, Presseleiter des Arbeiter Turnerbundes (ATB), von 1920 bis 1933 Sekretär bzw. Generalsekretär der Zentralkommission für Arbeitersport und Körperpflege; Reichstagsabgeordneter; nach dem Zweiten Weltkrieg ehrenamtlicher Sportsekretär des Parteivorstandes der SPD; persönliches NOK-Mitglied 1949–54; Vater der langjährigen Präsidentin des Deutschen Bundestages Annemarie *Renger*.

Reihe „Sport und Sportunterricht"

Format 15,1 x 21 cm, 248 Seiten
ISBN 3-7780-7781-3
Bestell-Nr. 7781 € 29.80

Prof. Dr. Michael Krüger

Einführung in die Geschichte der Leibeserziehung und des Sports

Teil 1: Von den Anfängen bis ins 18. Jahrhundert

Der erste Teilband versteht sich als eine Art Reiseführer durch die Weltgeschichte des Sports von den Anfängen bis ins 18. Jahrhundert. Bewegung, Spiel und Sport werden als kulturelle Universalien, Wesensmerkmale des Menschen verstanden, die sich zu allen Zeiten und in allen Kulturen äußern, allerdings stets in unterschiedlicher, kulturspezifischer Weise – das ist die leitende Idee dieses Buchs. Im Mittelpunkt stehen die Geschichte des Sports in der griechischen und römischen Antike sowie im Mittelalter und der Frühen Neuzeit. Der Band wird ergänzt durch ein ausführliches Glossar und eine Zeittafel.

Format 15,1 x 21 cm, 224 Seiten
ISBN 3-7780-7792-9
Bestell-Nr. 7792 € 24.90

Prof. Dr. Michael Krüger

Einführung in die Geschichte der Leibeserziehung und des Sports

Teil 2: Leibeserziehung im 19. Jahrhundert (Turnen fürs Vaterland)

2., neu bearbeitete Auflage

„Turnen" war im 19. Jahrhundert der Überbegriff für die Gesamtheit der Leibesübungen in Schule und Verein. Was „Turnen" bedeutete, welche Formen und Inhalte körperlicher Übungen darunter gefasst, welche Idee von Erziehung damit verbunden und welche Zusammenhänge mit Politik, Kultur und Gesellschaft bestanden, solche und andere Fragen stehen im Mittelpunkt des Buchs. Darüber hinaus werden die Probleme dieser herrschenden turnerischen Körper- und Bewegungskultur herausgearbeitet.

Steinwasenstraße 6–8 · 73614 Schorndorf
Telefon (0 71 81) 402-125 · Telefax (0 71 81) 402-111
Internet: www.hofmann-verlag.de · E-Mail: bestellung@hofmann-verlag.de

Schriftenreihe des Instituts für Sportgeschichte

Prof. Dr. Michael Krüger (Red.)

„Eine ausreichende Zahl turnkundiger Lehrer ist das wichtigste Erfordernis ..."

Zur Geschichte des Schulsports in Baden und Württemberg

In dieser ersten Veröffentlichung zur Geschichte des Schulsports in Baden-Württemberg werden die wesentlichen Problemfelder der Schulsportentwicklung im deutschen Südwesten behandelt. Ein Highlight des Buches ist die ungekürzte Fassung der Abschiedsvorlesung des Begründers der modernen Sportpädagogik in Deutschland, des Tübinger Ordinarius Ommo Grupe.

DIN A5, 216 Seiten
ISBN 3-7780-3126-0
Bestell-Nr. 3126 € 23.–

Dr. Annette R. Hofmann / Prof. Dr. Michael Krüger

Südwestdeutsche Turner in der Emigration

In diesem Band wird das Schicksal einer Reihe von prominenten, exponierten Vertretern und einer Vertreterin von Turnen und Sport in Deutschland dargestellt, die zum Großteil aus Baden und Württemberg stammten. Das Gemeinsame dieser Kurzbiografien besteht darin, dass die sehr unterschiedlichen und höchst abenteuerlichen Lebenswege dieser Menschen mit Turnen und Sport und deren Idealen verbunden waren. Aber sie hatten auch mit all den Sorgen und Problemen zu kämpfen, die jeden Auswanderer mehr oder weniger plagen. Viele von ihnen waren mehr als „einfache" Turnvereinsmitglieder, sondern machten sich in ihrer neuen Wahlheimat durch die Verbreitung des deutschen Turnens, insbesondere durch Turnvereinsgründungen, und der turnerischen Ideale einen Namen.

DIN A5, 256 Seiten
ISBN 3-7780-3128-7
Bestell-Nr. 3128 € 24.80

Steinwasenstraße 6–8 · 73614 Schorndorf
Telefon (0 71 81) 402-125 · Telefax (0 71 81) 402-111
Internet: www.hofmann-verlag.de · E-Mail: bestellung@hofmann-verlag.de